中德人文交流文丛第三卷

U0871952

感知中德人文交流

中德人文交流优秀案例合辑

同济大学中德人文交流研究中心
董琦　主编

同济大学出版社
TONGJI UNIVERSITY PRESS
·上海·

图书在版编目（CIP）数据

感知中德人文交流：中德人文交流优秀案例合辑 / 董琦主编. — 上海：同济大学出版社, 2022.9

ISBN 978-7-5765-0152-0

Ⅰ.①感…　Ⅱ.①董…　Ⅲ.① 中外关系—文化交流—中国、德国—文集　Ⅳ.①G125-53 ②G151.65-53

中国版本图书馆CIP数据核字（2022）第031499号

感知中德人文交流
中德人文交流优秀案例合辑

董　琦　主编

责任编辑　戴如月
助理编辑　夏涵容
责任校对　徐逢乔
封面设计　潘向蓁

出版发行　同济大学出版社 www.tongjipress.com.cn
（地址：上海市四平路 1239 号　邮编：200092　电话：021-65985622）
经　　销　全国各地新华书店
排　　版　南京文脉图文设计制作有限公司
印　　刷　上海丽佳制版印刷有限公司
开　　本　787 mm × 1092 mm　1/16
印　　张　35.75
字　　数　892 000
版　　次　2022 年 9 月第 1 版
印　　次　2022 年 9 月第 1 次印刷
书　　号　ISBN 978-7-5765-0152-0

定　　价　188.00 元

序

放眼当今世界，多极化、全球化、信息化和多样化进程同步激荡，国际合作的时代发展潮流不可逆转。与此同时，国际政治经济安全格局深刻调整，多种因素叠加交织，文明隔阂和文化冲突的现象依旧广泛而顽固地存在。历史发展与现实实践证明，惟有以开放的胸襟尊重、迎接、拥抱文明和文化的差异性和多样性，夯实国与国关系的民意基础，倡导不同国家、不同民族之间的文化交融，借助文化的力量超越隔阂与冲突，激活不同文明之间的交流互鉴，方能增强互信与共识，携手应对人类共同面临的各种全球性风险挑战。

习近平主席指出，中德都是有重要影响的大国，两国关系发展得好，不仅符合两国和两国人民根本利益，也有利于世界和平稳定，中德两国要做合作共赢的示范者、中欧关系的引领者、新型国际关系的推动者、超越意识形态差异的合作者。作为全球出口和实体经济大国，中德两国利益契合点多、合作互补性强，两国关系发展稳定，自 2014 年起进一步提升为全方位战略伙伴关系。2022 年中德迎来建交 50 周年，而中德两国的民间友好交往源远流长，人文交流始终构成增进中德两国人民友谊、深化两国关系的桥梁纽带。尤其自 2017 年中德高级别人文交流对话机制建立以来，中德两国秉承“人文交流，合作共赢”的思想，将人文交流理念融入到中德合作的各个领域，在教育、文化、媒体、体育、青年等人文交流领域集中发力，积极推进中德文化交流与文明互鉴，加强两国互利合作的社会民意基础，在加强中德人文交流研究、推进中德人文交流实践方面取得了长足的进步。

2021 年，同济大学中德人文交流研究中心以“民心相通，行稳致远”为主题，面向中德两国征集中德人文交流优秀案例，受到社会各界的广泛关注与鼎力支持，最终总共收录 41 个优秀案例结集出版。本书介绍了近年来中德人文交流取得的重要成果，涵盖了中德人文交流对话机制的各个主要领域，全方位展现了中德人文交流广阔而丰富的发展空间，兼具故事性、传播性、创新性和典型性，以一个个鲜活的活动和项目串联起中德人文交流的累累硕果，凸显了其中的感动瞬间、成功实践与丰硕成果，为进一步完善中德高级别人文交流对话机制、拓宽交流领域和深化合作内容提供了新思路、新路径、新渠道，贡献了大量经验成果和创新模式。

回望半个世纪以来中德交往的丰厚积淀，惟有承前启后、互学互鉴、开拓创新，不断完善人文交流机制，广泛调动社会各界参与的积极性，促进文化交流合作与融合发展，才能为中德全方位战略伙伴关系注入新的动力，带动两国务实合作和各领域友好交往走深走实。衷心希望本书所分享的经验与做法能够为共同推动中德两国之间的文明互鉴、延续两国之间的文明对话、加深两国人民之间的理解与友谊做出新的贡献！

史明德

中国前驻德国大使

中国德国友好协会会长

Vorwort

In der heutigen Welt spielen sich die Prozesse der Multipolarisierung, Globalisierung, Informatisierung und Diversifizierung gleichzeitig ab. Der Trend zur internationalen Zusammenarbeit ist unumkehrbar. Zur selben Zeit hat sich die internationale politische, wirtschaftliche und Sicherheitslandschaft tiefgreifend verändert. Zahlreiche Faktoren überlagern sich und sind miteinander verflochten. Nach wie vor bleiben zivilisatorische Diskrepanzen und kulturelle Konflikte hartnäckig bestehen und sind weithin sichtbar. Die historische Entwicklung und die gegenwärtige Realität beweisen, dass wir nur dann das gegenseitige Vertrauen und den Konsens stärken und die verschiedenen globalen Risiken und Herausforderungen, denen sich die Menschheit gegenübersieht, gemeinsam angehen können, wenn wir die Unterschiede und die Vielfalt der Zivilisationen und Kulturen respektieren, sie willkommen heißen und offen annehmen, das Fundament der öffentlichen Meinung in den Beziehungen zwischen den Nationen stärken, die kulturelle Verflechtung zwischen verschiedenen Ländern und Nationalitäten fördern, die Barrieren und Konflikte mit der Macht der Kultur überwinden und den Austausch bzw. die gegenseitige Wertschätzung zwischen den Zivilisationen aktivieren.

Präsident XI Jinping hat darauf hingewiesen, dass sowohl China als auch Deutschland Großmächte mit großem Einfluss sind und dass gut entwickelte Beziehungen zwischen den beiden Ländern nicht nur im grundlegenden Interesse beider Länder und Völker liegen, sondern auch dem Frieden und der Stabilität in der Welt förderlich sind. Präsident Xi hat weiterhin erklärt, dass China und Deutschland Vorreiter einer Win-Win-Kooperation, Anführer der chinesisch-europäischen Beziehungen, Förderer einer neuen Art von internationalen Beziehungen sowie Kooperationspartner bei der Überwindung ideologischer Unterschiede sein sollen. Als große Exportnationen und wichtige globale Akteure in der Realwirtschaft teilen China und Deutschland viele Interessen und ergänzen sich in hohem Maße in ihrer Zusammenarbeit. Ihre Beziehungen haben sich stetig weiterentwickelt und sind seit 2014 zu einer umfassenden strategischen Partnerschaft ausgebaut worden. Im Jahr 2022 feiern die Volksrepublik China und die Bundesrepublik Deutschland den 50. Jahrestag der Aufnahme diplomatischer Beziehungen. Die Freundschaft zwischen den beiden Ländern hat eine viel längere Geschichte, und der gesellschaftliche und kulturelle Austausch war immer eine Brücke, um die Freundschaft und die Beziehungen zwischen den beiden Ländern zu vertiefen. Insbesondere seit der Einrichtung des hochrangigen deutsch-chinesischen Dialogmechanismus für den gesellschaftlich-kulturellen Austausch im Jahr 2017 halten China und Deutschland an der Idee des „gesellschaftlich-kulturellen Austauschs und der Win-Win-Kooperation“ fest und integrieren das Konzept des gesellschaftlich-kulturellen Austauschs in alle Bereiche der deutsch-chinesischen Zusammenarbeit. Mit der Konzentration auf Bildung, Kultur, Medien, Sport, Jugend und andere Bereiche in Gesellschaft und Kultur wird der deutsch-chinesische Austausch aktiv gefördert und das Fundament in der Gesellschaft für eine für beide Seiten vorteilhafte Zusammenarbeit zwischen beiden Ländern gestärkt. Es wurden große Fortschritte bei der Intensivierung der Forschung und der Praxis des gesellschaftlich-kulturellen Austauschs zwischen Deutschland und China erzielt.

Im Jahr 2021 hat das Zentrum für Chinesisch-Deutschen Gesellschaftlich-Kulturellen Austausch der Tongji-Universität unter dem Motto „Fortentwicklung der bilateralen Beziehungen durch Völkerverständigung“ herausragende Beispiele des gesellschaftlich-kulturellen Austauschs zwischen China und Deutschland gesammelt, die breite Aufmerksamkeit und Unterstützung aus allen Gesellschaftsschichten erhalten haben. Insgesamt wurden 41 herausragende Beispiele für die Veröffentlichung ausgewählt. Das Buch stellt die wichtigsten Errungenschaften des deutsch-chinesischen gesellschaftlich-kulturellen Austauschs der letzten Jahre vor, deckt alle wichtigen Bereiche des deutsch-chinesischen Dialogmechanismus für den gesellschaftlich-kulturellen Austausch ab und zeigt den weiten und reichhaltigen Raum für die allseitige Entwicklung auf. In den Beiträgen werden die erzählerische Qualität, Vermittelbarkeit, Innovation und jeweilige Beispielhaftigkeit miteinander verbunden. Das Buch beleuchtet die bewegenden Momente, erfolgreichen Praktiken und fruchtbaren Ergebnisse des deutsch-chinesischen Austauschs in Bereichen von Kultur und Gesellschaft. Auf der Grundlage einer Vielzahl von Erfahrungen und innovativer Modelle werden neue Ideen, Wege und Kanäle für die weitere Verbesserung des deutsch-chinesischen Dialogmechanismus, die Ausweitung der Austauschbereiche und die Vertiefung der Inhalte der Zusammenarbeit aufgezeigt.

Wenn wir auf die reiche Geschichte der deutsch-chinesischen Beziehungen im letzten halben Jahrhundert zurückblicken, so ist es wichtig, an die Vergangenheit anzuknüpfen, weiterhin voneinander und übereinander zu lernen und wegweisende Innovationen aufzuzeigen, den Mechanismus des gesellschaftlich-kulturellen Austauschs stets weiter zu verbessern und die aktive Mitwirkung weiter Kreise der Gesellschaft an der Zusammenarbeit und Vernetzung sicherzustellen, um der umfassenden strategischen Partnerschaft zwischen China und Deutschland neue Impulse zu verleihen und die praktische Zusammenarbeit und die freundschaftlichen Beziehungen zwischen den beiden Ländern in verschiedenen Bereichen zu vertiefen und zu verbessern. Ich hoffe aufrichtig, dass die in diesem Buch geteilten Erfahrungen und Praktiken einen neuen Beitrag zur gemeinsamen Förderung der gegenseitigen Wertschätzung der jeweiligen Kulturkreise zwischen Deutschland und China, zur Fortsetzung des Kulturdialogs zwischen den beiden Ländern und zur Vertiefung des Verständnisses und der Freundschaft zwischen den beiden Völkern leisten werden!

SHI Mingde

Botschafter a.D. der Volksrepublik China in der Bundesrepublik Deutschland

Präsident der Gesellschaft für Freundschaft zwischen China und Deutschland

CDGKA

Zentrum für Chinesisch-Deutschen
Gesellschaftlich-Kulturellen Austausch
Tongji-Universität

同济大学中德人文交流研究中心

目录 Inhaltsverzeichnis

合作·友谊·共赢

——庆祝中德建交 45 周年系列文化活动

一、案例背景和基本情况

2017 年，为落实国务院总理李克强与时任德国总理默克尔（Angela Merkel）提出的共同庆祝中德建交 45 周年的倡议，中德双方合作在德国举办了贯穿全年的“今日中国——合作 · 友谊 · 共赢”系列文化活动。

“政府倡导、机构主体、社会参与”是“今日中国”活动的一大亮点。在两国政府的推动和支持下两国文化艺术机构开展高水平合作。故宫博物院、上海博物馆、广东省博物馆、国家京剧院、中央芭蕾舞团等中方机构与德国柏林国家博物馆、威斯巴登五月国际艺术节、石荷州北方艺术中心、汉堡芭蕾艺术节、萨尔国际音乐节等机构在项目主题策划、内容选择、组织实施、宣传推广等环节开展深度合作推出了“传神雅聚——中国明清肖像画展”、“中国与埃及——世界的摇篮”展、“东西汇流——十三至十七世纪的海上丝绸之路展”、徐冰装置艺术“凤凰”、实验京剧《浮士德》、萨尔国际音乐节中国主宾国系列活动、《从鹤魂到黄河》精品芭蕾晚会等受到德国媒体和观众好评的精品项目。

2017 年“今日中国”活动标识
„China Heute“, 2017

2017 年 10 月，故宫博物院和德国柏林国家博物馆合作举办“传神雅聚——中国明清肖像画展”
Ausstellung „Gesichter Chinas. Porträtmalerei der Ming- und Qing-Dynastie“, Palastmuseum in Peking und Staatliche Museen zu Berlin, Oktober 2017

2017 年 2 月，广东民乐团在德累斯顿森帕歌剧院举办中国春节民族音乐会
Das Chinesisches Neujahrskonzert in der Semperoper Dresden, das Guangdong National Orchestra, Februar 2017

博物馆界的合作是中德文化交流的重点领域。柏林国家博物馆 2017 年全年共举办 5 个与中国相关的展览。其中，与上海博物馆合作举办的“中国与埃及——世界的摇篮”观展人数逾 30 万，创下近年来在德国举办的中国展览观展人数新高。《世界报》评论说：“古代的埃及和中国从未相遇，但却在柏林的博物馆里实现了跨越时空的对话，幸运至极。”柏林国家博物馆与故宫博物院合作举办的“传神雅聚——中国明清肖像画展”广受好评，德国《每日镜报》评论说：“‘传神雅聚——中国明清肖像画展’有助于人们深入了解中国文化。”策展理念的创新是上述两个展览成功的关键，两个展览采用“跨文化对比”的策展理念，分别将中国文明与埃及文明、明清肖像画与欧洲肖像画以对比的方式呈现，受到了媒体和观众的高度认可。

“今日中国”活动得到了两国社会各界的大力支持。两国诸多文化艺术机构和企业参与活动，华为公司、德国大众汽车公司、宝马公司等作为“今日中国”的重要合作伙伴，为活动提供赞助。

二、案例的实施过程和开展形式

案例一：“中国 8”和“德国 8”大型当代艺术展

2017 年 9 月至 10 月，由中央美术学院和德国波恩艺术与文化基金会共同策划的“德国 8：德国艺术在中国”大型展览在中央美术学院、太庙艺术馆等 7 家艺术机构成功举办，展出包括里希特（Gerhard Richter）、基弗（Anselm Kiefer）在内的 55 位德国艺术家的 320 组作品，全景式再现“二战”后德国当代艺术丰富多样的发展风貌，是近年来德国在海外举办的规模最大的当代艺术展。

“德国 8”展览是 2015 年在德国举办的“中国 8”大型当代艺术展的姊妹展。2015 年，由中德双方共同策划的“中国 8”在德国鲁尔区 8 个城市的 9 家博物馆同时举办，展出包括徐冰、苏新平在内的共 118 位中国当代艺术家的 500 余件作品。展览在德国乃至欧洲产生了广泛影响，是近年来中国当代艺术在国际上最大规模的集中展示。

两个展览得到了中德两国政府的高度重视。2014 年 3 月，中国国家主席习近平访德期间向时任德国总理默克尔表示，中方支持 2015 年在德国鲁尔区举办中国当代艺术展。在 2017 年召开的中德高级别人文交流对话机制首次会议上，中德双方签署了“德国 8”展览协议。2015 年，时任德国总统高克（Joachim Gauck）专程参观了“中国 8”展览，时任德国副总理加布里尔（Sigmar Gabriel）出席了展览开幕式。2017 年加布里尔又专程来华与时任文化部部长雒树刚共同出席了“德国 8”展览的开幕式。

双方共同开展学术策划，多家博物馆联合办展是“中国 8”“德国 8”成功的基础。两个展览均由双方策展人联合进行学术策划，中央美术学院院长范迪安和德国波恩艺术与文化基金会主席瓦尔特·斯迈林（Walter Smerling）共同担任总策展人，中德共计 16 家博物馆参加。展览规模庞大、内容丰富，展现了中德当代艺术丰富而多元的发展面貌，增进了两国民众对彼此文化艺术的了解，受到了两国观众特别是青年人的喜爱。

主办方广泛开辟合作渠道积极调动社会资源是活动成功的保障。多所艺术博物馆、私人收藏家、艺术家在展品提供等方面给予了大力支持。两个展览所需的经费 90% 以上由中德双方企业赞助筹集，主要包括中国国际航空公司、华为公司、潍柴集团、德国大众汽车公司和西门子公司等。

展览社会反响热烈。12 万德国观众参观了“中国 8”，其中一半以上是青年人。德国主流媒体报道数量超过 600 篇。“德国 8”参观人数约 70 万，中德上百家主流媒体对展览进行了报道。

2017 年，“德国 8：德国艺术在中国”展厅照片
Ausstellung „Deutschland 8: Deutsche Kunst in China“, 2017

2017 年“德国 8”主海报

Plakat „Deutschland 8“, 2017

未来我们期待中德两国更多的博物馆、美术馆等文化艺术机构开展合作为两国民众带来更丰富多彩的文化项目持续增进中德两国民众的相互了解和友谊。

案例二：中德艺术团队联合创作实验京剧《尼伯龙根的指环》和《浮士德》

近年来，中国国家京剧院和德国导演安娜·佩诗珂（Anna Peschke）的团队联合制作了两部实验京剧《尼伯龙根的指环》和《浮士德》，成为中德文化机构在表演艺术领域开展创新合作的典范。

2019 年 12 月，由中国国家京剧院和德国导演安娜·佩诗珂、德国欧洲青年乐团之友协会联合策划出品的实验京剧《尼伯龙根的指环》在德国柏林 Radialsystem Center 举办三场演出，这也是庆祝北京和柏林建立友城关系 25 周年活动的闭幕演出，中国驻德国大使吴恳和柏林市市长米歇尔·穆勒（Michael Müller）出席了首演并致贺词。

经过两年的筹备，中德双方主创团队将德国著名作曲家瓦格纳的鸿篇巨制《尼伯龙根的指环》改编为 3 个小时的京剧，并融入歌剧、话剧等多种艺术形式，采用中西伴奏乐器，形式新颖，内容精彩，包括德国演员唱京剧、京剧演员讲德语等亮点环节。柏林市市长米歇尔·穆勒先生在看完演出后表示：“相互理解是交流与创新的必要基础。这一文化间的对话充分印证了我们的坚实伙伴关系，并能帮助我们在今后的沟通中更好地相互了解。”德国汉堡易北爱乐音乐厅艺术总监表示：“这与之前的《尼伯龙根的指环》表达形式完全不同，但是非常容易看懂。京剧唱腔优美、服装华丽，演出艺术水准高，表演饱含情感，艺术表达有创意。”

此前，中国国家京剧院、安娜·佩诗珂导演和意大利艾米利亚罗马涅剧院基金会于 2014 年共同完成了实验京剧《浮士德》。三国艺术家团队以京剧为本体，从导演手法、音乐设计、服装造型、舞美道具等方面融汇中西方艺术理念，中方负责唱腔、服装造型，外方负责舞美、灯光设计，音乐伴奏中融入西洋乐器、电声。该剧自 2015 年起在中国、德国、意大利演出近 80 场，获得广泛好评。2016 年 3 月，在中德青少年交流年开幕式上，中国国家主席习近平和时任德国总统高克在人民大会堂观看了《浮士德》片段。

联合制作成为中德文化合作的新趋势。我们期待更多中德艺术团队携手创作优质文化产品，为增进两国民众的理解和友谊搭建桥梁。

2019 年 12 月，《尼伯龙根的指环》柏林演出剧照
Aufführung „Ring der Nibelungen" in Berlin, Dezember 2019

20 | KULTUR & MEDIEN — MITTWOCH, 18. DEZEMBER 2019 | BERLINER MORGENPOST

Wagners „Ring der Nibelungen" auf Chinesisch

Experiment mit Fernost: Im Radialsystem läuft der „Ring der Nibelungen" mit Stilelementen der Peking-Oper. Uraufführung ist an diesem Freitag

MATTHIAS NÖTHER

In der Probenpause sieht die Artistenhalle am Holzmarkt neben dem Radialsystem an der Spree aus wie ein verwaister Kinderspielplatz. In einer eigenwilligen Ordnung stehen hier die Spielgeräte herum, die sich bei genauerem Hinschauen als Musikinstrumente entpuppen. Da gibt es das Sheng - ein chinesisches Blasinstrument, das aussieht wie eine Kirchenorgel in Handtaschenformat. Es gibt das Erhu, ein langgestrecktes chinesisches Streichinstrument mit zwei Saiten. Dazwischen stehen europäische Instrumente - ein Xylofon etwa.

Combo neben der Bühne statt großem Orchester im Graben

Auch dieses Instrument der westlichen Hemisphäre lässt noch nicht vermuten, dass hier die Vorbereitungen für Wagners „Ring des Nibelungen" laufen. In der chinesisch-deutschen Koproduktion wird im Radialsystem keineswegs ein hundertköpfiges Orchester, wie bei den Bayreuther Festspielen, mit seinen Klängen dunkel aus einem unsichtbaren Orchestergraben heraufdräuen. Neben der Bühne wird vielmehr eine kleine Combo sitzen. Wagners Leitmotive werden sich in diesem Setting eher verstecken als dass sie offen hörbar würden. Komponistin Aziza Sadikova ist eigens zu Recherchen nach Peking gefahren, um die in der Peking-Oper verwendeten Instrumente für sich zu entdecken.

Denn beim neuen „Ring des Nibelungen" handelt es sich um eine Mischung aus deutschem romantischem Musiktheaters und traditioneller chinesischer Oper. Die Firma der findigen Kulturmanagerin Gabriele Mintz ist sonst in Berlin vor allem durch das allsommerliche Jugendorchesterfest Young Euro Classic bekannt. Nun hat Mintz viele ihrer langjährigen Kontakte nach China aktiviert und das interkulturelle Ereignis vorbereitet. Berührungspunkte gab es auch durch die deutsche Regisseurin Anna Peschke, die vor einigen Jahren einen umjubelten „Faust" mit dem chinesischen Darsteller Liu Dake in der Titelrolle auf die Bühne brachte. Dake ist beim „Ring" in Berlin wieder dabei. Bei chinesischen Peking-Oper-Fans ist er ein Star. Sein Spezialgebiet ist die Verkörperung eines bestimmten Rollentypus' aus der Peking-Oper: Liu Dake ist auf der Bühne ein Dsching. Eine majestätische, in prächtige Fantasiegewänder gehüllte Erscheinung mit groß bemaltem Gesicht und stets machtvollen, zornigen, autoritären Gesten, immer etwas zu laut und keinen Widerspruch duldend. Im Radialsystem singt Liu Dake nun den Wotan. Doch Liu Dake ist nicht nur am Machtstreben des Göttervaters interessiert. Er spricht von den Sensibilitäten der Figur, von Wotan als Familienvater, der mit Siegmund und Brünnhilde seine eigenen Kinder ins Verderben zu stürzen gezwungen wird.

Bereit für Neues: Regisseurin Anna Peschke, Darsteller Liu Dake und Komponistin Aziza Sadikova (v.l.). FOTO MAURIZIO GAMBARINI

> Es ist nicht nur Kunst für die Ohren, sondern auch für die Augen und alle anderen Sinne
>
> **Liu Dake, chinesischer Darsteller des Wotan**

Für die musikalische Gestaltung von Liu Dakes Part gibt es eine zweite, chinesische Komponistin, welche die Arien für ihren Helden, daneben auch für die „Ring"-Figuren Siegfried, Brünnhilde und Hagen nach den Konventionen der Peking-Oper gestaltet hat. Dafür waren zahlreiche Vorarbeiten notwendig. Denn im originalen Spätwerk Richard Wagners selbst gibt es bekanntlich einen ununterbrochenen Musikstrom, keine Arien. Regisseurin Anna Peschke ist deshalb bereits vor etlichen Monaten mit einem deutschen Produktionsteam zu den Kollegen nach Peking gereist, hat Wagners 16-Stunden-Drama auf einen einzigen Abend zusammengekürzt und das Ganze ins Chinesische übersetzen lassen. Dann sei es von einer chinesischen Dramatikerin noch einmal überarbeitet worden, um die Sprache poetischer, für die Konventionen der Peking-Oper passender zu machen. Und das ist nur der Text. Die Peking-Oper aber ist viel mehr als Text. Es gebe auch Akrobatik, es könnten Gedichte rezitiert werden, auch die Kostüme seien sehr autonom gestaltet. Es sei also nicht nur eine Kunst für die Ohren, sondern auch eine für die Augen und für alle anderen Sinne, sagt Liu Dake.

Wagners „Ring" als deutsch-chinesisches Gesamtkunstwerk: Anna Peschke und Liu Dake sind sich sicher, dass ihre Version eine subjektive ist, eine von vielen möglichen - und dass man die zahlreichen Mittel des deutschen Musikdramas und der chinesischen Oper auch ganz anders kombinieren könnte. Diese aufwändig initiierte Produktion ist ein mutiges Experiment mit ungewissem Ausgang. Wer Wagners „Ring des Nibelungen" gut zu kennen glaubte, wird durch diesen Blick von außen eventuell einige Überraschungen erleben.

Uraufführung am 20. Dezember, Radialsystem, Holzmarktstraße 33 (Mitte) um 20 Uhr. Weitere Vorstellung am 22. Dezember.

2019 年，《柏林晨报》对《尼伯龙根的指环》的报道
„Berliner Morgenpost" — Bericht über „Ring der Nibelungen", 2019

案例三：中央芭蕾舞团与德国汉堡芭蕾舞团机制化合作

中央芭蕾舞团自建团以来，走出了具有中国特色的芭蕾艺术之路，与 20 多个国际知名芭蕾舞团长期保持着密切交流。其中，中央芭蕾舞团与汉堡芭蕾舞团近年来建立了机制化合作，取得了丰硕的成果。

中央芭蕾舞团与汉堡芭蕾舞团的交流主要包括剧目引进、国际巡演和人才交流三个方面。双方的合作始于 2010 年，汉堡芭蕾舞团《茶花女》来华演出，借此机会，中央芭蕾舞团团长、艺术总监冯英和汉堡芭蕾舞团艺术总监、世界著名编导大师约翰 · 诺伊梅尔（John Neumeier）推动两团开启交流合作。中央芭蕾舞团于 2012 年、2017 年分别引进诺伊梅尔代表作《小美人鱼》和《大地的咏叹与起舞》。中央芭蕾舞团两次受邀作为唯一的客席舞团参加汉堡芭蕾艺术节，汉堡芭蕾舞团也多次派出演员参加中央芭蕾舞团主办的中国国际芭蕾演出季，并于 2019 年再度携《茶花女》来京演出。两团的青年演员、编导、排练者等优秀人才在互访互学中共同进步，为后续深度合作夯实了基础。

2017 年中德建交 45 周年之际，中央芭蕾舞团参加汉堡芭蕾艺术节，演出《从鹤魂到黄河》，并在艺术节闭幕式上上演艺术节委约作品《Fusing》（融），向专业的德国观众展现了具有中国气质、世界水平的芭蕾艺术精品，得到了德国观众和媒体的高度评价。德国《世界报》评论称："来自中国的中央芭蕾舞团在演出中展示了

2017 年 7 月，中央芭蕾舞团赴德国参加汉堡芭蕾舞节、萨尔国际音乐节，演出原创舞剧《从鹤魂到黄河》
Tanzoper „Der Ruf des Kranichs" vom National Ballet of China bei den Hamburger Ballett-Tagen und den Musikfestspielen Saar, Juli 2017

精湛技艺，堪称世界最好芭蕾舞团。”

2020 年，在疫情最困难的时期，中央芭蕾舞团与汉堡芭蕾舞团通过线上方式保持良好沟通，在影像资料、版权等领域互相提供支持，共同探索线上演播等更加多样化的“后疫情时代”交流模式。

三、未来工作展望

2022 年，中德迎来建交 50 周年。当前，虽然疫情限制了两国面对面的文化交流，希望两国文化界继续发扬精诚合作的精神，创新合作形式，在表演艺术、视觉艺术、文化遗产、创意设计等领域保持互动和交流。希望双方共同努力，让文化艺术交流为增进两国人民的理解和友谊发挥积极作用。

供稿：文化和旅游部国际交流与合作局

Zusammenarbeit, Freundschaft, gemeinsamer Erfolg

— Kulturveranstaltungsreihe zum 45. Jubiläum der Aufnahme der diplomatischen Beziehungen zwischen China und Deutschland

1. Hintergrund und Programme

Auf die Initiative des chinesischen Ministerpräsidenten LI Keqiang und der damalige Bundeskanzlerin Angela Merkel hin, eine gemeinsame Feier zum 45. Jubiläum der Aufnahme der diplomatischen Beziehungen zwischen China und Deutschland anzustreben, organisierten China und Deutschland 2017 gemeinsam die Kulturveranstaltungsreihe „China Heute. Zusammenarbeit, Freundschaft und gemeinsamer Erfolg" das ganze Jahr über in Deutschland.

Die Reihe von Aktivitäten und Feierlichkeiten wurde politisch initiiert, institutionell durchgeführt und öffnete sich für die gesamte Gesellschaft. Mit der Förderung und Unterstützung der Regierungen haben die Kultur- und Kunstinstitutionen beider Länder gut zusammengearbeitet. Beteiligt waren auf der chinesischen Seite das Palastmuseum in Peking, das Shanghai Museum, das Provinzmuseum Guangdong, das National Peking Opera Theatre, das National Ballet of China und weitere chinesische Kulturinstitutionen. In Deutschland waren die Staatlichen Museen zu Berlin, die Internationalen Maifestspiele Wiesbaden, die NordArt in Schleswig-Holstein, die Hamburger Ballett-Tage, die Musikfestspiele Saar usw. stark engagiert. Deutsche und chinesische Projektträger arbeiteten gemeinsam an der Konzeption, der inhaltlichen Auswahl, der Organisation und Umsetzung, der Aufteilung von Kosten, und der Durchführung von Öffentlichkeitsaufgaben und Marketing-Aktivitäten. Veranstaltungen wie die Ausstellungen „Gesichter Chinas. Porträtmalerei der Ming- und Qing-Dynastie", „East Meets West. Maritime Seidenstraße im 13. bis

17. Jahrhundert", und „China und Ägypten. Wiegen der Welt", die experimentelle Peking-Oper „Faust", die Veranstaltungsreihe „Gastland China" im Rahmen der Musikfestspiele Saar, der Ballettabend „Der Ruf des Kranichs", die Installation „Phönix" des chinesischen Künstlers XU Bing und weitere künstlerisch anspruchsvolle Projekte sorgten in deutschen Medien sowie unter dem deutschen Publikum für Anerkennung und Aufsehen.

2017 年 7 月，上海博物馆和德国柏林国家博物馆合作举办“中国与埃及——世界的摇篮”展
Ausstellung „China und Ägypten. Wiegen der Welt", das Shanghai Museum und die Staatlichen Museen zu Berlin, Juli 2017

Die Zusammenarbeit im Museumsbereich gilt als Schwerpunkt des chinesisch-deutschen Kulturaustausches. 2017 veranstalteten die Staatlichen Museen zu Berlin das ganze Jahr über insgesamt 5 China-relevante Ausstellungen. Dabei hat die Ausstellung „China und Ägypten. Wiegen der Welt", die gemeinsam mit dem Shanghai Museum organisiert wurde, mehr als 300.000 Besucher angelockt. Das Berliner Museum brach damit einen neuen Rekord, was die Besucheranzahl von chinesischen Ausstellungen in Deutschland anbelangt. Dazu schrieb die „Welt": „Das alte China und das alte Ägypten haben sich nie berührt. Im Neuen Museum in Berlin treffen die frühen Kulturen jetzt aufeinander und erzählen gemeinsam von unserer Menschwerdung. Ein Glücksfall." Die Ausstellung „Gesichter Chinas. Porträtmalerei der Ming- und Qing-Dynastie", die die Staatlichen Museen zu Berlin und das Palastmuseum in Peking gemeinsam präsentierten, wurde ebenfalls gut aufgenommen. Der „Tagesspiegel" schrieb dazu: „Die Ausstellung ‚Gesichter Chinas' im Berliner Kulturforum ermöglicht einen tiefen Einblick in die chinesische Kultur." Ein innovatives Kurationskonzept war der Schlüssel zum Erfolg. Der „interkulturelle Vergleich" stand im Vordergrund der beiden Ausstellungskonzepte, wobei im ersten Fall die chinesische und die ägyptische Zivilisation sowie im zweiten Fall die Ming- & Qing-Porträts und europäische Porträts kontrastierend dargestellt wurden. Die Resonanz in den Medien war durchaus sehr positiv.

Das Kulturprogramm „China Heute" wurde von deutschen und chinesischen Partnern nachdrücklich unterstützt. Zahlreiche Kultur- und Kunstinstitutionen sowie Unternehmen aus beiden Ländern nahmen an den Veranstaltungen teil. Wichtige Förderer waren u.a. Huawei, Volkswagen, BMW usw..

2. Umsetzung und Formate

Beispiel 1: Ausstellungen der zeitgenössischen Kunst „China 8" und „Deutschland 8"

Von September bis Oktober 2017 wurde die von der Bonner Stiftung für Kunst und Kultur und der Pekinger Central Academy of Fine Arts gemeinsam kuratierte Großausstellung „Deutschland 8: Deutsche Kunst in China" in 7 Pekinger Museen, darunter Central Academy of Fine Arts und dem Taimiao Ahnentempel, erfolgreich durchgeführt. Die 320 ausgestellten Werke stammten von 55 namenhaften repräsentativen deutschen Künstler/innen, darunter Gerhard Richter und Anselm Kiefer. Die Ausstellung zeigte die vielfältigen Facetten der deutschen zeitgenössischen Kunst nach dem Zweiten Weltkrieg und war bisher die größte Ausstellung über zeitgenössische deutsche Kunst im Ausland.

„Deutschland 8" wurde als Ausstellungsreihe von „China 8" konzipiert, die sich 2015 umfangreich der zeitgenössischen Kunst widmete. „China 8" präsentierte sich im Rahmen einer gemeinsamen Konzeption der deutschen und der chinesischen Partner in 9 Museen an 8 Standorten im Ruhrgebiet und zeigte mehr als 500 Werke von 118 zeitgenössischen chinesischen Künstler/innen, unter denen auch XU Bing und SU Xinping zu finden waren. Die Ausstellung hatte einen weitreichenden Einfluss in Deutschland bzw. Europa und war bisher die größte Ausstellung über chinesische zeitgenössische Kunst im Ausland.

Die beiden Ausstellungen wurden politisch befürwortet und flankiert. Gegenüber der damaligen Bundeskanzlerin hatte Staatspräsident XI Jinping sich während seines Deutschlandbesuchs im März 2014 dazu bereit erklärt, die Ausstellung über die chinesische zeitgenössische Kunst im Ruhrgebiet 2015 zu unterstützen. Auf der ersten Sitzung des hochrangigen chinesisch-deutschen Dialogs für den gesellschaftlich-kulturellen Austausch 2017 haben China und Deutschland die Vereinbarung für die Ausstellung „Deutschland 8“ unterzeichnet. 2015 würdigte der damalige Bundespräsident Joachim Gauck mit seiner Anwesenheit die Ausstellung „China 8". Der damalige Vize-Bundeskanzler Sigmar Gabriel nahm auch an der Eröffnungsfeier der Ausstellung teil. 2017 eröffnete Gabriel die Ausstellung „Deutschland 8“ gemeinsam mit dem chinesischen Kulturminister LUO Shugang.

2017 年，“德国 8：德国艺术在中国” 展厅照片
Ausstellung „Deutschland 8: Deutsche Kunst in China“, 2017

Eine enge Kooperation bei der kuratorischen Arbeit und die koordinierte Organisation durch mehrere deutsche bzw. chinesische Museen sicherten den gemeinsamen Erfolg. Die beiden Ausstellungen wurden gemeinsam von deutschen und chinesischen Kurator/innen konzipiert. FAN Di'an, Dekan der Pekinger Central Academy of Fine Arts und Walter Smerling, Vorsitzender der Stiftung für Kunst und Kultur e.V. Bonn, waren konzeptuell hauptverantwortlich. 16 Museen aus China und Deutschland beteiligten sich an den Ausstellungsprojekten. Die umfang- und inhaltsreichen Ausstellungen zeigten die Vielfältigkeit und facettenreiche Entwicklung der chinesischen und deutschen zeitgenössischen Kunst. Das gegenseitige Kultur- und Kunstverständnis zwischen den Partnerländern ließ sich dadurch verbessern. Die Ausstellungen fanden insbesondere die Zustimmung des jüngeren Publikums.

Die Veranstalter von „China 8“ und „Deutschland 8“ bemühten sich, neue Kooperationsformate auszuprobieren und gesellschaftliche Ressourcen zu mobilisieren, was den Erfolg der Projekte garantierte. Mehrere Kunstmuseen, private Sammler und Künstler haben bei der Bereitstellung von Exponaten große Unterstützung geleistet. Mehr als 90% des Ausstellungsbudgets wurde von chinesischen und deutschen Unternehmen gesponsert. Zu den größten Förderern zählten Air China, Huawei, die Weichai Group, die Volkswagen AG und die Siemens AG.

Beide Ausstellungen haben eine gute Resonanz erhalten. „China 8“ hat sich über 120.000 deutsche Zuschauer gefreut, wovon mehr als die Hälfte junge Menschen waren. Es gab mehr als 600 Mainstream-Medienberichte. Die Besucherzahl von „Deutschland 8“ in China betrug rund 700.000. Hunderte chinesische und deutsche Medien berichteten über die Ausstellung.

2017 年，“德国 8：德国艺术在中国” 展厅照片
Ausstellung „Deutschland 8: Deutsche Kunst in China“, 2017

In Zukunft wird erwartet, dass mehr Museen, Galerien und Kultur- und Kunstinstitutionen in China und Deutschland mit Unternehmen zusammenarbeiten, um mehr facettenreiche Kulturprojekte für die Bürger/innen in beiden Ländern zu ermöglichen und das gegenseitige Verständnis zwischen beiden Völkern weiter zu vertiefen.

Beispiel 2: Koproduktion von experimentellen Peking-Opern „Ring der Nibelungen" und „Faust" durch ein chinesisch-deutsches Künstlerteam

In den letzten Jahren haben die China National Peking Opera Company und das Team der deutschen Regisseurin Anna Peschke gemeinsam zwei experimentelle Peking-Opern „Ring der Nibelungen" und „Faust" koproduziert, die als Vorbild innovativer chinesisch-deutscher Kooperationen im Bereich Darstellungskunst gelten können.

Im Dezember 2019 wurde im Radialsystem Center Berlin das experimentelle Pekingoper-Projekt „Ring der Nibelungen" aufgeführt, das gemeinsam von der China National Peking Opera Company, der deutschen Regisseurin Anna Peschke und dem Deutschen Freundeskreis europäischer Jugendorchester (DFK e.V.) durchgeführt wurde. Drei Aufführungen hat es gegeben im Rahmen des 25-jährigen Jubiläums der Städtepartnerschaft zwischen Berlin und Peking. Der chinesische Botschafter in Deutschland, WU Ken, und der regierende Bürgermeister von Berlin, Michael Müller, nahmen an der Uraufführung teil und sprachen ein Grußwort.

Nach zweijähriger Vorbereitung wandelten das chinesische und das deutsche Kreativteam das Monumental-Werk „Ring der Nibelungen" des berühmten deutschen Komponisten Richard Wagner in eine dreistündige Pekingoper-Inszenierung um, bauten dabei verschiedene Kunstformen wie Oper und Sprechtheater ein, integrierten chinesische und westliche Musikinstrumente und präsentierten ganz neue Theatersprache und -inhalte. Highlights waren z. B., dass die deutschen Darsteller Pekingoper sangen und die chinesischen Pekingoper-Schauspieler Deutsch sprachen. Der regierende Bürgermeister von Berlin sagte nach der Uraufführung: „Gegenseitiges Verständnis ist die notwendige Grundlage für Austausch und Innovation. Dieser interkulturelle Dialog bestätigt nochmals unsere solide Partnerschaft und trägt dazu bei, dass wir uns in der zukünftigen Kommunikation besser verstehen". Die künstlerische Leiterin der Elbphilharmonie in Hamburg sagte: „Dies ist völlig anders als die vorherigen ‚Ring'-Inszenierungen, aber es ist gut verständlich. Der schöne Gesang der Peking-Oper, die wunderschönen Kostüme und die eleganten Bewegungen sind einfach zu schön. Die Aufführungen sind von hohem künstlerischem Niveau. Die Darstellungen sind voller Emotionen und die künstlerischen Ausdrucksformen sind auch sehr kreativ."

2017 年，国家京剧院《浮士德》在德演出剧照
Aufführung „Faust" in Deutschland, China National Peking Opera Company, 2017

Zuvor wurde das experimentelle Pekingoper-Stück „Faust" von der China National Peking Opera Company, der Regisseurin Anna Peschke und der italienischen Emilia Romagna Theater Foundation im Jahr 2014 gemeinsam produziert. Auf der Basis von Peking-Opern kombinierte das Künstlerteam aus drei Nationen chinesische und westliche künstlerische Konzepte in Regietechnik, Musikdesign, Kostümgestaltung, Bühnenbild und -requisiten. Die chinesische Seite war für Gesang und Kostümgestaltung verantwortlich und die ausländischen Partnerinstitutionen dagegen für Bühnen- und Lichtgestaltung. Westliche und elektronische Musikinstrumente wurden in die Pekingoper-Musik integriert. Seit 2015 wurde das Stück fast 80 Male in China, Deutschland und Italien aufgeführt und weithin anerkannt. Im März 2016 sahen sich der chinesische Staatspräsident XI Jinping und der deutsche Bundespräsident Joachim Gauck bei der Auftaktveranstaltung des Deutsch-Chinesischen Jahres für Schüler- und Jugendaustausch eine Szene von „Faust" in der Großen Halle des Volkes in Peking an.

Die Koproduktion ist zu einem neuen Trend in der chinesisch-deutschen kulturellen Zusammenarbeit geworden. Wir freuen uns darauf, dass mehr chinesische und deutsche Künstlerteams zusammenarbeiten, um hochwertige Kulturproduktionen zu schaffen und die Brücke zur Verbesserung des Verständnisses und der Freundschaft zwischen den beiden Ländern zu schlagen.

2017 年 5 月，国家京剧院实验京剧《浮士德》赴德国参加威斯巴登五月国际艺术节、萨尔国际音乐节
Aufführung „Faust" von China National Peking Oper Company bei den Internationalen Maifestspielen Wiesbaden und den Musikfestspielen Saar, Mai 2017

DEZEMBER 2019 SPIELZEIT DER TAGESSPIEGEL 23

Brückenschlag *Die Regisseurin Anna Peschke verbindet östliche und westliche Traditonen zu einer neuen Theatersprache.*
Foto: Doris Spiekermann-Klaas

HINTER DEN KULISSEN

Götter, Helden und Drachen

Radialsystem Anna Peschke inszeniert einen deutsch-chinesischen „Ring des Nibelungen“

Wenn man Bärenfell und Flügelhelm aus Wagners „Ring“ wegnimmt, bleibt eine Geschiche übrig, die überall funktioniert. Davon ist die Regisseurin Anna Peschke überzeugt: „Das ist deutsches Mythen-Urgestein, und gerade deshalb finde ich es sehr spannend, die Geschichte mit Elementen der Peking-Oper zu erzählen.“ So etwas macht sie nicht zum ersten Mal, auch Goethes „Faust“ und Büchners „Woyzeck“ hat sie bereits in ähnlicher Weise bearbeitet. Nun also Wagner, und zwar gleich das Monumentalwerk „Der Ring des Nibelungen“. Götter, Zwerge und Drachen bilden einen großen Theaterkosmos, der Anknüpfungspunkte bietet: „Auch in der Peking-Oper gibt es Götter und Drachen, die das Leben der Menschen beeinflussen; diese Geschichten sind universell.“

Zweieinhalb bis drei Stunden wird die Koproduktion mit der China National Peking Opera Company dauern; damit ist sie viel kürzer als der Original-„Ring“ oder einer authentischen Peking-Oper, die auch viele Stunden dauern kann. Die gesamte Handlung soll aber erhalten bleiben von „Wotan kann die Riesen nicht für den Bau von Walhall bezahlen“ bis zu „Brünnhilde stirbt und Walhall geht in Flammen auf“. Dazu wurde der Text bearbeitet, weil Wagners archaisierende Kunstsprache selbst für eingefleischte Wagnerfans mitunter schwer verständlich ist. „Der Feuergott Loge spricht seinen originalen Text“, sagt Peschke, „die anderen haben wir bearbeitet. Dann wurde der Text in ein poetisches Chinesisch übersetzt und komponiert.“ Von Wagners Partitur bleiben die Leitmotive übrig, aus denen die Komponistin Aziza Sadikova ein neues Werk entwickelte.

Unter den vielen Spielarten der chinesischen Oper ist die Peking-Oper wahrscheinlich am zugänglichsten für ein westliches Publikum, denn sie besteht neben dem zunächst gewöhnungsbedürftigen hohen Kopfstimmengesang auch aus Akrobatik, Kampfkünsten und Tanz. „Ich habe diese Bühnenkunst auf meinen Reisen kennengelernt und war fasziniert“, erzäht Peschke. „Diese Bühnenkunst hat einen sehr hohen Abstraktionsgrad, sie entspricht nicht unseren westlichen Vorstellungen des realistischen Spiels. Das öffnet uns aber auch wunderbare Möglichkeiten.“

Anna Peschke und Co-Regisseur Wang Huquan haben mit dem deutsch-chinesischen Ensemble in Berlin und Peking geprobt. Die verschiedenen Darsteller bringen ihre Spielweisen mit und sollen eine gemeinsame Bewegungssprache finden, die jeweils vom anderen profitiert. „Die Künstler aus dem Westen werden natürlich nicht von jetzt auf gleich zu Darstellern der Peking-Oper, die Chinesen werden nicht sofort westliche Spielweisen übernehmen und ihre Aufführungen umkrempeln. Das ist auch gar nicht das Ziel“, betont Anna Peschke. Von den zwölf Musikern sind allein vier für das Schlagzeug zuständig, dessen Partien nicht auskomponiert werden; die Musiker improvisieren vielmehr zu den Bewegungen auf der Bühne. Auch das ist eine Tradition, die in der chinesischen Oper bewahrt wurde und hohe Virtuosität erfordert.

Dennoch ist die Peking-Oper von einer Musealisierung bedroht, wenn sie sich auf die reine Wiederholung des Hergebrachten beschränkt. Das spüre man auch in Peking, wo Experimente wie eine Adaption von Wagners „Ring“ mittels chinesischer Bühnenkunst gerade von einem jüngeren Publikum begierig aufgenommen werde, erzählt Peschke: „Sie wollen ihre Kunstform in die Gegenwart bringen – sie wollen Veränderung. Das versuchen wir gemeinsam und in einem andauernden Austausch. Wir wollen ihnen nicht das westliche Glück aufschwatzen, sondern gemeinsam etwas Neues ausprobieren.“

Uwe Friedrich

Aufführungen vom 20. bis 22.12., jeweils 20 Uhr

GEWINNEN
MIT DER SPIELZEIT

Martin Woelffer, Intendant der Komödie im Schiller Theater, verlost zwei Tickets für „Skylight“

Die SPIELZEIT verlost ein Überraschungspaket für einen ungewöhnlichen Abend.

Diesmal: David Hare schrieb mit „Skylight“ ein Weihnachtsmärchen für Erwachsene. Tobias Wellemeyer inszeniert das Stück nun in der Komödie im Schiller Theater. Die Hauptrollen in „Skylight“sind mit Dominic Raacke und Henriette Richter-Röhl besetzt. Er spielt in dem Stück Tom, den wohlhabenden Besitzer einer Restaurantkette. Sie übernimmt die Rolle seiner ehemaligen Geliebten Kyra, einer Frau, die Spuren in Toms Leben hinterlassen hat. Intendant Martin Woelffer verlost zwei Tickets für die Vorstellung am Samstag, den 7. Dezember (20 Uhr). Ein Gläschen Sekt gibt es obendrein.

Schicken Sie eine Postkarte bis zum 2.12. an:

Der Tagesspiegel, Spielzeit-Redaktion, 10876 Berlin
(Adresse + Tel. bitte angeben)
oder schreiben Sie eine E-Mail an
spielzeit@tagesspiegel.de
Stichwort:
Komödie im Schiller Theater

VORSCHAU

Die nächste
SPIELZEIT
erscheint am 29. Dezember
Lesen Sie darin u. a.:

Erinnern: Barrie Kosky gräbt ein Werk des Komponisten Jaromír Weinberger aus. Dessen Werk „Frühlingsstürme“ gilt als „letzte Operette der Weimarer Republik“.

Verführen: Der amerikanische Regisseur Ted Huffman inszeniert Brittens „A Midsummer Night's Dream“ an der Deutschen Oper.

2019 年，《每日镜报》对《尼伯龙根的指环》的报道
„Tagesspiegel“ — Bericht über „Ring des Nibelungen“, 2019

Beispiel 3: Institutionalisierte Kooperation zwischen dem National Ballet of China und dem Hamburg Ballett

Seit der Gründung hat das National Ballet of China einen eigenen Weg der Ballettkunst mit chinesischer Prägung eingeschlagen. Das chinesische Ensemble pflegt seit langem einen engen Austausch mit mehr als 20 international renommierten Ballett-Ensembles. Dabei haben das National Ballet of China und das Hamburger

Ballett in den letzten Jahren eine institutionalisierte Zusammenarbeit aufgebaut und fruchtbare Ergebnisse erzielt.

Der Austausch zwischen dem National Ballet of China und dem Hamburger Ballett umfasst hauptsächlich drei Aspekte: Einführung des Repertoires, internationale Tournee und Personalaustausch. Die Zusammenarbeit zwischen beiden Parteien begann im Jahr 2010. Das Hamburger Ballett kam mit „La Traviata" nach China. Diese Gelegenheit nutzten die Intendantin und künstlerische Leiterin des National Ballet of China, FENG Ying, sowie der künstlerische Direktor des Hamburger Balletts und weltbekannte Choreograf, John Neumeier, um den Austausch und die Zusammenarbeit zwischen beiden Ensembles zu fördern. Das National Ballet of China übernahm und führte Neumeiers Meisterwerke „The Little Mermaid" und „Das Lied von der Erde" jeweils 2012 und 2017 auf. Zweimal wurde das National Ballet of China als einzige Gasttanzgruppe zu den Hamburger Ballett-Tagen eingeladen. Das Hamburg Ballett hat hingegen mehrmals Künstler an das vom National Ballet of China veranstaltete China International Ballet Festival entsandt. 2019 brachte das Hamburg Ballett erneut „La Traviata" nach Peking. Dadurch konnten junge Schauspieler und Choreografen beider Länder beim Austausch und gegenseitigen Lernen Fortschritte erzielen und eine solide Grundlage für die anschließende eingehende Zusammenarbeit schaffen.

Im Rahmen des 45. Jubiläums der Aufnahme diplomatischer Beziehungen zwischen China und Deutschland im Jahr 2017 gastierte das National Ballet of China bei den Hamburger Ballett-Tagen mit „Der Ruf des Kranichs" und inszenierte bei der Abschlussfeier das von den Ballett-Tagen in Auftrag gegebene Stück „Fusing". Die deutschen Ballettliebhaber waren fasziniert von dem chinesischen Charakter und der Ballettkunst auf Weltklasse-Niveau. Die Inszenierung war bei dem deutschen Publikum und den Medien sehr gut angekommen. Die „Welt" kommentierte dazu: „Das National Ballet of China hat sein enormes Können unter Beweis gestellt und dürfte augenblicklich die technisch beste Compagnie weltweit sein."

In der schwierigen Pandemiezeit 2020 konnten das National Ballet of China und das Hamburger Ballett glücklicherweise online die Kommunikation aufrechterhalten, sich gegenseitig in den Bereichen wie z.B. Videomaterial und Urheberrechte unterstützen und gemeinsam vielfältigere Kommunikationsmodi wie Online-Aufführungen und Online-Übertragungen in der „Post-Pandemie-Zeit" erkunden.

2017 年，中央芭蕾舞团在京演出《大地的咏叹与起舞》剧照

Aufführung „Das Lied von der Erde“ von dem National Ballet of China, Peking, 2017

Die Welt　13. Juli 2017

Das beste BALLETT der Welt

Künstlerisch umwerfend, technisch perfekt: Das National Ballet of China überzeugt beim Gastspiel in der Staatsoper restlos

2017 年 7 月，《世界报》对中央芭蕾舞团在汉堡演出的报道，称赞中芭为“世界最好的芭蕾舞团”

„Welt“ — Bericht über die Aufführung vom National Ballet of China in Hamburg, Juli 2017. Titel: Das beste Ballett der Welt

3. Ausblick

Im Jahr 2022 werden China und Deutschland das 50. Jubiläum der Aufnahme diplomatischer Beziehungen beider Länder feiern. Obwohl die Corona-Pandemie die persönlichen Kontakte und den kulturellen Austausch einschränkt, sind wir zuversichtlich, dass die Kulturvertreter beider Länder mit innovativen Kooperationsformen die Interaktion und den Austausch in den Bereichen darstellende Kunst, bildende Kunst, kulturelles Erbe und kreatives Design aufrechterhalten werden. Wir hoffen, dass sich beide Seiten gemeinsam bemühen, den kulturellen und künstlerischen Austausch zum Highlight der 50. Jubiläumsfeier zur Aufnahme diplomatischer Beziehungen zwischen beiden Ländern zu machen und eine aktive Rolle bei der Verständigung zu spielen.

Text und Bild: Abteilung für internationalen Austausch und Zusammenarbeit,
Ministerium für Kultur und Tourismus

用歌声传递爱与力量

——德国伯乐高级文理中学

一、案例简介

伯乐高级文理中学位于德国鲁尔工业区腹地埃森市中心。学校的前身是成立于公元 852 年的天主教会皇家女校，是欧洲德语区最早的 12 所公立高级文理中学之一，长久以来在鲁尔工业区享有极佳的声誉。

学校目前从五年级到十二年级有大约 800 名学生、75 名正式教师、10 名实习教师和 2 名中国教育部语言交流合作中心的海外志愿者。中国驻德国前大使史明德为学校题写了中文校名。

1995 年伯乐中学开设汉语兴趣班，2008 年开设高中汉语学分课，是埃森市唯一开设汉语课并提供汉语高中毕业考试的学校。2017 年开设高二年级中国专题课，也是全德国唯一一所开设中国专题课并记入毕业考成绩的学校。

学校两次获得北威州创意汉语比赛冠军，五次获得世界中学生汉语桥德国赛区冠军。2016 年，高三的学生海涛还获得了中学生“汉语桥”欧洲冠军及全球总冠军。2020 年，学校 2018 届毕业生海洋还参加了世界大学生“汉语桥”中文比赛，获得了全球第二名。

伯乐中学连续八年都有高三毕业生获得国际中文教师奖学金，赴华留学。其中 2018 年有 11 名同学获得该奖学金。2021 年有 5 名高中毕业生获得中国政府奖学金，其中 1 人已赴华攻读本科学位。2022 年还有 5 名同学申请奖学金赴华攻读学位。

二、亮点

2014 年 3 月，彭丽媛教授到访伯乐中学，和同学们畅聊中国梦。在彭丽媛教授的鼓励和建议下，学校成立了德国唯一一支中学生中文合唱团。在 2014 年“中德语言年”的闭幕式上，合唱团的同学们在北京天坛为李克强总理和时任德国总理默克尔（Angela Merkel）献上了美妙歌声，并受到两国总理的亲切接见。2015年，中国外交部王毅部长在杜塞尔多夫总领事馆开馆仪式上赞扬合唱团的同学们发音标准，歌声嘹亮。2015年新年伊始，中文合唱团还在当时的国家汉办支持下，在中央音乐学院举办了“同一首歌”新年音乐会。

2016年10月，彭丽媛教授在钓鱼台国宾馆会见了伯乐中学师生代表，并欣赏了中文合唱团的表演。她称赞中文合唱团是中德两国人文交流的典范。同年11月在汉堡举行的中德青少年交流年闭幕式上，时任国务院副总理刘延东和时任德国外长施泰因迈尔（Frank-Walter Steinmeier）会见了中文合唱团的成员，并欣赏了合唱团的演出。

2017年7月在柏林动物园大熊猫馆开馆仪式上，伯乐中学师生代表把自己制作的大熊猫雕刻版画赠送给了习近平主席和时任德国总理默克尔，并和两位领导人亲切交流。在交谈中，习近平主席和彭丽媛教授也鼓励大家继续为中德两国的交流作出贡献。

2018年6月，彭丽媛教授给伯乐中学的同学们回信，鼓励大家继续学习好汉语，多到中国走一走，看一看，当好促进中德友谊的使者。

2019年3月29日，伯乐中学举办中文合唱团成立五周年的庆祝演出。刚刚卸任的中国驻德国大使史明德以及新到任的吴恳大使等有关领导以贺信和视频的方式纷纷向中文合唱团表示祝贺。同年7月，中文合唱团赴北京、大连和成都汇报演出。

9月中秋节前夕，中国驻德大使夫人郭金秋参赞率团访问伯乐中学，和老师同学们座谈，并欣赏了中文合唱团的演出。10月，伯乐中学师生还赴武汉大学参加了为期两周的秋令营，并参观了军运村。

三、疫情下的中德交流

2020年1月31日，伯乐中学中文合唱团临时学习并录制了《让世界充满爱》，用歌声为武汉和中国加油。该视频的微博浏览量超过五百万，《新闻联播》也对此进行了报道。

两个月后，在德国疫情爆发初期，合唱团常规排练中止，但是同学们还是远程参与了《同心飞翔》《风和日丽》等抗疫歌曲及视频的录制。

2020年国庆节前夕，中文合唱团的同学们克服了疫情期间的困难，录制的歌曲《今天是你的生日》，在网络上获得了超过八百万的点击量。

2021 年 1 月 31 日，已经将近一年没有排练的合唱团团员们拿起手机，自己在家录制了《疫情过后》。这首歌一度登上了微博热搜榜，同时在抖音、微博、微信等互联网平台上有共计超过两千万的点击量。同学们用歌声表达了自己心中的真情，纷纷盼望疫情过后能恢复正常排练，继续用歌声传递爱与力量。

2 月 9 日，彭丽媛教授亲切致信伯乐中学师生，勉励他们为增进中德人民友谊作出新贡献。彭丽媛教授表示，“我认真看了学校中文合唱团四名同学演唱中国歌曲《疫情过后》的视频，同学们唱出了支持各国人民早日战胜新冠肺炎疫情的美好愿望。一年前，同学们曾以歌曲《让世界充满爱》支持中国抗疫，传递了对中国人民的友好情谊。目前，疫情仍在全球肆虐，我十分牵挂同学们的健康，希望你们和家人做好自我防护。我相信，冰雪终将消融，春天正在路上。各国人民携手努力，必将战胜疫情。欢迎你们疫情过后再来中国交流学习，增进中德人民特别是青年一代的友谊。”

从 2014 年至今，伯乐中学先后和上海曹杨二中、云南师范大学实验中学以及云南师范大学签署了伙伴合作协议，并与同济大学、武汉大学、上海中医药大学、中央音乐学院、四川音乐学院、青岛九中等学校保持长期交流和交往。同时，伯乐中学每年都组织多次赴华交流活动，有“中国专题课中国行”、“中文合唱团中国行”以及常规的孔子学院秋令营项目等。

开放日汉语展台

China-Stand am Tag der offenen Tür

中文合唱团演唱《让世界充满爱》(2020)
Der Chinesisch-Chor sang „Lass die Welt voller Liebe sein“ (2020)

供稿：张云刚

Mit Gesang Liebe und Kraft liefern

— Das Essener Burggymnasium

1. Hintergrund

Das Burggymnasium befindet sich mitten in Essen, im Herzen des deutschen Ruhrgebiets. Der Vorgänger des Gymnasiums war die 852 n. Chr. gegründete katholische Stiftsschule für adelige Damen. Sie war eine der ersten zwölf öffentlichen Gymnasien im deutschsprachigen Raum und genießt seit langem einen hervorragenden Ruf im Ruhrgebiet.

Das Gymnasium hat derzeit etwa 800 Schüler/innen vom fünften bis zum zwölften Jahrgang, 75 examinierte Lehrer/innen, 10 Lehramtsanwärterinnen und Lehramtsanwärter sowie 2 Fremdsprachenassistentinnen aus dem Sprachaustauschzentrum des chinesischen Bildungsministeriums. SHI Mingde, der ehemalige chinesische Botschafter in Deutschland, hat den Namen des Gymnasiums auf Chinesisch geschrieben.

1995 richtete die Schule eine AG für Chinesisch ein. 2008 startete sie den regulären Grundkurs Chinesisch für die gymnasiale Oberstufe und war damit die einzige Schule in Essen, die Chinesisch-Unterricht anbot und Chinesisch in die Abiturprüfung aufnahm. Seit 2017 bietet das Gymnasium einen weiteren Chinesisch-Projektkurs an und ist die einzige Schule in Deutschland, die über einen Chinesisch-Projektkurs verfügt, der in die Abiturprüfung aufgenommen werden könnte.

Seit 2015 hat das Burggymnasium zweimal den ersten Platz beim NRW Kreativ-Wettbewerb Chinesisch und insgesamt fünf Mal den ersten Platz im Wettbewerb Chinese Bridge für Schüler in Deutschland erzielt, 2016 sogar den ersten Platz in Europa und den Weltmeisterschaftstitel gewonnen. Einer der ehemaligen Absolventen vom Jahrgang 2018 gewannen außerdem die deutsche Meisterschaft und den zweiten Platz beim Weltfinale des Chinese Bridge Wettbewerbs 2020 für Universitätsstudierende.

Bereits das achte Jahr in Folge haben viele Abiturient/innen des Burggymnasiums das International Chinese Language Teachers Scholarship für einen Studienaufenthalt in China erhalten. Im Jahr 2018 wurden sogar insgesamt elf Abiturient/innen gesendet. 2021 erhalten 5 Abiturient/innen Vollstipendien durch die chinesische Regierung. Ein Abiturient is trotz der Pandemie bereits mit den Stipendium für ein Bachelorstudium in China. Man erwartet, dass es im Jahr 2022 weitere 5 Stipendiat/innen geben wird, die nach dem Abitur zum Studium nach China gehen.

2. Highlights

Im März 2014 besuchte Professor PENG Liyuan das Burggymnasium und unterhielt sich mit den Schüler/innen über den Chinesischen Traum. Auf Anregung von Professor Peng wurde am Gymnasium der einzige Chinesisch-Chor in Deutschland gegründet. Bei der Abschlussfeier des „Deutsch-chinesischen Sprachenjahrs" 2014 präsentierte der Chor im Himmelstempel in Peking ein wunderschönes Lied in Anwesenheit der deutschen Bundeskanzlerin Angela Merkel und des chinesischen Ministerpräsidenten LI Keqiang und wurden von den beiden herzlich empfangen. 2015 lobte der chinesische Außenminister WANG Yi die Chorschüler bei der Eröffnungsfeier des Generalkonsulats in Düsseldorf für ihre ausgezeichnete Aussprache und die schönen Gesangsstimmen. Zu Beginn 2015 veranstaltete der Chinesisch-Chor mit Unterstützung des National Chinese Office das Neujahrskonzert „Das Gemeinsame Lied" am Central Conservatory of Music in Peking.

Im Oktober 2016 traf sich Professor PENG Liyuan mit Vertretern des Burggymnasiums im Staatsgästehaus Diaoyutai und schaute sich die Aufführung des Chors an. Sie lobte den Chinesisch-Chor als Vorbild für den gesellschaftlich-kulturellen Austausch zwischen China und Deutschland. Im Rahmen der Abschlussveranstaltung des Chinesisch-deutschen Jahres für Schüler- und Jugendaustausch in Hamburg im November 2016 trafen sich der deutsche Außenminister Frank-Walter Steinmeier und die chinesische Vize-Ministerpräsidentin LIU Yandong mit den Chormitgliedern und genossen die musikalischen Darbietungen des Chors.

Zur Eröffnung des Panda-Gartens im Berliner Zoo am 5. Juli 2017 überreichte der

Vertreter des Burggymnasiums einen selbst erstellten Linoldruck mit Panda-Motiv an den chinesischen Staatspräsidenten XI Jinping und die Bundeskanzlerin Angela Merkel. Während des Gesprächs ermutigten Staatspräsident XI Jinping und Professor PENG Liyuan alle anwesenden Gymnasiums-Vertreter, sich weiterhin für den Austausch zwischen China und Deutschland einzusetzen.

Im Juni 2018 schrieb Professor PENG Liyuan einen Brief an die Schüler des Burggymnasiums und ermutigte sie, Chinesisch fleißig zu lernen, häufiger China zu besuchen und Botschafter zur Förderung der chinesisch-deutschen Freundschaft zu werden.

Am 29. März 2019 veranstaltete das Burggymnasium eine Aufführung zur Feier des fünfjährigen Bestehens des Chinesisch-Chors, der auf Anregung von Professor PENG Liyuan gegründet wurde. Der kürzlich pensionierte chinesische Botschafter in Deutschland SHI Mingde und der neue Botschafter im Amt WU Ken sowie weitere Persönlichkeiten gratulierten dem Chinesisch-Chor mit Glückwunschbriefen und Videoaufzeichnungen. Im Juli desselben Jahres reiste der Chinesisch-Chor auf einer Chinatour nach Peking, Dalian und Chengdu.

Vor dem chinesischen Mondfest im September besuchte die Delegation unter der Leitung der Botschaftsrätin und Gattin des chinesischen Botschafters in Deutschland, GUO Jinqiu, das Burggymnasium. Sie unterhielten sich mit Lehrern und Schülern und schauten sich die Aufführung des Chinesisch-Chors an. Im Oktober nahmen die Lehrer und Schüler des Burggymnasiums an einem zweiwöchigen Herbstcamp an der Wuhan-Universität teil und besuchten das Athletendorf der World Military Games.

3. Chinesisch-deutscher Austausch in der Pandemiezeit

Am 31. Januar 2020 haben die Chormitglieder aus dem Stegreif „Lass die Welt voller Liebe sein" einstudiert und aufgenommen, um Wuhan und China aufzumuntern. Das Video auf Weibo hat über 5 Milionen Zugriffe verzeichnet. Auch der Sender des chinesischen Zentralfernsehens hat darüber berichtet.

Zwei Monate später, zu Beginn des COVID-19-Ausbruchs in Deutschland, als die regulären Proben des Chors eingestellt werden musste, nahmen die Schülerinnen und Schüler trotzdem online an der Aufnahme von Liedern und Videos wie

„Gemeinsam Fliegen“ und „Sonnige Tage“ teil.

2020 hatten die Chormitglieder kurz vor dem chinesischen Nationalfeiertag trotz der Schwierigkeiten des Lockdowns das Lied „Heute ist dein Geburtstag“ aufgezeichnet. Auf den Internetplattformen wurden über 8 Mio. Klicks verzeichnet.

Am 31. Januar 2021 nahmen die Chormitglieder, die seit fast einem Jahr nicht mehr geprobt hatten, das Lied „Nach der Pandemie“ zu Hause mit ihren Handys auf. Dieses Lied war einmal auf der TikTok, Weibo und WeChat Hot List. Im Gesang drückten die Schüler/innen ihre innersten Gefühle aus und hofften, dass die Pandemie schnell vorbei ist, und man wieder regelmäßig proben kann. Sie wollen weiterhin Liebe und Kraft durch Gesang vermitteln.

Am 9. Februar ermutigte Professor PENG Liyuan in einem Brief die Lehrkräfte und die Schüler/innen des Burggymnasiums zu neuen Beiträgen. Sie schrieb: ich habe mir das Video, in dem vier Mitglieder des Chors das chinesische Lied „Nach der Pandemie“ sangen, aufmerksam angeschaut. Die Schüler/innen haben darin den schönen Wunsch geäußert, Menschen in allen Ländern zu unterstützen, um die COVID-19-Pandemie so schnell wie möglich zu überwinden. Vor einem Jahr haben die Schüler/innen den Kampf Chinas gegen die Pandemie mit dem Lied „Lass die Welt voller Liebe sein“ unterstützt, welches dem chinesischen Volk ihre Freundschaft gezeigt hat. Die Pandemie ist immer noch auf der ganzen Welt unterwegs. Ich bin sehr besorgt über das Wohlbefinden der Schüler/innen und hoffe, dass sie und Ihre Familien wirksame Präventionsmaßnahmen ergreifen können. Ich bin zuversichtlich, dass das Eis auftauen wird und der Frühling auf dem Weg ist. Die Pandemie wird besiegt werden, sofern Menschen in allen Ländern gemeinsame Anstrengungen unternehmen. Die Lehrkräfte und die Schüler/innen sind nach der Pandemie zu weiterem Austausch nach China eingeladen, und dies wird die Freundschaft zwischen der chinesischen und der deutschen Bevölkerung, insbesondere zwischen den Jugendlichen, verbessern.

Seit 2014 hat das Burggymnasium Partnerschaftsvereinbarungen mit der Shanghai Caoyang No. 2 High School, der Experimental Middel School of Yunnan Normal University und der Yunnan Normal University geschlossen. Außerdem pflegt es langfristigen Austausch mit der Tongji-Universität, der Wuhan-Universität, der Shanghai University of Traditional Chinese Medicine, dem Central Conservatory of Music, Sichuan Conservatory of Music und der Qingdao Nr. 9 Middel School. Das Burggymnasium organisiert darüber hinaus jedes Jahr mehrere Reisen nach China, z.B. zur Belegung des Chinesisch-Projektkurses, für Choraufführungen und regelmäßige Herbstcamp-Programme des Konfuzius-Instituts.

汉语水平考试考场
HSK-Prüfung

郭金秋参赞向师生代表转交彭丽媛教授来信（2021）
Botschaftsrätin GUO Jinqiu überreichte den Lehrkräften und den Schüler/innen den Brief von Professor Peng (2021)

中文合唱团录制《疫情过后》(2021)
Der Chinesisch-Chor nahm das Lied „Nach der Pandemie" auf (2021)

Text und Bild: ZHANG Yungang

在海外建立起中国故事的“主场”

——金树国际纪录片节

一、案例简介

金树国际纪录片节（简称金树节）是首个由中国民营公司在海外发起并主办的国际纪录片节，该活动缘起于德法等国家的专业人士希望通过纪录片了解中国、促进中欧纪录片产业交流的愿望。自 2016 年起，北京华韵尚德国际文化传播有限公司于每年秋季在德国法兰克福举办金树节，在海外建立起中国“主场”。金树节至今已举办五届，内容包括影片展映、参赛评奖、论坛对话、投资交易等。已有来自

2019 年 10 月 10 日金树节开幕式及联合会客厅市场单元推介发布现场
Eröffnung des Golden Tree Festivals sowie Marketings- und Promotionsveranstaltung der „Joint Meeting Hall“ am 10. Oktober 2019

135 个国家和地区的超过 14000 部作品、110 个纪录片行业协会、3000 家国际影视公司、300 多家版权机构、1 万多名国际纪录片导演和 500 多位国际专家学者参与，得到中德两国政府和业界的广泛关注和认可，成为展示两国乃至国际优秀纪录片作品、推动中德视听产业合作发展的重要平台，为促进两国民心相通和文明交流互鉴发挥了积极作用。

二、实施过程和开展形式

金树节以“文化之根”为主题，每届为期 4 天，举办开幕式、入围影片展映、主题论坛、“联合会客厅”市场交易、“中国联合展台”特别专场及闭幕式暨颁奖典礼等多项活动。每年有近 80 个国家的上千名纪录片专家、导演、制片人、媒体人和观众现场参展，由来自 14 个国家和地区的评委评选出 9～11 部获奖作品。

金树节还为中外政府部门交流推介提供了平台。北京冬奥会组委会、北京市委宣传部、黑龙江省委宣传部，加拿大多伦多市政府、德国法兰克福市政府等曾在此开展友城人文交流展示活动。

受疫情影响，2020 年第五届金树节北京专场活动在京举办，开展线上线下“云端”对话。

三、所获荣誉

金树节连续四年被评为“国家文化出口重点项目”，被列入“中国联合展台”目录，2017 年入选“庆祝中德建交 45 周年系列文化活动”。曾获得德国、奥地利、加拿大、澳大利亚、英国、印度等国百余家主流媒体及平台的积极报道，以及人民日报、央视、新华网、学习强国等国内主流媒体平台百余篇报道。

中国驻法兰克福总领事孙从彬认为：“金树国际纪录片节为各国优秀纪录片提供了展示平台，为文化交流互鉴搭建了桥梁，有利于增进各国人民的相互了解和理解，推动共建人类命运共同体。”

德国黑森州文化部部长代表乌尔里克·埃丽诺拉表示：“金树节的意义和价值不断体现在文化交流的互学互鉴上。”

德国法兰克福市副市长史黛泽博士（Dr. Renate H. Sterzel）说：“金树节已经成为了著名的纪录片节，参加人数稳步增长，它为我们城市的文化活动作出了重要贡献。”

德国报刊评价："由中国人在西方国家举办的国际纪录片节，向全世界展示了今日中国的文化自信。"

四、经验总结及未来计划与展望

作为国内首个在境外举办的国际纪录片节，金树节在推动中国纪录片走出去、促进产业发展和国际交流的同时，以视听作品柔性力量传播中国文化，在增进中德两国人民了解沟通和人文交流等方面，取得了积极效果。未来一是将继续加强与以法兰克福大学为主的欧洲高校和学术机构的合作，建立常态化纪录片人才和片源储备库；二是拓展纪录片国际营销网络，搭建线上内容生产集合和版权交易平台，与线下金树国际纪录片节形成良好补充，实现版权交易、人才交流的常年运行；三是进一步发挥平台作用，积极引进国际优势资源，促进国内产业发展。

文化 12

人民日报

海外搭建平台 光影传播文化

媒体报道截图（部分）
Screenshot der chinesischsprachigen Medienberichte (Auswahl)

荣誉证明
Auszeichnungen

供稿：金树国际纪录片节组委会

Das „Heimstadion" von China Storys in der Übersee

— Golden Tree International Documentary Film Festival

1. Einführung

Das Golden Tree International Documentary Film Festival (abgekürzt als Golden Tree Festival) ist das erste internationale Dokumentarfilmfestival, das von einer chinesischen Privatfirma in Übersee initiiert und veranstaltet wird. Es entstand auf Wunsch von Fachleuten aus Deutschland, Frankreich und weiteren Ländern, durch Dokumentarfilme China kennenzulernen und den Austausch zwischen China und Europa in der Dokumentarfilmindustrie zu fördern. Seit 2016 veranstaltet die Beijing HuaYun-ShangDe International Cultural Exchange Co., Ltd. jeden Herbst das Golden Tree Festival in Frankfurt und etablierte damit ein chinesisches „Heimstadion" in der Übersee. Das Golden Tree Festival wurde bisher fünfmal abgehalten. Es umfasst Filmvorführungen, Wettbewerbe, Foren und Dialoge, Investitions- und Handelsveranstaltungen. Inzwischen sind mehr als 14.000 Filmbeiträge aus 135 Ländern und Regionen gezeigt worden. Eingebunden waren 110 Verbände der Dokumentarfilmindustrie, 3.000 internationale Film- und Fernsehunternehmen und mehr als 300 Urheberrechtsagenturen. Mehr als 10.000 internationale Dokumentarfilmregisseur/innen und mehr als 500 internationale Experten und Wissenschaftler nahmen am Festival teil. Das Festival hat viel Aufmerksamkeit erregt und umfassende Anerkennung bei Regierungen und in der Filmindustrie Deutschlands und Chinas gewonnen. Es gilt als wichtige Plattform, auf der exzellente chinesische, deutsche und sogar internationale Dokumentarfilme präsentiert werdenAngestrebt wird auch die Zusammenarbeit der chinesischen und der deutschen Film- und Fernsehindustrie. Das Festival hat eine aktive Rolle bei der Förderung des gegenseitigen Verständnisses und des kulturellen Austauschs gespielt.

2019 年 10 月 10 日金树节开幕式及联合会客厅市场单元推介发布现场

Eröffnung des Golden Tree Festivals sowie Marketings- und Promotionsveranstaltung der „Joint Meeting Hall“ am 10. Oktober 2019

2. Umsetzung und Konzeption

Das Golden Tree Festival mit dem Leitmotiv „Kulturelle Wurzeln“ dauert in der Regel 4 Tage und besteht aus der Eröffnungszeremonie, Vorführungen von ausgewählten Filmen, Themenforen, „Joint Meeting Hall“ und „Joint China Booth“, Sonderveranstaltungen, der Abschlussfeier und einer Preisverleihung. Jedes Jahr nehmen Tausende von Dokumentarfilmexperten, Regisseur/innen, Produzent/innen,

纪录片论坛与闭幕式暨颁奖典礼

Dokumentarfilmforum und Abschlussfeier & Preisverleihung

Medienfachleuten und das Publikum aus fast 80 Ländern an dem Festival teil. Eine Jury aus 14 Ländern und Regionen wählt 9 bis 11 preisgekrönte Werke aus.

Das Golden Tree Festival bietet ebenfalls den chinesischen und ausländischen Regierungen eine Plattform für Austausch und Standortspräsentationen. Das Organisationskomitee für die Olympischen Winterspiele in Peking, die Propagandaabteilung des Parteikomitees der Stadt Peking und der Provinz Heilongjiang, die Stadtregierung von Toronto in Kanada und von Frankfurt am Main haben hier Veranstaltungen zum Zweck des Kulturaustausches und zur Präsentation der Partnerstädte abgehalten.

2020 fand eine Sonderveranstaltung des 5. Golden Tree Festivals während der Covid-19-Pandemie in Peking statt, wobei man Online- und Offline-„Cloud"-Dialoge durchgeführt hat. Das 6. Golden Tree Festival soll im Oktober 2021 in Frankfurt stattfinden. Parallel findet eine Sonderveranstaltung in Peking statt.

3. Ehren und Auszeichnungen

Das Golden Tree Festival wurde vier Jahre in Folge als „National Cultural Export Key Project" anerkannt und in den Katalog „China Joint Booth" aufgenommen. 2017 machte man sich an die Publikation unter dem Titel „Kulturelle Aktivitäten zum 45. Jubiläum der Aufnahme diplomatischer Beziehungen zwischen China und Deutschland". Mehr als 100 ausländisch Mainstream-Medien und -Plattformen haben darüber berichtet und positiv bewertet, darunter auch Medien aus Deutschland, Österreich, Kanada, Australien, Großbritannien, Indien usw. Chinesische Mainstream-Medienplattformen wie People's Daily, CCTV, Xinhua Net und Xuexi.cn schrieben mehr als 100 Berichte über das Festival.

Sun Congbin, Generalkonsul der Volksrepublik China in Frankfurt, erklärte, dass „das Golden Tree Festival eine Plattform für exzellente Dokumentarfilme aus verschiedenen Ländern bietet und eine Brücke für den kulturellen Austausch und das gegenseitige Lernen schlägt. Es fördert den Aufbau einer Schicksalsgemeinschaft der Menschheit." Ein Vertreter des Kulturministers des Landes Hessen in Deutschland sagte: „Die Bedeutung und der Wert des Golden Tree Festivals spiegeln sich ständig im gegenseitigen Lernen und dem kulturellen Austausch wider."

Dr. Renate H. Sterzel, stellvertretende Bürgermeisterin von Frankfurt am Main, erklärte: „Das Golden Tree Festival ist zu einem bekannten Dokumentarfilmfestival geworden, und die Zahl der Teilnehmer nimmt stetig zu. Es hat einen großen und wichtigen Beitrag zu den Kulturangeboten unserer Stadt geleistet."

Die deutsche Zeitung kommentierte: „Ein internationales Dokumentarfilmfestival, das von Chinesen in westlichen Ländern veranstaltet wird, hat der Welt das kulturelle Selbstbewusstsein des heutigen Chinas gezeigt."

4. Rückblick, Zukunftspläne und Ausblick

Als erstes internationales Dokumentarfilmfestival Chinas in der Übersee unterstützt das Golden Tree Festival die chinesischen Dokumentarfilme auf den internationalen Märkten und fördert deren Entwicklung sowie internationalen Austausch. Gleichzeitig verbreitet man durch audiovisuelle Kunstwerke die chinesische Kultur im Ausland, verstärkt das Verständnis und den gesellschaftlich-kulturellen Austausch zwischen den Völkern und erzielt dabei einen positiven Effekt. In Zukunft soll erstens die Zusammenarbeit mit europäischen Hochschulen und akademischen Institutionen, vor allem mit der Universität Frankfurt, weiter ausgebaut werden, um die Ausbildung von Talenten zu institutionalisieren und einen Film-Pool des Dokumentarfilms aufzubauen. Zweitens soll das internationale Netzwerk für Dokumentarfilm-Marketing erweitert und eine Online-Plattform für Produktion, Sammlung und Copyright-Handel aufgebaut werden, die eine gute Ergänzung zum Offline Golden Tree International Dokumentarfilmfestival bildet und den ganzjährigen Betrieb von Copyright-Transaktionen und Talentaustausch ermöglicht. Drittens soll das Festival als Plattform weiter genutzt werden, um internationale Ressourcen zu beziehen und die Entwicklung der heimischen Dokumentarfilme zu fördern.

Text und Bild: Organisationskomitee
des Golden Tree International Documentary Film Festivals

多维度全方位促进中德交流与合作

——中国教育国际交流协会

案例一：引进德国优质职教资源，助力院校“双高”建设

为深入贯彻落实《国家职业教育改革实施方案》，2020 年，中国教育国际交流协会（以下简称“交流协会”）围绕双师型队伍建设和专业群建设等主题，克服疫情影响，引进德国优质职业技术教育资源，助力我国职业教育改革和“双高计划”建设；创新工作思路，与承接国家“工匠之师”创新团队境外培训计划（以下简称“工匠之师”）的德国优秀机构合作开展“中德工业 4.0 产教融合项目”和“中德双元制精英师资提升项目”，组织实施在线培训、专业共建和产教融合等工作。

（一）中德工业 4.0 产教融合项目

交流协会与德国 TÜV 莱茵学院合作，深入推进国际化产教融合，引进国际产业标准，提升职业院校教育教学水平，助力国际化应用型人才培养。

该项目聚焦物联网、区块链、智能制造、机电一体化等工业 4.0 核心专业，协助职业院校做好院校治理国际化、专业课程国际化、师资队伍国际化、学生发展国际化和产教融合基地建设等工作，探索将德国 TÜV 莱茵检测中心引入各地中德教育示范园区，完善“产学研用”链条，发挥技术引领作用。

该项目已服务近十所职业院校，服务内容包括体系认证、专业认证、德国 TÜV 莱茵学院授权培训考试中心、专业师资培训等。项目得到了职业院校高度评价，成为各校国际化办学和专业提升的重点项目。

（二）中德双元制精英师资提升项目

交流协会与德国海因策学院合作，优化“工匠之师”工业机器人专业课程并完全转为线上授课，疫情期间持续为职业院校提升教师专业教学能力、专业技术水

2020 年 11 月 27 日，中德工业 4.0 产教融合项目启动仪式，南京
Das deutsch-chinesische Programm für Integration von Industrie und Bildung zum Thema Industrie 4.0, 27. November Nanjing

平、实践操作能力和国际视野格局服务。截至 2022 年 6 月，共计 68 所院校 902 名学员参与了此项目。

项目针对德国双元制和教学法进行培训，指导参训教师编制模块化课程、编写活页教材、掌握工业机器人等相关专业领域中适合双元制的教学方法。项目采用“在线录播课 + 直播课”的混合教学形式，包含授课、讨论、实践、答疑、测评、考核等版块。

2020 年 12 月 8 日，项目举行开班仪式。时任中国驻汉堡总领事杜晓晖在致辞中表示，疫情背景下，中德合作双方创新形式，体现了迎难而上的勇气和创新破局的担当，展现了中德合作以人为本、本国特色、工匠精神和创新理念四个特质。

参训学员对项目给予高度评价，表示感受到了课程设计的用心和创新，颠覆性地改变了思考问题的角度和方法，重新审视职业教育应该如何实施，职教理念和方法论有了进一步改进。

交流协会将继续开展以上两个项目，并深挖“工匠之师”合作网络，甄别、引进、融合德国优质职教资源，助力国内职业院校提升办学水平和教学质量。

2020 年 12 月 8 日，时任中国驻汉堡总领事杜晓晖、交流协会职业教育与培训部副主任何培、海因策学院负责人 Jan Heinze 出席项目线上开班仪式并致辞。无锡职业技术学院机械技术学院副院长王骏代表学员发言。

Der damalige chinesische Generalkonsul in Hamburg, DU Xiaohui, Vize-Direktorin für Berufsbildung und Ausbildung von CEAIE, HE Pei und Direktor der Heinze Akademie, Jan Heinze, wohnten der Online-Eröffnung des Programms am 8. Dezember 2020 mit Ansprachen bei. WANG Jun, Vize-Leiter der Fakultät für Maschinenbau der Wuxi Institut of Technology hielt eine Rede im Namen aller Teilnehmerinnen und Teilnehmer.

新华网 让新闻离你更近

“中德双元制精英师资提升项目”开学典礼线上举行

2020-12-09 13:56:52 来源：新华网

关注新华网 微信 微博 Qzone

新华网汉堡12月9日电 由中国教育国际交流协会和德国海因策学院联合组织的“中德双元制精英师资提升项目”开学典礼8日在线上举行。22所项目院校近200名教师在线参会。

中国驻汉堡总领事杜晓晖在活动致辞中表示，疫情背景下，中德合作双方创新形式，体现了迎难而上的勇气和创新破局的担当，展现了中德合作以人为本、本国特色、工匠精神和创新理念四点特质。他表示，期待合作各方把握好双循环新发展格局这一中德合作新机遇，希望职业教育合作为中德合作打下新基础。

中国教育国际交流协会职业教育与培训部副主任何培表示，全球疫情阻断了人员的流动，但国际交流的脚步从未停止。中德双元制精英师资提升项目是应对全球疫情挑战而研发的一项高质量在线培训项目，旨在提升职业院校教师的专业教学能力、实践指导能力、专业技术水平和国际视野格局，助力培养高素质、专业化、创新型的高水平双师队伍。

据介绍，项目课程分为三个模块，共计需要投入80个学时的时间进行学习、研讨并完成作业和考核，全部学习任务将在三个月内完成。课程设计由浅到深、从基础到专业，理论联系实践。

炫图 | 视频

新华网 2020 年 12 月 9 日新闻

Medienbericht Xinhua Net, 9. Dezember 2020.

案例二：中德职教创新对话论坛

（一）论坛基本情况

受教育部国际合作与交流司委托，2019 年 6 月，中国教育国际交流协会组团赴德国柏林访问，并承办“中德职教创新对话论坛”。

6 月 26 日，由中国教育部与德国联邦教育和研究部共同主办、交流协会和德国宇航中心承办的“中德职教创新对话论坛”在德国柏林举办。国务院副总理孙春兰及德国联邦教育和研究部时任部长卡利切克（Anja Karliczek）出席开幕式并发表主旨发言。中国教育部代表宣读时任教育部部长陈宝生讲话。来自中德两国政府、职教行业、院校、企业的代表 150 余人出席论坛。

本次论坛是继 2018 年签署《中德关于加快职业教育领域合作的联合声明》后，两国教育部组织召开的首次聚焦职业教育的高规格活动。

（二）论坛内容

论坛安排了主旨发言、主题报告、专题论坛、平行论坛和嘉宾讨论等环节，共 16 位中方和 15 位德方发言人及嘉宾发言，与会者积极参与讨论和对话，气氛热烈。论坛以“深化应用型人才合作，服务两国产业转型升级”为主题，深入交流两国在职业教育领域的最新发展、重大政策和战略举措，共商共享新形势下的人才培养模式和职业教育合作机遇，共同构建数字化和智能化背景下中德两国职业教育的合作网络。

孙春兰副总理表示，2014 年习近平主席访德以来，中德全方位战略伙伴关系深入发展。职业教育是两国教育合作的一张“靓丽名片”，深化中德职业教育合作是两国领导人达成的重要共识。中国政府高度重视职业教育，对发展职业教育做出新的部署。希望双方充分利用本次对话论坛机会，在完善职教制度、提升师资水平、促进产教融合和加强标准建设等方面加强交流合作，共同推动两国职业教育迈上新的台阶。

卡利切克表示，职业教育在培养高素质人才、确保国家繁荣和经济增长方面发挥着重要作用。德中加强职教合作非常重要，不仅有利于共同提高职业教育水平，还可增进相互了解和理解，推动德中关系更好发展。智能制造、电动汽车等领域是目前两国产业发展与合作的重点，如何通过职业教育帮助劳动者对新技术做好准备，是两国职教合作需要重点探索的问题。

中国教育部国际司时任副司长张晋宣读时任部长陈宝生的讲话，从办有贡献的职业教育、有温度的职业教育、有活力的职业教育、有质量的职业教育和有吸引力的职业教育五个方面，简要介绍了深化中德职教交流合作、提升中国职业教育现代化水平的设想，并对加强和拓展中德职教合作提出希望。

德国联邦职业教育研究所托曼（Birgit Thomann）介绍，德国出台“国家继续教育战略”，投入3.5亿欧元经费，加强数字化时代人才培养。到2035年，数字化将为德国累计创造330万个新的就业岗位，同时导致400万人因被机器取代而失业。德国政府正为此开发有效的数字化培训手段，推动研发模块化的互动学习平台，降低终身学习门槛，不断强化人员的学习动力。

（三）论坛成果

1. 论坛举办恰逢其时，符合两国深化职教合作的需要

本次论坛是推动双方履行好《中德关于加强职业教育领域合作的联合声明》的重要活动。

我国学习借鉴德国“双元制”职业教育的经验和做法，进一步深化两国校地、院校和校企间的多样合作，是落实《国家职业教育改革实施方案》和推动我国职教持续深化改革的重要举措。德国联邦教研部打出“培训，由德国制造”品牌，制定德国职业教育全球营销策略，助力职业教育德国方案走向全球。

我国职业教育发展空间巨大，德国职业教育体系成熟、成果显著。两国基于各自需求，将不断探索职业教育的深入务实合作。

2. 顺应时代发展需要，更新合作内容和人才培养标准

中德两国站在信息化、数字化和智能化时代的最前沿，既分享着经济转型和产业升级带来的巨大发展机遇，也共同面临培养新型人才、应对未来挑战的艰巨任务。

本次论坛聚焦数字化和智能化背景下的人才培养，分享双方在不同专业领域开展的振奋人心的探索，新技术领域成为未来合作重点，为今后一个时期两国职业教育的合作内容确定了方向。两国将借助各自产业优势，互学互鉴，优势互补，共同培养适合时代要求的新型国际化人才。

3. 构建广阔合作网络，探索中德职业教育合作新模式

论坛为两国职业教育界搭建了高层次、多部门的政策及实践交流平台，拓展了中德职教合作的网络，吸引更多与职业教育密切相关的部门，如行业企业、培训机构、推广机构等加入职教合作朋友圈，为进一步丰富合作模式提供了可能。

两国政府鼓励更加多元、多样、多层次的创新合作，深化两国校地、院校、校企间的牢固高效的合作模式；在现有合作基础上，探索更具规模、更为深入、更有辐射效应的合作模式。

（四）工作建议

一是打造中德职教合作升级版。一方面要服务于深化我国职教改革的需要，继续扩大覆盖范围、拓展合作领域、丰富合作内容、创新合作模式、搭建更多对话交流平台；另一方面，应乘势而上，打响“留学中国”品牌，鼓励中国职教配合中国企业走进德国，打造中德职教合作升级版的全新内涵。

二是应对数字化时代人才需求。德国联邦教研部牵头出台相关政策，全方位加强数字化背景下的人才培养，在标准研发、课程设置、师资准备和企业参与等方面做了充分部署。应学习和借鉴德国的理念和做法，尽快将数字化时代产业标准和人才标准落实到教育教学中。

三是继续召开中德职教论坛，并高质量落实“工匠之师”计划。

德国联邦教育与研究部国际司司长博格（Susanne Burger）女士主持嘉宾论坛
Gastforum unter dem Vorsitz von Frau Susanne Burger, Leiterin der Internationalen Abteilung, Bundesministerium für Bildung und Forschung, Deutschland

案例三：国家“工匠之师”创新团队境外培训计划

为贯彻落实党中央、国务院决策部署，推动第五轮中德政府磋商成果和《中德关于加快职业教育领域合作的联合声明》，根据《国家职业教育改革实施方案》关于

“工匠之师”工业机器人专业团组行前合影 2019 年 11 月 16 日 北京
Gruppenfoto vor der Reise der „China Overseas Training Project for TVET Innovation Team“, 16. November 2019 Peking

“工匠之师”团组在德国汉堡海因策学院（Heinze Akademie）上课
„China Overseas Training Project for TVET Innovation Team“ an der Heinze Akademie, Hamburg, Deutschland

建设一支高素质“双师型”职业院校教师队伍的要求，教育部协同科技部于2019年启动实施国家“工匠之师”创新团队境外培训计划，连续五年分批次分专业选派职业院校专业带头人、骨干教师和校长、教学管理人员团队赴德国培训。受国际合作与交流司和教师工作司委托，中国教育国际交流协会负责执行国家“工匠之师”创新团队境外培训计划。

从2019年8月项目启动至2019年12月底，中方共派出12个“工匠之师”团组、共260人次，赴德国汉堡、不来梅、莱比锡、开姆尼茨和柏林培训，专业领域为工业机器人、电子商务、物流管理、养老和物联网。

培训团通过专题授课、实训场地观摩学习、项目式学习、模块化教学等方式，重点学习德国“双元制”职业教育，探索本土化改造方案，优化改进团队建设，提高教师教育教学能力、指导实操实训能力、技术水平和国际视野格局。

交流协会领导高度重视此项工作。刘利民会长亲自出席首批培训团行前培训会，秘书长直接领导项目的组织和实施。自2019年8月底到11月中旬，在不到三个月的时间内，交流协会完善工作办法和流程、加大人力投入、提高工作效率、加班加点、抢分夺秒，完成了人员遴选、外方对接、日程安排、手续报批、签证办理等前期工作。

为调动团员积极性、巩固和扩大培训成果，交流协会通过微信公众号，共推送10期图文并茂的“工匠之师”培训纪实，不仅为参训教师提供了展示平台，也广泛宣传了项目成果。

交流协会圆满完成2019年“工匠之师”派出工作，获得来自教育部、德国培训机构和参团院校、教师的一致好评。教师司黄伟副司长在第一批团组行前集训会上，代表孙尧副部长、教师司和国际司，高度肯定并感谢交流协会为“工匠之师”计划所付出的努力。黄副司长表示，交流协会承担此项任务，不仅展现了在对外交流合作和组派团组方面的丰富经验和专业性，也表现出高度的责任感和担当意识。国际司刘锦司长批示，“工匠之师”境外培训计划初战告捷。团员们在反馈意见中均表示，协会工作管理有尺度，学习培训内容有深度，团队配合协作有温度；通过培训收获很大，开阔了眼界、跨越了职届、提升了境界。

2020年，交流协会配合国际司和驻德使馆，遴选承接2020年培训计划的德方培训机构，虽受疫情影响未能派出团组，但交流协会始终与德国各专业领域合作机构保持联系，积极筹备今后的“工匠之师”派出工作。

“工匠之师”简报 来源：中国教育国际交流协会职教分会微信公众号

Kurzbericht „China Overseas Training Project for TVET Innovation Team“. Quelle: Öffentliches WeChat-Abo von CEAIE Berufsbildung

“工匠之师”简报 来源：中国教育国际交流协会职教分会微信公众号

Kurzbericht „China Overseas Training Project for TVET Innovation Team“. Quelle: Öffentliches Wechat-Abo von CEAIE Berufsbildung

案例四：以足球为纽带，增进中德人文深入交流

党中央、国务院高度重视青少年校园足球改革发展，自2015年校园足球外籍教师支持项目启动起，中国教育国际交流协会受教育部体卫艺司委托，协助完成校园足球外籍教师支持项目并在项目实施期间对外籍教师开展教学、训练和竞赛等情况进行调研考核。七年来，交流协会共引进400余名外籍足球教师，他们在225家全国青少年校园足球“训练营”训练营及公立中小学校开展足球教学以及师资培训工作，受益师生达23万余人。

交流协会与德国拜耳04勒沃库森足球俱乐部的合作始于2017年，截至目前，已有多名优秀足球教练带着德国先进的足球理念和技术来到中国，让孩子们感受到了足球的快乐与激情。在这些“洋教练”中，有一位教练员叫Oskar。2019年，他带着对足球的热爱来到中国，先后在江苏和吉林两地的“满天星”训练营开展足球训练和区域教练员培训等工作。两年来，不论清晨，还是下午放学后，亦或是双休日、寒暑假，Oskar带领着运动员们，尽情地在学校的绿茵场上挥洒汗水。从最简单的徒手热身，到熟悉球性、控球能力、身体平衡等训练，每一个动作，Oskar都会亲自示范，并与学生们积极互动，而孩子们超出预期的表现也让我们的“洋教练”刮目相看。两年来，他所带领的足球队伍屡创佳绩，硕果累累。（2019年全国体校杯江苏赛区男子U16组第二名；2020年山东省校园足球协会杯足球赛淄博站第二名，蝉联长春市校园足球联赛冠军等）。更值得一提的是，2020年他所带领的毕业班队员均以优异成绩考入理想大学。

2020年新冠肺炎疫情的暴发，彻底打乱了人们的学习、生活节奏，让绿茵场上的青春脚步也停了下来。但是足球无国界，友谊无国界，多名德国教练选择留在中国支持学校线上线下足球教学工作。在疫情突然袭来之时，国内抗疫物资紧缺，德国拜耳04勒沃库森足球俱乐部克服万难辗转多国采购并邮寄一批一次性医用口罩给交流协会以表达抗疫支持。此外，勒沃库森俱乐部母公司拜耳制药向中国捐赠价值1150万元的防疫物资，助力疫情防控。

拜耳04勒沃库森足球俱乐部2020年荣获交流协会年度最佳合作伙伴称号，2021年荣获交流协会40周年卓越国际合作伙伴称号，以表彰俱乐部与交流协会之间不断蓬勃发展的伙伴关系及其在中国校园足球这个舞台上所作出的贡献。相信通过校园足球开启的这扇国际交流大门，中德人文交流之路将会越走越长、越走越宽！

供稿：中国教育国际交流协会

Mehrdimensionale und umfassende Förderung des Austauschs und der Zusammenarbeit zwischen China und Deutschland

— China Education Association for International Exchange (CEAIE)

Beispiel 1: Bezug hochwertiger Ressourcen für Berufsbildung aus Deutschland und Unterstützung der Hochschulen beim Aufbau der Berufshochschulen und Fachgebiete auf hohem Niveau

Um den „Nationalen Umsetzungsplan für die Reform der Berufsbildung" im Jahr 2020 zu implementieren, widmete sich die China Education Association for International Exchange (im Folgenden als „CEAIE" bezeichnet) einer Reihe von Themen wie dem Aufbau eines Lehrerteams mit Doppelqualifikationen (Theorie und Praxis) und der Berufung von Fachgruppen. Sie bemüht sich, die Auswirkungen der Pandemie zu überwinden und hochwertige berufsbildungsrelevante Ressourcen aus Deutschland einzuführen, um die Berufsbildungsreform in China und die Realisierung des „Plans für Fachhochschulen und Fachgebiete auf hohem Niveau" zu unterstützen. Dabei arbeitet man nach innovativen Arbeitsansätzen mit herausragenden deutschen Institutionen zusammen, die im Auftrag der chinesischen Regierung das Ausbildungsprogramm „China Overseas Training Project for TVET Innovation Team" im Ausland (im Folgenden als „China Overseas Training Project for TVET Innovation Team" bezeichnet) übernehmen. Die Institutionen führen gemeinsam das „chinesisch-deutsche Programm für die Integration von Industrie und Bildung zum Thema Industrie 4.0" und das „chinesisch-deutsche Weiterbildungsprogramm für duale Lehrkräfte" durch. Dabei geht es um Online-Ausbildung, gemeinsamen Aufbau der Fachgebiete und die Integration von Industrie und Bildung.

1. Das deutsch-chinesische Programm für Integration von Industrie und Bildung zum Thema Industrie 4.0

Die CEAIE arbeitet mit der TÜV Rheinland Akademie zusammen und setzt sich dafür ein, die internationale Integration von Industrie und Bildung weiter zu fördern, internationale Industriestandards einzuführen, das Bildungs- und Unterrichtsniveau von Berufsschulen zu verbessern sowie die Ausbildung international ausgerichteter und anwendungsorientierter Talente zu unterstützen.

Das Programm fokussiert sich auf die Schlüsselfachrichtungen im Rahmen von Industrie 4.0 wie das Internet der Dinge, Blockchain, intelligente Fertigung und Mechatronik. Es unterstützt die Berufsschulen bei der Internationalisierung der Hochschulverwaltung, des Fachangebots, der Lehrkräfte und der Studierenden sowie beim Aufbau des Zentrums für die Integration von Industrie und Bildung. Man versucht, das Testzentrum von TÜV Rheinland Deutschland nach China zu bringen und ähnliche Konstrukte in lokalen chinesisch-deutschen Demonstrationsparks für Bildung anzusiedeln, die Wertschöpfungskette „Produktion – Studium – Forschung – Anwendung“ zu vervollständigen, damit man sich die technologische Führungsrolle sichert.

2020 年 9 月 14 日，德国 TÜV 莱茵深圳办公室和实验室
Büro und Laboratorium von TÜV Rheinland Deutschland in Shenzhen, 14. September 2020.

Inzwischen betreut das Programm knapp zehn Berufsschulen in China. Zu seinen Geschäftsfeldern gehören Systemzertifizierung, Studienfachzertifizierung, das von der TÜV Rheinland Akademie zugelassene Ausbildungs- und Prüfungszentrum sowie die Ausbildung von Fachlehrern. Das Programm wurde von den Berufsschulen hoch bewertet und ist zu einem Schlüsselprojekt zur Internationalisierung und Verbesserung der Fachausbildung an Berufsschulen geworden.

2. Das deutsch-chinesische Programm für Weiterbildung von Lehrkräften im dualen System

Durch die Zusammenarbeit mit der Heinze Akademie in Deutschland hat CEAIE die Fachseminare für das Programm „China Overseas Training Project for TVET Innovation Team" um den Schwerpunkt Industrieroboter ergänzt und vollständig auf Online-Unterricht umgestellt. Die Berufsschulen wurden trotz der Einschränkungen durch die Corona-Pandemie ermöglicht, ihre Lehrkompetenz für Fachunterricht zu verbessern, das fachlich-technische Niveau zu erhöhen, die Handlungsfähigkeiten in der Praxis zu optimieren und dabei ebenfalls eine internationale Sichtweise zu gewinnen. Bis Juni 2022 waren insgesamt 902 Teilnehmerinnen und Teilnehmer aus 68 Berufsschulen an dem Programm beteiligt.

Das Programm zielte auf eine Ausbildung nach dem Modell des deutschen Dualsystems und deutscher Didaktik ab. Es beriet die teilnehmenden Lehrkräfte bei der Erstellung von modularen Curricula und Loseblatt-Lehrmaterialien sowie bei der Beherrschung von didaktischen Methoden/Ansätzen des Dualsystems in unterschiedlichen Fachbereichen inkl. Industrieroboter. Dabei verwendete das Programm eine gemischte Unterrichtsform aus Online-Aufzeichnungen und Live-Übertragungen und bestand aus mehreren Modulen wie Unterricht, Diskussion, Übung, Q&A, Prüfung und Bewertung.

Die Auftaktveranstaltung des Programms fand am 8. Dezember 2020 statt. Der damalige Generalkonsul der Volksrepublik China in Hamburg, DU Xiaohui, brachte in seiner Ansprache zum Ausdruck, dass der innovative Versuch der chinesischen und deutschen Partnerinstitutionen vor dem Hintergrund der Pandemie und zahlreicher Schwierigkeiten Mut sowie Verantwortungsbewusstsein zeigt. Das Projekt ist repräsentativ und widerspiegelt die 4 Eigenschaften der chinesisch-deutschen Zusammenarbeit, nämlich Menschenorientierung, nationale Prägung, Handwerkergeist und innovative Ansätze.

Das Feedback der Programmteilnehmern war sehr positiv. Sie waren überzeugt, dass die Zielsetzungen und die innovativen Ansätze im Curriculum ihren Blickwinkel und ihre Denkweise gründlich verändert haben. Folglich setzen sie sich erneut damit auseinander, wie man die Berufsbildung besser methodisch umsetzen soll.

Die CEAIE wird die beiden oben genannten Programme fortführen und sich eingehender mit dem Kooperationsnetzwerk „China Overseas Training Project for TVET Innovation Team" befassen, hochwertige deutsche Ressourcen für Berufsbildung identifizieren, lokalisieren und integrieren, um chinesischen Berufsschulen zu helfen, ihre Management- und Unterrichtsqualität zu verbessern.

Beispiel 2: Dialogforum: Innovation in der Berufsbildung. Ein Fokus der deutsch-chinesischen Zusammenarbeit

1. Überblick

Im Auftrag der Abteilung für internationale Kooperation und Austausch des Bildungsministeriums richtete die CEAIE bei einer Delegationsreise in Berlin im Juni 2019 das „Dialogforum: Innovation in der Berufsbildung. Ein Fokus der deutsch-chinesischen Zusammenarbeit" aus.

Am 26. Juni 2019 fand in Berlin das von dem chinesischen Bildungsministerium und dem Bundesministerium für Bildung und Forschung mitgetragene „Dialogforum: Innovation in der Berufsbildung. Ein Fokus der deutsch-chinesischen Zusammenarbeit" statt, das von der CEAIE und dem Deutschen Zentrum für Luft- und Raumfahrt gemeinsam organisiert wurde. Die chinesische Vize-Ministerpräsidentin SUN Chunlan und die damalige Bundesministerin für Bildung und Forschung Anja Karliczek nahmen an der Eröffnungszeremonie teil und hielten Grundsatzreden. Der Vertreter des chinesischen Bildungsministeriums trug die Rede des damaligen chinesischen Bildungsministers CHEN Baosheng vor. Mehr als 150 Vertreter aus Politik, Berufsbildung, Hochschulen und Wirtschaft waren anwesend.

Das Forum war die erste hochrangige Veranstaltung, die das chinesische Bildungsministerium und das BMBF nach der Unterzeichnung der gemeinsamen Erklärung zur Stärkung der Zusammenarbeit im Bereich Berufsbildung zwischen China und Deutschland im Jahr 2018 zum Thema Berufsbildung veranstaltete.

2. Inhalt des Forums

Das Forum beinhaltet mehrere Teile wie Grundsatzreden, Themenvorträge,

Themenforen, Parallelforen und Paneldiskussionen. Insgesamt 16 chinesische und 15 deutsche Refent/innen und Gäste haben Vorträge gehalten und waren aktiv an Diskussionen und Dialogen beteiligt. Unter dem Motto „Vertiefung der Zusammenarbeit bei anwendungsorientierten Talenten und Unterstützung der industriellen Transformation und Modernisierung in beiden Ländern" tauschte man sich intensiv über die neuesten Entwicklungen, wichtigen Politiken und strategischen Maßnahmen im Bereich der Berufsbildung aus. Darüber hinaus beriet man sich über Modelle der Talentförderung sowie Kooperationschancen im Bereich der Berufsbildung unter neuen Umständen, um ein Kooperationsnetzwerk für Berufsbildung zwischen China und Deutschland vor dem Hintergrund der Digitalisierung und Intelligentisierung aufzubauen.

Die chinesische Vize-Ministerpräsidentin SUN Chunlan behauptete, dass sich die umfassende strategische Partnerschaft zwischen China und Deutschland seit dem Deutschlandbesuch des chinesischen Staatspräsidenten XI Jinping im Jahr 2014 tiefgehend entwickelt habe. Die Berufsbildung sei eine „schöne Visitenkarte" der Bildungskooperation zwischen China und Deutschland. Die Vertiefung der Berufsbildungskooperation sei ein Konsens der Spitzenpolitiker beider Länder. Die chinesische Regierung messe der beruflichen Bildung große Bedeutung bei und habe entwicklungsstrategische Pläne für Berufsbildung verfasst. Sun hoffte, dass beide Seiten das Dialogforum nutzen, um die Zusammenarbeit bzgl. der Vervollkommnung des Berufsbildungsmechanismus, anspruchsvollerer Qualifikationen von Lehrkräften, Integration von Bildung und Wirtschaft sowie Standardisierung zu verstärken. Dadurch solle die Berufsbildung in beiden Ländern auf ein höheres Niveau gebracht werden.

Nach Ansicht der damaligen Bundesbildungsministerin Anja Karliczek spielt die Berufsbildung eine bedeutsame Rolle bei der Ausbildung von hochqualifizierten Fachkräften sowie bei der Gewährleistung der Prosperität und des wirtschaftlichen Wachstums. Daher sei die Zusammenarbeit in der Berufsbildung für beide Länder von großer Bedeutung. Das Berufsbildungsniveau würde dadurch steigen. Der Austausch fördere auch das gegenseitige Verständnis und die Entwicklung der deutsch-chinesischen Beziehungen. Intelligente Fertigung und Elektromobilität stehe derzeit im Mittelpunkt der industriellen Entwicklung und sei ein Kernthema der Zusammenarbeit zwischen China und Deutschland. Wie die Arbeitnehmer durch Berufsbildung bei ihrer Vorbereitung auf neue Technologien unterstützt werden könne, stell ein zentrales Thema dar, das in der Berufsbildungszusammenarbeit zwischen China und Deutschland akzentuiert werden müsse.

ZHANG Jin, damaliger stellvertretender Direktor der Abteilung für internationale Zusammenarbeit und Austausch des chinesischen Bildungsministeriums, trug die Rede von damaligem Bildungsminister CHEN Baosheng auf der Eröffnungszeremonie vor. Darin hieß es, dass die Berufsbildung warmherzig, dynamisch, hochwertig und attraktiv sein solle. Man solle den Austausch und die Zusammenarbeit in der Berufsbildung zwischen China und Deutschland weiter vertiefen und das Modernisierungsniveau der chinesischen Berufsbildung erhöhen. Am Ende der Ansprache äußerte er den Wunsch, die chinesisch-deutsche Berufsbildungskooperation zu stärken und zu erweitern.

Laut Birgit Thomann vom Bundesinstitut für Berufsbildung hat die Bundesregierung die „Nationale Weiterbildungsstrategie" beschlossen und 350 Millionen Euro dafür investiert, um die Ausbildung von Nachwuchstalenten im Zeitalter der Digitalisierung zu stärken. Bis 2035 sollen durch die Digitalisierung insgesamt 3,3 Millionen neue Arbeitsplätze in Deutschland entstehen, während 4 Millionen Menschen ihren Arbeitsplatz vermutlich verlieren, weil die Arbeitsplätze durch Maschinen ersetzt werden. Die Bundesregierung entwickele zu diesem Zweck wirksame digitale Ausbildungsinstrumente, fördere die Forschung und Entwicklung von modularen interaktiven Lernplattformen, ermögliche den Zugang zum lebenslangen Lernen und stärke die Motivation zum ständigen Lernen.

3. Errungenschaften

1) Das Forum fand zum richtigen Zeitpunkt statt und kam den Anforderungen nach, die Berufsbildungszusammenarbeit zwischen beiden Ländern zu stärken.

Das Forum war ein Meilenstein zur Umsetzung der „Gemeinsamen Erklärung zur Stärkung der Zusammenarbeit im Bereich Berufsbildung zwischen China und Deutschland". Zur Realisierung des „Nationalen Umsetzungsplans für die Reform der Berufsbildung" und zur Förderung der anhaltenden und intensiven Reform der Berufsbildung in China wurde eine Reihe wichtiger Maßnahmen ergriffen. Dazu gehört, dass man das deutsche „duale System" als Vorbild nimmt und die vielfältige Zusammenarbeit zwischen der Schule und der Gesellschaft, unter Schulen sowie zwischen der Schule und der Wirtschaft weiter vertieft. Das BMBF hat „Training — Made in Germany" ins Leben gerufen und eine globale Marketingstrategie für die deutsche Berufsbildung entwickelt, um die Globalisierung des deutschen Berufsbildungskonzepts zu fördern.

In China gibt es großes Entwicklungspotential im Bereich der Berufsbildung. Das deutsche Berufsbildungssystem ist ausgereift und hat bemerkenswerte Ergebnisse erzielt. Beide Länder werden weiterhin versuchen, neue Möglichkeiten für eine eingehende und pragmatische Zusammenarbeit in der Berufsbildung ausfindig zu machen.

2) Man soll sich an die aktuellen Entwicklungsbedürfnisse anpassen und den Inhalt der Kooperation sowie die Standards der Talentförderung aktualisieren.

China und Deutschland haben eine führende Rolle angesichts der Herausforderungen in den immer wichtiger werdenden Bereichen Informationsverarbeitung, Digitalisierung und Künstliche Intelligenz. Sie teilen enorme Entwicklungschancen, die sich aus der wirtschaftlichen Umstrukturierung und der industriellen Modernisierung ergeben. Sie stehen aber auch gemeinsam der anspruchsvollen Aufgabe gegenüber, Nachwuchs-Talente auszubilden und zukünftige Herausforderungen zu bewältigen.

Auf dem Forum konzentriert man sich auf die Förderung von Nachwuchstalenten vor dem Hintergrund der Digitalisierung und Schaffung künstlicher Intelligenz und teilt miteinander die spannenden Erkundungsergebnisse in verschiedenen Berufsbereichen. Die neuen Technologiefelder werden zum Schwerpunkt der künftigen Zusammenarbeit und legen dabei die Inhalte der künftigen chinesisch-deutschen Zusammenarbeit in Berufsbildung fest. Beide Länder werden ihre jeweiligen industriellen Stärken nutzen, voneinander lernen, sich gegenseitig ergänzen und gemeinsam internationale Nachwuchstalente fördern, die den Anforderungen der Zeit entsprechen.

3) Man will ein umfassendes Kooperationsnetzwerk aufbauen und innovative Formate der chinesisch-deutschen Zusammenarbeit in Berufsbildung erkunden.

Das Forum schuf eine hochrangige, sektorenübergreifende Plattform für den Austausch von Politiken und Praktiken für chinesische und deutsche Akteure im Bereich Berufsbildung, erweiterte das Netzwerk der chinesisch-deutschen Berufsbildungskooperation und ermutigte Akteure zum Mitmachen, die eng mit der Berufsbildung verbunden sind, beispielsweise Unternehmen, Ausbildungseinrichtungen und Förderungsstellen. Sie sollen sich dem Freundeskreis der Berufsbildungskooperation anschließen, was neue Kooperationsmodelle mit sich bringen kann.

Die Politik fördert eine diversifiziertere, vielfältigere und mehrstufige innovative Zusammenarbeit, um das solide und effiziente Kooperationsmodell zwischen der Schule und der Gesellschaft, unter den Schulen sowie zwischen der Schule und der Wirtschaft zu erweitern. Auf Basis der bestehenden Zusammenarbeit sollen weitere umfangreiche, intensive und einflussreiche Kooperationsmodelle gefunden werden.

4. Vorschläge

1) Upgrade der chinesisch-deutschen Zusammenarbeit im Bereich Berufsbildung. Einerseits muss die Berufsbildungskooperation den Bedürfnissen der Berufsbildungsreform in China gerecht werden, den Deckungsbereich vergrößern, die Kooperationsfelder erweitern, den Inhalt der Zusammenarbeit ausbauen, innovative Kooperationsmodelle entwickeln und mehr Dialog- und Austauschplattformen aufbauen. Anderseits soll man für ein „Studium in China" werben und die Vorteile als Bildungsstandort hervorheben, die chinesische Berufsbildung in Zusammenarbeit mit chinesischen Unternehmen nach Deutschland einzuführen und damit ein Upgrade der chinesisch-deutschen Berufsbildungskooperation mit inhaltlichen Erneuerungen verwirklichen.

2) Anpassung an die Bedürfnisse an Nachwuchstalenten im digitalen Zeitalter. Unter der Federführung des BMBF wurden politische Maßnahmen zur umfassenden Stärkung der Talentausbildung im digitalen Kontext ergriffen, wobei man in den Bereichen Standardforschung und -entwicklung, Curriculum-Gestaltung, Bereitstellung von Lehrkräften sowie Unternehmensbeteiligung umfassende Maßnahmen angeordnet hat. Ziel ist es, die deutschen Konzepte und Praktiken einzustudieren und zum Vorbild zu nehmen und die Industriestandards und Talentstandards im digitalen Zeitalter so schnell wie möglich in Bildung und Lehre umzusetzen.

3) Veranstaltung des nächsten chinesisch-deutschen Forums für Berufsbildung und Umsetzung des Programms „China Overseas Training Project for TVET Innovation Team".

平行论坛“中德职业教育合作，建立广泛合作网络”

Parallelforum „Deutsch-chinesische Zusammenarbeit in der Berufsbildung, Aufbau eines breiten Kooperationsnetzes“.

德国联邦教育与研究部国际司司长博格（Susanne Burger）女士作总结发言

Abschließende Bemerkungen von Frau Susanne Burger,Leiterin der Internationalen Abteilung, Bundesministerium für Bildung und Forschung, Deutschland

Beispiel 3: Nationales Ausbildungsprogramm des Kreativteams „China Overseas Training Project for TVET Innovation Team" in Übersee.

Um die Entscheidung des Zentralkomitees der KP China und des Staatsrates umzusetzen und um die Ergebnisse der fünften Runde der chinesisch-deutschen Regierungskonsultationen sowie die „gemeinsamen Erklärung zur Stärkung der Zusammenarbeit im Bereich Berufsbildung zwischen China und Deutschland" umzusetzen, starteten das chinesische Bildungsministerium und das chinesische Ministerium für Wissenschaft und Technologie gemäß den Anforderungen zum Aufbau eines Lehrerteams mit Doppelqualifikationen an Berufsschulen (Theorie und Praxis) im „Nationalen Umsetzungsplan für die Reform der Berufsbildung" das nationale Auslandsausbildungsprogramm des Kreativteams „China Overseas Training Project for TVET Innovation Team" im Jahr 2019. Fünf Jahre in Folge wurden Gruppen von Fachgebietsleitern, Lehrkräften, Schulleitern und aus dem Schulmanagement von Berufsschulen ausgewählt und zur Ausbildung nach Deutschland geschickt. Die CEAIE wurde von der Abteilung für internationale Zusammenarbeit und Austausch und der Abteilung für Lehrpersonal des Bildungsministeriums beauftragt und ist für die Umsetzung des Ausbildungsprogramms im Ausland verantwortlich.

Vom Auftakt des Programms im August 2019 bis Ende Dezember 2019 waren insgesamt 12 Teams von „China Overseas Training Project for TVET Innovation Team" mit insgesamt 260 Teilnehmerinnen und Teilnehmern zur Ausbildung nach Hamburg, Bremen, Leipzig, Chemnitz und Berlin gereist. Das Programm konzentrierte sich vor allem auf die Themen Industrieroboter, E-Commerce, Logistikmanagement, Altersversorgung und Internet der Dinge.

Durch themenspezifische Vorlesungen, Besichtigung der Praktikumsstätten, projektbasiertes Lernen und modularen Unterricht fokussierten sich die Lehrerteams auf die deutsche duale Berufsbildung, untersuchten die Lokalisierungsmöglichkeit der deutschen Lehrkonzepte in China, optimierten die Teambildung und verbesserten dadurch die pädagogische und didaktische Kompetenz, die Praktikumsbetreuung, die fachlichen Qualifikationen und die internationale Sichtweise der Lehrkräfte.

Die Führungskräfte der CEAIE legten großen Wert auf dieses Programm. Der Vorsitzende von CEAIE, LIU Limin, nahm persönlich an dem Vorbereitungsworkshop

“工匠之师” 电子商务、物流管理、养老和物联网专业团组行前合影 2019 年 11 月 23 日 北京
„China Overseas Training Project for TVET Innovation Team“ Fachgruppen E-Commerce, Logistikmanagement, Altenpflege und Internet der Dinge, 23. November 2019, Beijing

“工匠之师” 团组访问德国 ZAL 汉堡应用航空航天研究中心
„China Overseas Training Project for TVET Innovation Team“ Gruppe besuchen ZAL Zentrum für Angewandte Luftfahrtforschung in Hamburg, Deutschland

vor der Abreise des ersten Ausbildungsteams teil. Der Generalsekretär der CEAIE agierte persönlich als Delegationsleiter und ist hauptverantwortlich für die Organisation und die Durchführung des Programms. Von Ende August bis Mitte November 2019, in weniger als drei Monaten, optimierte die CEAIE ihr Arbeitsverfahren, erhöhte den Personaleinsatz und steigerte die Arbeitseffizienz. Mit unermüdlichem Einsatz hat man es trotz Zeitknappheit geschafft, die Vorbereitungsarbeit wie Auswahl der Teammitglieder, Kontaktaufnahme mit ausländischen Partnern, Terminvereinbarung, Genehmigungsverfahren sowie Visabeantragung und -Erteilung erfolgreich und rechtzeitig abgeschlossen zu haben.

Um die Teammitglieder zu mobilisieren und die Ausbildungsergebnisse zu konsolidieren und zu verbreitern, hat die CEAIE insgesamt 10 Kurzberichte über „China Overseas Training Project for TVET Innovation Team“ mit Texten und Bildern über das institutionseigene WeChat-Abo veröffentlicht, die nicht nur den teilnehmenden Lehrer/innen eine Präsentationsplattform bieten, sondern auch die Programmergebnisse vermitteln können.

Die CEAIE hat den Auftrag von „China Overseas Training Project for TVET Innovation Team“ 2019 erfolgreich durchgeführt und wurde von dem chinesischen Bildungsministerium, deutschen Ausbildungseinrichtungen, teilnehmenden Hochschulen und Lehrkräften einstimmig anerkannt. Beim Vorbereitungsworkshop vor der Abreise des ersten Teams würdigte der stellvertretende Direktor der Abteilung für Lehrpersonal des Bildungsministeriums, HUANG Wei, im Namen des Vizeministers SUN Yao, der Abteilung für Lehrpersonal und der Abteilung für internationale Zusammenarbeit und Austausch die Leistungen der CEAIE und bedankte sich bei der CEAIE für die Abwicklung des Programms „China Overseas Training Project for TVET Innovation Team“. Huang meinte, dass die CEAIE im Rahmen des Programms nicht nur ihre reichen Erfahrungen und Professionalität in der internationalen Zusammenarbeit sowie in der Organisation unter Beweis gestellt habe, sondern auch ein hohes Verantwortungsbewusstsein bewiesen habe. Der Direktor der Abteilung für internationale Zusammenarbeit und Austausch, LIU Jin, erkannte auch den ersten Erfolg des Ausbildungsprogramms „China Overseas Training Project for TVET Innovation Team“ in Übersee an. In ihren Rückmeldungen gaben alle Teammitglieder an, dass das Management von CEAIE standardisiert sei, Inhalt der Ausbildung sei tiefgründig und die Teamarbeit sehr harmonisch sei. Durch das Ausbildungsprogramm habe man viel gelernt, seine Perspektive erweitert und andere Fachgebiete kennengelernt. Damit seien neue Möglichkeiten eröffnet worden.

Im Jahr 2020 unterstützte CEAIE die Abteilung für internationale Zusammenarbeit und Austausch des Bildungsministeriums und die Chinesisch Botschaft in Deutschland, deutsche Ausbildungseinrichtungen für die Durchführung des Ausbildungsplans 2020 auszuwählen. Obwohl wegen der Corona-Pandemie kein neues Team nach Deutschland gehen konnte, blieb CEAIE stets in Kontakt mit deutschen Partnern in verschiedenen Berufsfeldern und bereitete sich auf die Reise zukünftiger Teams von „China Overseas Training Project for TVET Innovation Team" vor.

Beispiel 4: Intensivierung des gesellschaftlich-kulturellen Austauschs zwischen China und Deutschland mit Fußball als Bindeglied

Das Zentralkomitee der KP China und der Staatsrat messen der Reform und Entwicklung des Jugend- und Schulfußballs große Bedeutung bei. Seit dem Start des Programms zur Förderung des Schulfußballs durch ausländische Fußballtrainer im Jahr 2015 wurde die CEAIE von der Abteilung für Sport, Gesundheit und Kunst des Bildungsministeriums beauftragt, die Umsetzung zu unterstützen und Studien bzw. Bewertung über Lehre, Training und Spielwettbewerb der ausländischen Fußballtrainer durchzuführen. In den letzten sieben Jahren wurden mehr als 400 ausländische Fußball-Lehrer eingestellt, die an 225 öffentlichen Grund- und Mittelschulen Fußballunterricht und Fußballlehrerausbildung geleistet haben, wovon 230.000 Lehrer und Schüler profitierten.

Die Zusammenarbeit zwischen der CEAIE und Bayer 04 Leverkusen begann im Jahr 2017. Bisher sind mehrere hervorragende Fußballtrainer mit deutschen Fußballkonzepten und -techniken nach China gekommen. Trainer Oskar ist einer davon. 2019 kam er nach China und führt seitdem das Fußballtraining und ToT (Training of Trainer) in Gypsophila-Trainingslagern der Provinzen Jiangsu und Jilin durch. In den letzten zwei Jahren konnte man ihn tagsüber und auch an Wochenenden bzw. in den Winter- und Sommerferien mit jungen Spielern auf der grünen Wiese der Schule sehen. Von einfachen Aufwärmübungen über Ballberührungsübungen und Ballkontrolle bis zum Körpergleichgewicht-Training demonstrierte Oskar persönlich jede Bewegung und spielte interaktiv mit den Schülern zusammen. Die Leistung der Kinder übertraf seine Erwartungen. Die von ihm geleitete Fußballmannschaft hat in den vergangen zwei Jahren wiederholt gute Leistungen erbracht. (Zweiter Platz in der U16-Gruppe in der Jiangsu-Division des National Sports School Cup im Jahr 2019; zweiter Platz beim Shandong Campus Football Association Cup 2020). Erwähnenswert ist, dass alle Abiturienten in seinem Kurs im Jahr 2020 mit hervorragenden Noten von der gewünschten Hochschule aufgenommen wurden.

Die Pandemie im vergangenen Jahr hat überall das Leben auf den Kopf gestellt und das Feldtraining auf der grünen Wiese eingeschränkt. Aber Fußball kennt keine Grenzen, ebensowenig wie Freundschaft. Mehrere deutsche Trainer entschieden sich dafür, in China zu bleiben und den Online- und Offline-Fußballunterricht der Schule zu unterstützen. Als in den kritischen Pandemiemonaten ein extremer Mangel an Masken in China herrschte, hat der deutsche Fußballverein Bayer 04 Leverkusen trotz aller Schwierigkeiten eine Charge medizinischer Einwegmasken aus mehreren Ländern beschafft und nach China geschickt. Darüber hinaus spendete die Bayer AG, die Muttergesellschaft des Club Leverkusen, PPE im Wert von 11,5 Millionen RMB, um der Schule bei der Pandemiebekämpfung zu helfen.

Auf der China Annual Conference for International Education & Expo im Oktober 2020 wurde die Bayer 04 Leverkusen Fußball GmbH zum besten Partner des Jahres von CEAIE gewählt, um die stetig wachsende Partnerschaft zwischen Bayer 04 Leverkusen und CEAIE und seine Beträge zur Entwicklung des Schulfußballs Chinas zu würdigen. Der internationale Austausch, den der Schulfußball ermöglicht, wird sicherlich den gesellschaftlich-kulturellen Austausch zwischen China und Deutschland vertiefen und erweitern!

Text und Bild: China Education Association for International Exchange

中德高校合作成功的典范

——同济大学中德学部

一、案例简介

2012年，中德学部（Chinesisch-Deutsche Hochschule，简称CDH）由同济大学与德国学术交流中心（DAAD）合作建立，是同济大学所有对德机构与合作项目的共同框架。中德学部作为一个平台机构而非单纯的教科研场所，旨在面向所有致力于对德交流、研究学习德语及其他对德合作密切专业的相关人士提供信息与合作机会。

同济大学中德学部
Chinesisch-Deutsche Hochschule der Tongji-Universität

中德学部以如此独一无二的合作方式创立于同济大学并非出自偶然。同济大学从建校之初，就与德国建立了密切的学术合作关系，如今双方的合作更是达到了有史以来的最高峰。在其他任何一所中国大学、甚至国外大学中，对德高校及研究机构的合作、交流与研究项目都不像在同济大学这样活跃；每年有近千名学生在此学习德语；超过 200 名的中国学者专家与德国来往密切，大多数都掌握德语并在德国进行过学习深造。为保持并加强同济大学在促进中德两国合作中的作用，搭建中德两国交流合作的桥梁与创新合作的平台，双方决定成立同济大学中德学部。

二、案例成果与影响

中德学部包含同济大学对德合作的三个支柱机构，即中德学院（CDHK）、中德工程学院（CDHAW）以及职业技术教育学院（CDIBB）。这三家学院各有侧重，集中体现了目前同济大学在对德教育和科研领域的合作潜力。

此外，中德学部还下设中德校园（CDC）作为面向同济大学所有对德合作机构、组织项目的信息窗口和服务平台，通过更多的联网和合作，使同济大学与德国之间的合作活动更有成效和知名度；下设的德文图书馆（Deutsche Bibliothek）作为以德国文化为特色的国际文化交流中心，在开展传统图书借阅服务、创设优雅阅读空间的同时，逐步成为同济大学国际文化交流与展示的标志性空间载体；下设的中德之窗（CDF）作为中德学部学生联盟，面向同济大学各学院喜爱中德交流的中外学生开放，通过各类中德交流活动与会议，致力于为中外学生搭建一个中德文化交流与分享的平台；下设的中德联合创新实验室（CDI-Lab）是中德学部为探索高校创新创业模式、提供中德人才聚集新机遇、激发创新创业新成果而打造的全新空间。

除此以外，中德学部还包括德国研究中心、德国学术中心、德国欧洲问题研究所、留德预备部、德语系、中德交通研究中心、国际经济法研究所、中德职业技能认证研究中心、中德人文交流研究中心等对德科研教学机构，与达姆施塔特工业大学、魏玛包豪斯大学、马堡大学以及格拉茨工业大学等高校的战略伙伴关系和中德合作清洁水项目等对德合作项目。绝大多数对德机构以及 4 个伙伴机构驻同济大学联络办公室相继入驻了四平路校区的中德大楼，由中德学部协调管理。

2019 年 10 月，在中德学部的推进协调下，同济大学接连成立中德经济与管理研究院、中德智能科学与技术研究中心、中德汽车联合研发中心、中德机械工程中心等一批对标高水平学科融合和产教融合的中德合作新平台，进一步拓展了同济大学与德国合作的广度与深度，开创了同济大学对德合作交流新局面。

中德经济与管理研究院成立
Gründung der Chinesisch-Deutschen Akademie für Wirtschaft und Management

中德智能科学与技术研究中心成立
Gründung des Chinesisch-Deutschen Forschungszentrums für Intelligente Wissenschaft und Technologie

中德学部多次被官方认可为中德教育合作的精品典范项目：

- 2014 年 10 月 10 日，中德政府在李克强总理访问德国期间联合发表《中德合作行动纲要：共塑创新》，中德学部作为中德高校合作成功典范被列入《中德合作行动纲要》的第 99 条。

- 2015 年 10 月，德国联邦教育与科研部推出首个《中国战略 2015—2020》，再次将同济大学中德学部作为中德高校合作重要典范写入战略文件中。

- 2016 年 11 月，中国科技部发布了《科技创新 · 共塑未来 · 德国战略》，将同济大学中德学部各分支机构作为中德科技合作的重要平台写入其中。

- 2018 年 7 月，中德两国政府在《关于深化高等教育和职业教育领域合作的联合意向性声明》中强调继续支持同济大学中德学部建设。

- 2020 年 9 月，德国外交部出台《印太方针》, 其中同济大学中德学部获赞为“德国外交科技政策灯塔项目”。

三、案例展望

中德学部获得的诸多殊荣一方面可以理解为对至今所做出成绩的认可，另一方面也可以认为是对未来工作的激励。中德学部将在以往的工作基础上，紧密配合国家战略工作，总结经验，开拓思路；并根据同济大学与德国高校合作的新特点和新需求，着重研究如何更好地设计、构建、组织更适合同济大学与德国大学学科发展的平台与活动，使中德学部真正成为同济大学服务于教学学科发展的理想载体之一。中德学部着重在创新领域，通过模块化的形式整合全校对德资源，进一步强化科研与学术教学水平。

同济大学立志高远，脚踏实地，力求跻身世界一流大学之列，而在此过程中，同济大学与德国各方在学术和科研方面所建立起的互惠关系起到了至关重要的作用。对此，中德学部将扮演举足轻重的领导者角色，与德国伙伴一起，通过激发合作潜力，提升协同效力，使整体发挥出优于各部分总和的力量。

供稿：同济大学中德学部，苏霁雯

Vorbild der erfolgreichen deutsch-chinesischen Hochschulkooperation

— Chinesisch-Deutsche Hochschule der Tongji-Universität

1. Hintergrund

Die Gründung der Chinesisch-Deutsche Hochschule (CDH) wurde 2011 mit einer Vereinbarung zwischen der Tongji-Universität und dem Deutschen Akademischen Austauschdienst (DAAD) besiegelt. Sie gilt als Dachorganisation sämtlicher Teileinrichtungen, Partnerschaften und Projekte mit Deutschlandbezug an der Tongji-Universität. Die CDH versteht sich nicht als Bildungsinstitution ausschließlich für Lehre und Forschung, sondern auch als Informationszentrum sowie Plattform der Zusammenarbeit all derer, die sich intensiv mit Deutschland, der deutschen Sprache und deutschen Partnern befassen wollen.

Es ist kein Zufall, dass das einzigartige Kooperationsformat der CDH an der Tongji-Universität entwickelt wurde. Seit der Gründung hat die Tongji-Universität eine enge akademische Zusammenarbeit mit Deutschland aufgebaut. Heute erreicht die bilaterale Zusammenarbeit den höchsten Stand aller Zeiten. Man findet keine zweite chinesische Hochschule und nichts Entsprechendes in anderen Ländern, wo Kooperation, Austausch und Forschungsprojekte mit deutschen Hochschulen und Forschungseinrichtungen so vielfältig und aktiv sind wie das an der Tongji-Universität der Fall ist. Jedes Jahr lernen fast 1.000 Studierende an der CDH die deutsche Sprache. Mehr als 200 Wissenschaftler und Fachleute haben enge Kontakte zu Deutschland. Die meisten von ihnen beherrschen Deutsch und haben in Deutschland studiert oder wurden dort weitergebildet. Damit die Tongji-Universität zur Förderung der chinesisch-deutschen Zusammenarbeit weiterhin eine wichtige Rolle spielt und eine Plattform für Innovation und Kooperation aufgebaut werden kann, beschlossen beide Seiten, die Chinesisch-Deutsche Hochschule an der Tongji-Universität einzurichten.

中德学部指导委员会第一次会议召开并通过《同济大学中德学部（CDH）的议事规程》
Auf der 1. Lenkungsausschusssitzung der CDH wurde die Geschäftsordnung der CDH der Tongji-Universität verabschiedet

2. Errungenschaften und Auswirkungen

Die CDH hat eine Brücke zwischen der Tongji-Universität und Deutschland geschlagen. Unter dem Dach der CDH befinden sich drei Teileinrichtungen für die Zusammenarbeit der Tongji-Universität mit Deutschland , nämlich das Chinesisch-Deutsche Hochschulkolleg (CDHK), die Chinesisch-Deutsche Hochschule für Angewandte Wissenschaften (CDHAW) und das Chinesisch-Deutsche Institut für Berufsbildung (CDIBB). Die drei Institutionen haben eigene Schwerpunkte und bündeln das Potential der Kooperation mit Deutschland im Bereich Bildung und Forschung.

An der CDH funktioniert der Chinesisch-Deutsche Campus (CDC) als Informations- und Dienstleistungsplattform aller deutschlandbezogenen Teileinrichtungen und Projekte an der Tongji-Universität, um sich besser zu vernetzen, Projekte sichtbarer zu machen und die lebendige deutsch-chinesische Zusammenarbeit außerhalb des Uni-Geländes zu präsentieren. Die Deutsche Bibliothek versteht sich als Zentrum für internationalen Austausch mit kultureller Prägung Deutschlands. Neben herkömmlichen Bibliothekdienstleistungen und gemütlichen Räumen für die Leserschaft hat die Bibliothek sich inzwischen zum Wahrzeichen der internationalen kulturellen Vernetzung und zum Präsentationsstand der Tongji-Universität entwickelt. Das Chinesisch-Deutsche Fenster (CDF) als CDH-Studentenunion wendet sich

同济大学中德学部框架图

Organigramm der CDH an der Tongji-Universität

den chinesischen und ausländischen Studierenden an der Tongji-Universität zu, die sich für chinesisch-deutschen Austausch interessieren. Mit inhaltsreichen Veranstaltungen und Konferenzen soll eine Plattform zum gesellschaftlich-kulturellen Austausch zwischen China und Deutschland für Studierende beider Seiten aufgebaut werden. Das Chinesisch-Deutsche Innovationslabor ist vor kurzem in brandneue Räumlichkeiten eingezogen und stellt ein innovatives Format für Existenzgründung an der Hochschule dar. Das Labor organisiert Begegnungen chinesischer und deutscher Nachwuchstalente und unterstützt Ideen-, Wissens-, sowie Technologietransfer.

An der CDH sind weitere Einrichtungen mit Deutschlandbezug eingebunden wie das Deutschlandforschungszentrum (DFZ), das Institut für Deutschland- und EU-Studien, das Deutschkolleg, die Deutsche Fakultät, das Chinesisch-Deutsche Forschungszentrum für Verkehr, das Chinesisch-Deutsche Institut für Internationales Wirtschaftsrecht, das Chinesisch-Deutsche Forschungszentrum für Zertifizierung von Berufsqualifikationen und das Zentrum für Chinesisch-Deutschen Gesellschaftlich-

Kulturellen Austausch. Darüber hinaus hat die CDH strategische Partnerschaften mit mehreren deutschen Hochschulen (z.B. TU Darmstadt, Bauhaus-Universität Weimar, Universität Marburg und TU Graz) aufgebaut sowie eine wichtige Rolle bei chinesisch-deutschen Kooperationsprojekten wie „Sauberes Wasser“ gespielt. Die meisten zugehörigen Einrichtungen und die Verbindungsbüros der 4 Partnerinstitutionen sind inzwischen in das CDH-Gebäude auf dem Siping-Campus eingezogen, wo sie einheitlich von der CDH koordiniert und verwaltet werden.

Im Oktober 2019 gründete die Tongji-Universität unter der Koordination der CDH eine Reihe von chinesisch-deutschen Kooperationsplattformen, um eine integrierte Entwicklung in Fachgebieten und die Integration von Industrie und Bildung zu fördern. Zu den neu gegründeten Einrichtungen zählen die Chinesisch-Deutsche Akademie für Wirtschaft und Management, das Chinesisch-Deutsche Forschungszentrum für Intelligente Wissenschaft und Technologie, das Chinesisch-Deutsche Forschungs- und Entwicklungszentrum für Automobilität und das Chinesisch-Deutsche Zentrum für Maschinenbau. Damit soll die Kooperation zwischen der Tongji-Universität und Deutschland erweitert und vertieft werden.

Die CDH wird durch die chinesische und die deutsche Regierung immer wieder als ein vorbildliches Projekt der chinesisch-deutschen Bildungskooperation hervorgehoben.

中德汽车联合研发中心成立
Gründung des Chinesisch-Deutschen Forschungs- und Entwicklungszentrums für Automobilität

中德机械工程中心成立
Gründung des Chinesisch-Deutschen Zentrums für Maschinenbau

- Beim Deutschlandbesuch des chinesischen Ministerpräsidenten LI Keqiang veröffentlichten die chinesische und die deutsche Regierung am 10. Oktober 2014 den „Aktionsrahmen für die deutsch-chinesische Zusammenarbeit: Innovation gemeinsam gestalten!“. In Artikel 99 des Aktionsrahmens wurde die Chinesisch-Deutsche Hochschule als Vorbild der chinesisch-deutschen Hochschulkooperation bezeichnet.
- Im Oktober 2015 legte das Bundesministerium für Bildung und Forschung die erste „China-Strategie 2015-2020“ vor, in der die CDH der Tongji-Universität erneut als wichtiges Vorbild der chinesisch-deutschen Hochschulkooperation aufgenommen wurde.
- Im November 2016 veröffentlichte das chinesische Ministerium für Wissenschaft und Technologie das Dokument „Wissenschafts- und Technologieinnovation, gemeinsam die Zukunft gestalten, Deutschland-Strategie“, in dem die Teileinrichtungen der CDH als bedeutsame Plattform für chinesisch-deutsche wissenschaftliche und technologische Zusammenarbeit anerkannt wurden.
- Im Juli 2018 sprachen die chinesische und die deutsche Regierung sich für eine fortgesetzte Unterstützung der CDH in der „Gemeinsamen Absichtserklärung zur Vertiefung der Zusammenarbeit im Hochschul- und Berufsbildungsbereich“ aus.

- Im September 2020 gab das Auswärtige Amt Deutschlands die „Leitlinien zum Indo-Pazifik“ heraus, in denen die CDH der Tongji-Universität als „Leuchtturmprojekte der deutschen Außenwissenschaftspolitik“ bezeichnet wurde.

3. Ausblick

Die zahlreichen Auszeichnungen, die die CDH erhalten hat, können als Anerkennung ihrer bisher erzielten Leistungen verstanden werden. Andererseits können sie aber auch als Ansporn für die künftige Arbeit angesehen werden. Die CDH wird ihre Erfahrungen zusammenfassen, gemäß den nationalen Strategien neue Ideen entwickeln und sich dabei an dem Bedarf der Zusammenarbeit zwischen der Tongji-Universität und deutschen Hochschulen orientieren. Die Plattformfunktion wird gestärkt und die Organisationsarbeit mit einer durchdachten Konzeption und Planung verfeinert, so dass die Fachbereiche an der Universität besser bedient werden können. Die CDH bekennt sich zu Innovation und bemüht sich, akademisch und bezüglich der F&E die Qualität stets zu steigern, indem sie verfügbare deutsche Ressourcen modular einsetzt.

Als ambitionierte, zukunftsorientierte und praktisch veranlagte Universität strebt die Tongji-Universität an, Anschluss zu der weltweiten Elite zu finden. In diesem Prozess spielen die gegenseitig nutzbringenden Beziehungen zwischen der Tongji-Universität und den deutschen Akteuren in der Akademie und Forschung eine entscheidende Rolle. Die CDH schöpft diesbezüglich gemeinsam mit ihren deutschen Partnern das Kooperationspotenzial aus, fördert Synergien und versucht, den Gewinn für alle durch Kooperation und Koordination zu maximieren.

Text und Bild: SU Jiwen, Chinesisch-Deutsche Hochschule der Tongji-Universität

让梦想插上音乐的翅膀

——中国青少年音乐比赛·蜂鸟音乐奖暨中德青少年音乐交流季

一、案例简介

中国青少年音乐比赛·蜂鸟音乐奖始于 2016 年，是一个陪伴青少年成长的音乐教育项目。它在德国外交部和中国驻德使领馆支持下，与有着 59 年历史的德国青少年音乐比赛 Jugend musiziert 合作，致力于在推动我国普及音乐教育的同时，增进中外（尤其是中德）在文化、教育领域的民间交流。

中国青少年音乐比赛·蜂鸟音乐奖主要分为两个部分：一是面向全国青少年及在华学习生活的外国青少年开展的全科目音乐比赛，二是侧重于中外青少年交流的

中德双方签署无限期合作协议（德国·Halle）
Unterzeichnung des unbefristeten Kooperationsabkommens zwischen China und Deutschland (Halle, Deutschland)

赛后固定公益项目——“中德青少年音乐交流季”。

2014 年，比赛主办方对世界范围内优秀的普及音乐赛事及教育项目进行了全面的考察研究，彼时已成功举办了 51 届的德国青少年音乐比赛（后文简写为 JuMu）在此中十分耀眼。它的比赛科目设置非常全面，独奏专业比赛项目每三年一个循环，同时，每年均设立不同编制、合作自由度非常大的室内乐比赛项目。这些特质与比赛主办方的理念不谋而合。同年，比赛主办方与 JuMu 主办方——德国音乐理事会（Deutscher Musikrat），就在中国合作开展青少年音乐赛事及相关音乐教育项目的可能性、如何在保持 JuMu 特色赛制的基础上进行必要的本地化转换、如何在保持比赛独立性的同时获得德方最大程度上的专业技术支持等方面进行了多轮探讨。

2015 年 7 月 29 日，主办方与德国音乐理事会在德国波恩理事会总部办公室签署了合作协议。9 月 30 日，在柏林中国驻德国大使馆，时任中国驻德国公使衔参赞陈平，正式启动了 2016 年第一届中国青少年音乐比赛 · 蜂鸟音乐奖。

六年来，中国青少年音乐比赛 · 蜂鸟音乐奖长期获得德国外交部、中国驻德国各使领馆及德国驻中国各使领馆、德国音乐理事会、歌德学院、同济大学中德人文交流研究中心等机构给予的重要支持，同时与北京外交人员语言文化中心、大众集团（中国）、德国贝希斯坦钢琴等机构进行了深度合作。

独特的比赛模式、特殊的获奖鼓励机制以及小音乐家们优秀精彩的演出吸引了众多媒体的关注，包括《中国日报》(CHINA DAILY)、《新音乐报》(Neu Musikzeitung)、《波恩评论报》(Bonner Rundschau)、《奥格斯堡日报》(Augsburger Zeitung)、《新华社 NEWS 通讯》、《北京青年报》、《中国文化报》等在内的中外平面媒体均对本活动从不同角度进行报导并给予了正面的肯定。中央电视台、上海电视台等电视媒体也以新闻报道和专栏的形式对省级比赛及全国级比赛做了宣传采访。

二、案例举例

1. 中国青少年音乐比赛 · 蜂鸟音乐奖

比赛面向中国 4～23 岁非专业（或专业）学习音乐的儿童及青少年展开，基本遵循了 JuMu 的比赛章程。担任各级比赛评委的，是在中国各大音乐高校、专业音乐团体任职的教师或演奏家。同时，根据合作协议，德国音乐理事会每年均委派 JuMu 的评委来中国参与省级及全国级比赛评审工作，并在每个项目比赛结束后与每一位参赛者及其家长、老师面对面交流。不仅提供关于演奏问题的指导，也会就如何选择适合曲目提出建议，为中国青少年音乐比赛·蜂鸟音乐奖提供了强有力的音乐专业支持。截至目前，参与蜂鸟音乐奖各级评审工作的德国评委已达 105 人次以上。

2. 中德青少年音乐交流季

每年 7 月，随着全国级比赛的结束，比赛的固定公益项目“中德青少年音乐交流季”即刻开启。比赛主办方和德国外交部共同资助中德两国比赛优秀获奖选手进行互访及交流演出。7 ~ 10 名中国优秀获奖者将在全额资助下于当年 9 月赴德参加室内乐大师班，与 JuMu 的获奖者合作排练并随后在德国展开巡演；同年 10 月，JuMu 获奖者回访，与蜂鸟音乐奖的获奖者一起举行中国巡演。赴德的中国获奖者年龄在 9 ~ 15 岁之间，一直在中国学习西方古典音乐的他们，能亲赴古典音乐发源地、全方位去感受乐谱背后的音乐文化，能与异国文化下的同龄人因为音乐而结识、通过音乐来交流，对他们的音乐学习产生了非常大的影响。有的获奖者甚至因为这短暂的赴德学习经历而自发地做出了进行专业音乐学习的决定。另一方面，中国青少年们精湛的演奏、得体的言行举止，也向德国民众展示了当代中国青少年的优异风貌。

第三届“中德青少年音乐交流季”德国巡演·室内乐音乐会，波恩贝多芬室内乐厅
Die dritte Ausgabe der „Tage der deutsch-chinesischen Begegnung der Kammermusik“, Deutschland-Tournee - Kammermusikkonzert, Beethoven Haus-Kammermusiksaal, Bonn

2016 年 9 月，蜂鸟音乐奖获奖者受邀与当年的 JuMu 获奖者一起在德国总统府贝尔维尤宫（Schloss Bellevue）举办的公民节上演出，并受到时任德国总统高克（Joachim Gauck）的接见；同年 11 月，蜂鸟音乐奖获奖者还受邀参加了在汉堡举办的“中德青少年交流年闭幕音乐会”，时任中国副总理刘延东和时任德国外交部长施泰因迈尔（Frank-Walter Steinmeier）出席了闭幕式并接见了中德获奖者。

第三届“中德青少年音乐交流季”德国巡演 · 德国总统府贝尔维尤宫公民节音乐会
Die dritte Ausgabe der „Tage der deutsch-chinesischen Begegnung der Kammermusik“, Deutschland-Tournee, Bürgerfestkonzert im Schloss Bellevue

2016 年至 2019 年，赴德参加交流季的中国获奖者共计 55 人次（2020 预计选派 10 人，因全球疫情影响未能成行），应邀来中国交流的德国获奖者为 35 人次（有一位获奖者通过网络形式参加了 2020 年交流季中国段的演出）；受德国音乐理事会委派，在大师班为中德获奖者上课、排练的德国教授共计 45 人次。优秀的中德音乐青少年们把精彩的合作带到了数十座中德城市，每次交流季都奉献了数十场音乐会演出，均获得了圆满的成功和众多的赞誉，还收获了不少“铁杆粉丝”。

第三届“中德青少年音乐交流季”德国巡演·波恩贝多芬音乐节演出现场
Die dritte Ausgabe der „Tage der deutsch-chinesischen Begegnung der Kammermusik“, Deutschland-Tournee, Beethovenfest in Bonn

2018 蜂鸟音乐奖·北京赛区比赛
„China Youth Music Competition – Hummingbird Music Awards“, Provinzwettbewerb in Peking, 2018

2022 年是中德建交 50 周年，本年度“中德青少年音乐交流季 – 中国段”将以“中德建交 50 周年庆典音乐交流活动”为内容展开，计划在北京、上海、深圳和成都 4 个城市，以贝多芬的三首交响乐——《命运》《英雄》《田园》作为巡演主题，举办专题音乐会。我们试图通过音乐，将自然的力量、人们对完整生存空间和完整社会的进一步认知、面对大流行的全球性抗争、国际合作及互助、在大流行背景下同时产生的社交疏离和人类团结等等一系列主题串联起来，进行综合表达。

作为中国青少年音乐比赛的延续，“中德青少年音乐交流季”侧重于“交流平台”的搭建。它不仅是为参赛者们提供在音乐、文化等方面直接交流的机会，同时也借助交流季中所包含的国内外巡演，将中国青少年音乐比赛 · 蜂鸟音乐奖所倡导的音乐教育理念以最直观的方式、最无需翻译的语言传播得更远更广。

三、案例成效及展望

经过六年的努力耕耘，中国青少年音乐比赛 · 蜂鸟音乐奖的分赛区数量从 2016 年的 2 个，增长到 2022 年的 17 个，比赛的影响力已将我国从西（新疆）到东（江苏）、从北（沈阳）到南（福建、深港澳）全面覆盖；参赛人数也从第一届的 600 多人增至第六届的 4200 多人。更令人欣喜的是，室内乐组参赛数量从首届比赛的 95 组增加到了第六届的近 600 组，增长率高达 630% 以上。

2019 年蜂鸟音乐奖 · 北京赛区比赛
„China Youth Music Competition – Hummingbird Music Awards“ 2019, Provinzwettbewerb in Peking

2019 年蜂鸟音乐奖 · 北京赛区比赛
„China Youth Music Competition – Hummingbird Music Awards“, Provinzwettbewerb in Peking

每一位被蜂鸟音乐奖所影响到的小音乐家，每一位投身于普及音乐教育事业的教师，以及与孩子们一同享受音乐美好的每一位家长，撑起了越来越壮大的蜂鸟音乐奖。五届比赛中，有 35% 的选手参加过三届以上比赛；有的选手通过比赛结识成为好友，克服跨城排练的困难，在来年一同携手参加室内乐组比赛；有的教师此前一直潜心钻研独奏教学，结缘蜂鸟音乐奖后开始有意识地在教学中开展室内乐、合奏教学……我们相信，只有真实感受到了音乐的美好、真切体验到了音乐交流的特殊魅力，才会有这些发自内心的改变。我们也有信心，因为这美好的信任与相互陪伴，蜂鸟音乐奖将与所有中国的青少年音乐爱好者们一同迈向宽广天地、走得更远。

在过去的六年中，虽然参赛人数在增长，但参赛曲目重叠率却高达 20%～30%。选择适合的曲目，尤其是室内乐组曲目，成为了不少教师的难题。德国 JuMu 经过 59 年的发展，积累了两万多首不同编制的作品，并将它们划分成了五个难易等级。对这个曲目库的引入及合理本地化将是下一步亟需解决的问题。曲目库的引进不仅仅在比赛范围内具有指导意义，还可以给中小学音乐教育提供更广泛的资源和教学思路。此外，我们也在考虑，如何利用比赛已经具有的中德优秀专业音乐人才资源优势，在中德普及音乐教育之间、在中国专业和业余音乐教育之间搭建交流学习的平台，引入优秀先进的教育理念，为中国普及音乐教育师资水平的提升做一些推动。

2021 蜂鸟音乐奖中德人文交流庆典音乐会《布兰诗歌》暨第六届中德青少年音乐交流季开场音乐会顺利落幕，上海音乐厅，2021 年 8 月 4 日

Das 2021 Hummingbird Music Awards Sino-German Cultural Exchange Gala-Konzert, gleichzeitig Eröffnungskonzert der „6. Tage der deutsch-chinesischen Begegnung der Kammermusik“ feierte mit seiner „Carmina Burana“ in der Shanghai Concert Hall am 4. August 2021 einen fulminanten Erfolg.

2018 年，德国驻广州总领事冯马丁先生出席广州赛区颁奖音乐会

Herr Martin Fleischer, Generalkonsul von Deutschland in Guangzhou, anwesend bei dem Preisverleihungskonzert des Provinzwettbewerbs in Guangzhou, 2018

2020 第五届蜂鸟音乐奖即时网络比赛，连线德国
„China Youth Music Competition – Hummingbird Music Awards“ 2020, „Online-Wettbewerb“

第七届中国青少年音乐比赛 · 蜂鸟音乐奖省级比赛现已逐渐展开，今年以及今后的每一年，我们都将像过去的六年一样，踏踏实实组织好每一场比赛，真诚对待每一位新老朋友，与德方进一步开展更深入、延续性更强的合作。愿我们所提倡的美好的音乐精神、音乐理念能通过这只虽小却动力超凡的蜂鸟传播扩散到更多的角落！

供稿：中国青少年音乐比赛 · 蜂鸟音乐奖组委会，夏苒

Lasst eure Träume auf den Flügeln der Musik fliegen

— Der chinesische Jugendmusikwettbewerb „China Youth Music Competition – Hummingbird Music Awards" und die „Tage der deutsch-chinesischen Begegnung der Kammermusik" für jugendliche Musiker

Der chinesische Jugendmusikwettbewerb „China Youth Music Competition – Hummingbird Music Awards" ist ein Vorzeigeprojekt für Musikbildung, das junge Menschen beim Erwachsenwerden begleitet. Mit Unterstützung des Auswärtigen Amtes der Bundesrepublik Deutschland und der chinesischen Botschaft und Konsulate in Deutschland hat das Projekt gemeinsam mit dem seit 58 Jahren bestehenden deutschen Jugendmusikwettbewerb „Jugend musiziert" einen umfangreichen Musikwettbewerb für Jugendliche in China ins Leben gerufen und im Anschluss an den Wettbewerb jährlich ein gemeinnütziges Projekt — die „Tage der deutsch-chinesischen Begegnung der Kammermusik", eine Austauschinitiative für junge Musiker — durchgeführt. Das Projekt folgt der Motivation, in der Musikerziehung chinesischer Jugendlicher zurück zum Wesen der Musik zu gelangen und gleichzeitig die Musik als Mittel zu nutzen, um den kulturellen Austausch zwischen chinesischer und deutscher Jugend vertiefend zu fördern.

I. Einführung

Der chinesische Jugendmusikwettbewerb „China Youth Music Competition – Hummingbird Music Awards" startete im Jahr 2016 als ein musikpädagogisches Projekt, um junge Menschen auf ihrem Weg des Erwachsenwerdens zu begleiten. In Kooperation mit dem deutschen Jugendmusikwettbewerb „Jugend musiziert" widmet sich die Veranstaltung der Förderung der Musikerziehung in China sowie dem zivilen

Austausch zwischen China und dem Ausland (insbesondere zwischen China und Deutschland) im Bereich der Kultur und Bildung.

Der Chinesische Jugendmusikwettbewerb „China Youth Music Competition – Hummingbird Music Awards“ gliedert sich primär in zwei Teile. Zum einen ist der „China Youth Music Competition – Hummingbird Music Awards“ ein breit gefächerter Musikwettbewerb für alle chinesischen und ausländischen Jugendlichen, die in China leben, lernen oder studieren. Zum anderen folgt nach dem Wettbewerb ein jährliches gemeinnütziges Projekt, das sich auf den Austausch zwischen chinesischen und ausländischen Jugendlichen konzentriert — die „Tage der deutsch-chinesischen Begegnung der Kammermusik“.

2015 年，时任中国驻德国公使衔参赞陈平在中国驻德国大使馆，于中德双方见证下正式启动 2016 年第一届中国青少年音乐比赛 · 蜂鸟音乐奖

Herr CHEN Ping, chinesischer Botschaftsrat mit Gesandtentitel in Deutschland kündigt 2015 in Berlin offziell die Kooperation mit dem deutschen Projektpartner und den Projektstart, die erste Ausgabe des „China Youth Music Competition – Hummingbird Music Awards“ für 2016 an

Im Jahr 2014 führte der Wettbewerbsveranstalter eine umfassende Studie über beispielhafte Wettbewerbe für Musik und Bildungsprogramme auf der ganzen Welt durch. Der Deutsche Jugendmusikwettbewerb (im Folgenden als JuMu abgekürzt), der zu diesem Zeitpunkt bereits 51 Mal stattgefunden hatte, entspricht den Ideen der Veranstalter deschinesischen Jugendmusikwettbewerbs wegen seines umfassenden Fächerspektrums und eines dreijährigen Zyklus der Solokategorien.

Attraktiv sind auch die jährlich angebotenen Kammermusikkategorienund ein hohes Maß an Freiheit bei den Ensemble-Konstellationen. Im selben Jahr, 2014, diskutierten der Wettbewerbsveranstalter und der JuMu-Veranstalter — der Deutsche Musikrat — wiederholt über die Möglichkeit einer Zusammenarbeit bei Jugendmusikveranstaltungen und damit verbundenen Musikbildungsprogrammen in China, über die notwendige Lokalisierung unter Beibehaltung des einzigartigen Wettbewerbsformats von JuMu und darüber, wie man die maximale professionelle Unterstützung von deutscher Seite erhält, ohne die Unabhängigkeit des Wettbewerbs zu gefährden.

Am 29. Juli 2015 unterzeichnete der Veranstalter mit dem Deutschen Musikrat in der Geschäftsstelle des Hauptsitzes in Bonn eine Kooperationsvereinbarung. Am 30. September 2015 gab Herr CHEN Ping, der damalige chinesische Botschaftsrat mit Gesandtentitel in Berlin, offiziell den Startschuss zur ersten Ausgabedes chinesischen Jugendmusikwettbewerbs„China Youth Music Competition – Hummingbird Music Awards“ im Jahr 2016.

In den vergangenen sechs Jahren erhielt der chinesische Jugendmusikwettbewerb „China Youth Music Competition – Hummingbird Music Awards“regelmäßig Unterstützung vom deutschen Auswärtigen Amt, von der chinesischen Botschaft und den Konsulaten in Deutschland und der deutschen Botschaft und den Konsulaten in China, vom Deutschen Musikrat, vom Goethe-Institut und dem Zentrum für Chinesisch-Deutschen Gesellschaftlich-Kulturellen Austausch an der Tongji-Universität. Ebenso gab es eine intensive Zusammenarbeit mit dem Sprachen- und Kulturzentrum für Diplomaten in Beijing, der Volkswagen Group China und Bechstein Klaviere Deutschland.

Auf Grunddes einzigartigen Wettbewerbsformats, des besonderen Anreizmechanismus in Form der Preisvergabe und der exzellenten und herausragenden Darbietungen der jungen Musiker zog der Wettbewerb die Aufmerksamkeit vieler Medien auf sich, darunter *CHINA DAILY*, *Neue Musikzeitung*, *Bonner Rundschau*, *Augsburger Zeitung*, *Xinhua-Nachrichtenagentur News*, *Beijing Jugendzeitung* und *Chinesische Kulturzeitung*. Solche Medien berichteten aus verschiedenen Blickwinkeln und würdigten die Veranstaltung positiv. CCTV, Shanghai TV und andere TV-Medien haben ebenfalls in Form von Nachrichtensendungen und Kolumnen über die Wettbewerbe in den Provinzen und auf nationaler Ebene berichtet.

II. Beispiele

1. Der chinesischeJugendmusikwettbewerb „China Youth Music Competition – Hummingbird Music Awards"

Der Wettbewerb ist offen für in China lebende Kinder und Jugendliche im Alter von 4 – 23 Jahren, die nicht bereits einem professionellen Musikstudium folgen. Die Teilnahmebedingungen stützen sich auf die JuMu Richtlinien. Die Juroren für alle Stufen des Wettbewerbs sind Lehrer oder Musikinterpreten, die an großen Musikuniversitäten bzw. in professionellen Orchestern und Ensembles in China arbeiten. Gleichzeitig entsendet der Deutsche Musikrat nach der Kooperationsvereinbarung jedes Jahr JuMu-Juroren nach China, die an der Wertungsarbeitbei Provinz- und Landeswettbewerben teilnehmen und die nach jeder Veranstaltung für eine Beratung mit den Teilnehmern und deren Eltern sowie Lehrern zur Verfügung stehen. Sie bieten Hilfestellung bei Interpretationsfragen an, beraten bei der Auswahl eines geeigneten Repertoires und leisten eine starke musikalische professionelle Unterstützung für den chinesischen Jugendmusikwettbewerb „China Youth Music Competition – Hummingbird Music Awards". Seit 2016 waren deutsche Juroren mehr als 105-mal in die Juryarbeit von sowohlCYMC-Provinz- als auch Nationalwettbewerben involviert.

2. Die „Tage der deutsch-chinesischen Begegnung der Kammermusik"

Im Anschluss an den Nationalwettbewerbs im Juli jeden Jahres folgt die jährliche gemeinnützige Austauschinitiative für junge Musiker „Tage der deutsch-chinesischen Begegnung der Kammermusik". Die Wettbewerbsorganisatoren und das deutsche Auswärtige Amt fördern gemeinsam den Austausch und die Auftritte ausgewählter Preisträger aus China und Deutschland. Sieben bis zehn der besten chinesischen Preisträger reisen jeweils im September zu einem in Gänze finanzierten Kammermusik-Meisterkurs nach Deutschland. Dort proben sie auch mit den JuMu-Preisträgern und gehen anschließend in Deutschland auf Tournee. Im Oktober desselben Jahres treten die JuMu-Preisträger dann eine China-Tournee gemeinsam mit den Preisträgern von „China Youth Music Competition – Hummingbird Music Awards" an. Die jungen chinesischen Preisträger im Alter von 9 bis 15 Jahren, die in China bereits seit längerem mit der westlichen klassischen Musik in Berührung gekommen sind, haben damit Gelegenheitan die Wiege der klassischen Musik zu reisen und dort die musikalische Kultur hinter der Partitur ganzheitlich zu erleben. Sie haben die Möglichkeit, auf Gleichaltrigeunterschiedlichen kulturellen

第二届“中德青少年音乐交流季”中国巡演・庆典音乐会（北京普渡寺）
Die zweite Ausgabe der „Tage der deutsch-chinesischen Begegnung der Kammermusik“, China-Tournee-Galakonzert (Pudu-Tempel, Peking)

第四届“中德青少年音乐交流季”德国巡演・室内乐音乐会（龙堡 Schloss Drachenburg）
Die vierte Ausgabe der „Tage der deutsch-chinesischen Begegnung der Kammermusik“, Deutschland-Tournee-Kammermusikkonzert (Schloss Drachenburg)

Hintergrunds zu treffen und über Musik zu kommunizieren, was großen Einfluss auf ihr musikalisches Lernen nimmt. Einige der Gewinner haben sich aufgrund dieser kurzen Studienerfahrung in Deutschland sogar für ein professionelles Musikstudium

2016 年中德青少年交流年，汉堡大学音乐会
Das Jahr für deutsch-chinesischen Jugendaustausch 2016, Konzert an der Universität Hamburg

在德国总统府贝尔维尤宫（Schloss Bellevue）举办的公民节上演出，并受到时任德国总统高克接见
Aufführung beim Bürgerfest im Schloss Bellevue Empfang beim damaligen Bundespräsidenten Gauck

entschieden. Auf der anderen Seite zeigten die chinesischen Jugendlichen mit hervorragenden Aufführungen und angemessenem Verhalten dem deutschen Publikum ein hervorragendes Bild der heutigen chinesischen Jugend.

Im September 2016 wurden die „China Youth Music Competition – Hummingbird Music Awards"-Preisträger eingeladen, gemeinsam mit den JuMu-Preisträgern beim Bürgerfest im Schloss Bellevue aufzutretenund wurden vom damaligen Bundespräsidenten Gauck empfangen. Außerdem nahmen die „China Youth Music Competition – Hummingbird Music Awards"-Preisträger im November desselben Jahres am Abschlusskonzert des „Jahres für deutsch-chinesischen Jugendaustausch" teil, dem auch der damalige deutsche Außenminister Steinmeier und die damalige chinesische Vizepremierin LIU Yandong beiwohnten, um die chinesischen und deutschen Gewinner zu beglückwünschen.

第二届中德青少年交流季中国巡演 · 同济大学音乐会
Die zweite Ausgabe der „Tage der deutsch-chinesischen Begegnung der Kammermusik", China-Tournee, Konzert an der Tongji-Universität

Von 2016 bis 2019 kamen insgesamt fünfundfünfzig chinesische Preisträger nach Deutschland, als Teilnehmer an der Austauschinitiative„Tage der deutsch-chinesischen Begegnung der Kammermusik" (zehn Preisträger waren für das Jahr 2020 ausgewählt, konnten aber die Reise wegen der weltweiten Pandemie nicht antreten), fünfunddreißig deutsche Preisträger wurden nach China eingeladen (einer der Preisträger nahm 2020 online an den Konzerten im Rahmen der„Tage der deutsch-chinesischen Begegnung der Kammermusik" in China teil). Fünfundvierzig deutsche Professoren wurden vom Deutschen Musikrat berufen, um in Meisterkursen chinesische und deutsche Preisträger zu unterrichten und mit ihnen zu proben. Zahlreiche hervorragende junge chinesische und deutsche Musiker haben in Dutzenden von Städten in China und Deutschland wunderschön zusammengearbeitet und während jeder Austauschinitiative viele Konzerte gegeben, die alle ein großer Erfolg waren und viel Lob erhielten und damit eine große Fangemeinde gewonnen haben.

Zum Anlass des 50. Jubiläums der Aufnahme diplomatischer Beziehungen zwischen Deutschland und China sollen drei aussagekräftige sinfonische Werke von Preisträgern im Orchester erarbeitet werden und in Peking, Shanghai, Shenzhen und Chengdu zur Aufführung gelangen. Thematische Leitmotive, die konzeptionell einen roten Faden darstellen und in der Probenphase als auch in der Publikumspräsentation musikalisch überbracht werden sollen sind Naturgewalten und Bewusstseinsbildung gegenüber einem intakten Lebensraum und einer intakten Gesellschaft, der globale Kampf gegen die Pandemie, die internationale Zusammenarbeit und Hilfeleistung, Pandemie bedingte soziale Distanz, gleichzeitig aber auch Solidarität und das menschliche Bedürfnis nach sozialer Interaktion. Wir rekapitulieren, 2020, das Beethoven Jahr wird zum„Game Changer". Seitdem scheint nichts wie es war. Es ist uns ein Bedürfnis hier anzusetzen,mit Beethoven.

2018 年蜂鸟音乐奖 · 广东赛区比赛
„China Youth Music Competition – Hummingbird Music Awards", Provinzwettbewerb in Guangdong, 2018

Als Erweiterung zum Jugendmusikwettbewerb steht die Initiative „Tage der deutsch-chinesischen Begegnung der Kammermusik" als „Austauschplattform" im Mittelpunkt. Sie bietet nicht nur Gelegenheit zum direkten musikalischen und kulturellen Austausch zwischen den Teilnehmern, sondern ist auch zweckdienlich, um das musikpädagogische Konzept des chinesischen Jugendmusikwettbewerbes — „China Youth Music Competition – Hummingbird Music Awards" durch Tourneen im In- und Ausland einem noch größeren Publikum näher zu bringen.

III. Auswirkungen und Ausblick

Nach sechs Jahren harter Arbeit ist die Anzahl der Wettbewerbsstandorte für den „China Youth Music Competition–Hummingbird Music Awards" von zwei im Jahr 2016 auf siebzehn im Jahr 2022 angewachsen, und der Einfluss des Wettbewerbs hat das ganze Land vom Westen (Xinjiang) bis zum Osten (Jiangsu), vom Norden (Shenyang) bis zum Süden (Fujian, Shenzhen, Hongkong und Macao) abgedeckt. Auch die Teilnehmeranzahl ist von über 600 beim ersten Wettbewerb auf über 4.200 imsechsten Wettbewerbsjahr gestiegen. Noch erfreulicher ist, dass die Zahl der Anmeldungen in der Kategorie Kammermusik von 95 Ensembles beim ersten Wettbewerb auf fast 600 Ensembles beim sechsten Wettbewerb gestiegen ist, was ein Wachstum von 630% ausmacht.

Jeder junge Musiker, der mit dem„China Youth Music Competition – Hummingbird Music Awards" in Berührung kam, jeder Lehrer, der sich der Musikerziehung für die breite Masse verschrieben hat, und jedes Elternteil, das mit seinen Kindern die Schönheit der Musik genossen hat, haben gemeinsam das Wachsen des „China Youth Music Competition – Hummingbird Music Awards" unterstützt. In den vergangenen sechs Wettbewerbsjahren haben über 35% der Teilnehmer an mehr als drei Ausgaben des Wettbewerbs teilgenommen. Einige von ihnen haben durch den Wettbewerb Freundschaften geknüpft und die Herausforderung von Proben in unterschiedlichen Städten angenommen, um im kommenden Jahr gemeinsam in der Kammermusik-Kategorie teilzunehmen. Einige Lehrer, die zuvor hauptsächlich solistischen Unterricht erteilt hatten, begannen, bewusst Kammermusik und Ensemblespiel in den Unterricht einzubringen, nachdem sie mit „China Youth Music Competition – Hummingbird Music Awards" in Berührung gekommen waren. Wir glauben, nur wer die Schönheit der Musik zu ergründen wagt, kann den besonderen Charme der musikalischen Kommunikation erleben. So erst lässt sich von Herzen

2019 年蜂鸟音乐奖 · 北京赛区比赛
„China Youth Music Competition – Hummingbird Music Awards“ 2019, Provinzwettbewerb in Peking

kommend etwas bewegen, etwas verändern. Wir sind auch zuversichtlich, dass der „China Youth Music Competition – Hummingbird Music Awards“ aufgrund dieses wunderbaren Vetrauens und des Miteinanders mit der chinesischen Musikjugend gemeinsam eine starke Zukunft hat.

Während die Teilnehmeranzahl in den vergangenen sechs Jahren ständig gewachsen ist, wiederholt sich das Wettbewerbsrepertoire um 20%–30%. Die Auswahl eines angemessenen Repertoires, insbesondere für Kammermusikgruppen, ist für viele Lehrer eine Herausforderung. JuMuDeutschland hat nach 59 Jahren Entwicklung mehr als 20.000 Stücke in verschiedenen Formen gesammelt und diese Stücke in fünf Schwierigkeitsstufen eingeteilt. Der Import und die Einrichtung dieser Notenbibliothek stellt das nächste dringende Problem für den Wettbewerb dar. Der Import der Notenbibliothek ist nicht nur für den Wettbewerb signifikant, sondern bietet auch ein breiteres Spektrum an Ressourcen für den Musikunterricht an Grund- und Sekundarschulen. Außerdem überlegen wir auch, wie die bestehenden Ressourcen des Wettbewerbs in Bezug auf professionelle Musiker in China und Deutschland nutzbar gemacht werden können, um langfristig eine Plattform für nachhaltigen Austausch und Lernen zwischen der chinesischen und der deutschen

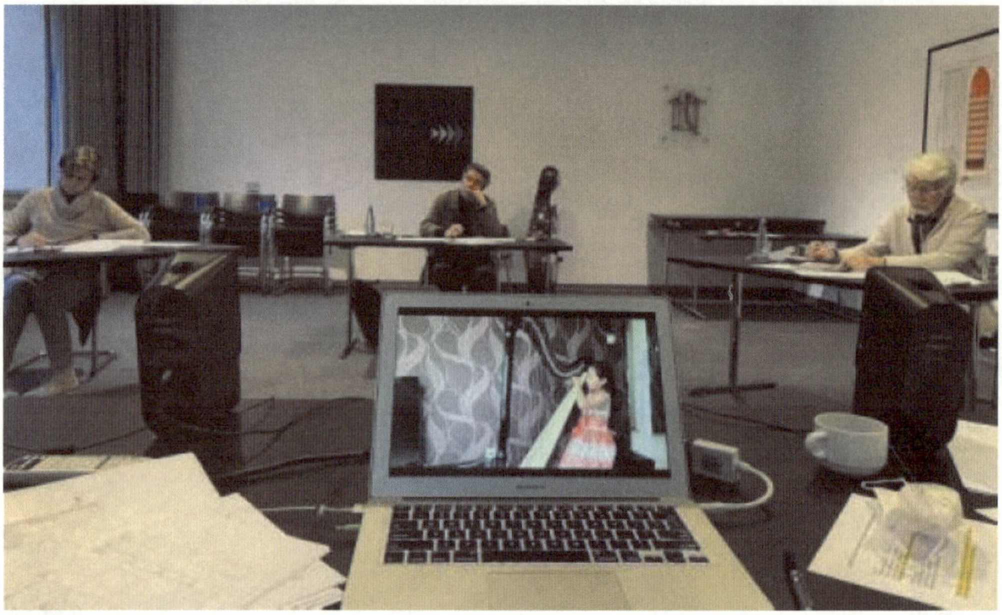

2020 年第五届蜂鸟音乐奖即时网络比赛，连线德国明斯特市，8 位德国音乐家评审全国级比赛
„China Youth Music Competition – Hummingbird Music Awards“ 2020, „Online-Wettbewerb“, Nationalwettbewerb 2020, Wertungsarbeit der hochkarätigen achtköpfigen deutschen Jury in Münster

德国驻华使馆公使吕帆博士（Dr. Frank Rückert）出席 2021 蜂鸟 · 优根有声（The Sound of Youth）室内乐季开幕音乐会
Dr. Frank Rückert, der deutsche Gesandte in China, anwesend beim Eröffnungskonzert der Kammermusiksaison 2021 des „China Youth Music Competition – Hummingbird Music Awards“–„The Sound of Youth“

Seite betreffend die Musikerziehung einer breiten Masse entstehen zu lassen, mit dem Ziel eine Brücke von der professionellen Musikerausbildung zum Musik- und Instrumentalunterricht für Hobbymusiker zu schlagen, exzellente und innovative Ausbildungsmöglichkeiten zu schaffen und das Niveau der Lehrer im Bereich der allgemeinen Musikerziehung in China vorantreiben zu können.

Derzeit läuftdie siebte Ausgabe des „China Youth Music Competition–Hummingbird Music Awards". Vom 1.-3. Mai findet der Wettbewerb in Peking statt. Im Laufe der Monate Mai und Juni wird es nacheinander Bewerbe in 16 Provinzengeben, wobei der Wettbewerb auf nationaler Ebene dann Mitte Juli in Peking abgehalten werden wird. Auch in Zukunft wird sich am zeitlichen Ablaufdes Wettbewerbs nichts ändern, sondern er folgt dem terminlichen Schemader vergangenen Jahre.Wir freuen uns aufrichtig über alte und neue Partner und streben in jedem Fall eine kontinuierliche und vertiefende Zusammenarbeit mit der deutschen Seite an. Möge sich der schöne Geist und die Philosophie der Musik, die wir fördern, durch diesen kleinen, aber großartigen Kolibri immer weiter verbreiten!

Text und Bild: XIA Ran
Organisationskomitee
des „China Youth Music Competition
– Hummingbird Music Awards"

以足球为纽带助力中德人文交流

——中国大学生体育协会开展中德大学体育交流活动

一、中德大学生足球四强赛

在中德高级别人文交流对话机制框架下，自 2016 年起，中德大学生足球四强赛每年在华举行。德国大学生足球队应邀来华参加友谊比赛、学术交流、文化参观和联欢等形式多样的交流活动。该活动目前已成功举办 4 届，来自中德 16 所高校的大学生足球队约 400 人参加了这一活动。

活动期间，中德双方组织了精彩的友谊比赛。运动员在绿茵场上你争我抢，奋勇拼搏，在一次次的激烈角逐中提升了竞技水平，挥洒了激情和汗水。除正式比赛外，

2019 年中德大学生足球四强赛：友谊比赛
Chinesisch-deutsches Universitätsfußballfinale 2019: Freundschaftsspiel

由中德队员混合组队进行的趣味赛同样深受大家喜爱和欢迎。在中德混合教练组的指导下，两国队员组成的联队实力相当，配合默契，比赛极具观赏性。大家通过新鲜、有趣的比赛形式，共同感受团队合作带来的获得感，也体现了人文交流的融合性和包容性。

比赛之余，丰富多样的文化交流为活动增添了更多的色彩，也让德方队伍的中国之行格外难忘。在中德高校足球发展座谈会上，双方的教练员和运动员在轻松而热烈的氛围中介绍各自的校园足球发展情况和人才培养模式，讨论训练方法、赛后损伤恢复及队员就业等专业议题；分享彼此在足球生涯中遇到的挑战和解决方法，相互鼓励，共同进步。访问当地足球特色示范学校时，大朋友和小朋友们一起吹葫芦丝，一同制作陶艺作品。小队员们还与德方队员们进行了有趣的足球友谊赛，双方“切磋”了球技，拉近了彼此的距离，大家灿烂的笑容和欢快的笑声成为最美好的画面。同时，博大精深的中医文化、华丽悠扬的仿唐乐舞、独具神秘东方魅力的汉服、书法、空竹、投壶、咏春拳等不同特色的中华文化，让德方队伍大为赞叹。来自德国斯图加特大学的队员佛拉瑞恩 · 布凯特在体验书法的过程中产生了浓厚的兴趣，“我是第一次来中国，第一次尝试写毛笔字，中国书法比想象中还要复杂。中国文化有着独特的魅力，抖空竹和咏春拳的表演特别精彩。我还尝试了之前从来没听过的‘投壶’运动，这是一次让人难忘的经历。”

2018 年中德大学生足球四强赛：中德队员练习咏春拳
Chinesisch-deutsches Universitätsfußballfinale 2018: Chinesische und deutsche Spieler üben Wing Chun

2018 年中德大学生足球四强赛：中德队员体验古代投壶运动
Chinesisch-deutsches Universitätsfußballfinale 2018: Chinesische und deutsche Spieler probierten altchinesischen Topfwurf

2018 年中德大学生足球四强赛：中德高校足球发展座谈会
Chinesisch-deutsches Universitätsfußballfinale 2018: Chinesisch-deutscher Workshop für Universitätsfußballentwicklung

2019 年中德大学生足球四强赛：友谊比赛
Chinesisch-deutsches Universitätsfußballfinale 2019: Freundschaftsspiel

2019 年中德大学生足球四强赛：开幕式
Chinesisch-deutsches Universitätsfußballfinale 2019: Eröffnungszeremonie

二、中德大学生足球训练营

作为中德高级别人文交流对话机制的重要内容之一，2017 年至 2018 年期间，共有 2 支（合计 57 人）来自国内优秀的大学生足球队赴德接受了德国职业俱乐部资深教练的训练指导，与德方青年队进行了友谊赛、联合训练，并参加座谈讨论、文化互动等交流活动。

访问期间，德国法兰克福足球俱乐部为队员和教练员分别设计了具有针对性的培训课程。通过德方资深教练的授课，教练员们对德国足球先进理念、运动员选拔与培养、教练员执教内容与方法等议题进行了深入学习，队员们则在体能、技战术、综合能力等方面接受了训练和指导。中方一行观摩了专业球队的训练和职业球队比赛，并与德方青年队进行了多场友谊赛。中国大学生足球队员们在实地训练和比赛的过程中，深刻地认识到中德双方在比赛的准备、技术使用的合理性、战术意识的内化及场外因素的控制等方面存在的差距，借助高密度的信息交流获得巨大的收获。与此同时，队伍还利用业余时间参加了文化交流活动，参观了德国法兰克福足球俱乐部青训基地和博物馆，了解了基地的管理和梯队建设情况，亲身感受了德国足球文化的深入人心，并与德方大学生运动员进行了面对面的互动交流。在了解彼此生活、学习和训练比赛等日常情况的同时，增进了中德大学生间的交流和友谊。

2017 年中德大学生足球训练营：参观法兰克福当地足球场
Fußball-Trainingscamp für chinesische und deutsche Studierende 2017: Besuch des Stadions von Eintracht Frankfurt

2017 年中德大学生足球训练营：欢迎仪式
Fußball-Trainingscamp für chinesische und deutsche Studierende 2017: Begrüßungsfeier

2018 年中德大学生足球训练营：德方教练指导中方队员训练
Fußball-Trainingscamp für chinesische und deutsche Studierende 2018: Der deutsche Trainer mit der chinesischen Mannschaft beim Training

2018 年中德大学生足球训练营：中方队员训练
Fußball-Trainingscamp für chinesische und deutsche Studierende 2018: Chinesische Mannschaft beim Training

2018 年中德大学生足球训练营：中德教练员合影
Fußball-Trainingscamp für chinesische und deutsche Studierende 2018: Gruppenfoto von chinesischen und deutschen Trainern

供稿：中国大学生体育协会

Fußball als Bindeglied zur Förderung des gesellschaftlich-kulturellen Austauschs zwischen China und Deutschland

— Sportaustausch zwischen chinesischen und deutschen Hochschulen über Federation of University Sports of China (FUSC)

1. Chinesisch-deutsches Universitätsfußballfinale

Im Rahmen des chinesisch-deutschen hochrangigen Dialogs für den gesellschaftlich-kulturellen Austausch findet seit 2016 jedes Jahr das Chinesisch-deutsches Universitätsfußballfinale in China statt. Deutsche Universitätsfußballmannschaften wurden nach China zu Freundschaftsspielen, akademischen Veranstaltungen, Kulturprogrammen, Besichtigungen und Partys eingeladen. Das Event wurde inzwischen 4-mal erfolgreich durchgeführt, an dem rund 400 Studierende von 16 chinesischen und deutschen Hochschulen teilnahmen.

Während des Events organisierten chinesische und deutsche Partner spannende Freundschaftsspiele. Die Spieler kämpften mit Leidenschaft auf der grünen Wiese und erhöhten ihre Wettbewerbsfähigkeit durch harte Wettkämpfe. Neben den offiziellen Wettbewerbsspielen liebten alle auch die lustigen Show-Spiele von gemischten Mannschaften aus chinesischen und deutschen Studierenden. Unter der Leitung des gemischten Trainerteams spielten die gemischten Mannschaften gegeneinander und die Spiele machten sehr viel Spaß. Durch das neue und interessante Wettbewerbsformat konnte jeder das Erfolgsgefühl der Teamarbeit erleben, was auch die Integration und Inklusivität des gesellschaftlich-kulturellen Austauschs widerspiegelt.

Neben den Wettbewerbsspielen wurde das Event noch durch die reichhaltigen und vielfältigen Kulturprogramme bereichert, was den Chinabesuch der deutschen Mannschaften besonders unvergesslich machte. Auf dem chinesisch-deutschen Workshop für Hochschulfußballentwicklung stellten Trainer und Spieler ihre jeweiligen Modelle für die Entwicklung des Campusfußballs und für die Talentförderung vor und diskutierten über Trainingsmethoden, Umgang mit Verletzungen und Berufsentwicklungsmöglichkeiten von ehemaligen Fußballspielern auf dem Arbeitsmarkt. Sie tauschten sich miteinander über die Herausforderungen und Lösungen in ihrer Fußballkarriere aus und ermutigten sich gegenseitig. Beim Besuch einer örtlichen Fußballdemonstrationsschule spielten die Studierenden und die Kinder „Cucurbit"-Flöte und töpferten zusammen. Die jüngeren Spieler hatten auch ein Freundschaftsspiel mit den deutschen Spielern gehabt. Darüber hinaus waren die deutschen Trainer und Spieler tief beeindruckt von der chinesischen Kultur wie traditioneller chinesischer Medizin, Musik und Tanzkunst der Tang-Dynastie, Trachten aus der Han-Dynastie sowie Kalligrafie, Diabolo, Topfwurf und Wing-Chun-Kung-Fu. Ein Mannschaftsmitglied der Universität Stuttgart hat großes Interesse an der Kalligrafie gezeigt und meinte: „Das ist meine erste China-Reise, auch mein erster Versuch mit chinesischer Kalligrafie. Chinesische Kalligrafie ist komplizierter als ich dachte. Die chinesische Kultur hat einen einzigartigen Charme. Die Aufführungen von Diabolo und Wing Chun sind wunderbar. Ich habe auch die „Topfwurf"-Übung ausprobiert, von der ich zuvor noch nie gehört habe. Es war ein unvergessliches Erlebnis."

2018 年中德大学生足球四强赛：中德队伍混合趣味赛
Chinesisch-deutsches Universitätsfußballfinale 2018: Freundschaftsspiel mit gemischten Mannschaften

2018 年中德大学生足球四强赛：颁奖仪式
Chinesisch-deutsches Universitätsfußballfinale 2018: Preisverleihung

2018 年中德大学生足球四强赛：中德队员练习咏春拳
Chinesisch-deutsches Universitätsfußballfinale 2018: Chinesische und deutsche Spieler üben Wing Chun

2018 年中德大学生足球四强赛：中德队员体验古代书法
Chinesisch-deutsches Universitätsfußballfinale 2018: Chinesische und deutsche Spieler probierten Kalligrafie

2019 年中德大学生足球四强赛：德方队员与裁判员握手致意
Chinesisch-deutsches Universitätsfußballfinale 2019: Deutsche Spieler begrüßten die Schiedsrichter

2019 年中德大学生足球四强赛：德方队员访问中医博物馆
Chinesisch-deutsches Universitätsfußballfinale 2019: Deutsche Spieler besuchten das Museum für traditionelle chinesische Medizin

2019 年中德大学生足球四强赛：中德队员合影
Chinesisch-deutsches Universitätsfußballfinale 2019: Foto von Fußballspielern

2017 年中德大学生足球训练营：中方队伍访问德国法兰克福足球俱乐部
Fußball-Trainingscamp für chinesische und deutsche Studierende 2017: Besuch der chinesischen Mannschaft bei Eintracht Frankfurt

2. Fußball-Trainingslager für chinesische und deutsche Studierende

Im Rahmen des chinesisch-deutschen hochrangigen Dialogs für den gesellschaftlich-kulturellen Austausch waren 2017 und 2018 zwei Fußballmannschaften aus ausgewählten chinesischen Studenten (insgesamt 57 Personen) nach Deutschland gereist. Dort erhielten sie Training und Anleitung von Senior-Fußballtrainern von einem deutschen Profiklub. Es gab neben Freundschaftsspielen und gemeinsamen Trainings mit der deutschen Jugendmannschaft auch noch Symposiums, Kulturprogramme und weitere Austauschveranstaltungen.

Während des Besuchs hat Eintracht Frankfurt gezielte Trainingskurse für chinesische Spieler und Trainer entwickelt. Durch den Unterricht erfahrener deutscher Trainer setzten sich die chinesischen Trainer intensiv mit den modernen Fußballansätzen, der Auswahl und dem Training von Sportlern sowie den Trainingsinhalten und -Methoden auseinander. Die jungen Spieler durchliefen im Rahmen des Programms das Training samt Betreuung in Bezug auf körperliche Fitness, Technik & Taktik und umfassende Fähigkeiten. Sie beobachteten das Training und Wettbewerbsspiele von deutschen Profimannschaften und hatten mehrere Freundschaftsspiele mit der deutschen Jugendmannschaft. Während des Trainings und des Wettkampfs erkannten die chinesischen Studenten zutiefst den großen Abstand zwischen China und Deutschland bei der Spielvorbereitung, beim taktischen Einsatz von Spieltechnik, bei der Verinnerlichung des taktischen Bewusstseins und bei der Kontrolle externer Einflüsse. Der intensive Austausch war sehr aufschlussreich. Darüber hinaus nahm die Mannschaft in der Freizeit auch noch an Kulturprogrammen teil. Sie besuchte das Nachwuchsleistungszentrum und das Museum von Eintracht Frankfurt. Dabei informierte man sich über das Management und den Aufbau des Leistungszentrums, erlebte hautnah die deutsche Fußballkultur und tauschte sich mit deutschen Juniorspielern aus. Neben dem gegenseitigen Kennenlernen des jeweiligen Alltagslebens, des Studiums, Trainings und Wettbewerbs wurde auch die Freundschaft zwischen chinesischen und deutschen Studierenden gestärkt.

Text und Bild: Federation of University Sports of China

分享中德关系见证者的经历和感受
——《忆海拾英：中德建交 45 周年访谈录》

2017 年是中国和德国关系史上具有重要历史意义的一年。中德两国自 1972 年 10 月 11 日建交至 2017 年已经走过了 45 个春秋。2017 年对时任中国驻德大使史明德而言，也是一个特殊的年份。45 年前，不满 18 岁的他进入外交部，很快就被派到原民主德国学习。从那时起，史明德大使先后在德国生活、工作逾 27 载，亲身经历了德国统一，也直接参与了中德关系的发展。特别是在他担任驻德国大使 7 年来，中德关系进入发展速度最快、合作领域最广、基础最牢的历史最好时期。

2017 年 5 月，在史明德大使积极参与下，中德两国又建立了中德高级别人文交流对话机制。它旨在为双方进一步加强人文交流搭建更高层次的平台，为两国民间交往开辟更多渠道，为交流领域的不断拓宽、合作内容的日益深入提供有力的支持和保障，使人文交流与经贸合作、政治互信一起成为中德关系的三大支柱。史大使谈到，“作为驻德国大使，能够参与其中并为中德关系的发展献言献策，为祖国外交事业增砖添瓦，倍感荣幸和自豪。在建交 45 周年这值得纪念的时刻，我一直在想能做点什么。”柏林禧利公司的陈涛女士与史大使的想法不谋而合，她多次找到大使，表示愿为中德建交 45 周年作贡献，希望大使能提出有益的建议。史明德大使认为，中德两国相向而行，双边关系向好，是双方长期相互靠近、相互磨合的结果，作为政治和经贸关系以外第三根支柱的中德人文交流毋庸置疑扮演着重要角色。史大使建议出版一本访谈录，采访中德关系不同历史阶段、不同领域的亲历者和参与者，听他们讲述 45 年间两国外交、人文交往的大事、好事和趣事，留下那些值得记录和书写的珍贵历史。在这一背景下，《忆海拾英：中德建交 45 周年访谈录》一书应运而生。

该书收有对两国合作交流作出重要贡献的政治、经济、文化、体育等各界人士的访谈实录共 20 篇，以他们亲身经历和特有的视角向读者展示了 45 年来中德双边关系起伏相伴和人文交流历史进程。每篇访谈录中附有作者在历史追述中和人文交流中的图片资料，以文图并茂的形式记录历史的瞬间。史明德大使为该书作序。

在中德关系的亲历者和参与者中，有中德建交的“穿针引线人”王殊大使。他作为时任新华社驻德国记者，广泛接触德国各界人士，使新华社波恩分社成为中德两国之间沟通了解、交换意见的渠道，为中德建交牵线搭桥。调到外交部后，他又主持了中德建交谈判。

中德建交后，一批批中国派往德国留学的学子学成归国，成为教、科、文、卫等领域的中坚力量。他们当中的杰出人物，前全国政协副主席、科技部长万钢教授在德国留学 5 年、工作 10 年。在德国工作期间，他特别关注祖国的发展，积极促进中德双方交流。1996 年，万钢教授筹办了德国同济校友会，组织德国汽车工业界代表团访问中国，并向国务院提出开发洁净能源轿车、实现中国汽车工业跨越式发展的建议。为了表彰他为发展中德关系所作的贡献，德方授予万钢教授“联邦功勋之星十字勋章”。

前驻德大使梅兆荣在德国任职 9 年，他曾经历中德关系最困难的时期。作为大使，他一直处在风口浪尖上。中德之间的分歧虽然曾为双边关系带来风波曲折，但在梅大使的不懈努力下，双方总能够通过外交途径，让双边关系回到正常轨道。退休后的梅大使依然在为中国的外交和人文交流事业奔走劳碌。

熊光凯将军是中德建交后首位到中国驻联邦德国使馆工作的解放军军官。他亲眼见证并亲身参与了中德建交以来两军关系的发展。他关于中国军人如何以一种开放、自信的姿态开展军事外交的故事引人入胜。作为中国国际战略学会会长，他参加过多次中德高级别对话，邀请过德国政要知名人士访问中国，如前总理科尔（Helmut Kohl），前总统魏茨泽克（Richard von Weizsäcker）等，一直努力推动中德交流。

北京大学教授、德国文学泰斗严宝瑜老先生已经作古。生前，他长期从事德国文学及古典音乐的研究工作，为促进中德文化交流和发展作出了极大贡献。

自 20 世纪 80 年代以来，中央美术学院院长范迪安积极推动中国当代艺术与国际艺术交流。由他参与策划的“中国 8”艺术展览在德引起很大轰动，让德国公众立体地、多维度地看到中国当代艺术的全景，被德国媒体称为德中文化交流最有成效的一次合作。范迪安在访谈录中关于“两种文化视线的交汇”的谈话为中外文化交流提供了经验。

汤沐海和李飚都是在德留学的音乐界人士。前者曾师从世界级指挥大师卡拉扬

（Karajan）并指挥过柏林爱乐乐团，后者被喻为“打击乐魔术师”。他们的故事讲述了一个个有着东方面孔的音乐家是如何通过自己的努力赢得世界认同的。

杨晨是中国足球史上第一个加盟欧洲五大联赛的球员。他道出了自己在德国闯荡多年的甜酸苦辣。

被采访的德国人中既有政府高官，也有普通公民；既有商界精英，也有文化名流。当史明德大使与这些人士沟通，表达了准备编辑出版一本访谈录，记录中德两国关系发展的想法后，所有人都给与了迅速和热烈的响应。

德国前总理施罗德（Gerhard Schröder）先生在百忙之中抽出时间接受采访，并给予我们宝贵意见。施罗德是中国人民熟悉的老朋友，亦是两国合作的大力推动者。他在回顾德中两国关系发展时讲述了北约轰炸中国驻南使馆事件发生后，他为什么在没有和北约其他成员国约定的情况下以北约名义向中国道歉。在他担任德国总理期间，德中两国开创了德中法制对话，并延续到今天。

冯必乐（Heinrich von Pierer）曾多年担任西门子总裁，被称为是德国经济界最了解中国及中国人的德国企业家。他想告诉德国人，他最欣赏中国人着眼于长期的想法，喜欢引述中国的名句：前人栽树，后人乘凉。

马丁·波斯特（Martin Posth）参与建立了第一个中德合资汽车公司。他回忆了自己艰难说服大众公司决策人到中国投资办厂的过程。

施明贤（Michael Schaefer）曾任德国驻中国大使。他叙述了与中国结缘的过程。他在之后一次接受采访时表示：“我认为，如果把德中关系比成一个人的话，德中的政治关系就是大脑这一部分；经济关系则如同人类的肌肉，来确保一段非常强大的联系；但两国关系的心脏和灵魂应该是文化关系，包括两国艺术家、学生、学者等来自所有领域两国人民之间的联系，才是确保两国关系的强大而广泛的基础，是活力的来源，也是双方人民可直观感受的联系”。

修德（Erika Schödel）夫人出生在北京，后随担任德国驻中国大使的丈夫又常驻在北京。回忆起在中国的往事她十分感慨：在胡同中散步，在街头吃烤白薯，在路边小店里吃饺子。这一切都是那么美好。

斯迈林（Walter Smerling）是德国波恩艺术文化基金会主席，多次组织策划德中艺术展览。他十分感慨地谈到与中国在文化艺术领域的愉快合作。

杜伊斯堡是欧洲物流的开路先锋，时任市长林克（Sören Link）展示了他试图将该市打造成一座适合中国人居住的城市的雄心。

施拉普纳（Klaus Schlappner）则是中国人熟悉的德国足球教练。他回忆了在中国执教的经历，并透露了与中国伙伴一起促进中国足球发展进步的打算。

嘉斯（Karl-Heinz Gass）先生因香肠与中国结缘的故事也颇令人回味。他是第一个获得“人民友好使者”称号的德国人，这是中国政府对外国友人的最高荣誉奖。

著名汉学家阿克曼（Michael Kahn-Ackermann）先生被誉为德中文化交流使者，他在中国工作和生活了 30 多年，并一直致力于德中文化艺术间的相互了解与交流工作。他是最早一批来中国留学的“洋工农兵”学员，曾任歌德学院北京分院第一任院长，也是最早向德国读者介绍中国当代文学的翻译家之一。退休后，他依然选择留在中国，被当时的中国孔子学院总部聘为该机构高级顾问。

位于德国北威州埃森市的伯乐高级文理中学历史悠久，是德国最古老的 12 所公立中学之一，1994 年起便开设了中文课程。司空佩岩（Petra Schnell-Klöppel）曾任该中学校长。习近平主席的夫人彭丽媛教授曾访问该校。司空佩岩校长畅谈了这次访问给学校和她本人带来的巨大变化。

《忆海拾英：中德建交 45 周年访谈录》出版发行后受到德中两国有关人士的高度好评。2017 年 9 月中国驻德国大使馆隆重举行庆祝中华人民共和国成立 68 周年暨中德建交 45 周年招待会，德国时任副总理兼外交部长加布里尔（Sigmar Gabriel）、前总统武尔夫（Christian Wulff）、联邦议院联盟党党团主席考德尔（Volker Kauder）等政要和联邦议员、社会各界人士以及各国驻德使节约 500 人出席。招待会上还举行了《忆海拾英：中德建交 45 周年访谈录》一书的发布仪式。现场友人共同观看了介绍该书的幻灯片，共同分享来自各界中德关系见证者的经历和感受。有嘉宾表示，书中内容体现了许许多多投身中德关系发展的有识之士的热情和心血，是对两国交往 45 载春华秋实的一个注解。

《忆海拾英：中德建交 45 周年访谈录》封面
Cover „45 Jahre gemeinsamer Weg zum Jubiläum der diplomatischen Beziehungen zwischen China und Deutschland“

史明德大使深情地谈道：“我殷切期盼，这本书能发挥‘存史、资政、团结、育人’的重要作用，让广大读者、特别是致力于中德合作的各界人士，感受到 45 年来两国关系的风雨兼程、同舟共济，体会到两国人民的心相近、情相连，同时也能从中汲取智慧和力量，为中德关系发展注入新的活力”。

该书共计印刷 6000 本，在中德两地发行。国内各大图书馆、各大专院校和部分社会团体都收藏了本书。中国驻德国柏林、汉堡、慕尼黑、法兰克福和杜塞尔多夫等使领馆将此书分送给当地中德友好人士。该书的出版被评为 2017 年中德人文交流大事件，“中德人文交流网”转载了相关文章。

供稿：光明日报，柴野

Erfahrungen und Eindrücke von den chinesisch-deutschen Beziehungen

— „45 Jahre gemeinsamer Weg zum Jubiläum der diplomatischen Beziehungen zwischen China und Deutschland“

„45 Jahre gemeinsamer Weg zum Jubiläum der diplomatischen Beziehungen zwischen China und Deutschland“ enthält 20 Interviews mit Persönlichkeiten aus Politik, Wirtschaft, Kultur und Sport, die wichtige Beiträge zur Zusammenarbeit und zum Austausch zwischen beiden Ländern geleistet haben. Durch ihre persönlichen Erfahrungen und aus einzigartigen Perspektiven haben sie gezeigt, wie sich die bilateralen Beziehungen und der gesellschaftlich-kulturelle Austausch zwischen China und Deutschland in den letzten 45 Jahren entwickelt haben.

2017 ist ein Jahr von historischer Bedeutung in der Geschichte der chinesisch-deutschen Beziehungen. 45 Jahre sind bis dahin vergangen, seit China und Deutschland am 11. Oktober 1972 diplomatische Beziehungen aufnahmen. 2017 war auch ein besonderes Jahr für SHI Mingde, den damaligen chinesischen Botschafter in Deutschland. Vor 45 Jahren war er minderjährig. Mit jungem Alter trat er in das Außenministerium ein und wurde bald zum Studium in die ehemalige DDR geschickt. Seitdem lebte und arbeitete Shi für mehr als 27 Jahre in Deutschland. Er hat die deutsche Wiedervereinigung persönlich erlebt und war direkt an der Entwicklung der chinesisch-deutschen Beziehungen beteiligt. Während seiner 7-jährigen Amtszeit als chinesischer Botschafter in Deutschland erlebten die chinesisch-deutschen Beziehungen eine goldene Ära, geprägt durch schnelle Entwicklung, breites Inhaltsspektrums und solide Vertrauensgrundlage.

Im Mai 2017 haben China und Deutschland unter aktiver Beteiligung vom Botschafter

SHI Mingde den chinesisch-deutschen hochrangigen Dialog für den gesellschaftlich-kulturellen Austausch eingerichtet. Ziel ist es, eine hochrangige Plattform zu schaffen, um den gesellschaftlich-kulturellen Austausch weiter zu stärken, die Inhalte der Zusammenarbeitzu erweitern und die Vertiefung der Kooperation tatkräftig sicherzustellen, damit der gesellschaftlich-kulturelle Austausch, die Wirtschafts- und Handelszusammenarbeit und das politische Vertrauen zu drei Säulen der chinesisch-deutschen Beziehungen werden. „Als chinesischer Botschafter in Deutschland fühle ich mich geehrt und bin stolz, an der Entwicklung der chinesisch-deutschen Beziehungen mitwirken und zur Außenpolitik des Vaterlands beitragen zu können. Anlässlich des 45-jährigen Jubiläums diplomatischer Beziehungen will ich mich weiterhin einbringen“, so Herr Shi. Frau CHEN Tao von der Berlin Sileigh GmbH teilt die gleichen Ansichten. Sie hat Botschafter Shi mehrmals zugesichert, dass sie bereit sei, ihren Beitrag zu leisten und bat Shi um Ratschläge, wofür sie sich nützlich machen könnte. SHI Mingde war der Ansicht, dass China und Deutschland sich weiter annähern werden. Das sei das Ergebnis der langjährigen Bemühungen und Integrationsversuche beider Seiten. Dabei spiele der gesellschaftlich-kulturelle Austausch als dritte Säule neben Politik und Wirtschaft&Handel zweifellos eine wichtige Rolle. Er schlug vor, eine Sammlung von Interviews zu veröffentlichen, wobei Zeitzeugen und Akteure verschiedener historischer Stadien der chinesisch-deutschen Beziehungen befragt werden sollen. Sie könnten über wichtige und spannende Ereignisse des außenpolitischen, gesellschaftlichen und kulturellen Austauschs zwischen beiden Ländern in den letzten 45 Jahren erzählen, um wertvolle historische Momente festzuhalten. In diesem Zusammenhang entstand das Buch „45 Jahre gemeinsamer Weg zum Jubiläum der diplomatischen Beziehungen zwischen China und Deutschland“.

Die Sammlung enthält 20 Interviews mit Vertretern aus Politik, Wirtschaft, Kultur, Sport und weiteren Bereichen, die wichtige Beiträge zur Zusammenarbeit und zum Austausch zwischen China und Deutschland geleistet haben. Sie gibt einen Rückblick auf die 45-jährigen chinesisch-deutschen Beziehungen und die Entwicklung des gesellschaftlich-kulturellen Austauschs anhand der eigenen Erfahrungen und aus persönlichen Perspektiven. Jedes Interview ist fotografisch dokumentiert. SHI Mingde, der damalige chinesische Botschafter in Deutschland, widmete der Veröffentlichung mit einem Vorwort.

Zu den Zeugen und Mitwirkenden an der Entwicklung der bilateralen Beziehungen gehört der ehemalige chinesische Botschafter in Deutschland WANG Shu, der „Einfädler“ für den Aufbau der diplomatischen Beziehungen. Als Korrespondent der Nachrichtenagentur Xinhua in Deutschland hatte er damals Kontakte zu Multiplikatoren in diversen Bereichen in Deutschland, so dass die Xinhua-Niederlassung in Bonn zu einem Kommunikationskanal zwischen China und Deutschland wurde und die Aufnahme diplomatischer Beziehungen unterstützte. Nach seiner Versetzung in das chinesische Außenministerium hat er auch noch die Verhandlungen zur Aufnahme diplomatischer Beziehungen zwischen China und Deutschland geleitet.

Nach der Aufnahme diplomatischer Beziehungen zwischen China und Deutschland kehrten viele Absolvent/innen, die von China offiziell nach Deutschland zum Studium geschickt wurden, ins Heimatland zurück. Sie wurden zum Rückgrat in der Bildung, Wissenschaft, Kultur und im Gesundheitswesen Chinas. Einer in dieser langen Reihe ist der ehemalige stellvertretende Vorsitzende des Nationalen Komitees der Politischen Konsultativkonferenz des chinesischen Volkes und Ex-Minister für Wissenschaft und Technologie, WAN Gang. Wan hat 5 Jahre in Deutschland studiert und dann 10 Jahre dort gearbeitet. Ein besonderes Augenmerk legte er schon damals auf die inländische Entwicklung und förderte aktiv den Austausch zwischen China und Deutschland. 1996 bereitete er die Gründung des Vereins Tongji-Alumni in Deutschland vor und organisierte eine Delegation der deutschen Automobilindustrie nach China. Darüber hinaus reichte er dem Staatsrat einen Vorschlag ein, der sich für die Entwicklung der Automobilindustrie und der sauberen Energien aussprach. In Anerkennung seines Beitrags zur Entwicklung der chinesisch-deutschen Beziehungen wurde Professor WAN Gang von der Bundesregierung mit dem Großen Bundesverdienstkreuz ausgezeichnet.

Der ehemalige chinesische Botschafter in Deutschland, MEI Zhaorong, hat 9 Jahre in Deutschland gearbeitet. Er hat die schwierigste Zeit der chinesisch-deutschen Beziehungen erlebt. Als Botschafter stand er im Zentrum des Sturms. Obwohl die Unterschiede zwischen China und Deutschland zu Höhen und Tiefen geführt haben, konnten die bilateralen Beziehungen dank seiner unermüdlichen Bemühungen auf diplomatischem Wege wieder normalisiert werden. Selbst im Ruhestand setzt sich Mei immer noch für die Außenpolitik und den gesellschaftlich-kulturellen Austausch ein.

General XIONG Guangkai war der erste PLA-Offizier, der nach der Aufnahme diplomatischer Beziehungen an der chinesischen Botschaft in der Bundesrepublik Deutschland arbeitete. Er wirkte persönlich an der Zusammenarbeit zwischen PLA und der Bundeswehr mit. Spannend ist die Geschichte, wie chinesische Soldaten mit einer offenen und selbstbewussten Haltung militärische Außenpolitik betrieben. Als Präsident des China Institute for International Strategic Studies hat er an mehreren hochrangigen Dialogen zwischen China und Deutschland teilgenommen und prominente deutsche Politiker nach China eingeladen, darunter den Ex-Bundeskanzler Helmut Kohl und den Ex-Bundespräsidenten Richard von Weizsäcker, um gemeinsam den chinesisch-deutschen Austausch zu fördern.

Der inzwischen verstorbene bekannte Germanist Professor YAN Baoyu von der Peking-Universität beschäftigte sich lange Zeit mit der deutschen Literatur und klassischer Musik. Damit leistete er einen großen Beitrag zur Förderung des chinesisch-deutschen kulturellen Austauschs.

Seit den 1980er Jahren bemüht sich FAN Di'an, Dekan von Central Academy of Fine Arts, um einen engen Austausch in der zeitgenössischen Kunst. Die von ihm kuratierte Ausstellung „China 8“ sorgte in Deutschland für großes Aufsehen. Sie ermöglichte der deutschen Öffentlichkeit einen umfassenden Einblick in die zeitgenössische chinesische Kunst und wurde von deutschen Medien als das erfolgreichste kulturelle Kooperationsprojekt zwischen Deutschland und China bezeichnet. Im Interview sprach FAN Di'an über „die Schnittstelle von zwei Kulturen“ und das,was praktische Erfahrungen für den kulturellen Austausch zwischen China und dem Ausland liefert.

TANG Muhai und LI Biao sind beide Musikprofis, die in Deutschland studiert haben. Tang hatte beim Weltklasse-Dirigenten Karajan studiert und später die Berliner Philharmoniker dirigiert. Li war als „Schlagzeug-Zauberer“ bekannt. Ihre Geschichte erzählt, wie Musiker mit asiatischen Gesichtern durch ihre Bemühungen weltweite Anerkennung gefunden haben.

YANG Chen ist der erste chinesische Fußballspieler, der in den Top-Ligen Europas spielte. Im Buch erzählt er über die Sorgen und die Freude seiner Deutschland-Jahre. Unter den interviewten Deutschen gibt es sowohl hochrangige Regierungsbeamte als auch Bürgerinnen und Bürger, sowohl Eliten aus der Wirtschaft als auch Prominente im Kulturbereich. Als Botschafter SHI Mingde mit den Befragten kommunizierte und seine Absicht zum Ausdruck brachte, eine Interviewsammlung zur Aufzeichnung der chinesisch-deutschen Beziehungen zu erfassen und zu veröffentlichen, reagierten alle schnell und enthusiastisch, so dass die Interviews rasch zustande kamen.

Der ehemalige Bundeskanzler, Gerhard Schröder war sehr beschäftigt und nahm sich trotzdem Zeit für das Interview und gab wertvolle Ratschläge. Er ist ein bewährter alter Freund Chinas und ein starker Befürworter der bilateralen Zusammenarbeit. Beim Rückblick auf die Entwicklung der Beziehungen zwischen Deutschland und China erklärte er, warum er sich damals ohne Abstimmung mit anderen Nato-Ländern bei China entschuldigte, und zwar im Namen der Nato, nachdem die NATO die chinesische Botschaft in Jugoslawien bombardiert hatte. Während seiner Amtszeit als Bundeskanzler initiierten Deutschland und China einen chinesisch-deutschen Rechtsstaatsdialog, der bis heute andauert.

Heinrich von Pierer war für viele Jahre Vorstandsvorsitzender der Siemens AG und gilt als der China-Kenner unter deutschen Unternehmern. Er unterstrich häufig in Deutschland, dass er die nachhaltige Denkweise der Chinesen am meisten bewunderte, und zitierte gern das berühmte chinesische Sprichwort: Menschen pflanzen Bäume, damit ihre Nachkommen den Schatten genießen können.

Martin Posth war an der Gründung des ersten chinesisch-deutschen Joint-Ventures in der Automobilindustrie beteiligt. Er erinnerte sich daran, wie er damals die Entscheidungsträger von Volkswagen davon zu überzeugen versucht hat, in China zu investieren und ein Automobilwerk zu bauen.

Michael Schaefer war deutscher Botschafter in China. Er erzählte, wie er mit China in Verbindung gekommen war. Er sagte im Interview, wenn man die deutsch-chinesische Beziehung mit einem Menschen vergleiche, dann handele es sich bei den den politischen Beziehungen zwischen Deutschland und China um das Gehirn. Die wirtschaftliche Beziehung seien die Muskeln, um eine starke Verbindung sicherzustellen. Aber das Herz und die Seele der Beziehung sollten die kulturellen Beziehungen sein. Dazu gehörten Verbindungen zwischen beiden Völkern in allen Bereichen, einschließlich Künstlern, Studierenden, Gelehrten usw. Sie bildeten die solide und breite Grundlage für die Beziehungen, spendeten Vitalität und könnten von den Bürgerinnen und Bürger intuitiv gespürt werden.

Erika Schödel wurde in Peking geboren und lebte später mit ihrem Ehemann, dem deutschen Botschafter in China, in Peking. Sie erinnerte sich emotional an die Vergangenheit: Spaziergänge durch die Gassen, geröstete Süßkartoffeln am Straßenstand oder Maultaschen im Imbiss. Alles sei so schön.

Walter Smerling ist Vorsitzender der Stiftung für Kunst und Kultur e.V. Bonn. Er hat mehrere deutsch-chinesische Kunstausstellungen kuratiert und organisiert. Im Interview sprach er emotional über die freundliche Zusammenarbeit mit China im Bereich Kultur und Kunst.

Duisburg ist Wegbereiter für die Vernetzung der europäischen Logistik. Oberbürgermeister Sören Link zeigte seinen Ehrgeiz, die Stadt Duisburg für Chinesen freundlich zu gestalten.

In China genießt Klaus Schlappner einen großen Bekanntheitsgrad als deutscher Fußballtrainer. Er erinnerte sich an seine Trainerzeit in China und erzählte von seinem Plan, mit chinesischen Partnern die Entwicklung des chinesischen Fußballs weiter zu fördern.

Die Geschichte von Karl-Heinz Gass, wie er wegen Würstchen in Kontakt mit China getreten ist, ist ebenfalls sehr eindrucksvoll. Er war der erste Deutsche, der als „Botschafter der Freundschaft des Chinesischen Volkes" ausgezeichnet wurde. Dies ist die höchste Auszeichnung, die die chinesische Regierung ausländischen Freunden verleiht.

Der bekannte Sinologe Michael Kahn-Ackermann ist als Botschafter des deutsch-chinesischen Kulturaustauschs bekannt. Er arbeitet und lebt seit mehr als 30 Jahren in China und engagiert sich für die Verständigung und den Austausch zwischen deutscher und chinesischer Kultur und Kunst. Er gehörte zu den ersten westdeutschen Austauschstudenten (damals hießen sie „ausländische Arbeiter-, Bauern- und Soldaten-Studenten"), die nach China gekommen sind. Er war der erste Leiter des Goethe-Instituts in Peking, gleichzeitig auch einer der ersten Übersetzer, die zeitgenössische chinesische Literatur ins Deutsche übersetzt haben. Nach seiner Pensionierung entschied er sich in China zu verbleiben und arbeitet derzeit als Senior Advisor für die Zentrale des Konfuzius-Instituts.

Das Burggymnasium in Essen, Nordrhein-Westfalen, hat eine lange Geschichte und war eines der 12 ältesten öffentlichen Gymnasien in Deutschland. Seit 1994 werden dort Chinesischkurse angeboten. Petra Schnell-Klöppel ist ehemalige Schulleiterin des Burggymnasiums. Die chinesische First Lady, Frau PENG Liyuan hat die Schule besucht. Frau Schnell-Klöppel erzählte von den enormen Veränderungen, die dieser Besuch für die Schule und sie selbst mit sich gebracht hat.

Das Buch wurde nach der Veröffentlichung in Deutschland und China hoch anerkannt. Im September 2017 gab die chinesische Botschaft in Deutschland einen feierlichen Empfang anlässlich des 68. Jubiläums der Gründung der Volksrepublik China und des 45. Jahrestags der Aufnahme diplomatischer Beziehungen zwischen China und Deutschland. Ca. 500 Gäste, darunter u.a. Vize-Bundeskanzler und Außenminister Sigmar Gabriel, Bundespräsident a.D. Christian Wulff, CDU-Fraktionsvorsitzender im Bundestag Volker Kauder und andere Politiker, Bundestagsabgeordnete, Vertreter aus verschiedenen Bereichen sowie Botschafter und Gesandte anderer Länder in Deutschland nahmen an der Feierlichkeit teil. Während des Empfangs wurde das Buch „45 Jahre gemeinsamer Weg zum Jubiläum der diplomatischen Beziehungen zwischen China und Deutschland" präsentiert. Die anwesenden Gäste tauschten ihre Erfahrungen und Gefühle bezüglich der chinesisch-deutschen Beziehungen aus. Ein Gast meinte, dass das Engagement vieler Chinesen und Deutschen in diesem Buch zum Ausdruck gebracht wurde, die sich der Entwicklung der chinesisch-deutschen Beziehungen verschrieben haben. Es sei eine Interpretation über die 45-jährige Geschichte des Austauschs zwischen beiden Ländern.

SHI Mingde war tief bewegt: „Ich hoffe aufrichtig, dass dieses Buch eine wichtige Rolle bei der Geschichtsschreibung, bei der politischen Beratung, bei der Solidaritätsförderung und in der Bildung spielen kann. Es soll die Leserschaft, insbesondere die Akteure, die sich für die chinesisch-deutsche Zusammenarbeit engagieren, dazu bringen, die Entwicklung der bilateralen Beziehungen in den letzten 45 Jahren mitzuerleben, die Freundschaft zwischen beiden Völkern enger zu gestalten und gleichzeitig Kraft daraus zu gewinnen, um der chinesisch-deutsche Beziehung neue Impulse zu geben.

Insgesamt wurden 6.000 Exemplare in China und Deutschland gedruckt. Chinesische Bibliotheken, Hochschulen und sozialen Institutionen haben das Buch in ihre Sammlungen aufgenommen. Die chinesische Botschaft in Berlin und die Konsulate in

Hamburg, München, Frankfurt und Düsseldorf haben das Buch den deutschen und chinesischen Partnern in Deutschland geschenkt. Die Veröffentlichung wurde 2017 als ein wichtiger Meilenstein des gesellschaftlich-kulturellen Austauschs zwischen China und Deutschland eingestuft. Ausschnitte sind auch im „China-Germany Humanities Exchange Network“ zu lesen.

Text und Bild: CHAI Ye, Guangming Daily

十年如一，携手同行

——成都与波恩结好 10 周年庆典纪实

2019 年恰逢成都与波恩结好 10 周年，两市分别举办庆祝活动并邀请对方代表团到场参与，以风格形式新、内容覆盖广、艺术水准高的交流活动见证两市友谊、促进文化交流互鉴，也为增进中德民心相通作出贡献。

2019 年 6 月，成都市精心策划“Panda 成都走进波恩”活动，以“看”“听”“品”“秀”为脉络，多维度展现了成都的文化魅力，为市民开启一场视听盛宴，让波恩市民过足“成都瘾”，有力推动了双方在人文领域的交流。“看成都”以浓郁民俗风为特色，来自成都本地社区的文艺达人带来了水袖、变脸、茶艺、清音、琵琶、皮影等精彩表演；“听成都”以现代多媒体为亮点，观众可通过扫描二维码，学习与

“Panda 成都走进波恩”活动标识
Logo von „PANDA Chengdu“ in Bonn

民众参与彩绘
Mitmachen: Körperbemalung

民众参与拼图
Mitmachen: Puzzle der Stadt Chengdu

德语对应的成都话，观看成都全景 VR 影像，体验成都的独特风采；“品成都”以特色美食为主打，来自成都的大厨们现场制作了赖汤圆、熊猫包、蛋烘糕、钟水饺等成都经典美食；“秀成都”以创意互动为重点，德国民众可现场体验蜀绣扇面、剪纸、糖画等中国传统技艺。此外，在波恩举办的“成都波恩结好 10 周年音乐会”奏响了中德文化互鉴的美妙音符。音乐会在旅欧青年钢琴家闫竞舸的《舒曼主题变奏曲》中拉开序幕，最后以欢快昂扬的《凤阳花鼓》三重奏结束。座无虚席的音乐厅里，掌声不息。

波恩是著名音乐家贝多芬的故乡，成都也正打造国际音乐之都，双方以音乐为媒，不断碰撞出交流的火花。2019 年 7 月，两市政府在成都联合举办了“2019 成都贝多芬文化周”，精心策划组织了多场高品质音乐活动，实现不同“爱乐群体”全覆盖。有面向广大爱乐市民，汇聚了国内外顶级钢琴家、星光熠熠的开幕音乐会；有为专业钢琴选手提供展现锻炼机会和通往国际钢琴大赛绿色通道的“2019 德国贝多芬国际钢琴大赛中国区预选赛”；有针对琴童家庭和钢琴教师，涵盖大师成长之路、学琴诀窍、参赛技巧等丰富实用内容的大师公开课。此外，文化周还举办了“音乐快闪活动”，与市民朋友们开展一场有趣的音乐互动；同时特别邀请钢琴大师来到成都福利院举办了一场天使音乐会，并向福利院捐赠了两台立式钢琴。丰富精彩的活动进一步密切了波恩与成都的交流互动，加快了成都建设国际音乐之都

“2019 成都贝多芬文化周”活动标识
Logo von „2019 Chengdu Beethoven Culture Week“

“2019 成都贝多芬文化周” 开幕音乐会
Eröffnungskonzert von „2019 Chengdu Beethoven Culture Week“

“2019 成都贝多芬文化周” 天使慈善音乐会
Wohlfahrtskonzert im Rahmen der „2019 Chengdu Beethoven Culture Week“

的步伐。时任波恩市市长阿硕克·西德拉兰（Ashok-Alexander Sridhar）曾表示："贝多芬文化周是一个很好的交流方式，也是'打开友好城市关系'的最佳方式。"

"真正的友谊，基于性情的符合"——用贝多芬之言为两座城市写下注脚再恰当不过。面对新冠肺炎疫情挑战，友城波恩市市长第一时间向我市致信慰问，我市在本地疫情得到控制之后向波恩市回赠了2万余只口罩等防疫物资，两市友谊得到进一步巩固与深化。展望未来，两市将进一步深化在各领域的交流合作，在下一个十年共同打造更多务实合作项目。

成都、波恩，未来十年仍可期。

供稿：成都市人民政府外事办公室

Hand in Hand seit 10 Jahren

— Jubiläum zur 10-jährigen Städtepartnerschaft zwischen Chengdu und Bonn

Anlässlich des 10-jährigen Jubiläums der Städtepartnerschaft im Jahr 2019 wurden an beiden Standorten zahlreiche Veranstaltungen organisiert. Durch die kreativen, umfassenden und künstlerisch hochwertigen Austauschprogramme wurde die Freundschaft zwischen beiden Städten gestärkt. Die Aktivitäten trugen auch zur Förderung des kulturell- gesellschaftlichen Austausches zwischen China und Deutschland bei.

Im Juni 2019 organisierte die Stadt Chengdu die Veranstaltung „Panda Chengdu" in Bonn, wobei man die fünf Sinne nutzte, um die kulturell spannende Stadt Chengdu mehrdimensional darzustellen und die Bonner Einwohner durch audio-visuelle Erlebnisse zu begeistern. Damit wurde der gesellschaftlich-kulturelle Austausch zwischen beiden Städten gefördert. Bei der Veranstaltungsreihe „Chengdu anschauen" standen lokale Volksbräuche im Vordergrund. Künstler aus örtlichen Gemeinden in Chengdu brachten wundervolle Darbietungen wie Langärmel-Tanz, Face-Changing und Teekunst. „Chengdu zuhören" war multimedia gestaltet. Die Zuschauer konnten einen QR-Code scannen, um den Chengdu-Dialekt zu lernen und sich die VR-Panoramabilder der Partnerschaftsgeschichte anzuschauen. „Chengdu schmecken" konzentrierte sich auf kulinarische Spezialitäten. Köche aus Chengdu bereiteten vor Ort klassische Chengdu-Delikatessen wie Klebreisklößchen, Panda-Brötchen, Eierkuchen und Maultaschen zu. „Chengdu zeigen" war durch Interaktionen mit lokalen Einwohnern ausgezeichnet. Die deutschen Besucher konnten traditionelle chinesische Kunst wie Stickfächer, Scherenschnitt und Zuckermalerei usw. ausprobieren. Darüber hinaus fand das Konzert „10 Jahre Bonn-Chengdu" in Bonn statt. Das Programm begann mit „Variationen über ein Thema" von Robert Schumann mit einer Inszenierung des jungen chinesischen Pianisten , YAN

成都 – 波恩结好 10 周年音乐会
Konzert zum 10. Jubiläum der Städtepartnerschaft zwischen Chengdu und Bonn

出席活动领导合影（从左至右）：时任中国驻杜塞尔多夫总领事冯海阳、时任成都市领导胡元坤、时任波恩市市长西德拉兰及夫人
Gruppenfoto bei der Zeremonie: Chinesischer damaliger Generalkonsul in Düsseldorf, FENG Haiyang, damaliges Mitglied des Parteikomitees von Chengdu, HU Yuankun, damaliger Oberbürgermeister von Bonn, Ashok-Alexander Sridhar und Frau Sridhar.

民众参与糖画
Mitmachen: Zuckermalerei

特色文艺演出
Bühnenprogramm mit chinesischer Volkskunst

Jingge. Der Musikabend endete mit einem fröhlichen und kraftvollen Trio „Fengyang Flower Drum“. Der Beifall schnallte lange im Konzertsaal, der durch das Publikum aus Chengdu und Bonn gefüllt wurde.

Bonn ist die Heimatstadt des berühmten Musikers Ludwig van Beethoven, während Chengdu gerade eine internationale Musikhauptstadt zu werden beginnt. Dabei wird Musik als Medium für Kommunikation und Austausch genutzt. Im Juli 2019 organisierten beide Städte gemeinsam die „2019 Chengdu Beethoven Culture Week“ in Chengdu mit einer Reihe hochwertiger Musikveranstaltungen, die verschiedene Zielgruppen erreichten. Für die Musikliebhaber vor Ort war das Eröffnungskonzert ein unvergessliches Ereignis, bei dem Top-Pianisten aus China und dem Ausland Aufführungen gaben. Außerdem fand die Qualifikation von „Internationaler Beethoven Klavier-Wettbewerb China 2019“ gleichzeitig in Chengdu statt, wo die professionellen Klavierspieler in China ihre Kunst präsentieren und am anerkannten Klavierwettbewerb teilnehmen können. Die öffentlichen Musikkurse richteten sich an Kinder, ihre Familien und Klavierlehrer/innen. Im Unterricht wurden die Laufbahn der Star-Pianisten, Lernerfahrungen und Wettbewerbsfähigkeiten vorgestellt. Darüber hinaus gab es noch eine „Pop-up- Musikveranstaltung“ und interessante musikalische Interaktionen mit

“2019 成都贝多芬文化周”开幕音乐会
Eröffnungskonzert von „2019 Chengdu Beethoven Culture Week“

Bürgerinnen und Bürgern. Berühmte Pianisten wurden zu einem Wohlfahrtskonzert an der Chengdu Sozialstation eingeladen. Zwei Klaviere wurden der Wohlfahrtsinstitution gespendet. Die reichhaltigen und aufregenden Aktivitäten haben den Austausch und die Interaktion zwischen Bonn und Chengdu weiter intensiviert und Chengdu auf dem Weg zur internationalen Musikhauptstadt unterstützt. „Die Beethoven-Kulturwoche ist nicht nur eine gute Kommunikationsmöglichkeit, sondern auch der beste Weg, um unsere Partnerschaft greifbar zu machen", so der damalige Bonner Oberbürgermeister Ashok-Alexander Sridhar.

„Wahre Freundschaft kann nur beruhen auf der Verbindung ähnlicher Naturen" – Es gibt wohl keine angemessenere Fußnote für beide Städte als das Zitat von Beethoven. Gleich nach dem Ausbruch der Corona-Pandemie sandte der Oberbürgermeister von Bonn ein ermutigendes Schreiben an Chengdu. Sobald die Situation in Chengdu unter Kontrolle war, spendete Chengdu der Partnerschaftsstadt Bonn sofort mehr als 20.000 Masken. Mit Blick auf die Zukunft werden beide Städte den Austausch und die Zusammenarbeit in verschiedenen Bereichen weiter vertiefen und im nächsten Jahrzehnt gemeinsam mehr Kooperationsprojekte realisieren.

In den kommenden zehn Jahren lässt sich noch viel von Chengdu und Bonn erwarten.

Text und Bild: Büro für auswärtige Angelegenheiten der Stadtregierung Chengdu

跨文化视角下的中德跨学科交流

——德国汉诺威莱布尼茨孔子学院参办国际会议及相关出版物

一、案例简介

2018 年，汉诺威莱布尼茨孔子学院和汉诺威莱布尼茨大学、同济大学三家首次联合举办“跨文化视角下的中德跨学科合作”国际会议。其契机在于如何从理论和实践的视角对中德高校研究领域的合作进行理念、方法和实践层面的定义与拓展，这也是基于以中德双方均在推进的能力建设——高校层面德国的中国能力和中国的德国能力——为目标的学术性交流活动。

该会议在 2018 年成功举办第一届以后，2019 年又举办了第二届，以“跨文化视角下关于文化遗产、记忆文化和文化教育的中德对比”为重点，就文化议题从文化遗产保护、记忆文化和文化教育等方面做更深入的探讨。这一课题本身也是世界各国教育与社会科学研究关注的重要课题。参与者涵盖文化研究专家、历史学家、教育领域专家、文化管理专家、城市社会学家等各领域的中德研究学者。会议的举办得到下萨克森州科文部大力支持。

二、第二届国际会议（2019 年）具体介绍

为期两天的国际会议包含 5 个论坛、23 场中德学者报告。每个论坛均有一名主持学者和中德双方的两名学者就同一论题作报告并进行讨论。时任同济大学中德人文交流研究中心副主任胡春春副教授和汉诺威大学的历史学家 Ackermann 教授分别担任本次会议总的召集人和学术主持。

开幕式上，下萨克森州科学与文化部欧洲创新研究处副主任 Marcus Beiner 先生、汉诺威大学副校长 Joachim Escher 教授、汉诺威大学民主教学法学院 Detlef

汉诺威莱布尼茨大学 Dirk Lange 教授作开场白
Moderation von Prof. Dr. Dirk Lange der Leibniz-Universität Hannover

Schmiechen-Ackermann 教授、汉诺威大学职业教育与成人教育学院院长同时也是汉诺威孔院德方院长的 Steffi Robak 教授分别致辞。

论坛一：有关文化理解、文化遗产及记忆文化的思考与讨论

第一天的论坛聚焦于“文化理解、文化遗产和记忆文化的思考和讨论”。历史学家 Ackermann 教授首先就历史叙述与记忆文化二者的差异作了阐述，并就记忆文化概念的发展和德国的公共记忆历史做了全面的梳理。来自同济大学中德人文交流研究中心的胡春春副教授作了题为“文化遗产和记忆文化：中国的认同建构”的报告，解析了记忆文化中以国家视角和共识为导向的记忆政治和以社会视角为主体的记忆文化的分野。胡春春通过对比德国的历史反思和战后德国身份认同、当前身份认同的新的发展与挑战，来反观中国的历史叙述中身份认同问题——从“大一统天下”到民族国家的话语转换，作为精英工程的现代化以及中国叙述范式的杂糅性，并在报告结尾处介绍中国国家图书馆“中国记忆项目”。

中国人民大学孟虹教授的研究重点是德国记忆文化建构。此次会议中她从对比研究的角度进行“中德记忆文化建构理念与方法的比较”，从一直被忽视的中国抗日

战争为世界反法西斯战争胜利作出的贡献这一论点出发，论及这一记忆文化受国内及国际因素的变化以及研究和认知视角日趋多元化的影响。她指出，构建中国反战记忆文化的主导思想在于重构和强化集体记忆，勿忘国耻，缅怀先烈，以史为鉴，维护和促进地区与世界和平。在梳理了国内学者对抗日战争这一事件的研究资料、观点论述的基础上，她进一步分析阐述了近年来中国在实践层面相应的纪念性场所设置、国家公祭日的设立、纪念馆的建造以及纪念活动举行的特点及其对于新一代中国人的历史认知、国家的对外关系和全球记忆文化建构的影响。

来自北京师范大学的民俗学研究学者鞠熙教授向与会者介绍了一项长期的中法合作项目——“北京内城寺庙碑刻与社会史”。它开始于 2002 年，至今已进行了 17 年，已出版《北京内城寺庙碑刻志》前四卷，预计还要出版 8 卷，共涉及将近 2000 座寺庙的历史，与近 700 通碑刻的全文抄录。这一项目的想法来源于三种传统：法国研究与保护历史文物的传统、中国古代描写与记录“风土”的传统，以及欧洲汉学传统。鞠教授还向与会者介绍了项目的工作方法与工作步骤，在北京不到 40 平方公里的范围内搜集到将近 2000 座寺庙的信息，它们蕴含了城市社会的丰富信息。研究者试图就北京寺庙项目的发现，来讨论遗产保护与城市发展的关系。

论坛二：国家、跨国界及国际视角下的记忆文化

同济大学建筑与城市规划学院教授、城镇化城市人研究室主任黄怡应邀参会，并在“国家、跨国界及国际视角下的记忆文化”论坛上作了题为“上海的文化遗产与城市更新——以张家花园变迁为例”的报告，分别从理论、历史、政策以及实践背景出发，对上海的城市发展历史、文化遗产保护与城市更新进行扼要梳理，并通过静安区张家花园自 1870 年以来近一个半世纪的变迁轨迹，详细分析其由私家花园转变为上海近代城市社会生活的公共中心、里弄地产、直管公房直至当前再度转型为城市文化休闲区的过程，探讨了城市文化遗产、历史记忆与城市更新及其社会空间效应等问题，并指出与德国 20 世纪在战后尤其是 60 年代城市重建与更新中对待文化遗产问题具有的类似性。报告引起了与会学者的积极反响与讨论。

来自北京师范大学的孙进教授作了“中国的美育概况——概念 · 政策 · 实践”的报告，并与德国所使用的文化教育概念予以比较。两者内涵基本相同，差异在于文化教育的艺术形式和活动更加宽泛，也更具应用性色彩。两者的目的不同，文化教育的目的是促进人积极、成功地参与社会；美育旨在培养人的审美能力及创造美的能力，进而促进人的全面发展。中国政府高度重视美育教育，相继出台了若干重

要的政策规定，对美育的课程、评估等方面进行了规范。就美育实践而言，在正规教育体制中，美育主要包括三方面的实践举措：美育课程与教学、课外及校外美育活动、校园美育文化建设等。在过去这些年中，中国美育教育既取得了突出的成绩，也存在着艺术课程被占用、师资队伍缺额较大且地区之间不平衡、美育功利化色彩浓厚等方面的问题。

上海犹太纪念馆馆长陈俭博士带来了有关提篮桥历史文化风貌保护区的介绍和上海犹太纪念堂的筹建过程。“提篮桥历史文化风貌保护区”是现今较为完好地保存犹太人居住区的区域，是中国境内唯一一个能够反映第二次世界大战时期犹太难民生活的历史遗迹。二十世纪三四十年代犹太人在沪避难时集中生活的这片 2.94 平方千米区域于 2008 年被政府划定为保护区。2007 年 10 月，原难民们经常聚会和举行宗教活动的重要场所摩西会堂旧址修缮一新，向公众开放，上海犹太难民纪念馆正式成立。史料是帮助我们记忆的最好媒介，但 2007 年建馆时，纪念馆没有一件实物史料。为了客观了解这段历史，正确研究和传播这段记忆，纪念馆通过多种渠道和方式征集史料。发现记忆、征集记忆、分享记忆并不忘历史。

汉诺威孔院德方院长 Steffi Robak 教授是文化教育领域专家，她的报告题目为“文化教育：理念、研究切入点以及文化遗产概念辨析”。她讲述了文化教育的意义、文化这一概念的理论思考、文化教育体系以及文化比较和跨文化的差异。论及文化教育的研究切入点，她认为研究的项目和研究者的合作网络是重要的基础。而文化遗产的辨析可以分为狭义的和广义的文化遗产。

论坛三：跨文化视角下的文化教育和身份认同塑造过程

会议第三论坛聚焦于“跨文化视角下的文化教育和身份认同塑造”这一主题，共有 5 个研究团队的代表发表了演讲。来自汉诺威大学的 Sandra Adam 与 Verena Röll 报告了他们针对青少年开展的一项研究，用量化和质化数据共同展示从青少年的视角如何看待与保护世界文化遗产。Malte Kleinschmidt 分享了一项基于教学的实证调查，分析学生在课堂汇报中呈现出同后殖民文化遗产对话与协商的倾向。Boris Zizek 教授及其博士生 Soon-won Jung 汇报了他们团队在中国上海做的一项比较研究，对比了上海初二与高二的学生、城市与乡村的学生分别抱有怎样的文化价值观，并分析了当代学生的文化身份构建过程。

论坛四：国家、跨国界以及国际视角下的文化遗产

来自北京师范大学的白滨博士介绍了他的一项关于漆器工艺和手工匠人师徒制度的质性研究，探索中国传统手工艺、非物质文化遗产传承人的技艺习得过程及其教育教学意义。随着大工业生产和信息社会的到来，很多传统手工技艺逐渐被机器所取代，一些复杂的技艺由于培养周期长，面临着后继无人或技艺失传的窘境。如何运用科学的方法高效地培养技艺传承人的问题亟待解决。白滨博士在雕漆技艺习得研究中，主要关注雕漆技艺如何传授和习得，采用质性研究的范式，以雕漆工艺的 11 位传承人作为研究对象，提炼出雕漆技艺习得的教育规律，进而建构了雕漆传承人技艺习得方式模型。同样来自北京师范大学的年轻学者林可博士分享了她正在进行的一项教学个案研究，尝试将虚拟 / 增强现实的技术和思维应用于国际理解教育，培养学生理解遥远世界的能力及其相关的共情、尊重、包容等意识。

论坛五：语言与文化

同济大学国际文化交流学院的两位资深教师和来自海德堡孔院的中方院长翟宜

中德学者的交流（左：莱布尼茨大学 Steffi Robak 教授，右：同济大学黄怡教授）
Austausch zwischen chinesischer und deutscher Seite (links: Prof. Steffi Robak von der Leibniz-Universität, rechts: Prof. HUANG Yi von der Tongji-Universität)

疆教授共同在第五论坛“语言和文化”作了精彩报告。刘运同教授根据对现有文化教学实践的反思，提出了文化教学的新思路。郑婕博士就对外汉语教学中的文化教学分享了自己的经验，认为在对外汉语教学中让学习者了解汉字背后的故事非常重要，因为汉字中包含了中国人对世界的认知。翟宜疆教授则介绍了商务汉语教学中的跨文化能力教学，并分享了海德堡孔院和上海交通大学合作开发的汉语教学慕课课程。

会议后续

正式会议后，与会学者们还参加了会议主办方组织的国际交流工作坊，并就后续交流合作的方向与方式提出了一些具体建议，包括成立联合专家团队、出版专业杂志等。

以“跨文化视角下的中德跨学科合作”为主旨的国际会议的举办得到了参与各方特别是下萨克森州政府的高度评价。以此会议为契机，汉诺威大学 Steffi Robak 教授团队成功申请到了州政府的研究项目，从教育学与文化学的角度对中德在创新性技术领域的合作研究进行评估，并提出能力提升的理念与实践方法指导。该项目已于 2020 年启动，为期三年，将与同济大学的团队开启深度合作。近期汉诺威大学将举办研究项目的发布会。未来还将继续推进双方的学术互访、合作研究成果发表。同时，2018 年第一届会议的论文集已于 2020 年在德国出版。

供稿：德国汉诺威莱布尼茨孔子学院，蔡琳

Der interdisziplinäre Austausch in transkultureller Perspektive

— die internationalen Konferenzen und die diesbezüglichen Publikationen des Leibniz-Konfuzius-Instituts Hannover

1. Einführung

„Chinesisch-deutsche interdisziplinäre Zusammenarbeit in transkultureller Perspektive“ war das Thema, als das Leibniz-Konfuzius-Institut Hannover, die Leibniz-Universität Hannover und die Tongji-Universität Shanghai 2018 zum ersten Mal gemeinsam eine internationale Konferenz organisierten, wobei die Zusammenarbeit zwischen chinesischen und deutschen Universitäten im Bereich Konzept, Methode sowie Praxis aus der Perspektive von Theorie und Praxis definiert und erweitert wurde. Die Konferenz hatte den akademischen Austausch zum Ziel und basierte auf dem Kompetenzausbau der beiderseitigen Seiten, nämlich China-Kompetenz in Deutschland sowie Deutschland-Kompetenz in China auf Universitätsniveau.

Nach der erfolgreichen ersten Konferenz 2018 fand die zweite Fachtagung 2019 statt. Mit „Interdisziplinäre Zugänge zur wissenschaftlichen Zusammenarbeit China-Deutschland in transkultureller Perspektive“ als Schwerpunkt wurde über kulturelle Themen wie Schutz des kulturellen Erbes, Erinnerungskulturen sowie kulturelle Bildung eingehend diskutiert. Das ist eben ein wichtiges Thema für die bildungs- und sozialwissenschaftliche Forschung der ganzen Welt. Zu den Teilnehmenden gehörten Kulturforscher, Historiker, Bildungsexperten, Kulturmanagementexperten, Stadtsoziologen und Wissenschaftler aus verschiedenen Bereichen in China und Deutschland. Die Konferenz wurde auch vom Niedersächsischen Ministerium für Wissenschaft und Kultur nachdrücklich unterstützt.

会议海报
Plakat der Fachtagung

2. Detaillierte Darstellung der Zweiten Fachtagung 2019

Die zweitägige internationale Konferenz umfasste fünf Panels sowie 23 Vorträge von chinesischen und deutschen Akademikern. Jedes Panel hatte jeweils einen Moderator oder eine Moderatorin und Vorträge von Experten aus beiden Ländern über dasselbe Thema und anschließende Diskussionen. Professor HU Chunchun, der damalige Vize-Direktor des Zentrums für Chinesisch-Deutschen Gesellschaftlich-Kulturellen Austausch der Tongji-Universität, war der Hauptorganisator. Professor Detlef Schmiechen-Ackermann, Historiker der Universität Hannover, war der akademische Moderator der Konferenz.

Bei der Eröffnungszeremonie hielten Herr Marcus Beiner, stellvertretender Leiter der Abteilung Forschung / Innovation / Europa, Niedersächsisches Ministerium für Wissenschaft und Kultur, Professor Joachim Escher, Vizepräsident der Universität Hannover, Professor Detlef Schmiechen-Ackermann vom Institut für Didaktik der

Demokratie der Universität Hannover und Professor Steffi Robak, Dekanin des Instituts für Berufspädagogik und Erwachsenenbildung der Universität Hannover und ebenfalls des Leibniz-Konfuzius-Instituts Hannover jeweils eine Rede.

PANEL 1: Denkweisen und Debatten über Kulturverständnis, kulturelles Erbe und Erinnerungskulturen – einführende Perspektiven

Das Panel am ersten Tag galt den „Denkweisen und Debatten über Kulturverständnis, kulturelles Erbe und Erinnerungskulturen". Professor Schmiechen-Ackermann, ein Historiker, erklärte zunächst die Unterschiede zwischen historischer Erzählung und Erinnerungskultur und gab einen umfassenden Überblick über die Entwicklung des Konzepts Erinnerungskultur sowie die Geschichte des öffentlichen Gedächtnisses in Deutschland. Professor HU Chunchun vom Zentrum für Chinesisch-Deutschen Gesellschaftlich-Kulturellen Austausch der Tongji-Universität hielt einen Vortrag mit dem Titel „Kulturelles Erbe und Erinnerungskulturen in China als Form der Identitätsbildung". Er untersuchte dabei die Grenzen zwischen der Erinnerungspolitik auf der Grundlage von nationaler Perspektive und dem Konsens und der Erinnerungskultur mit der sozialen Perspektive als Subjekt. Mit Hilfe von Vergleichen der historischen Reflexion Deutschlands mit den Entwicklungen sowie Herausforderungen der deutschen Nachkriegsidentität und der gegenwärtigen Identität dachte Professor Hu über das Thema Identität in chinesischen historischen Erzählungen nachund machte den Diskurswandel von einer einheitlichen „Tianxia"-Welt zu einem Nationalstaat deutlich indem er die Modernisierung als ein Eliteprojekt erkannte und die Hybridität der chinesischen narrativen Muster veranschaulichte. Am Ende des Vortrags wurde das „China Memory Project" der National Library of China vorgestellt.

Der Forschungsschwerpunkt von Professorin MENG Hong von der Renmin-Universität Beijing ist die kulturelle Konstruktion der deutschen Erinnerungskultur. Während der Konferenz hielt sie einen Vortrag unter dem Titel „ Leitgedanken und Konzeptionierung der Konstruktion der Erinnerungskultur – Ein deutsch-chinesischer Vergleich". Ausgehend von dem Argument, dass Chinas Beitrag durch den Antijapanischen Krieg zu dem Sieg des Weltkriegs gegen den Faschismus stets ignoriert worden ist, wurde erwähnt, dass die Erinnerungskultur von den Veränderungen der nationalen sowie internationalen Faktoren und den zunehmend pluralistischen Forschungs- sowie Kognitionsperspektiven beeinflusst worden ist. Frau Meng wies darauf hin, der Leitgedanke der Konstruktion der Antikriegserinnerungskultur Chinas bestehe darin, das kollektive Gedächtnis zu rekonstruieren und zu verstärken, die nationale Demütigung nicht zu vergessen, sich an die Märtyrer zu erinnern, aus der Geschichte zu lernen, den regionalen und weltweiten Frieden aufrechtzuerhalten und zu fördern. Auf der Grundlage einer Untersuchung der Forschungsmaterialien und Standpunkte chinesischer Wissenschaftler bezüglich des Antijapanischen Kriegs Chinas hat sie Chinas Praxis in den letzten Jahren analysiert und dabei z. B. die Einrichtung des Nationalen Gedenktags, den Bau von Gedenkhallen, die Merkmale der Gedenkereignisse und deren Einflüsse auf die die historische Wahrnehmung der neuen Generation von Chinesen, die Außenbeziehungen Chinas sowie die kulturelle Konstruktion der weltweiten Erinnerungskultur berücksichtigt.

Professor JU Xi, Volkskunde-Forscher von der Beijing Normal University stellte den Teilnehmern ein langfristiges Kooperationsprogramm zwischen China und Frankreich mit dem Titel „An investigation of temples in Beijing Inner City" vor. Das Projekt begann im Jahr 2002. Innerhalb von 17 Jahren wurden die ersten vier Bände „Inschriften der Tempel in der Innenstadt Pekings" veröffentlicht, weitere acht Bände sind zu erwarten. Insgesamt geht es um die Geschichte von fast 2.000 Tempeln und Volltext-Transkriptionen von rund 700 Inschriften. Die Idee dieses Projekts stammt aus drei Traditionen: der französischen Tradition von Forschung und Schutz der historischen Relikte, der Tradition des alten Chinas von Beschreibung und Aufzeichnung der „örtlichen Gegebenheiten" sowie der Tradition der europäischen Sinologie. Professor Ju berichtete außerdem über die Arbeitsweise und die Entwicklung des Projekts. Die Daten von nahezu 2.000 Tempeln wurden in Peking innerhalb eines räumlichen Kreises 40 Quadratkilometern gesammelt und enthalten reichhaltige Informationen über die Stadt und die Gesellschaft. Die Forscher bemühen sich darum, sich mit Hilfe von den Ergebnissen des Tempel-Projekts in Peking mit der Beziehung zwischen dem Schutz des kulturellen Erbes und der Stadtentwicklung auseinanderzusetzen.

Frau HUANG Yi, Professorin vom College of Architecture and Urban Planning der Tongji-Universität und Direktorin der Forschungsabteilung für Urbanisierung und Menschen in der Stadt, hat die Einladung der Konferenz entgegengenommen und einen Vortrag mit dem Titel „Das kulturelle Erbe Shanghais und die Stadtsanierung am Beispiel des Wandels vom Zhangjia Garten" in dem Panel „Erinnerungskulturen in nationaler, transnationaler und internationaler Perspektive" gehalten. Anhand von den theoretischen, historischen, politischen und praktischen Hintergründen wurden die

Geschichte der Stadtentwicklung Shanghais, der Schutz des kulturellen Erbes sowie die Stadtsanierung kurz erläutert. Innerhalb von nahezu anderthalb Jahrhunderten seit 1870 ist der Zhangjia Garten von einem privaten Garten zu einem öffentlichen Zentrum des modernen sozialen Stadtlebens in Shanghai geworden. Auf dem Gelände in seiner heutigen Form finden sich Gassen mit Immobilien, dazu gibt es den öffentlichen Wohnungsbau. Entstanden ist ein Freizeit- und Unterhaltungsviertel innerhalb der Stadt. Dieser Prozess wurde detailliert analysiert, dabei wurden die Themen wie das kulturelle Erbe der Stadt, die historische Erinnerung sowie die Stadtsanierung und deren soziale räumliche Auswirkungen behandelt. Außerdem wurde auf die Ähnlichkeiten zu Deutschlands Umgang mit dem kulturellen Erbe bei Stadterneuerung und -sanierung in der Nachkriegszeit hingewiesen. Der Vortrag ist bei den teilnehmenden Wissenschaftlern auf positive Resonanz gestoßen, es gab eine eifrige Diskussion.

Professor SUN Jin von der Beijing Normal University hielt einen Vortrag mit dem Titel „Ästhetische Bildung in China: Konzept, Politik und Praxis" und unternahm einen Vergleich mit dem in Deutschland verwendeten Konzept der kulturellen Bildung. Die beiden Begriffe haben ähnliche Konnotationen. Die Unterschiede liegen darin, dass die Kunstformen sowie die Aktivitäten der kulturellen Bildung breiter und stärker anwendbar sind. Die Zielsetzung ist verschieden. Die kulturelle Bildung beabsichtigt, Menschen aktiv und erfolgreich in die Gesellschaft zu integrieren. Der Zweck der ästhetischen Bildung besteht darin, die ästhetische Fähigkeit und die Fähigkeit, die Schönheit zu schaffen, zu kultivieren, damit man sich umfassend entwickelt. Die chinesische Regierung legt viel Wert auf die ästhetische Bildung und hat nacheinander eine Reihe wichtige Richtlinien und Vorschriften erlassen, um ihren Lehrplan und ihre Bewertung usw. zu regeln. Bezüglich der Praxis der ästhetischen Bildung umfasst sie im formalen Bildungssystem hauptsächlich drei Maßnahmen: Kurse und Unterricht der ästhetischen Bildung, die Aktivitäten der ästhetischen Bildung außerhalb des Unterrichts und der Schule sowie die Konstruktion der Kultur der ästhetischen Bildung in den Schulen. In den letzten Jahren hat Chinas ästhetische Bildung zwar hervorragende Leistung erzielt, aber sie weist auch Probleme auf, wie z. B. die Besetzung der Kunstkurse durch andere Kurse, der große Mangel an Lehrkräften, das Ungleichgewicht zwischen verschiedenen Regionen und der immer stärker gewordene Utilitarismus der ästhetischen Bildung.

Dr. CHEN Jian, Direktor vom Shanghai Jewish Refugees Museum, gab in seinem

Vortrag zum Thema „Die jüdische Geschichte und die Erinnerung der Stadt Shanghai" einen Überblick über das „Schutzgebiet für historische und kulturelle Merkmale Tilanqiao" und den Bau des Shanghai Jewish Refugees Museum. Das „Schutzgebiet für historische und kulturelle Merkmale Tilanqao" ist nun ein relativ gut erhaltenes Gebiet von jüdischen Siedlungen und die einzige historische Stätte in China, die das Leben jüdischer Flüchtlinge während des Zweiten Weltkrieges widerspiegelt. Das 2,94 Quadratkilometer große Gebiet, in dem die jüdischen Flüchtlinge in den dreißiger und vierziger Jahren des letzten Jahrhunderts in Shanghai Zuflucht suchten, wurde 2008 von der Regierung zum Schutzgebiet erklärt. Im Oktober 2007 wurde die alte Stätte der Moses-Synagoge völlig renoviert und der Öffentlichkeit wieder zugänglich gemacht. An diesem wichtigen Ort haben sich die Flüchtlinge einst häufig versammelt und ließen hielten dort religiöse Aktivitäten ab. Dadurch wurde das Shanghai Jewish Refugees Museum offiziell gegründet. Historische Materialien sind das beste Medium, um unsere Erinnerungen zu behalten. Allerdings gab es keinen einzigen Gegenstand in der Gedenkstätte, als das Museum 2007 eröffnet wurde. Um die Geschichte dieser Periode objektiv kennenzulernen, richtig zu studieren und zu verbreiten, hat das Museum durch verschiedene Kanäle und Methoden historische Materialien gesammelt. Ziel ist, die Erinnerungen zu entdecken, zu sammeln, zu teilen und nicht zu vergessen.

Prof. Steffi Robak, Dekanin des Leibniz-Konfuzius-Instituts Hannover, ist Expertin im Bereich der kulturellen Bildung. Der Titel ihres Vortrags lautete „Kulturelle Bildung: Konzeptualisierung, Forschungszugänge und Verortung von Kulturerbe". Sie berichtete über den Sinn der kulturellen Bildung, das theoretische Denken über das Konzept Kultur, das kulturelle Bildungssystem sowie die Unterschiede zwischen dem Kulturvergleich und der Interkulturalität. Bezüglich des Forschungseinstiegs von kultureller Bildung ist sie der Meinung, dass das Forschungsprojekt und das Netzwerk von Forschern eine bedeutende Grundlage darstellen. Das kulturelle Erbe lasse sich im engen und breiten Sinne verstehen.

PANEL 3: Kulturelle Bildung und Identitätsbildungsprozesse in transkultureller Perspektive

Das Panel 3 konzentrierte sich auf das Thema „Kulturelle Bildung und Identitätsbildungsprozesse in transkultureller Perspektive", wobei insgesamt fünf Forschungsteams Reden gehalten haben. Sandra Adam und Verena Röll von der

Universität Hannover haben in ihrem Vortrag „World Heritage from the Perspective of Young People – A contribution to World Heritage Education" eine Studie über Jugendliche dargestellt. Durch sowohl quantitative als auch qualitative Daten wurde aus der Sicht von Jugendlichen gezeigt, wie sie das kulturelle Erbe der Welt betrachten und schützen. Malte Kleinschmidt hat im Vortrag „Negotiation of postcolonial cultural heritage in student presentations. An empirical investigation with didactic intent" eine empirische auf Unterricht basierte Studie vorgestellt und erläuterte die Tendenz der Schüler, im Unterrichtsreferat über das postkoloniale Kulturerbe zu sprechen. Prof. Dr. Boris Zizek und sein Doktorand Soon-won Jung haben im Vortrag „Cultural values and identity building processes between 8th and 11th graders from Shanghai and the rural environment" eine vergleichende Studie ihres Teams in Shanghai vorgestellt. Durch Vergleiche der Schüler in Shanghai wurde klar, welche kulturellen Werteinschätzungen städtische und ländliche Schüler jeweils haben. Außerdem wurde der Konstruktionsprozess von kultureller Identität der zeitgenössischen Schüler analysiert.

PANEL 4: Kulturelles Erbe in nationaler, transnationaler und internationaler Perspektive

Dr. BAI Bin von der Beijing Normal University hat in seinem Vortag „Skill acquisition of inheritor of traditional handicraft intangible cultural heritage list — A qualitative research in lacquer craft case" eine qualitative Sozialforschung zum Lackhandwerk und Handwerkslehrsystem vorgestellt. In der Forschung wurden der Erwerbsprozess von Nachfolgern der chinesischen traditionellen Kunsthandwerke sowie des immateriellen Kulturerbes und dessen Bedeutung für Bildung und Lehre untersucht. Mit dem Aufkommen der industriellen Großproduktion und der Informationsgesellschaft wurden viele traditionelle handwerkliche Fertigkeiten schrittweise durch Maschinen ersetzt. Aufgrund der langen Ausbildungszeit stehen einige komplexe Fertigkeiten vor dem Dilemma, keinen Nachfolger zu finden und damit die Fertigkeiten zu verlieren. Wie man durch wissenschaftliche Methoden das Erbe der Handwerksfertigkeiten effizient weitergeben kann, muss dringend gelöst werden. Bei der Erforschung des Erwerbs von Lackschnitzfähigkeiten konzentrierte sich Herr BAI Bin hauptsächlich auf das Unterrichten und Erlernen von Lackschnitzfähigkeiten. Mit 11 Schülern des Lackschnitzhandwerks als Forschungsobjekt und durch das Paradigma der qualitativen Sozialforschung hat er die Regel der Ausbildung des Erwerbs von Lackschnitzfähigkeiten herausgearbeitet und das Modell des Erwerbs der Lackschnitzerei konstituiert. Dr. LIN Ke, eine junge Akademikerin auch von der Beijing Normal University hat in ihrem Vortrag mit dem Titel „Teaching and learning global citizenship at the age of new media: A case study on a high-school VR+GCED course in China“ über eine laufende Fallstudie berichtet. Sie versuchte, virtuelle / verstärkte Realität-Technologie bzw. Denkweise auf das internationale Verständnis von Bildung anzuwenden, um die Fähigkeit der Schüler zu fördern, die ferne Welt zu verstehen und das diesbezügliche Bewusstsein für Empathie, Respekt, Toleranz usw. zu entwickeln.

PANEL 5: Sprache und Kultur

Zwei erfahrene Lehrer von der International School der Tongji-Universität und Professor ZHAI Yijiang, Dekan vom Konfuzius Institut der Universität Heidelberg haben auf dem Panel 5 „Sprache und Kultur“ ausgezeichnete Vorträge gehalten. Prof. LIU Yuntong hat im Vortrag „Inside Approach: a New Appoach to teach Culture“ anhand der Reflexion der vorhandenen Kulturunterrichtspraxis ein neues Konzept der kulturellen Bildung vorgestellt. Dr. ZHENG Jie hat im Vortrag „Chinese Character Culture Teaching in International Chinese“ ihre eigenen Erfahrungen in Bezug auf die kulturelle Bildung im Unterricht Chinesisch als Fremdsprache mitgeteilt. Ihrer Meinung nach ist es im Unterricht von Chinesisch als Fremdsprache sehr wichtig, dass die Lernenden die Geschichten hinter chinesischen Schriftzeichen kennenlernen, weil chinesische Schriftzeichen die Wahrnehmung der Chinesen gegenüber der Welt enthalten. Prof. ZHAI Yijiang hat im Vortrag mit dem Titel „Cultural Elements in Business Chinese Courses for German Learners“ die interkulturelle Kompetenz im Unterricht von Business Chinese und ferner den von dem Konfuzius Institut der Universität Heidelberg und der Shanghai Jiaotong Universität gemeinsam entwickelten MOOC-Kurs vorgestellt.

Weiterverfolgung der Konferenzen

Nach der Fachtagung haben die Wissenschaftler an dem vom Veranstalter organisierten internationalen Austauschworkshop teilgenommen und einige konkrete Vorschläge zur Richtung sowie Methode der zukünftigen Zusammenarbeit gemacht, einschließlich der Einrichtung eines gemeinsamen Expertenteams, und der Publikation von Fachzeitschriften.

Die internationale Konferenz zum Thema „Die interdisziplinäre Zusammenarbeit in transkultureller Perspektive“ wurde von allen teilnehmenden Seiten, insbesondere der niedersächsischen Landesregierung hoch bewertet. Das Team von Professorin Steffi Robak der Universität Hannover hat die Gelegenheit genutzt und sich erfolgreich um ein Forschungsprojekt der Landesregierung beworben, in dem die chinesisch-deutsche Forschungszusammenarbeit auf dem Gebiet der innovativen Technologie aus pädagogischer sowie kulturwissenschaftlicher Sicht bewertet wird und das Konzept der Kompetenzverbesserung sowie die Anleitung in der Praxis vorgelegt werden. Das Projekt wurde schon 2020 gestartet und dauert drei Jahre. Es wird dabei eine eingehende Zusammenarbeit mit dem Team von der Tongji-Universität geben. In absehbarer Zeit wird die Universität Hannover eine Pressekonferenz abhalten und das Forschungsprojekterklären. In Zukunft werden die gegenseitigen Besuche und die Veröffentlichungen der Forschungsergebnisse gefördert. Die Beiträge der ersten Fachtagung 2018 sind schon im Jahr 2020 in Deutschland erschienen.

中德学者工作坊

Workshop für chinesische und deutsche Wissenschaftler

Text und Bild: Dr. CAI Lin, Leibniz-Konfuzius-Institut Hannover Deutschland

海上方舟，被铭记的温暖港湾

——2011 年上海犹太难民纪念馆德国巡展纪实

一、案例简介

1938—1941 年，上海接纳了为逃离纳粹的迫害和屠杀而从欧洲来沪的犹太难民，为他们撑起了一艘“诺亚方舟”。在虹口提篮桥地区的“无国籍难民限定居住区”中，曾生活着近两万名犹太难民，他们与当地居民和谐相处、共渡难关。至 1945 年战争结束，大多数犹太难民得以幸存。“提篮桥历史文化风貌区”现仍较为完好地保存着当时作为犹太人居住区时的风貌，是中国境内唯一一个能够反映二战时期犹太难民生活的历史遗迹。

上海犹太难民纪念馆于 2020 年底完成扩建重新开馆，主要展示欧洲犹太人避难上海的历史。展览内容由“逃亡上海”“避难生活”“患难真情”“战后离别”“特殊情谊”“共享未来”共六个部分组成，通过场景再现和现代科技的展示手段，以及大量珍贵的史料文物原件，生动诠释“共同构建人类命运共同体”的理念，表达了建设持久和平、普遍安全、共同繁荣、开放包容、清洁美丽的世界的愿景。

二、亮点工作：2011 年上海犹太难民纪念馆德国巡展

2011 年 5 月 19 日，作为汉堡和上海结为友好城市 25 周年庆典活动之一，上海犹太难民纪念馆在德巡展的第一站——汉堡站的开幕式，在德国汉堡历史博物馆举办。

20 世纪 30 年代，法西斯暴行的阴影笼罩了欧亚大陆，饱受纳粹摧残的约 2 万犹太难民避难上海，与同样处于困境中的上海人民共同生活。在最艰难的岁月里，中国人民和来自德国等地的欧洲犹太人相互尊重、相互帮助、和睦相处，共同迎来了战争的胜利。

为了见证和纪念这段历史，2007 年在当年犹太人聚会的摩西会堂原址基础上，建成了上海犹太难民纪念馆。各国政要、名流、学者，以及前犹太难民和后裔都是纪念馆的常客。2020 年底，纪念馆新馆扩建后正式开馆，除摩西会堂旧址保留不变外，纪念馆展厅、广场等部分均进行了扩容和升级，展览馆场地扩大了 4 倍，展陈面积扩大了 10 倍，截至目前已接待了 135 个国家和地区的游客。

自建馆以来，纪念馆一直与德国方面保持着密切的联系。2010 年，汉堡市政府为感谢第二次世界大战时期上海人民对来自德国的犹太难民的救助，曾向上海人民赠送感谢牌匾。2010 年中国上海世博会期间，纪念馆和德国驻沪总领事馆合作举办以“犹太难民与上海”为主题的系列活动，活动包括展览、演讲会和读书会等，受到广泛的好评。汉堡市政府代表团也专程前来参观，并邀请纪念馆赴汉堡办展，从而开启了纪念馆赴德国巡展之路。

在上海市和虹口区的大力支持下，纪念馆于 2011 年 5 月正式赴德国汉堡、柏林和汉诺威三地举办巡展。汉堡站的展览以“逃亡上海”为主题，时任中国驻汉堡总领事陈红梅、时任虹口区副区长应名勇和时任汉堡市政府文化部部长芭芭拉（Barbara Kisseler）出席开幕式。展览在汉堡展出至 7 月，吸引数万观众参观。

汉堡巡展开幕式及中外嘉宾汉堡巡展合照
Eröffnungsfeier der Hamburger Ausstellung und Gruppenfoto von Ehrengästen

8 月 26 日，作为柏林中国文化中心 2011 年重点活动之一，纪念馆的德国巡展的第二站在柏林中国文化中心开幕。巡展由“逃亡上海”“难民生活”“虹口隔离区”“重启风帆”“难忘历史”五个部分组成，反映“二战”时期上海人民和德国等地的欧洲犹太难民患难与共的史实。时任上海市委常委、宣传部部长杨振武出席开幕式并致辞，中国驻德大使馆官员、德国驻沪总领馆官员，以及来自德国政治、经济、外交、文化、科技、教育、宗教以及柏林犹太人社团、研究机构的各界人士与难民亲历者，共同出席了开幕式。

时任虹口区政协主席许虎清在汉诺威巡展开幕式上致词
Grußwort des damaligen CPPCC-Vorsitzender des Hongkou-Bezirks bei der Eröffnungsfeier in Hannover

9 月 18 日，展览移至汉诺威自由犹太团体文化中心展出。

此次赴德巡展是中德双方跨文化交流的积极成果，是开放合作的表现，是友好共处的典范。巡展增进了中德两国以及上海和汉堡两地人民间的了解，促进不同文化背景下人民对历史的深入思考。这段特殊历史的广泛传播，也进一步唤起中德民众对这段历史的共鸣，努力倡导建立一个国家和国家、民族和民族之间相互尊重、平等相处、团结互助的和谐世界的理念。

近年来，大批犹太人在上海避难的故事慢慢为德国社会所知，人们逐渐开始关注这段历史。此次赴德巡展也是纪念馆国际巡展的“初体验”，在与德国合作办展的过程中，也积累了宝贵的跨文化合作经验。展览的举办进一步促进了德国民众对纪念馆的关注和了解，极大地提升了纪念馆的国际知名度。

《人民日报》《解放日报》《文汇报》对此次在德巡展情况作了专题报道。德国媒体也予以关注，《世界报》《柏林晨报》和德意志电台文化节目等媒体对展览进行了专题报道或刊发消息。

"犹太难民与上海"柏林开展

8月26日，由上海犹太难民纪念馆和柏林中国文化中心主办的"犹太难民与上海"展览在德国首都柏林的中国文化中心开展。该展览通过历史图片和实物，生动地再现了二战期间上海人民接纳和救助2万余名犹太难民的感人历史。图为73岁的犹太人洛塔尔·普拉格尔指着展览现场一张犹太孩子在上海嘉道理学校上课的老照片告诉记者，他几乎可以肯定画面上的一个孩子就是当年的自己。

新华社记者 马宁摄（相关报道见第二版）

"犹太难民与上海"展览在柏林举行

图片新闻

《人民日报》（左）与《文汇报》（右）关于柏林巡展的报道照片

Fotos von chinesischen Medienberichten über die Ausstellung in Berlin. Links: People's Daily; Rechts: Wenhui Daily

供稿：上海犹太难民纪念馆，陈俭

Arche auf dem Meer, ein unvergesslicher Zufluchtsort

— Wanderausstellung des Shanghai Jewish Refugees Museum in Deutschland 2011

1. Einführung

Von 1938 bis 1941 nahm Shanghai jüdische Flüchtlinge auf, die aus Europa flüchteten, um der Verfolgung und dem Massaker durch die Nazis zu entkommen. Die chinesische Stadt bot sich als „Arche Noah" und der letzte Hoffnungsschimmer. Im „designierten Wohngebiet für staatenlose Flüchtlinge" des Stadtteils namens Tilanqiao im Hongkou-Bezirk lebten damals fast 20.000 jüdische Flüchtlinge. Chinesen und Juden lebten benachbart in Harmonie und überwanden gemeinsam

上海犹太难民纪念馆
Shanghai Jewish Refugees Museum

die Schwierigkeiten. Bis zum Kriegsende 1945 überlebten hier die meisten jüdischen Flüchtlinge. Heute ist das historische Gebiet Tilanqiao relativ gut erhalten geblieben. Es ist der einzige Zufluchtsort für jüdische Flüchtlinge während des zweiten Weltkriegs in China.

Ende 2020 wurde das Shanghai Jewish Refugees Museum nach der Erweiterungs- und Sanierungsarbeit wiedereröffnet. Dort wird hauptsächlich die Geschichte der Zuflucht von europäischen Juden und ihr Leben in Shanghai abgebildet. Die Ausstellung besteht aus sechs Teilen: „Flucht nach Shanghai“, „Leben als Flüchtling“, „Freunde in der Not“, „Abschied nach dem Krieg“, „Besondere Freundschaft“ und „Gemeinsame Zukunft“. Dabei setzt man analoge wie digitale Ausstellungstechnik & -Mittel ein und präsentiert eine große Anzahl originaler historischer Materialien und Exponate. Sie veranschaulichen das Konzept des „gemeinsamen Aufbaus einer Schicksalsgemeinschaft der Menschheit“ und drückten den Wunsch aus, eine Welt im Frieden und mit Sicherheit, Wohlstand, Offenheit, Toleranz, Sauberkeit und Schönheit aufzubauen.

2. Highlight: Wanderausstellung des Shanghai Jewish Refugees Museum in Deutschland 2011

Am 19. Mai 2011 fand anlässlich des 25-jährigen Jubiläums der Städtepartnerschaft zwischen Shanghai und Hamburg die Ausstellungseröffnung an der ersten Station auf ihrer Deutschland-Tournee im Museum für Hamburgische Geschichte statt.

In den 1930er Jahren zitterte der eurasische Kontinent vor faschistischen Gräueltaten. Etwa 20.000 jüdische Flüchtlinge aus Deutschland und Europa fanden in Shanghai eine Zuflucht vor dem Naziterror. Sie lebten hier mit den ebenfalls in Not geratenen Chinesen in den schweren Jahren zusammen, respektierten und halfen sich gegenseitig, und erlebten gemeinsam den Sieg der Gerechtigkeit im Zweiten Weltkrieg.

Um diese Geschichte zu bezeugen und ihrer zu gedenken, wurde das Shanghai Jewish Refugees Museum 2007 genau am Ort der ehemaligen Ohel-Moishe-Synagoge errichtet. Politische Persönlichkeiten, Prominente, Gelehrte sowie ehemalige jüdische Flüchtlinge und ihre Nachkommen waren hier zu Besuch. Ende 2020 wurde das renovierte Museum wieder eröffnet. Außer dem Gebäude der

Synagoge wurden die Ausstellungsräume und der Platz ausgebaut und komplett modernisiert. Die Grundfläche und die gesamte Ausstellungsfläche wurden jeweils um das Vierfache und das Zehnfache erweitert. Inzwischen hat das Museum bereits Touristen aus 135 Ländern und Regionen empfangen.

Seit der Gründung steht das Museum in engem Kontakt mit Deutschland. Um der Shanghaier Bevölkerung für ihre warmherzige Aufnahme der jüdischen Flüchtlinge während des Zweiten Weltkriegs zu danken, überreichte die Hamburger Stadtregierung 2010 ein Dankeschön-Schild. Während der Expo 2010 in Shanghai organisierten das Museum und das deutsche Generalkonsulat in Shanghai gemeinsam eine Veranstaltungsreihe zum Thema „Jüdische Flüchtlinge in Shanghai", die aus Ausstellungen, Vorträgen und Lesungen bestand und bei dem Publikum sehr gut angekommen ist. Eine Delegation der Hamburger Stadtregierung ist auch zur Expo nach Shanghai gereist und lud die chinesischen Partner ein, eine Ausstellung in Hamburg zu präsentieren. Dadurch wurde die Tournee-Ausstellung des Shanghai Jewish Refugees Museum in Deutschland initiiert.

Mit der starken Unterstützung der Stadtregierung Shanghai und der Bezirksregierung Hongkou ging die Ausstellung im Mai 2011 auf die Reise nach Hamburg, Berlin und Hannover. Das Thema der Ausstellung am Hamburger Bahnhof war „Flucht

汉堡巡展开幕式及中外嘉宾汉堡巡展合照
Eröffnungsfeier der Hamburger Ausstellung und Gruppenfoto von Ehrengästen

nach Shanghai“. Der chinesische Generalkonsul in Hamburg, CHEN Hongmei, der stellvertretende Bezirksbürgermeister von Hongkou, YING Mingyong, und die Kultursenatorin Barbara Kisseler nahmen an der Eröffnung teil. Die Ausstellung war bis Juli geöffnet und zog Zehntausende Besucher an.

Am 26. August 2011 wurde die Wanderausstellung des Shanghai Jewish Refugees Museums im Chinesischen Kulturzentrum Berlin eröffnet. Die Ausstellung bestand aus fünf Teilen: „Flucht nach Shanghai“, „Flüchtlingsleben“, „Ghetto in Hongkou“, „Neustart ins Leben“ und „unvergessliche Geschichte“. Sie zeigte das Zusammenleben von Shanghainesen und jüdischen Flüchtlingen aus Deutschland und weiteren europäischen Länder während des Zweiten Weltkriegs. YANG Zhenwu, Abteilungsleiter für Öffentlichkeitsarbeit der Stadt Shanghai, hat der Eröffnungsfeier beigewohnt und hielt ein Grußwort. Außerdem waren Vertreter der chinesischen Botschaft in Deutschland sowie des deutschen Konsulats in Shanghai, deutscher Politik, Wirtschaft, Außenpolitik, Kultur, Wissenschaft, Bildung, Religion und jüdischer Gemeinde in Berlin, Forschungsinstitutionen und ehemalige Flüchtlinge auch an der Eröffnungsfeier beteiligt.

汉诺威副市长在汉诺威开幕式上致辞
Grußwort des Vize-Bürgermeisters von Hannover bei der Eröffnungszeremonie in Hannover

Am 18. September wurde die Ausstellung in Liberaler Jüdischen Gemeinde Hannover eröffnet.

Die Ausstellung ist das Ergebnis des interkulturellen Austauschs zwischen China und Deutschland, ein Schaufenster für die offene Zusammenarbeit und ein Modell des freundlichen Zusammenlebens. Die Wanderausstellung stärkt das Verständnis zwischen den Einwohnern in China und Deutschland sowie zwischen Shanghai und Hamburg. Sie fördert ebenfalls die Auseinandersetzung mit der Geschichte und der kollektiven Erinnerung im unterschiedlichen Kulturkontext. Mit der Ausstellung wird angestrebt, kritisch mit der Nazi-Zeit umzugehen und sich für eine friedliche Welt einzusetzen. Länder und Nationen sollen sich gegenseitig respektieren, sich gegenseitig helfen und gleichberechtigt zusammenleben.

In den letzten Jahren ist die Geschichte der jüdischen Flüchtlinge in Shanghai langsam in der deutschen Öffentlichkeit bekannt geworden. Die Wanderausstellung des Shanghai Jewish Refugees Museums in Deutschland ist die erste internationale Tournee des Museums. Durch die Kooperation mit deutschen Partnern hat das Museum wertvolle Erfahrungen in der interkulturellen Zusammenarbeit gesammelt. Darüber hinaus hat die Ausstellung die Sichtbarkeit des Shanghai Jewish Refugees Museums in der deutschen Öffentlichkeit gesteigert und damit seine internationale Bekanntheit erheblich gestärkt.

„People's Daily", „Liberation Daily" und „Wenhui Daily" haben einen Sonderbericht über die Tournee-Ausstellung in Deutschland herausgebracht. Deutsche Medien verfolgten die Geschichte ebenfalls mit Aufmerksamkeit. „DIE WELT", „Berliner Morgenpost" und der Deutschlandfunk Kultur haben jeweils über die Ausstellung berichtet.

Text und Bild: CHEN Jian, Shanghai Jewish Refugees Museum

人民网德文频道

——搭建民心相通之桥

人民网德文频道于 2014 年 1 月正式上线开通，是中央重点新闻网站人民网建设运营的第八个外文频道，也是人民网将自身打造为国际化传媒集团的重要举措。作为国际传播“国家队”的成员，人民网德文频道自开通以来始终以对外传播中国声音、讲好中德两国故事、增进两国人民友谊为己任，发挥媒体传播优势，采访制作了大批有深度、有温情、获得中德读者喜爱的新闻作品。

在新闻报道工作中，人民网德文频道主要以高层活动报道、青少年交流报道和海内外社交媒体建设三个领域为重点，突出特色，打造精品。

聚焦高层交往　发挥引领作用

高层交往在国与国关系发展中发挥着重要的引领作用，能够为两国各领域合作交流注入政治推力。作为中央重点新闻网站排头兵——人民网对德传播报道的专业团队，德文频道始终把双边高层交往作为报道的核心领域。通过德文网页、脸书、推特以及中文微信公众号，向中德读者双向传播高层声音。

仅以 2020 年为例，自疫情发生以来，习近平主席和时任德国总理默克尔（Angela Merkel）先后四次通电话，就双边关系和共同关心的国际问题进行深入交流。此外，两国领导人还在中欧领导人视频会议和二十国集团领导人线上峰会等多边场合进行了交流和互动。双方领导人的频繁互动，反映出两国关系之密切。人民网德文频道采用中德双语，在全平台对上述活动进行了及时报道。

此外，为充分放大德国本土友好声音，更加深入地向德国读者传递凝聚共识、深化包括人文交流等领域在内的全方位互利合作的理念，人民网德文频道自 2019 年起重点打造推出了《高端访谈》专栏。专栏约采中德两国政治、经济、文化、科学等各领域的知名人物，畅谈中德在政治互信、经贸往来、民间交往等领域的故事，集权威性、生动性于一身。

自栏目开设以来，已先后有包括德国前总理施罗德（Gerhard Schröder）、时任德国联邦议院副议长弗里德里希（Dr. Hans-Peter Friedrich）、时任柏林市市长穆勒（Michael Müller）、汉堡市市长琛彻尔（Dr. Peter Tschentscher）、前驻德国大使梅兆荣、前驻德国大使史明德、大众中国区总裁冯思翰（Dr. Stephan Wöllenstein）、德中友协联合会副主席库尔茨（Felix Kurz）、德国知名汉学家王海（Thomas Heberer）和余凯思（Klaus Mühlhahn）等在内的 30 余位重量级嘉宾通过人民网德文频道发声。

关注青少年活动　夯实人文交流基础

青少年代表着一个国家的未来，青少年之间的友好交流对中德两国人民消除误解、增进互信具有特殊意义。它不仅有利于改变彼此的固有偏见、降低沟通成本，而且对双边未来各领域的合作非常重要，有利于夯实人文交流的基础。人民网德文频道长期追踪报道两国青少年交流情况，并在力所能及的范围内对一些项目予以支持。

早在中德高级别人文交流机制设立前夕，人民网德文频道就专题报道了 2016 中德青少年交流年的情况，推出年终策划，全面回顾和总结了全年活动的亮点及成果，并对未来中德人文交流进行展望，发挥了主流媒体应有的作用。记者邀约来自政府主管部门、民间文化机构以及在校师生等不同领域的权威人士和代表性人物进行了专访，帮助读者从多种角度全面了解中德青少年交流年的情况。受访者包括教育部国际司负责人、全国对外友协欧亚部负责人、德国歌德学院院长以及来华交流并受到彭丽媛教授接见的德国伯乐中学师生等。

2019 年 12 月，人民网德文频道对由中国国际青年交流中心主办的首届中学生德语能力展演活动进行了报道。这是中央媒体首次将焦点对准学习德语的中学生群体。据不完全统计，目前在中国约有 150 所中学开设德语课，在德国有超过 300 所中小学设有中文课程。通过对赛事的关注和报道，德文频道向中德两国读者生动地展现了中国中学生对德语这门语言所承载的文化的关注、理解和热爱。

2021 年 2 月，德国伯乐高级文理中学中文合唱团凭借一首《疫情过后》再次成为中国网络热点。歌曲优美的旋律、演唱者地道的中文和真挚的感情感动了无数网友，也令大家愈发好奇，这所名为“伯乐”的学校和中国存在着哪些渊源？德文频道准确把握该热点事件，通过努力独家专访到了该校新任校长何韵妍和亲历该校对华交往历史的中国原驻德国大使馆教育处公使衔参赞董琦。报道深度挖掘了伯乐中学中文名称的由来，师生学习中文的历史和现状，以及两国学子在疫情之中互相鼓励、互相支持的感人故事。

在支持中德文化项目方面，2015 年至 2018 年，人民网连续四年独家冠名支持由北京外国语大学主办的高校德语配音大赛，并对赛事进行宣传报道。经过双方的合作与努力，赛事从仅有京津地区几所高校参与的区域性赛事发展壮大成为全国 20 余所知名院校参与，受到德国驻华使馆和文化机构高度关注的全国性赛事。通过比赛，高校学子加深了对德语语言和德国文化的理解，提升了专业技能，为今后从事中德交往工作奠定了基础。

顺应传播规律　深耕社交媒体

人民网德文频道目前拥有德文网页、德文脸书、推特以及中文微信公众号“人民网德语视界”四大传播平台。为顺应信息传播日益向移动端、社交媒体端倾斜的发展趋势，德文频道分别选取脸书和微信作为双向传播的重点平台进行建设。

人民网德文脸书账号开设于 2015 年，经过多年运营，已经聚拢了一大批忠实粉丝，制作了大批阅读量超过 10 万的新闻产品。账号黏性高，粉丝互动频繁，经常开展自发性讨论，真正实现了“入脑、入心”的传播效果。例如 2019 年 11 月的贴文《湖北襄阳：世界第四座三塔式悬索桥庞公大桥主桥合龙 》，阅读量 32 万，互动量 4.1 万，点赞 7700 次；又如 2019 年 5 月的贴文《中国首辆时速 600 公里磁悬浮列车样车在青岛下线》，阅读量 11.1 万，互动量 2.9 万，跟贴留言 280 条，引发网友热议。

特别值得一提的是，在 2020 年疫情全球大暴发阶段，德文频道紧急制作了一批生动反映中德两国政府和人民互相帮助、互相支持、共抗疫情的社交媒体作品。其中，报道中国企业向德国捐助抗疫物资的贴文《山和山不相遇 人和人会相逢》获得 16.7 万次阅读，互动 2.4 万，留言 200 余条，很多德国网友表达了对中方的感谢以及团结一心共抗病毒的愿望；依托人民网全网资源制作的短视频《每一张口罩背后都是一副最美的面孔》，歌颂了中国女性医护工作者舍生忘死，与病毒赛跑抢救生命的感人事迹，阅读量 12.3 万，互动 7000 余次，点赞超千次，德国网友表达了对中国医护工作者的敬意，并为本国医护人员送上祝福。此类报道将中德两国民众的心紧紧凝聚在一起，鼓舞了斗志，传播了正能量，作出了人民网德文频道作为中央媒体对促进中德两国互信、增进人民友谊应有的贡献。

人民网 german.people.cn PEOPLE'S DAILY ONLINE Deutsch

HOME Politik Wirtschaft Kultur Gesellschaft Technik Videos Bilder Archiv

Bilaterale Beziehungen

Xi Jinping telefoniert mit Angela Merkel

Chinas Staatspräsident Xi Jinping hat am Mittwoch mit Bundeskanzlerin Angela Merkel telefoniert. Dabei betonte Xi, dass die pragmatische chinesisch-deutsche Zusammenarbeit die Einflüsse der COVID-19-Pandemie und anderer Faktoren überwunden hat und stabil gelaufen ist. China ist seit fünf Jahren in Folge zum größten Handelspartner Deutschlands geworden, was die Beharrlichkeit und das Potenzial der bilateralen Zusammenarbeit zeigt.

Impfkampagne

Gesundheitsbeamter: China unterstützt freiwillige COVID-

Verkehr

Autobahnen bringen China in eine blühende Zukunft

Videos mehr

中国扶贫在路上 China Armutsbekämpfung CHINA

Dokumentarfilmreihe

China Armutsbekämpfung

People's Daily hat heute die dreiteilige Dokumentarfilmreihe „Chinas Armutsbekämpfung" veröffentlicht. Die Dreharbeiten dauerten drei Jahre. Das Team legte 46.845 Kilometer zurück, sammelte dabei 1326 Geschichten über die Armutsbekämpfung und schloss schließlich 21 Fälle zur Armutsbekämpfung in 11 Provinzen ein. Die Reihe gliedert sich in drei Teile mit den Titeln „Weg der Armutsbekämpfung", „Armutsbekämpfungsweisheit" und „Ehrgeiz erleuchtet die Zukunft".

Interviews mehr

Botschafter a.D. Shi Mingde:

人民网德文网页截屏

Screenshot der Webseite der Chinesischen Volkszeitung Online

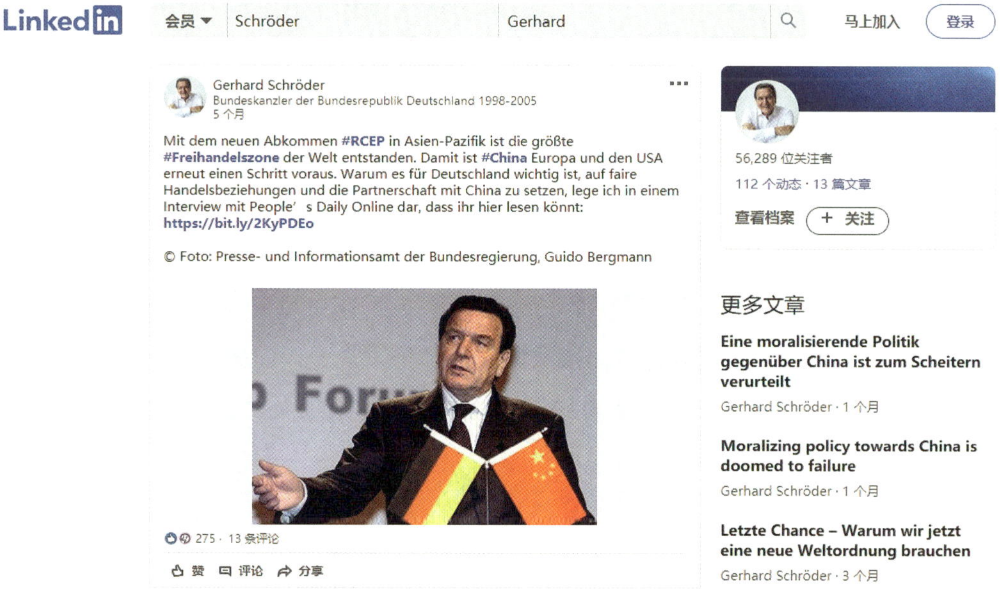

LinkedIn 会员 Schröder Gerhard 马上加入 登录

Gerhard Schröder

Bundeskanzler der Bundesrepublik Deutschland 1998-2005

5 个月

Mit dem neuen Abkommen #RCEP in Asien-Pazifik ist die größte #Freihandelszone der Welt entstanden. Damit ist #China Europa und den USA erneut einen Schritt voraus. Warum es für Deutschland wichtig ist, auf faire Handelsbeziehungen und die Partnerschaft mit China zu setzen, lege ich in einem Interview mit People' s Daily Online dar, dass ihr hier lesen könnt: https://bit.ly/2KyPDEo

© Foto: Presse- und Informationsamt der Bundesregierung, Guido Bergmann

275 · 13 条评论

赞 评论 分享

56,289 位关注者

112 个动态 · 13 篇文章

查看档案 + 关注

更多文章

Eine moralisierende Politik gegenüber China ist zum Scheitern verurteilt

Gerhard Schröder · 1 个月

Moralizing policy towards China is doomed to failure

Gerhard Schröder · 1 个月

Letzte Chance – Warum wir jetzt eine neue Weltordnung brauchen

Gerhard Schröder · 3 个月

德国前总理施罗德在其领英账号推荐德文频道专访稿件

Ex-Bundeskanzler Gerhard Schröder empfahl das Interview auf seinem persönlichen LinkedIn-Konto

2017 人民网杯德语配音大赛现场

Wettbewerb der deutschsprachigen Synchronisationen 2017, gesponsert von der Chinesischen Volkszeitung Online

在微信公众号建设方面，德文频道通过对读者群的分析，将账号的定位设定为权威信息发布平台和德语学习交流平台。“人民网德语视界”已成为德语圈内知名的公众号，是国内外网友了解中德高层动态、获取权威信息、增长德语知识的重要途径。

2022 年是中德两国建交 50 周年，双边关系发展充满新的机遇。习近平主席指出，中德两国要做合作共赢的示范者、中欧关系的引领者、新型国际关系的推动者、超越意识形态差异的合作者。双方要以人文合作为抓手，夯实两国友好的民意基础。正所谓“国之交在于民相亲，民相亲在于心相通”，而媒体在这其中扮演着不可或缺的重要角色。人民网德文频道将继续发挥自身优势，紧跟双边关系发展步伐，不断创新传播手段，进一步增强传播力和影响力，为中德两国人文交流合作添砖加瓦、助力赋能。

供稿：人民网德文频道，张悦

Die Chinesische Volkszeitung Online

— Brücke zur Verständigung

Die deutsche Version der Chinesischen Volkszeitung ging im Januar 2014 offiziell online. Sie ist die achte Fremdsprachen-Ausgabe der Onlineausgabe der Chinesischen Volkszeitung, und eine wichtige Maßnahme der Zeitung, um sich zu einer internationalen Mediengruppe zu entwickeln. Als Mitglied des Teams für internationale Medienarbeit hat sich die deutschsprachige Version stets dazu verpflichtet, China im Ausland Gehör zu verschaffen, die Geschichten Chinas und Deutschlands zu erzählen und die Freundschaft zwischen den beiden Völkern zu stärken. Ihre reichhaltigen Berichte finden eine große Leserschaft in China und Deutschland.

Zu den Schwerpunktthemen gehören Aktivitäten von hochrangigen Politikern, Berichte zum Jugendaustausch und Aufbau von sozialen Medien in China und in Übersee, wobei die Beiträge qualitativ hochwertig sind.

Fokus auf hochrangigen Austausch und Übernahme der führenden Rolle

Der Austausch auf hoher Ebene spielt eine wichtige Rolle bei den zwischenstaatlichen Beziehungen und kann der Zusammenarbeit und dem Austausch zwischen Ländern in verschiedenen Bereichen Impulse geben. Da die Chinesische Volkszeitung Online ein führendes Webportal in China ist, fokussiert sich die deutsche Ausgabe der Onlinezeitung bei der Berichterstattung stets auf den bilateralen Austausch auf hoher politischer Ebene. Über deutschsprachige Webseiten, Facebook, Twitter und WeChat werden die Stellungnahmen sowie die Aussagen hochrangiger Politiker in China und Deutschland übermittelt.

Nehmen wir das Jahr 2020 als Beispiel: Seit dem Ausbruch der Corona-Pandemie haben der chinesische Staatspräsident XI Jinping und die damalige deutsche Bundeskanzlerin Angela Merkel vier Mal intensiven Austausch über bilaterale Beziehungen und internationale Fragen von gemeinsamem Interesse per Telefon geführt. Darüber hinaus haben sich die Staats- und Regierungschefs beider Länder zu multilateralen Anlässen wie der Videokonferenz der chinesischen und europäischen Staats- und Regierungschefs und bei dem Online-Gipfeltreffen der G20 miteinander ausgetauscht. Der rege Austausch spiegelt die engen Beziehungen zwischen China und Deutschland wider. Die Chinesische Volkszeitung Online hat zweisprachig über die Veranstaltungen berichtet.

Um eine realitätsnahe Abbildung von China und eine sachliche Bewertung über China zu ermöglichen, hat die Chinesische Volkszeitung Online die Kolumne „Interviews“ ins Leben gerufen. Die Kolumne enthält Interviews mit bekannten Persönlichkeiten aus Politik, Wirtschaft, Kultur, Wissenschaft und weiteren Bereichen Chinas und Deutschlands, in denen die Befragten sich an ihre Erfahrungen im politischen, wirtschaftlichen und gesellschaftlich-kulturellen Austausch erinnern und über persönliche Erfahrungen berichten.

Seit der Etablierung der Kolumne wurden mehr als 30 prominente Persönlichkeiten befragt, u.a. der ehemalige deutsche Bundeskanzler Gerhard Schröder, der damalige Vizepräsident des Deutschen Bundestages Dr. Hans-Peter Friedrich, der damalige Regierende Bürgermeister von Berlin Michael Müller, der erste Bürgermeister von Hamburg Dr. Peter Tschentscher, der ehemalige Botschafter in Deutschland MEI Zhaorong, der ehemalige Botschafter in Deutschland SHI Mingde, der operative Geschäftsführer von Volkswagen China Dr. Stephan Wöllenstein, der Vize-Präsident der Arbeitsgemeinschaft Deutscher China-Gesellschaften e.V. Felix Kurz sowie die bekannten deutschen Sinologen Thomas Heberer und Klaus Mühlhahn.

Fokus auf Jugendprogramme und Festigung der Grundlage für den gesellschaftlich-kulturellen Austausch

Junge Menschen repräsentieren die Zukunft eines Landes. Daher ist der Austausch zwischen jungen Generationen von besonderer Bedeutung, um Missverständnisse zu beseitigen und das gegenseitige Vertrauen zwischen Chinesen und Deutschen zu stärken. Es ist nicht nur förderlich, die Vorurteile abzubauen und damit

Missverständnisse auszuräumen, sondern auch sehr wichtig für die künftige bilaterale Zusammenarbeit. Die Chinesische Volkszeitung Online verfolgt und berichtet seit langem über den Jugendaustausch zwischen beiden Ländern und hat mehrere Austauschprojekte unterstützt.

Bereits vor der Einrichtung des chinesisch-deutschen hochrangigen Dialogs für den gesellschaftlich-kulturellen Austausch hat die Chinesische Volkszeitung Online über das chinesisch-deutsche Jahr für Schüler- und Jugendaustausch 2016 berichtet. In ihrem Jahresabschlussbericht fasste man die Ergebnisse der Aktivitäten zusammen und gab einen Ausblick auf den künftigen Austausch. Die Korrespondenten haben Fachexperten und Prominente aus der Politik, Kulturinstitutionen, Lehrer und Schüler interviewt, um das chinesisch-deutsche Jahr für Schüler- und Jugendaustausch aus verschiedenen Perspektiven zu beleuchten. Zu den Interviewten gehören z.B. der Abteilungsleiter für internationale Zusammenarbeit und Austausch des chinesischen Bildungsministeriums, der Abteilungsleiter für Europa und Asien der Chinese People's Association for Friendship with Foreign Countries, der Leiter des Goethe-Instituts sowie Lehrer und Schüler des Burggymnasiums, die bei ihrem Chinabesuch von der chinesischen First Lady Professorin PENG Liyuan empfangen wurden.

Im Dezember 2019 berichtete die Chinesische Volkszeitung Online über den ersten nationalen Deutschwettbewerb für Mittelschüler in China, die vom China International Youth Exchange Center veranstaltet wurde. Dies war das erste Mal, dass eine chinesische Mainstream-Medienstätte wie die Chinesische Volkszeitung Online den Fokus auf Deutschlernende an Mittelschulen legte. Statistiken zufolge bieten derzeit in China etwa 150 Mittelschulen Deutschkurse an, während in Deutschland mehr als 300 Mittelschulen und Grundschulen Chinesischkurse anbieten. Durch die Berichterstattung über den Wettbewerb wurde das Interesse der chinesischen Mittelschüler an der deutschen Sprache und Kultur zum Ausdruck gebracht.

Im Februar 2021 wurde der Chinesische Chor des Burggymnasiums mit dem Lied „Nach der Pandemie“ erneut zum Internet-Hit in China. Die schöne Melodie, die authentische chinesische Aussprache und die emotionale Aufführung des Chores haben unzählige chinesische Internetnutzer tief berührt und auch neugierig gemacht, in welchem Zusammenhang China mit der Schule steht, die auf Chinesisch „Bo Le“ (Talent-Scouter) heißt. Die Chinesische Volkszeitung Online hat die Frage zum Thema gemacht und führte ein exklusives Interview mit der neuen Schulleitung Simone Reuen und dem ehemaligen Ministerberater der chinesischen Botschaft in Deutschland, DONG Qi, der die Geschichte zwischen dem Burggymnasium und China persönlich miterlebt hat. Im Interview wurde eingehend über die Namensgebung auf Chinesisch, über die aktuelle Situation des Chinesischlernens am Gymnasium, und über die bewegenden Momente der chinesischen und deutschen Schüler, die sich während der Pandemie gegenseitig ermutigen und unterstützen, berichtet.

Was die Unterstützung chinesisch-deutscher Kulturprojekte anbelangt, hat die Chinesische Volkszeitung Online von 2015 bis 2018 vier Jahre in Folge den von der Beijing Foreign Studies University veranstalteten Wettbewerb der deutschsprachigen Synchronisationen gesponsert und darüber berichtet. Der Wettbewerb mit anfangs wenigen Teilnehmern der Hochschulen von Peking und Tianjin, hat sich zu einer national hoch angesehenen Veranstaltung entwickelt, an der mehr als 20 bekannte Universitäten landesweit teilnehmen. Auch die deutsche Botschaft und Kulturinstitutionen in China haben dem Wettbewerb besondere Aufmerksamkeit geschenkt. Durch den Wettbewerb haben die Studierenden ihre Sprachkenntnisse, ihre Kenntnisse über die deutsche Kultur und ihre beruflichen Fähigkeiten verbessert, so dass der Grundstein für ihre Karriere gelegt worden ist.

Social Media zur Informationsverbreitung

Die Chinesische Volkszeitung Online verfügt derzeit über vier wichtige Kommunikationsplattformen: Webseite, Facebook-, Twitter- und WeChat-Konto. Um der immer schnelleren Informationsverbreitung gerecht zu werden, die zunehmend auf mobile und soziale Medien ausgerichtet ist, baute die Chinesische Volkszeitung Online das Facebook- und WeChat-Konto als Schlüsselplattformen für die Informationsübermittlung auf.

Das Facebook-Konto wurde 2015 eröffnet und hat inzwischen viele Fans gewonnen. Die Facebook-Follower zeigen Loyalität und es kommt häufig zu Interaktionen zwischen der Redaktion und den Lesern. Der Beitrag vom November 2019 mit dem Titel „Hubei baut Hängebrücke mit drei Türmen über Hanjiang-Fluss“ hat 320.000 Klicks, 41.000 Interaktionen und 7.700 Likes erhalten. Ein weiteres Beispiel ist der Beitrag im Mai 2019 mit dem Titel „Chinas erster Prototyp der 600 km/h schnellen Magnetschwebebahn ist fertig“, der mit 111.000 Views, 29.000 Interaktionen und 280 Kommentaren eine eifrige Diskussion unter den Lesern ausgelöst hatte.

Besonders erwähnenswert ist, dass die Chinesische Volkszeitung Online während der Pandemie im Jahr 2020 auf Sozialen Medien über die gegenseitige Hilfe und den gemeinsamen Kampf gegen die Pandemie in China und Deutschland berichtet hat. Unter anderem hat der Bericht „Berg und Tal kommen nicht zusammen, wohl aber die Menschen" über die PPE-Spenden durch chinesische Unternehmen 167.000 Aufrufe, 24.000 Interaktionen und mehr als 200 Leserkommentare erhalten. Viele deutsche Internetnutzer drückten China ihren Dank aus und wünschten sich, die Pandemie gemeinsam und solidarisch zu bewältigen. Das kurze Video „Hinter jeder Maske ist eins von den schönsten Gesichtern", das die Opferbereitschaft und Tapferkeit der chinesischen Ärztinnen, Krankenschwester und Pflegerinnen würdigte, wurde 123.000 Mal gelesen und verzeichnete mehr als 7.000 Interaktionen und über tausend Likes. Deutsche Leser zeigten ihren Respekt gegenüber dem chinesischen medizinischen Personal und drückten dem Medizinteam in Deutschland die Daumen. Die Chinesische Volkszeitung Online sprach im Namen des chinesischen Volkes ihren Dank aus und leistete damit ihren Beitrag zur Förderung des gegenseitigen Vertrauens zwischen China und Deutschland.

Beim Aufbau des öffentlichen WeChat-Kontos hat sich die Chinesische Volkszeitung Online anhand einer Leserschaft-Analyse als Plattform fürs Deutschlernen und als offizielle Informationsquelle positioniert. Die Chinesische Volkszeitung Online ist zu einem bekannten WeChat-Konto im deutschsprachigen Raum für in- und ausländische Leser geworden, das über Aktivitäten auf hoher politischer Ebene informiert und den Spracherwerb der Leser unterstützt.

2022 feiern China und Deutschland das 50-jährige Jubiläum der Aufnahme diplomatischer Beziehungen. Die Entwicklung der bilateralen Beziehungen bietet viele neue Möglichkeiten. Staatspräsident XI Jinping wies darauf hin, dass die bilaterale Beziehung zwischen China und Deutschland vorbildhaft für eine Win-win-Zusammenarbeit sei und eine führende Rolle in den chinesisch-europäischen Beziehungen spiele. Die Partnerschaft solle neuartige internationale Beziehungen fördern und ideologische Unterschiede überwinden. Wie ein chinesisches Sprichwort sagt, basieren die Beziehungen zwischen Ländern auf der Freundschaft zwischen den Völkern. Die Freundschaft zwischen den Völkern kommt durch Verständigung und Zuwendung zustande. Dabei spielen Medien eine unverzichtbare Rolle. Die Chinesische Volkszeitung Online wird ihr Netzwerk und die Reichweite weiter ausbauen und zum gesellschaftlich-kulturellen Austausch zwischen China und Deutschland beitragen.

人民网德文脸书账号页面截屏

Screenshot des Facebook-Kontos der Chinesischen Volkszeitung Online

前驻德国大使梅兆荣接受德文频道专访

Ex-Botschafter MEI Zhaorong beim Interview mit der Chinesischen Volkszeitung Online

Text und Bild: ZHANG Yue, Die Chinesische Volkszeitung Online

中德体育人文交流合作典范

——北京体育大学

一、案例简介

北京体育大学于 1981 年与德国科隆体育大学建立校际合作关系，开启对德体育人文交流合作的篇章，现已有 40 年的对德交往历史。合作伙伴从友好合作院校逐步扩展到俱乐部、体育组织等，合作领域涵盖人才培养、科学研究、训练竞赛等各方面。北京体育大学（下简称“北体大”）作为全国体育院校的领头羊，在中德体育人文交流方面发挥着不可替代的作用。

二、举措与成效

（一）积极服务中国特色大国外交

做好高访团组接待工作。2015 年 7 月，时任德国司法和消费者保护部部长、后曾任德国外交部部长海科 · 马斯先生（Heiko Maas）一行 8 人在我国国务院法制办公室时任主任宋大涵先生一行 7 人的陪同下访问北体大。海科 · 马斯就现役运动员学生如何完成学业等问题进行了交流，参观了北体大国家队训练基地，观看了武术及艺术体操表演及国家蹦床队训练等。2016 年 12 月，北体大副校长高峰随国家体育总局代表团赴德国参加落实第四轮中德政府磋商达成的教育与人文合作共识之第六届中德体育研讨会。

（二）拓展高端对德合作交流平台

借助友好合作院校、俱乐部、体育组织等，搭建全方位、多层次、立体化的对德合作网络，助力科研和人才培养国家化。

1. 加强与友好合作院校的务实合作

截至 2021 年 4 月，北体大已与德国 5 所大学签订了合作谅解备忘录，正式建立校际关系。其中，德国科隆体育大学是北体大在欧洲的第一所友好合作院校，两校已有 40 年的友好合作历史，两校共同开展了一系列富有成果的交流活动，包括代表团互访、师生交流、科研合作等。近年来，两校学术交流更加密切、合作领域不断拓展。2017 年和 2019 年，北体大分别派教师代表赴德国参加德国科隆体育大学举办的“变迁中的体育发展：中国与欧洲”国际学术研讨会和“中欧视角下城市体育与健康发展”大会并作报告。2018 年，德国科隆体育大学副校长克里斯托夫 · 布鲁尔（Christoph Breuer）和前校长瓦尔特 · 托卡斯基（Walter Tokarski）来北体大参加建校 65 周年纪念活动并作报告。

2018 年 10 月，德国科隆体育大学副校长克里斯托夫 · 布鲁尔作报告
Vortrag vom Christoph Breuer, Prorektor der DSHS Köln, Oktober 2018

受新冠肺炎疫情的影响，2020 年研讨会由线下转到线上。德国科隆体育大学欧洲体育发展与休闲研究学院院长于尔根 · 米塔格（Jürgen Mittag）教授通过在线方式参加北体大举办的全球体育院校专家学者研讨会和第二届“一带一路”体育教育论坛并作主旨发言。北体大还拟聘请于尔根 · 米塔格教授为客座教授，双方正在沟通相关细节。2016 年起，北体大与德国美因茨大学启动中德体育管理研究生交换项目。2016 年至 2019 年，每年互派十余名学生到对方学校学习交流两周。受新冠肺

炎疫情影响，2020 年和 2021 年转为线上授课。2021 年 3 月，北体大与德国开姆尼茨工业大学中国代表处进行会谈，商讨德语专业学生赴德交流学习事宜。

2. 开拓与俱乐部等机构的合作

2017 年以来，北体大与德国法兰克福足球俱乐部、沃尔夫斯堡足球俱乐部、多特蒙德足球俱乐部、莱比锡红牛足球俱乐部、门兴格拉德巴赫足球俱乐部等多个德甲足球俱乐部分别进行了多轮会谈，商讨足球领域合作事宜，引进多名足球教练来华执教。2017 年 8 月，北体大党委书记曹卫东一行 4 人访问法兰克福足球俱乐部，在中国驻法兰克福总领事王顺卿先生的见证下，曹卫东书记和俱乐部主席阿克塞尔 · 赫尔曼（Axel Hellmann）先生签署了双方合作意向书。2019 年 9 月，北体大与德甲豪门多特蒙德足球俱乐部达成战略合作伙伴关系。党委书记、校长曹卫东与多特蒙德足球俱乐部全球首席营销官卡斯滕 · 克拉默（Carsten Cramer）分别代表双方签订了战略合作协议。双方的合作以中国足球运动学院为依托，在训练体系、球探体系、青年队交流、国际赛事、精英球员试训等多个领域进行深度互动。

2017 年 8 月，与法兰克福足球俱乐部签约
Unterzeichnung der Absichtserklärung mit Eintracht Frankfurt, August 2017

2019 年 7 月，北体大聘请德国足球名将、Goalplay 体育公司创始人兼首席执行官奥利弗 · 卡恩（Oliver Kahn）为客座教授，党委书记、校长曹卫东代表学校为卡恩颁发客座教授聘书。授予仪式结束后，卡恩为北体大师生讲授第一课。他详细介绍了守门员在球队中的重要地位和作用以及 Goalplay 学院的基本情况，并对师生

提出的问题进行了详细的解答。2019 年 9 月至 10 月，Goalplay 体育公司代表多次到访，就守门员培训合作进行商谈。

3. 深化与体育组织的合作

2018 年 5 月，曹卫东书记与德国足协秘书长弗里德里希 · 柯提乌斯先生（Dr. Friedrich Curtius）进行会谈，商谈足球领域合作事宜。2019 年 2 月，德国滑雪协会董事、运动发展和培训负责人托马斯 · 布朗（Thomas Braun）率代表团一行 7 人来北体大交流访问，商谈滑雪裁判员、滑雪教练员、滑雪教师的培训合作事宜。2019 年 8 月，德国滑雪协会选派专家给北体大 2019 年冰雪项目骨干教师（教练员）赴法国研修班授课。

2019 年 2 月，德国滑雪协会来访
Besuch vom DSV, Februar 2019

4. 支持教师赴德参加培训，学习德国在足球和冰雪运动方面的经验

2017 年 4 月至 5 月，北体大张一民教授随教育部“2017 年赴德国校园足球培训团”赴德国参加培训。2018 年 12 月，张恩铭、吴迎、季成 3 名教师随北京冬奥组委团前往德国参加雪车和钢架雪车核心竞赛团队专项培训。2019 年 10 月至 11 月，教师吴迎随北京冬奥组委团前往德国参加雪车雪橇赛事运行境外专题班。

（三）助力营造冬奥良好外部环境

与德国奥林匹克学院保持联系，积极协调和支持在北京冬奥会期间接待德国奥林匹克青年营一行约 50 人来访事宜。北体大将以高标准完成与德国奥委会相关合作

2018 年 12 月，3 名北京体育大学教师赴德培训
3 BSU-Lehrkräfte beim Training in Deutschland, Dezember 2018

任务，接待安排好冬奥会期间德国奥林匹克青年营来校访问相关工作。

（四）积极参与民间对德友好工作

2020 年 8 月，中国德国友好协会换届大会在北京举行。会议审议并通过了中德友协工作报告、新一届中德友协章程和新一届中德友协理事名单，选举前驻德大使史明德担任新一届中德友协会长，校党委书记、校长曹卫东当选副会长。2021 年 5 月 12 日，北体大承办中德友协 2021 年理事大会。

三、案例展望

近年来，学校提出“以体育为核心，以科技和人文为双轮驱动，以信息化和国际化为两翼”的五位一体发展思路和“大学 + 基地”（中国特色世界一流体育大学 + 国家高水平竞技体育人才培养基地）融合发展的办学定位，学校国际化工作取得阶段性、跨越式发展。在新发展阶段，北体大将全面深化中德体育人文交流活动，促成更多务实合作，实现优势互补，合作共赢，为中德体育人文交流作出新的更大贡献！

供稿：北京体育大学，孙晓、吴俊

Vorbild für sportlich-gesellschaftlich-kulturellen Austausch und Zusammenarbeit zwischen China und Deutschland

— Beijing Sport University

I. Einführung

Die Beijing Sport University (BSU) hat die Partnerschaft mit der Deutschen Sporthochschule Köln 1981 geschlossen und ein neues Kapitel des sportlich-gesellschaftlich-kulturellen Austauschs aufgeschlagen. Seitdem sind 40 Jahre vergangen. Die Partnerlandschaft hat sich schrittweise ausgedehnt und neben Partnerhochschulen auch Sportvereine und -organisationen eingeschlossen. Die Zusammenarbeit umfasst inzwischen Personalförderung, Forschung, Training und Wettbewerbe. Als führende Sporthochschule in China spielt die BSU eine unersetzliche Rolle im sportlich-gesellschaftlich-kulturellen Austausch zwischen China und Deutschland.

II. Maßnahmen und Erfolge

1. Aktive Mitwirkung in der Außenpolitik Chinas

Der Empfang von hochrangigen Delegationen ist eine wichtige Aufgabe der BSU. Im Juli 2015 war Heiko Maas, der damalige deutsche Bundesminister der Justiz und für Verbraucherschutz und nachher als deutsche Außenminister mit einer 8-köpfigen Delegation in Begleitung vom damaligen Direktor des Legislative Affairs Office des chinesischen Staatsrates, SONG Dahan, zu Besuch an der BSU. Maas tauschte Ideen mit den Gastgebern aus, wie Berufssportler als Studierende ihr Studium an der BSU abschließen. Er besuchte die BSU-Trainingsorte mehrerer Nationalmannschaften und sah sich die Trainingskurse der Kung-Fu-Mannschaften sowie der nationalen Trampolinmannschaft an. Im Dezember 2016 reiste GAO Feng, Vize-Präsident der BSU, mit einer Delegation der General Administration of Sport of China nach Deutschland, um am 6. chinesisch-deutschen Sportsymposium zur Umsetzung des in der vierten Runde der chinesisch-deutschen Regierungskonsultationen festgelegten Ziels über die Zusammenarbeit in den Bereichen Bildung, Gesellschaft und Kultur teilzunehmen.

2. Mit Hilfe der Kooperationspartner wie Hochschulen

Vereine und Sportorganisationen baute die BSU ein umfassendes, mehrstufiges und mehrdimensionales Kooperationsnetzwerk mit Deutschland auf, um die Forschung und die Talentausbildung durch öffentliche Hände zu unterstützen.

2015 年 7 月 6 日，海科 · 马斯访问北体大会谈
Besuch von Heiko Maas an der BSU am 6. Juli 2015

1) Stärkung der Zusammenarbeit mit Partnerhochschulen

Bis April 2021 hat die BSU Memorandum of Understanding über Zusammenarbeit mit fünf deutschen Hochschulen unterzeichnet und somit formelle Partnerschaften geschlossen. Unter ihnen ist die Deutsche Sporthochschule Köln (DSHS Köln) die erste Partnerhochschule der BSU in Europa. Beide Hochschulen pflegen seit 40 Jahren eine freundschaftliche Zusammenarbeit. Durch die gemeinsamen Anstrengungen wurden viele ergebnisreiche Austauschveranstaltungen durchgeführt, wie zum Beispiel gegenseitige Besuche von Delegationen, Austausch zwischen Lehrern und Schülern und Forschungszusammenarbeit. In den letzten Jahren ist der akademische Austausch zwischen beiden Hochschulen noch enger geworden und die Bereiche einer Zusammenarbeit erweitern sich ständig. 2017 und 2019 entsandte die BSU Vertreter an die DSHS Köln zur Teilnahme an der internationalen Tagung „Sportentwicklung im Wandel: China und Europa — Bestandsaufnahmen, Fallbeispiele und Interaktionen" und an dem China-Symposium „Urbane Entwicklung im Sports- und Gesundheitswesen aus chinesischer und europäischer Perspektive", wo jeweils Vorträge gehalten wurden. Im Jahr 2018 waren Christoph Breuer, Prorektor der DSHS Köln und Walter Tokarski, der frühere Rektor, zu Besuch bei der BSU. Sie nahmen am 65. Gründungsjubiläum der BSU teil und widmeten der Feier jeweils einen Vortrag.

2017 年 12 月，德国科隆体育大学史蒂芬 · 施耐德（Stefan Schneider）副校长会见北体大代表团
Empfang der BSU-Delegation durch den Prorektor der DSHS Köln, Stefan Schneider, Dezember 2017

Aufgrund der Pandemie mussten mehrere Veranstaltungen 2020 online stattfinden. Professor Jürgen Mittag, Leiter des Instituts für Europäische Sportentwicklung und Freizeitforschung nahm am Experten- und Wissenschaftlerworkshop der internationalen Sporthochschulen und am 2nd „Belt and Road" Physical Education and Sports Forum, die von der BSU veranstaltet wurden, teil und hielt einen Impulsvortrag.

Die BSU plant, Professor Jürgen Mittag nun als Gastprofessor einzustellen und beide Seiten diskutieren diesbezüglich Details. 2016 haben die BSU und die Johannes-Gutenberg-Universität Mainz ein Graduiertenaustauschprogramm im Fachbereich Sportmanagement ins Leben gerufen. Bis 2019 wurden jedes Jahr Dutzende Studierende an die Partneruniversität für einen zweiwöchigen Kurs geschickt. Wegen der Pandemie mussten die Kurse 2020 und 2021 online stattfinden. Im März 2021 führten die BSU und die Repräsentanz der Technischen Universität Chemnitz in China Gespräche, um Fragen des Austauschstudiums von Studierenden der Deutschen Fakultät in Deutschland zu erörtern.

2021 年 3 月，与德国科隆体育大学视频会谈
Videokonferenz mit DSHS Köln, März 2021

2) Zusammenarbeit mit Sportklubs

Seit 2017 hat die BSU mit mehreren Fußball-Bundesligisten Gespräche über mögliche Kooperationen und die Rekrutierung von deutschen Trainern geführt. Dazu gehören Eintracht Frankfurt, VfL Wolfsburg, Borussia Dortmund, RB Leipzig und Borussia Mönchengladbach. Im August 2017 besuchte eine 4-köpfige Delegation unter der Leitung des Senatsvorsitzenden der BSU, CAO Weidong, Eintracht Frankfurt. In Anwesenheit des chinesischen Generalkonsuls in Frankfurt, WANG Shunqing, unterzeichneten Herr Cao und der Vorstandssprecher von Eintracht Frankfurt, Herr Axel Hellmann, eine Absichtserklärung für die Zusammenarbeit. Im September

2019 haben die BSU und Borussia Dortmund eine strategische Partnerschaft geschlossen. Der Vorstandsvorsitzende und Rektor der BSU, CAO Weidong, und der BVB-Chief Marketing Officer, Carsten Cramer, unterzeichneten eine strategische Kooperationsvereinbarung. Beide Parteien wollen durch das China Football College in Bereichen wie Trainingssystem, Scouting-System und beim Austausch von Jugendmannschaften, bei internationalen Wettbewerben und beim Probetraining von Eliten-Spieler intensiv zusammenarbeiten.

2019 年 9 月，与多特蒙德足球俱乐部签约
Unterzeichnungszeremonie mit BVB, September 2019

Im Juli 2019 berief die BSU den berühmten deutschen Fußballspieler und Mitgründer & CEO der Goalplay Sports, Oliver Kahn, als Gastprofessor der BSU. CAO Weidong, Senatsvorsitzender und Rektor der BSU überreichte Oliver Kahn ein Berufungsschreiben. Danach erteilte Kahn den Lehrern und Studierenden der BSU seine erste Lektion. Er erklärte ausführlich, wie wichtig ein Torhüter für die Mannschaft ist und welche Rolle er spielen soll. Dabei wurde die Goalplay-Akademie vorgestellt und man beantwortete die Fragen von Lehrern und Studierenden. Von September bis Oktober 2019 besuchten die Vertreter von Goalplay Sports die BSU mehrmals und tauschten sich über die Zusammenarbeit beim Torwarttraining aus.

2019 年 7 月，授予奥利弗 · 卡恩客座教授聘书

Übergabe des Berufungsschreibens an Oliver Kahn, Juli 2019

2017 年，张一民赴德培训

Prof. ZHANG Yimin in Deutschland, 2017

3) Vertiefung der Zusammenarbeit mit Sportorganisationen

Im Mai 2018 führte der Senatsvorsitzende CAO Weidong Gespräche mit dem Generalsekretär des Deutschen Fußball-Bundes, Herrn Dr. Friedrich Curtius, um die mögliche Zusammenarbeit im Bereich Fußball zu erörtern. Im Februar 2019 kam eine 7-köpfige Delegation des Deutschen Skiverbandes unter der Leitung von Thomas Braun, Vorstand Sportentwicklung/Bildung, zu Besuch an die BSU und diskutierte über die Kooperation bei der Ausbildung von Ski-Schiedsrichtern, Skitrainern und -Lehrern. Im August 2019 erteilte ein Experte vom Deutschen Skiverband den ausgewählten BSU-Lehrern (Trainer) für das Weiterbildungsprogramm Eis- und Schneesport in Frankreich 2019 Unterricht.

4) Unterstützung der Lehrkräfte zur Teilnahme an Ausbildungsprogrammen in Deutschland, um deutsche Erfahrungen im Fußball sowie im Wintersport kennenzulernen

Von April bis Mai 2017 reiste der BSU-Professor ZHANG Yimin mit einer Gruppe des Ausbildungsprogramms für Schulfußball des chinesischen Bildungsministeriums nach Deutschland. Im Dezember 2018 nahmen die BSU-Lektoren ZHANG Enming, WU Ying und JI Cheng mit dem Team des Organisationskomitees der Olympischen Winterspiele in Peking an einem Sondertraining für die Bob- und Skeletonmannschaft in Deutschland teil. Von Oktober bis November 2019 kam der BSU-Lektor WU Ying wieder mit einem Team des Organisationskomitees der Olympischen Winterspiele in Peking nach Deutschland zu einem Bob- und Schlittenkurs.

3. Unterstützung für die Olympischen Winterspiele in Peking

Zusammen mit der Deutschen Olympischen Akademie wird die BSU den Empfang von rund 50 Sportler/innen des Deutschen Olympischen Jugendcamps während der Olympischen Winterspiele in Peking organisieren und koordinieren.

4. Mitwirkung an den Kooperationen der zivilen Gesellschaft mit Deutschland

Im August 2020 fand die Hauptversammlung der Gesellschaft für chinesisch-deutsche Freundschaft (CGFA) in Peking statt. Man hat den Arbeitsbericht, die neue Satzung und das neue Führungsgremium der CGFA geprüft und genehmigt. Der Ex-Botschafter in Deutschland, SHI Mingde, wurde als neuer Präsident der CGFA und der Senatsvorsitzende und Rektor der BSU, CAO Weidong als Vize-Präsident gewählt. Am 12. Mai 2021 fand die Gremiumssitzung der CGFA an der BSU statt.

III. Ausblick

In den letzten Jahren hat die BSU das integrale Entwicklungskonzept „Sport, Wissenschaft/Technologie, Gesellschaft/Kultur, Informatisierung und Internationalisierung“ und ihre Positionierung als „Universität + Stützpunkt“ (Weltklasse-Sportuniversität mit chinesischer Prägung + nationaler Stützpunkt für die Ausbildung von Top-Sporttalenten) umgesetzt und sich schnell internationalisiert. In Zukunft wird die BSU den sportlich-gesellschaftlich-kulturellen Austausch mit Deutschland umfassend vertiefen, die Zusammenarbeit intensivieren und mit deutschen Partnern gemeinsam Win-Win ermöglichen.

Text und Bild: SUN Xiao, WU Jun, Beijing Sport University

推动跨国实习交流，加强彼此认知了解

——德国中国商会积极推动“中德青年实习交流计划”

一、案例简介

“中德青年实习交流计划”是中欧人文交流的重要组成部分。2013 年 9 月和 10 月，中国国家主席习近平在出访哈萨克斯坦和印度尼西亚时先后提出共建“丝绸之路经济带”和“21 世纪海上丝绸之路”的重大倡议，旨在与沿线国家共同打造政治互信、文化包容的利益、命运、责任共同体；2014 年 11 月欧盟委员会主席容克（Jean-Claude Juncker）提出“容克投资计划”，旨在促进欧盟境内基础设施、新能源、信息技术等领域的投资，促进经济增长和增加就业。此后，中欧双方共同努力，积极推动“一带一路”与“容克投资计划”的对接，在人员往来方面探索更多便利举措。

2018 年 7 月，时任人力资源社会保障部部长张纪南与时任德国劳动和社会事务部部长胡贝图斯 · 海尔（Hubertus Heyer）分别代表两国政府在柏林签署《中华人民共和国政府和德意志联邦共和国政府关于青年实习交流计划的联合意向声明》。2019 年 9 月，时任人力资源社会保障部副部长游钧与时任德国驻华大使葛策（Clemens von Goetze）在北京签署《关于中华人民共和国政府和德意志联邦共和国政府青年实习交流计划的实施方案》。2019 年 10 月 29 日，“中德青年实习交流计划”启动会在上海召开。

二、“中德青年实习交流计划”的参与方与合作部门

《关于中华人民共和国政府和德意志联邦共和国政府青年实习交流计划的实施方案》规定了专门的机构负责项目的具体落实。

中国人力资源和社会保障部国际合作司是中方牵头协调单位，负责国内协调，

加强与德方对口联系，推动国内不同部门、地方和实施机构之间加强政策协调与沟通。人力资源和社会保障部全国人才流动中心是中方负责“中德青年实习交流计划”的实施机构，旨在推进该计划顺利实施，并负责向国内公司、机构、青年及社会进行宣传。德国中国商会是中方负责协调“中德青年实习交流计划”的合作机构，利用其独特优势，主要面向德国公司、机构、青年及社会进行宣传；鼓励公司或文化、教育和科技等机构提供实习机会，收集和发布德国境内公司或机构可能接收中国实习生的信息（包括公司或机构名称、岗位描述、招聘条件和联系方式等），并告知中国人力资源和社会保障部全国人才流动中心。

德国外交部亚洲司是德方牵头协调单位，负责建立德国国内协调机制，加强与中方对口联系，推动德国国内不同部门、地方和实施机构之间加强政策协调与沟通。德国工商大会驻华机构（包括中国德国商会和德中工商技术咨询服务有限公司）为德方牵头实施机构，鼓励公司或文化、教育、科技等机构提供实习机会，收集和发布中国境内公司或机构可能接收德国实习生的信息（包括公司或机构名称、岗位描述、招聘条件、联系方式等）。

三、“中德青年实习交流计划”的意义

1. 助力两国人文交流

“中德青年实习交流计划”的开展，能够进一步推动和丰富两国青年的交流和实践活动，促进青年对对方国家情况的了解，增加彼此的认识广度和沟通深度，助力两国人文交流，增进两国友好感情。

2. 助力提升青年就业创业能力

随着全球经济一体化的进程和“一带一路”倡议的实施，各国人才不仅要满足本国发展的需求，还要适应国际间产业分工、贸易互补等经济合作新形势。高校和职业院校毕业生是国家宝贵的人才资源，鼓励其拥有更多跨国交流实践经历，掌握更多国外“实战”经验，能够帮助青年提升就业创业能力。

德国企业严谨认真，对制度和流程高度重视并严格执行，对产品质量精益求精并细化到每个环节，对员工培训投入颇多，特别注重员工技术能力培养。赴德实习能够让中国青年对这些颇具“德国特色”的管理理念和方式有更多感性认识，从而提升其专业水平和综合素养。同时，赴德实习经历能够让中国青年对当地的政策法规、营商环境、行业发展、需求商机等有更为直接的体验和认知，锻炼其独立处理问题的综合能力，从而进一步提升就业创业能力。

3. 助力跨国企业人才培养

近年来，中德两国经贸合作日益紧密，截至 2019 年 9 月底，中国累计批准德国企业在华投资项目 10689 个，德方实际投入 347.7 亿美元，德国是欧盟对华直接投资最多的国家。同时，经中国商务部核准的中国累计在德国全行业投资存量已达 149.4 亿美元。随着中德经贸合作的持续推进，对具有中德两国工作经验和背景的国际化人才需求日益旺盛。中国德国商会近期对 423 家在华德企的调查结果显示，难于招聘并留住合格的本土员工已成为影响德企继续在华投资的重要因素之一。同时，“走出去”的中国企业也迫切需要一大批具有中国文化特质、国际视野开阔、通晓国际规则、具备跨文化交流和解决复杂实际问题能力的人才。“中德青年实习交流计划”的开展，正为这类人才的培养提供了一个很好的平台和机会。

4. 助力院校提升国际合作水平

目前，中国各类院校设立了不少中德合作办学项目，体现在教师交流、教学交流和学生交流等多个方面，但真正能延伸到实习阶段的还是很少。“中德青年实习交流计划”以高校和职业院校（含技工院校）的在读或刚毕业学生为对象，围绕教学提升和就业实践开展计划实施，为学生提供进入职场的海外实践经验，丰富校企合作资源，提升人才培养质量，打造学校知名品牌，助力院校提升国际合作水平。

我国和德国政府都高度重视“中德青年实习交流计划”，明确相关责任机构和职责，并给予支持，该计划的优势主要体现在以下三个方面：

第一，对象范围更广

与国内其他中德交流项目相比，“中德青年实习交流计划”（以下简称“中德计划”）面向中国青年的范围更广：年龄在 18—35 周岁，已完成至少四个学期高等教育的高校在校生（含本科、硕士和博士研究生）或职业院校（含技工院校）在校生或毕业未满 12 个月的毕业生，只要实习期限不超过 6 个月，均可参加。

第二，签证手续简化

与其他途径赴德实习所需办理手续相比，只要是参加“中德计划”、获得“中德青年实习交流计划确认函”的中国青年，在向德国驻中国签证机关申请实习签证时，不管是申根签证还是国家签证，都无需再申请单独的工作许可，这将有效简化签证手续，缩短签证准备和办理时间。

第三，专项经费支持

考虑到我国青年、特别是家庭经济困难青年赴国外实习面临不少经济压力，经财政部同意，设立实习生国际交流项目专项资金，对部分赴法国、德国等与我国签署双边实习生协议国家实习的青年予以资助。2018 年 8 月 3 日，人力资源和社会保障部办公厅下发了《关于印发〈青年国际实习交流计划资助管理办法（试行）〉的通知》。

四、中德青年实习交流计划展望

由于新冠肺炎疫情，中德两国交流受到一定影响，人员往来不便，但也给了“中德青年实习交流计划”充裕的前期准备时间。目前该计划的配套课题“中国青年赴德实习交流指南”已经评审通过，其他相关组织事宜也基本完成。前期的宣传已经受到许多院校和学生的关注，相关单位和部门不断接到咨询电话和邮件，同时德国方面也对此表现出极大的兴趣。待中欧疫情好转、疫苗接种普及和疫苗护照落实后，相关机构会进行更加积极的宣传工作，并鼓励更多学生参与到该计划中。

供稿：德国中国商会

Auslandspraktikum fördern, gegenseitiges Verständnis verbessern

— Das „Auslandspraktikumsprogramm für junge Erwachsene“ der Chinesischen Handelskammer in Deutschland e.V.

I. Hintergrund

Das „Auslandspraktikumsprogramm für junge Chinesen und Deutschen“ ist ein wichtiger Bestandteil des chinesisch-europäischen gesellschaftlich-kulturellen Austauschs. Im September und Oktober 2013 ergriff der chinesische Präsident XI Jinping bei seinen Besuchen in Kasachstan und Indonesien die Initiativen zum Aufbau des Seidenstraßen-Wirtschaftsgürtels und der maritimen Seidenstraße des 21. Jahrhunderts. Ziel ist die Formung einer Interessen-, Schicksals- und Verantwortungsgemeinschaft mit den Ländern entlang der Seidenstraße mit gegenseitigem politischem Vertrauen und kultureller Toleranz. Im November 2014 schlug der Präsident der Europäischen Kommission, Jean-Claude Juncker, die Juncker-Investitionsoffensive vor, mit der Investitionen in Infrastruktur, neue Energien, Informationstechnologie und weitere Bereiche der EU gefördert werden sollen, um das Wirtschaftswachstum anzukurbeln und die Beschäftigung zu erhöhen. Seitdem arbeiten China und die EU zusammen, um das Andocken des „One Belt, One Road“ und des Juncker-Plans aktiv zu fördern und weitere Initiativen im Bereich des gesellschaftlich-kulturellen Austauschs zu erkunden.

Im Juli 2018 unterzeichneten der damalige chinesische Minister für Humanressourcen und soziale Sicherheit, ZHANG Jinan, und der damalige deutsche Minister für Arbeit und Soziales, Hubertus Heyer, in Berlin die „Gemeinsame Absichtserklärung zwischen der Regierung der Volksrepublik China und der Regierung der Bundesrepublik

Deutschland zum Auslandspraktikumsprogramm für junge Erwachsene". Im September 2019 unterzeichneten der damalige chinesische Vizeminister für Humanressourcen und soziale Sicherheit, YOU Jun, und der damalige deutsche Botschafter in China, Clemens von Goetze, in Peking die „Bestimmungen zur Durchführung des Auslandspraktikumsprogramms für junge Erwachsene zwischen der Regierung der Volksrepublik China und der Bundesrepublik Deutschland". Am 29. Oktober 2019 startete offiziell das Auslandspraktikumsprogramm für junge chinesische und deutsche Erwachsene.

II. Akteure und Partner

Gemäß den „Bestimmungen zur Durchführung des Auslandspraktikumsprogramms für junge Erwachsene zwischen der Regierung der Volksrepublik China und der Bundesrepublik Deutschland" ist eine spezielle Agentur für die konkrete Umsetzung des Projekts verantwortlich.

Die federführende Behörde auf chinesischer Seite ist die Abteilung für internationale Zusammenarbeit des Ministeriums für Humanressourcen und soziale Sicherheit, die für den inländischen Koordinierungsmechanismus, die Stärkung der Beziehungen zur deutschen Seite und die Förderung einer verbesserten Koordinierung und Kommunikation zwischen verschiedenen inländischen Abteilungen, Lokalitäten und Durchführungsstellen verantwortlich ist. Das Nationale Zentrum für Personalmobilität des chinesischen Ministeriums für Humanressourcen und soziale Sicherheit ist die chinesische kordierende Stelle für das Auslandspraktikumsprogramm. Ziel des Zentrums ist es, die reibungslose Umsetzung des Programms zu gewährleisten und das Programm bei Unternehmen, Institutionen, jungen Menschen und in der Gesellschaft umfassend zu bewerben. Die Chinesische Handelskammer in Deutschland ist der chinesische Partner für die Koordination des Auslandspraktikumsprogramms, der die reibungslose Durchführung des Programms sicherstellen und das Programm bei deutschen Unternehmen, Institutionen, jungen Erwachsenen und der Gesellschaft auf breiter Ebene bekannt machen soll. Die Chinesische Handelskammer in Deutschland ermutigt zudem Unternehmen bzw. Institutionen aus den Bereichen Kultur, Bildung und Technologie, Praktikumsplätze anzubieten, Informationen über Praktikumsplätze in deutschen Unternehmen bzw. Institutionen zu sammeln, zu veröffentlichen (einschließlich Name des Unternehmens oder der Institution, Stellenbeschreibung, Einstellungsbedingungen und Kontakte) und dem Nationalen

Zentrum für Personalmobilität des chinesischen Ministeriums für Humanressourcen und soziale Sicherheit zu übermitteln.

Die federführende Stelle auf deutscher Seite ist die Asienabteilung des Auswärtigen Amtes, die für die Einrichtung eines innerstaatlichen Koordinierungsmechanismus, die Stärkung der China-Beziehung und die Förderung einer verbesserten Koordinierung und Kommunikation zwischen den verschiedenen inländischen Ministerien, Kommunen und Durchführungsstellen zuständig ist. Die Deutsche Industrie- und Handelskammer in China (einschließlich der Deutschen Handelskammer in China und des Deutsch-Chinesischen Technischen Beratungsdienstes für Industrie und Handel) soll als leitende Stelle auf deutscher Seite Unternehmen oder Kultur-, Bildungs-, Wissenschafts- und Technologieeinrichtungen ermutigen, Praktikumsplätze anzubieten, Informationen über Unternehmen oder Einrichtungen in China, die deutsche Praktikanten aufnehmen können (einschließlich Name des Unternehmens oder der Einrichtung, Stellenbeschreibung, Einstellungsbedingungen, Kontaktinformationen usw.).

III. Bedeutung des Programms

1. Förderung des gesellschaftlich-kulturellen Austauschs zwischen den beiden Ländern

Die Durchführung des Auslandspraktikumsprogramms für junge chinesische und deutsche Erwachsene kann den Austausch und die Aktivitäten junger Menschen aus beiden Ländern weiter fördern und bereichern, ihr gegenseitiges Verständnis verbessern, die Kommunikation verstärken und damit weiter zum gesellschaftlich-kulturellen Austausch zwischen beiden Ländern beitragen.

2. Verstärkung der Berufskompetenzen und des Unternehmertums der jungen Generation

Mit der Einführung der Initiative „One Belt, One Road" und im Laufe der globalen wirtschaftlichen Integration müssen Talente nicht nur die Bedürfnisse ihrer eigenen staatlichen Entwicklung erfüllen, sondern sich auch an die neuen wirtschaftlichen Zusammenarbeitsformate (z.B. internationale Arbeitsteilung und Handelskomplementarität) anpassen. Hochschulabsolventen sind wertvolle Personalressourcen für ein Land. Sie sollen ermutigt werden, mehr interkulturelle und berufliche Erfahrungen im Ausland zu sammeln, damit Berufskompetenzen und unternehmerische Engagements gestärkt werden können.

Die Managementkonzepte und -methoden deutscher Unternehmen ermöglichen es den Praktikant/innen, sich mit der beruflichen Realität auseinander zu setzen, ihre Professionalität und allgemeine Kompetenzen zu verbessern. Die deutsche Wirtschaft ist für ihre Genauigkeit und Seriosität bekannt, legt großen Wert auf die Umsetzung von Systemen und Prozessen, formuliert detaillierte Arbeitsanweisungen für jede Arbeitsstelle und managt streng nach den Vorgaben. Sie achtet auf standardisierte Abläufe mit akribischer Arbeitsteilung und klaren Verantwortlichkeiten. Die Unternehmen legen entsprechende Standards für jeden Prozess fest und setzen diese in der Praxis ein. Sie verfügen daher über ein starkes Qualitätsbewusstsein, was die wesentliche Unternehmenskultur eines produzierenden Betriebs darstellt. Die deutsche Wirtschaft achtet auch auf die Produktqualität und führt strenge Qualitätskontrollen durch. Perfektion wird dabei angestrebt. Die Schulung der Belegschaft hat einen hohen Stellenwert. Jedes Unternehmen hat einen Plan für interne Trainingsprogramme, die sich insbesondere auf das technische Personal konzentrieren, um sie zu befähigen, für diverse problematische Situationen Lösungen zu finden.

Durch ein Praktikum in Deutschland können die beteiligten Praktikant/innen nicht nur Wissen erwerben, sondern auch erlernen, wie man mit realen Problemen kreativ umgeht und dabei unterschiedliche Denkweisen und Methoden einsetzt. Darüber hinaus verschafft ein solches Praktikum Einblicke in die lokale Politik und Vorschriften, in das Geschäftsumfeld und die Branchenentwicklung. Man kann während des Praktikums Kontakte knüpfen und Ressourcen bündeln, was eine gute Grundlage für die künftige Laufbahn und die Existenzgründung der jungen Generation bedeutet.

3. Personalausbildung für international agierende Unternehmen

Deutschland ist das Land mit den größten Direktinvestitionen aus der EU in China. Bis Ende September 2019 hat China insgesamt 10.689 Investitionsprojekte deutscher Unternehmen in China genehmigt, für deren Realisierung 34,77 Mrd. US-Dollar tatsächlich investiert wurden. Der kumulierte Bestand der vom chinesischen Handelsministerium genehmigten chinesischen Investitionen in Deutschland betrug Ende September 2019 14,94 Mrd. US-Dollar. Mit der fortschreitenden deutsch-chinesischen Zusammenarbeit steigt die Nachfrage nach Personal mit Arbeitserfahrungen in China und in Deutschland. Eine intakte Belegschaft für den Standort in Übersee zu organisieren ist der Schlüssel zum Erfolg für chinesische Unternehmen bei ihren Going-Global-Aktivitäten. Es fällt allerdings der chinesischen Wirtschaft schwer, hochqualitatives Personal mit internationalem Blickwinkel ausfindig zu machen. Oft fehlen ebenfalls die richtigen Rekutierungskanäle für passende Kandidat/innen. Für die Außenstellen zahlreicher chinesischer Unternehmen werden Talente mit chinesischem Kulturverständnis und internationaler Ausrichtung dringend benötigt, die sich mit internationalen Regelwerken auskennen, international aktiv und wettbewerbsfähig sind. Natürlich müssen sie auch interkulturelle Kommunikation meistern und komplexe Probleme gut lösen können. Darüber hinaus spielen die Ortskräfte mit der voranschreitenden Lokalisierung eine immer wichtigere Rolle für die ausländischen Unternehmen in China. Eine Umfrage der AHK unter 423 deutschen Unternehmen in China ergab, dass Schwierigkeiten bei der Rekrutierung und Bindung von qualifiziertem Personal einer der Hauptfaktoren sind, die deutsche Unternehmen von einer weiteren Investition in China abhalten. Die Engpässe haben eine steigende Nachfrage nach internationalen Talenten. Dies zeigt die Notwendigkeit, Personal mit interkulturellen Kommunikationsfähigkeiten auszubilden. Dem Bedarf kommt das Auslandspraktikumsprogramm für junge Chinesen und Deutschen entgegen.

4. Verbesserung der internationalen Bildungskooperation

Das Auslandspraktikumsprogramm richtet sich an Studierende an Universitäten oder Berufsbildungseinrichtungen bzw. kürzlich graduierte Absolventen. Auf die Verbesserung der Lehre und der Beschäftigung wird abgezielt. Im Rahmen des Programms lässt sich das Antragsverfahren für Praktikums-Visa vereinfachen, wobei die Voraussetzungen für den Visumsantrag ebenfalls gelockert werden. Im Rahmen des Programms sind Fördermittel vorgesehen, die die Auslandspraktika teilweise bei Förderwürdigen finanzieren. Schließlich soll das Niveau der internationalen Bildungskooperation dadurch gesteigert werden.

IV. Vorteile des Auslandspraktikumsprogramms

Sowohl die chinesische als auch die deutsche Regierung messen dem Auslandspraktikumsprogramm für junge Erwachsene große Bedeutung bei und haben es in vielfältiger Weise unterstützt sowie einen Projektträger vorgesehen, der für die konkrete Umsetzung verantwortlich ist. Die Vorteile des Programms spiegeln sich vor allem in drei Aspekten wider:

1) Das Auslandspraktikumsprogramm ist ein bilaterales Kooperationsprojekt zwischen der chinesischen und der deutschen Regierung zur Förderung der Auslandspraktika für junge Menschen beider Länder in der Altersgruppe 18–35, die die Voraussetzungen

erfüllen.

2) Die Visumsbeantragung wird vereinfacht. Bewerber für das Programm sind Studierende an Universitäten oder Berufshochschulen (einschließlich technischer Hochschulen) in China. Absolvent/innen, die ihren Abschluss vor weniger als 12 Monaten erworben haben, können sich ebenfalls um das Programm bewerben und müssen keine separate Arbeitserlaubnis beantragen.

3) Da die jungen chinesischen Bewerber teilweise aus wirtschaftlich benachteiligten Familienverhältnissen stammen und für ein Auslandspraktikum unter großem finanziellem Druck stehen, wurde ein spezieller Fonds für Auslandspraktika mit Zustimmung des chinesischen Finanzministeriums eingerichtet, um benötigte finanzielle Unterstützung zu gewährleisten. Förderwürdige sind Praktikant/innen, die nach Frankreich, Deutschland oder in weitere Länder gehen, mit denen China bilaterale Praktikumsabkommen unterzeichnet hat. Am 3. August 2018 veröffentlichte die Zentralstelle des Ministeriums für Humanressourcen und soziale Sicherheit die „Bekanntmachung über die Verwaltung von Fördermitteln für das Auslandspraktikumsprogramm für junge Erwachsene (Probelauf)".

V. Status Quo des Auslandspraktikumsprogramms

Aufgrund der Pandemie wurde der Personalaustausch zwischen China und Deutschland vorläufig eingeschränkt. Jedoch hat das Programm mehr Zeit für die Vorbereitung gewonnen. Das begleitende Handbuch „Leitfaden zum Auslandspraktikum für junge chinesische Erwachsene in Deutschland" wurde lektoriert und freigegeben. Weitere damit verbundene organisatorische Arbeiten wurden bereits abgeschlossen. Die bisherige Werbung hat zahlreiche Hochschulen und Studierende interessiert. Die zuständigen Kontaktstellen und Ansprechpartner in China haben unzählige Anfragen erhalten. Ein großes Interesse ist auch auf der deutschen Seite zu verzeichnen. Sobald die Pandemie in Europa und China unter Kontrolle ist, ist das Programm im größeren Maß zu bewerben. Mehr Interessierte sollen zur Teilnahme ermutigt werden.

Text und Bild: Die Chinesische Handelskammer in Deutschland e.V.

华语电影走进德国

——慕尼黑华语电影节

电影是生动的文化载体，以丰富的类型题材多角度展示社会文化生活。中国作为世界电影大国，年产逾千部影片，德国观众受文化差异和地域距离的影响，鲜有机会接触到这些作品，特别是现当代电影。因此，慕尼黑孔子学院从 2013 年起，先后和慕尼黑大学汉学系与慕尼黑市立图书馆合作，通过电影节将中国佳作引入德国，帮助本地观众从不同视角和层面了解中国，并促进中德电影业界人士合作，该电影节已举办多年，成为慕尼黑城市标志性文化活动之一。

多样化影片呈现立体中国

随着越来越多的华语电影在国际电影节上参展，海外观众对华语影片的接触渠道日益增加。但多数影片仍集中在电影专业人士范围内，普通民众接触甚少，且类型以社会题材文艺片居多。慕尼黑华语电影节重点引入类型主题多样化的影片，既有喜剧《美人鱼》、警匪片《红海行动》、动画电影《大鱼海棠》，也有历史题材《无问西东》、古装片《妖猫传》、都市爱情片《滚蛋吧！肿瘤君》和贺岁片《过年好》等，各种风格题材影片共计百部，把国内受欢迎、口碑好的影片推荐给海外观众。电影节邀请行业机构以及专家担任艺术合作伙伴和顾问，提高选片专业性。过去几年，中国电影资料馆暨中国艺术影院联盟、法国“中国银幕”华语纪录片电影节和中影卫铁导演等都为活动提供了行业支持，使电影节兼具普及性、娱乐性与艺术性。

第八届慕尼黑华语电影节影片海报综合图
Filmplakate des 8. Chinesischen Filmfests München

第八届慕尼黑华语电影节海报
Plakat des 8. Chinesischen Filmfests München

线上线下综合模式突破疫情限制

从2020年开始，慕尼黑华语电影节同时推出线上和线下两种观影模式。无论是喜爱影院观影的观众，还是习惯多媒体线上观影的群体，都可以在为期一周的电影节中充分享受华语电影的文化盛宴。往年，由于影片只在慕尼黑的影院展映，有些观众需要专程从外地赶来观看。线上模式给慕尼黑以外的观众也提供了更多观影可能，打破了地域限制带来的不便。2020年的新冠肺炎疫情中，传统实体文化活动纷纷面临取消或被迫缩小原定规模，原本可容纳130人的放映厅只允许1/3的观众入场。电影节却通过线上版块的灵活性迎来更多观影人次，线上点播平台无疑为未能入场观影的德国电影爱好者提供了另一种观影可能。

电影分级增加青少年观众

学院从2018年第六届慕尼黑华语电影节开始，为部分影片引入观影分级制度，以向青少年观众推荐适龄的作品。为了更好地让中国电影从国内走向国际，向西方欧美国家展现中国电影的独特魅力，接轨世界电影分级制度是文化传播的一条捷径。考虑到海外汉语学习者中有一定比例的青少年，慕尼黑孔子学院做出大胆尝试，将部分电影送往慕尼黑青少年保护局指定的电影分级部门，进行影片分级评审，方便家长为孩子们挑选合适的影片。

德文字幕制作促进本地汉语学习者交流

在保证放映影片至少有英文字幕的同时，慕尼黑孔子学院多年坚持挑选出部分影片进行德文字幕的制作。学院召集、组织精通德语和中文的语言学习爱好者，为其提供技术条件，进行本地化语言字幕的制作，这样既使影片能更好被本地观众理解，又为中德翻译人才提供了实践的平台。

中德影人对话单元提供专业行业交流

学院连续多年在电影节中添加中德影人对话单元，邀请中德电影行业内专家对热门话题进行对话交流，与观众分享中德电影市场和观影文化的异同、两国电影合作前景等，帮助德国观众在欣赏影片之余，全面了解中国电影行业和华语电影概况。对话活动还提供本地观众直接向电影专家提问的互动机会，并配备专业中德同声翻译。

“中华文化使者”荣誉奖项

慕尼黑孔子学院为在促进文化、艺术交流领域作出杰出贡献的社会名流授予“中华文化使者”荣誉奖项。该奖从 2019 年起颁发，奖项的设置将提高电影人的参与度，鼓励更多业内人士为华语电影的海外推广作出贡献。

“最受观众喜爱奖”

慕尼黑华语电影节的另一大亮点是“最受观众喜爱”奖项的评选。不同于大多数电影节由专业评审评选出奖项，慕尼黑华语电影节希望促进德国影迷直接与电影互动，因此设立了完全由观众直接投票产生的“最受观众喜爱奖，”并吸引了大量本地影迷参与评选。

电影主题展览与讲座

除影片展映和中德影人对话，慕尼黑华语电影节还包括其他电影主题系列活动，比如电影专家讲座、电影海报展等。不同类型的活动通过相同的主题形成协同规模效应，达到更好的宣传效果。比如由中国电影资料馆与慕尼黑孔子学院共同推出的《“慢慢看”——新中国 70 年优秀电影海报展》，在慕尼黑市立图书馆内展出新中国各个时期的优秀海报作品。选取“1952—1974 红色经典”“1979—2004 多样化创新探索”“2013—2018 市场化的主旋律，”以及“2019 新高峰”四个极具代表性的不同时段，以电影为窗口，向观众展示了新中国时代更替与大众审美情趣的变迁。

电影带动语言文化推广

华语电影可以间接影响观众对学习汉语语言和文化的兴趣。电影节选片主题类型多样，为周边语言文化推广提供了丰富内容。放映前的讲解单元为观众普及影片相关背景，在帮助德国影迷了解电影内容的同时，也推动了文化知识介绍。又比如 2020 年电影节中展映了数部少数民族题材的影片，学院邀请国内高校民族学教授与德国观众连线直播，介绍少数民族文化习俗传统等。另外，电影节期间推出的“直播小课堂”系列活动，为观众提供主题丰富的语言和中华传统文化体验项目，比如汉语入门试听、书法、国画、舞蹈、手工等体验课程，电影爱好者由此成为中国文化爱好者。社交媒体在德国新生代中使用频率颇高。慕尼黑孔子学院在多个本地受欢迎的社交媒体平台上建立了频道，定期发布关于电影和其他文化及语言学习主题内容，收获上千粉丝订阅。

社会影响力

电影节举办多年来，一直受到国内外媒体关注。新华社和德国发行量最大的《南德意志报》等曾多次对电影节活动进行报道和专题采访。2020 年，慕尼黑市长迪特·莱特（Dieter Reiter）特别向电影节发来感谢函，肯定活动对慕尼黑城市文化的重要意义：“慕尼黑华语电影节已成为我市每年固定的文化活动。在目前艰难的疫情时期，今年的第八届慕尼黑华语电影节仍将通过线上线下同步举办的方式，继续为观众带来多部精彩纷呈的华语佳作，着实令人感到兴奋。”

中国是世界上最大的电影生产国之一，制作出品涵盖历史纪录片、奇幻片、浪漫喜剧片、动作喜剧片、情节跌宕起伏的剧情片、画面唯美的年代片等各类电影，第八届慕尼黑华语电影节展映的多部佳作也将展示这一多样性。所有参展影片均为华语原声，并配有英文或德文字幕，观众们将有机会沉浸式地体验中国文化；参展影片不仅有经久不衰的经典作品，也包括近年来热评不断、斩获各类国际奖项的卖座好片。

德国电影研究学者罗夫·吉森博士（Dr. Rolf Giesen）对电影节评论道：“我和同事都非常欣赏这些来自中国的电影作品，它们品质很好，类型也非常多样，包括喜剧片、剧情片、纪录片、家庭剧、动画电影等。线上举办电影节，可能是开拓新形式的一个契机，并且我认为，这种形式可能在未来成为一种常态，通过该形式可以让更多的国人参与到电影节当中。……跨文化交流不仅仅是寻找亚洲和欧洲间的不同点，发现二者共通之处也非常重要。中欧之间有许多共同的话题，而这些话题将展现在电影之中。”

第八届慕尼黑华语电影节在疫情下举办：影院内，观众按照防疫要求隔开安全距离并佩戴口罩观影
Das 8. Chinesische Filmfest München während der Pandemie: Im Kino wurde auf den Sicherheitsabstand geachtet. Das Maskentragen war obligatorisch

第四届慕尼黑华语电影节，现场舞狮表演
Löwentanz auf dem 4. Chinesischen Filmfest München

华语电影月月看

2021 年 4 月开始，电影节根据本地观众需求，新拓展了“华语电影俱乐部”项目。德国影迷在每个月的最后一个周末都可以观赏一部新的华语电影佳作。此外，电影专家也将继续为本地观众进行映前讲解并开展直播对话活动，介绍电影和文化背景知识。

透过电影看中国

2021 年，中国连续第五年成为德国最重要的贸易伙伴。与紧密经济往来形成巨大反差的是德国普通民众对中国文化依然缺乏了解。提到中国，不少西方人会立刻回忆起儿时看过的陈查理和傅满洲（早期西方文学和影视中广为流传的两个中国形象）。这些人物影响了西方一代人的中国想象，但这和现实中国相距甚远。慕尼黑华语电影节通过优秀华语佳作向海外展现多元中国形象，以不同的故事体现中国文化生活的多样侧面，以丰富的电影文化活动，为德国民众了解当代中国提供新的可能性。

供稿：慕尼黑孔子学院，王蓉

Chinesische Filme in Deutschland

— Das Chinesische Filmfest München

Filme sind lebendige Kulturträger, die das soziale und kulturelle Leben aus verschiedenen Perspektiven und anhand einer Vielzahl an Genres beleuchten. In China werden mehr als tausend Filme pro Jahr produziert, zu denen das deutsche Publikum jedoch aufgrund sprachlicher kultureller Unterschiede und geografischer Entfernung kaum Zugang hat, insbesondere zu den zeitgenössischen Filmen Chinas. Daher arbeitete das Konfuzius-Institut München seit 2013 zuerst mit der Sinologie-Fakultät der Ludwig-Maximilians-Universität München und dann mit der Münchner Stadtbibliothek zusammen, um eine Auswahl chinesischer zeitgenössischer Filme in Form eines Filmfests nach Deutschland zu bringen. Das Ziel ist es, dem deutschen Publikum die Möglichkeit zu geben, China aus verschiedenen Perspektiven kennenzulernen und die Zusammenarbeit zwischen chinesischen und deutschen Fachleuten der Filmindustrie zu fördern. Das Chinesische Filmfest München ist im

第八届慕尼黑华语电影节宣传图
Plakat für das 8. Chinesische Filmfest München

Laufe der Jahre zu einem der wichtigsten kulturellen Ereignisse der Stadt geworden.

Abwechslungsreiche Filme zeigen ein facettenreiches China

Da immer mehr chinesische Filme auf internationalen Filmfestivals vorgeführt werden, ist das ausländische Publikum zunehmend auf chinesischsprachige Filme aufmerksam geworden. Allerdings ist der Zugang bisher vor allem dem Fachpublikum vorbehalten. Bei den Genres handelte es sich meist um Kunstfilme zu sozialen Themen. Das chinesische Filmfest München zeigt Filme unterschiedlicher Genres, zu denen unter anderem die Komödie „The Mermaid", der Kriminalfilm „Operation Red Sea", der Animationsfilm „Bigfish & Begonia", das historische Drama „Forever Young", der Spielfilm „Legend of the Demon Cat", die Romanze „Go Away Mr. Tumour" und der Neujahrsfilm „The New Year's Eve of Old Lee" zählen. Insgesamt wurden über 100 Filme verschiedener Genres im Rahmen des Filmfests präsentiert, die in China eine durchweg positive Resonanz erhalten hatten. Branchenorganisationen und Expert/innen werden als künstlerische Partner und Beratung eingeladen, um die Qualität der Filmauswahl sicherzustellen. Das chinesische Filmarchiv und die China Art Cinema Alliance, das Chinesische Dokumentarfilmfestival „Écrans de Chine" in Frankreich und der Chinesische Regisseur WEI Tie haben in den vergangenen Jahren das Filmfest als Kooperationspartner unterstützt.

Hybride Formate in Zeiten der Pandemie

Seit 2020 bietet das Chinesische Filmfest München Online- und Offline-Vorführungen der Filme an. Sowohl traditionelle Kinobesucher als die der jüngeren Generationen, die bereits verschiedene Streaming-Plattformen gewohnt sind, können während des einwöchigen Filmfests hochqualitative chinesische Filme genießen. Da die Vorführungen in der Vergangenheit ausschließlich im Kino vor Ort liefen, musste das Publikum teilweise weite Distanzen nach München zurücklegen. Das neue Online-Format kann von Interessenten aus aller Welt genutzt werden. 2020 wurden aufgrund der Pandemie die analogen Kulturveranstaltungen größtenteils abgesagt oder stark eingeschränkt. Das Filmfest durfte in diesem Jahr nach den Vorgaben maximal ein Drittel der Personen in den ursprünglich für 130 Leute vorgesehenen Vorführungssaal einlassen. Glücklicherweise hat das Online-Format Flexibilität mit sich gebracht und den Zuschauern, eine angenehme Alternative geboten.

Altersgerechte Filmeinstufung für ein jüngeres Publikum

Ab dem 6. Chinesischen Filmfest im Jahr 2018 hat das Konfuzius-Institut München ein Einstufungssystem eingeführt, um dem jüngeren Publikum altersgerechte Filme empfehlen zu können.

Um dem Standard der internationalen Filmbranche zu entsprechen, haben wir uns dem weltweit verbreiteten Filmeinstufungssystem angeschlossen. Da ein nicht unwesentlicher Anteil von Chinesischlernenden Jugendliche sind, hat das Konfuzius-Institut München die Filme teilweise zur Überprüfung an die vom Münchner Jugendamt benannte Abteilung für Alterseinstufungen von Filmen gesendet, um den Eltern die Filmauswahl für ihre Kinder zu erleichtern.

Deutsche Untertitel zur Förderung von mehr Inklusion

Die vorgeführten Filme haben alle englische Untertitel. Darüber hinaus hat das Konfuzius-Institut München für eine Auswahl von Filmen deutsche Untertitel produziert. Dabei wurde es von Freiwilligen unterstützt, die die Untertitel ins Deutsche übersetzten. Diese Gelegenheit bot vielen jungen Menschen die Möglichkeit, mehr Praxiserfahrung in der Übersetzungsarbeit zu sammeln.

Fachaustausch im Rahmen des Dialogs unter deutsch-chinesischen Filmschaffenden

Seit vielen Jahren sind Podiumsdiskussionen mit Filmschaffenden aus China und Deutschland im Festivalprogramm eingebettet, in dem Experten der Filmindustrie über aktuelle Themen sprechen und die Gemeinsamkeiten und Unterschiede zwischen dem chinesischen und deutschen Filmmarkt erläutern. Dabei werden auch mögliche Kooperationen im Filmbereich diskutiert. Das deutsche Publikum kann dadurch nicht nur die Werke genießen, sondern sich auch umfassend über die chinesische Filmindustrie und chinesischsprachige Filme informieren. Während des Dialogs ist es dem Publikum vor Ort möglich, Fragen direkt an renommierte Filmexperten zu stellen. Zur Überwindung der sprachlichen Barriere wird eine chinesisch-deutsche Simultanübersetzung für Dialogveranstaltungen organisiert.

Preis „Chinesische Kulturbotschafter"

Das Konfuzius-Institut München vergibt den Preis „Chinesische Kulturbotschafter" an Personen, die sich um die Förderung des kulturellen und künstlerischen Austauschs bemüht haben. Der Preis, der ab 2019 verliehen wird, soll mehr Filmemacher zum Mitmachen ermutigen und zur Förderung von chinesischsprachigen Filmen im Ausland beitragen.

„Publikumspreis"

Ein weiteres Highlight des Chinesischen Filmfests München ist die Verleihung des „Publikumspreises". Anders als bei den meisten Filmfestivals, bei denen die Preise von professionellen Jurys vergeben werden, ist dem Filmfest die direkte Interaktion zwischen dem Publikum und den Filmbeiträgen vorrangig. Daher wurde der „Publikumspreis" ins Leben gerufen. Der Gewinner wird jedes Jahr direkt vom Publikum gewählt und die interaktiv gestaltete Bewertung hat eine große Anzahl von lokalen Filmliebhabern angezogen.

Filmbezogene Ausstellungen und Vorträge

Neben Filmvorführungen und Dialogen mit Filmemachern umfasst das Chinesische Filmfest München weitere filmbezogene Veranstaltungsreihen wie Vorträge und Ausstellungen. So zeigte die Ausstellung mit einer Auswahl von chinesischen Filmplakaten der letzten sieben Jahrzehnte repräsentative Exemplare aus verschiedenen Epochen des neuen China. Die gemeinsam vom Filmarchiv China und vom Konfuzius-Institut München präsentierte Ausstellung in der Münchner Stadtbibliothek stellte Werke aus vier Epochen aus: „1952–1974 Red Classics", „1979–2004 Diversified Innovative Exploration", „2013–2018 Marketed Main Theme" und „2019 New Summit". Die vierteilige Ausstellung veranschaulichte damit den Wandel der Zeit und der Ästhetik im Neuen China.

Filmgestützte Förderung von Sprache und Kultur

Chinesischsprachige Filme können indirekt das Interesse am Erlernen der chinesischen Sprache und am Kennenlernen der chinesischen Kultur erwecken. Das weite Spektrum der Filmauswahl bietet einen guten Ansatz für die

Sprach- und Kulturvermittlung. Die Einführung vor jeder Filmvorführung liefert Hintergrundinformationen, die dem deutschen Publikum helfen sollen, den Film inhaltlich besser zu verstehen und gleichzeitig kulturelles Wissen zu gewinnen. So lief im Jahr 2020 eine Filmserie über ethnische Minderheiten. Dabei wurden Professoren der Ethnologie an chinesischen Hochschulen auf Einladung des Konfuzius-Institut Münchens online zugeschaltet, um dem deutschen Publikum die kulturellen Sitten und Gebräuche der ethnischen Minderheiten vorzustellen. Darüber hinaus bot eine Reihe live übertragener Online-Kurse im Rahmen des Filmfests traditionelle chinesische Kulturerlebnisse: z.B. Chinesisch Schnupperkurse, Kalligraphie, chinesische Tuschmalerei, Tanz, Kunsthandwerk usw. Das Ziel war es, den Filmliebhabern die chinesische Kultur näherzubringen. Soziale Medien finden häufige Anwendung, vor allem unter der jüngeren Generation in Deutschland. Das Konfuzius-Institut München wirbt auf mehreren lokalen Social-Media-Plattformen und postet regelmäßig zu filmischen Inhalten und weiteren kulturellen sowie sprachlichen Themen. Mehrere tausend Menschen haben den Newsletter abonniert.

Soziale Reichweite

Im Laufe der Jahre wurde das Filmfest durch nationale und internationale Medien verfolgt. Unter anderem haben die Xinhua News Agency und die Süddeutsche Zeitung, Deutschlands auflagestärkste Zeitung, mehrfach über die Aktivitäten des Filmfestes berichtet. Im Jahr 2020 sendete der Oberbürgermeister von München, Dieter Reiter, ein Grußwort an das Festival, in dem er die Bedeutung des Filmfests für die Stadtkultur betonte:

> „Das Chinesische Filmfest München gehört mittlerweile fest in den Münchner Veranstaltungskalender. Und ich freue mich ganz besonders darüber, dass das 8. Chinesische Filmfest München auch in Corona-Zeiten stattfindet – nämlich im Gasteig und erstmals auch online."

Chinas Filmindustrie ist eine der größten der Welt und sie hat eine entsprechende Bandbreite: ob historische Dokumentation, Fantasy, romantische Komödie, turbulente Action-Comedy, vielschichtiges Beziehungsdrama oder Generationenporträt mit faszinierenden Bildern – das Programm des 8. Chinesischen Filmfests München spiegelt diese Vielfalt eindrucksvoll wieder und präsentiert alle Werke in Originalversion mit Untertiteln. Hier kann man in die chinesische Lebenswelt

第四届慕尼黑华语电影节，制片人丽娜 · 卡伯（Lena Karbe）女士发言
Ansprache von Frau Lena Karbe, Produzentin des 4. Chinesischen Filmfests München

eintauchen, sei es mit Film-Klassikern als auch zeitgenössischen, bei internationalen Festivals preisgekrönten Produktionen.

Der deutsche Filmforscher Dr. Rolf Giesen kommentierte das Filmfest wie folgt, „Ich und meine Kollegen, wir waren sehr begeistert von der Qualität und der Vielfalt der chinesischen Produktion, Komödien, Dramen, Dokumentarfilmen, Familienorientierten Programmen, Animationsfilmen.... In diesem Jahr wird das natürlich anders sein. Wir können uns nicht vor Ort sehen, bedingt durch die Pandemie. Aber es ist jetzt auch ein Weg in die Zukunft, ein Filmfestival online zu veranstalten. Ich denke, das wird in Zukunft auch die Regel sein. Und das wird unter Umständen dadurch einen größeren Kreis von Menschen in Deutschland erreichen.... Ich denke, es ist für den interkulturellen Austausch sehr sehr wichtig, zu sehen, nicht nur was wir uns trennt zwischen Asien und Europa, sondern auch was uns zusammenführt. Es gibt viele Themen, die wir natürlich gemeinsam haben. Und diese Themen werden auch in den Filmen ausgedrückt."

Monatskino für chinesische Filme

Ab April 2021 hat das Filmfest sein Programm um das neue Format „Kino für chinesische Filme“ erweitert, um den Bedürfnissen des lokalen Publikums gerecht zu werden. An jedem letzten vollständigen Wochenende im Monat wird ein chinesischsprachiger Film vorgeführt. Darüber hinaus wird die Einführung durch Filmexperten sowie Live-Gespräche fortgesetzt, um dem lokalen Publikum Hintergrundwissen zu Film und Kultur zu vermitteln.

China im Film

Im Jahr 2021 war China zum fünften Mal in Folge der wichtigste Handelspartner Deutschlands. Im Gegensatz zu den engen wirtschaftlichen Verflechtungen fehlt der deutschen Öffentlichkeit ein ausreichendes Verständnis für die chinesische Kultur. Wenn es um China geht, erinnern sich Viele im Westen sofort an Charlie Chan und Dr. FU Manchu, also verbreitete China-Klischeebilder aus der frühen westlichen Literatur und Film, mit denen die Menschen unter Umständen in ihrer Kindheit bekannt geworden sind. Diese Figuren haben die Vorstellung von China einer ganzen Generation im Westen geprägt, sind aber weit von der Realität Chinas entfernt. Das Chinesische Filmfest München will durch chinesischsprachige Filme ein vielfältiges Bild Chinas vermitteln, mit unterschiedlichen Geschichten das inhaltsreiche bunte Kulturleben widerspiegeln indem es dem deutschen Publikum ein reichhaltiges Film- und Kulturprogramm zum Verständnis des heutigen Chinas anbietet.

Text und Bild: WANG Rong, Konfuzius-Institut München

"人文 + 职场"，关注青少年未来发展

——上海市工商外国语学校对德交流项目

案例一："新能源交通工具：贸易、科技、社会、环境"学生交流项目

2019 年，上海市工商外国语学校商务德语专业与德国不来梅欧洲中心学校共同完成主题为"新能源交通工具：贸易、科技、社会、环境"的学生交流项目。项目设计以"文化 + 职业"为原则，带领学生从生活出发，走进职场，在商务模拟公司框架下设计完成多项活动，引导学生从话题本身过渡到思考人与社会、人与自然的关系，促进学生在交流中成长。由于该项目出色的示范性，德国各州文教部长联席会议教育交流中心（Pädagogischer Austauschdienst der Kultusministerkonferenz）于 2020 年 8 月将该项目评为"月度项目"（Projekt des Monats）。

一、主要举措与效果

1. 学生为主体，全过程深度参与。

海外交流为学生成才服务，在项目实施过程中要突出学生的主体地位，学生全程参与项目的设计、实施与总结，增强学生的参与感。项目实施全过程可分为以下步骤，且呈现闭环式管理模式。

2019 年 6 月两校达成协议，计划当年开展学生互访项目，并在第一时间启动学生意见（建议）征求及 homestay（家庭寄宿）接待家庭遴选工作。两校通过线上问卷等形式各形成 5 项备选主题，并通过视频会议的形式展开讨论。两校学生经过认真研讨，最终确定主题为"新能源交通工具"，关注未来出行模式。

学生们借助网络等技术与伙伴建立起紧密的联系，随时沟通，做好与主题相关的交流，也为互访阶段的实地活动提供思路。为期 2 周的现场交流该如何安排，如

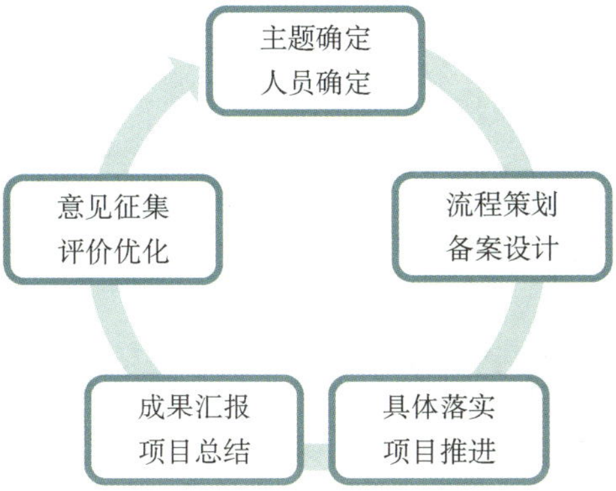

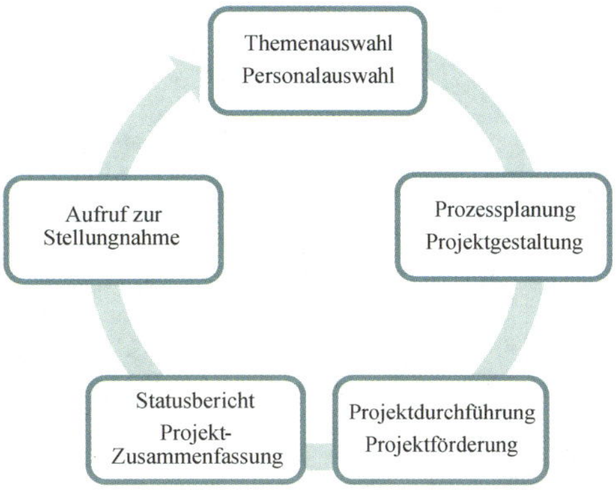

何才能使有限的时间得到最有效的利用，学生们在充分的交流后给出了答案：16 场专题活动，7 场文化交流会，1 次模拟展会……结合主题和团体兴趣，学生们“定制”出最符合本次交流目的的项目计划书。

在实施过程中，学生以小组为单位，负责当天项目的运转，并及时总结上报，分析当天的运行情况，为之后的项目推进提供更多思路。项目结束后开展集体总结活动，总结经验教训，为下一年度的交流活动做好准备。

学生的深入参与是项目顺利实施的最关键因素，学生的创造性和能动性得以充分发挥。项目设计贴近学生学习和生活，更能激发学生参与的热情。

2. 教师为主导，关键环节予指导。

教师团队在国际交流项目中起着至关重要的作用。优秀的教师团队能通盘掌握

中德学校校长开展视频会议
Videokonferenz unter der Leitung der Schulleiter der beiden Schulen

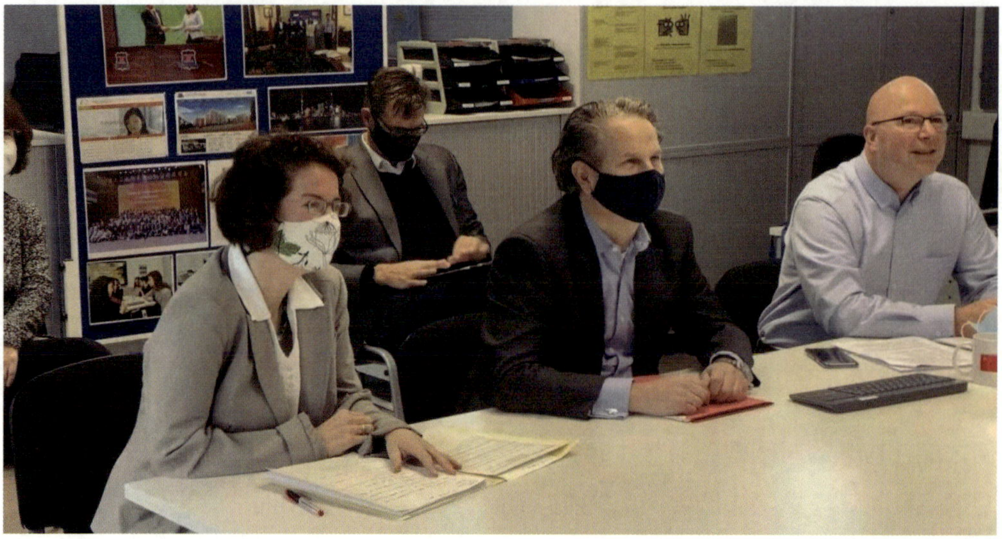

中德学校校长开展视频会议
Videokonferenz unter der Leitung der Schulleiter der beiden Schulen

项目的整体走向，保证项目达到预期效果。两校的教师团队保持充分的沟通，提出项目的整体预想，在预想的前提下制订项目推进表，分解关键节点，并能根据关键点设计课程，引导学生在框架下开展进一步的研究。

3. 贸易为依托，模拟公司为平台。

未来如何出行？“电动汽车”“无人驾驶公共交通工具”“太阳能豪华游轮”“城市飞行器”……这些已出现或尚未出现的出行模式都能在上海市工商外国语学校“商务模拟公司专题展会”上看到，“客户”能通过发布会、现场咨询等形式深入了解产品性能、价格等。这不仅是“新能源交通工具”主题项目的展示会，也是两校商务模拟公司的贸易活动。

上海市工商外国语学校和不来梅欧洲中心学校都开设商务模拟公司实训课程。商务模拟公司通过提供仿真的业务活动环境，为学生提供模拟职业行为平台，学生在实训过程中开展各类经营活动，学习商贸规则，熟悉市场机制，经历全部业务操作过程，了解和弄清其各环节之间的联系。模拟时，除货物是虚拟且不发生实体位移外，其他如票据、账册、操作方式、核算办法等均按照现实经济活动中通行的做法设计和运作。在此平台框架下开展交流，将常规的项目模式转变为“贸易往来”，学生在项目推进过程中按照真实贸易流程操作，开展业务洽谈。

学生在实训课程中了解与新能源交通工具相关的企业，并开展广泛的市场调研，如开展路访活动，了解市民对新能源交通工具的看法；实地探访新能源汽车 4S 店，了解品牌的发展与新能源汽车的性能；为公司设计软文，做市场推广；代表不同公

中德学生街头采访调查：民众对新能源汽车的接受度
Straßenbesuche der chinesischen und deutschen Schüler über öffentliche Akzeptanz der Elektroautos

司进行贸易磋商，在谈判桌上表现自我……新形式的交流方式，让普通的学生项目变得更具特色，更符合两校培养商务型人才的特点。

4. 发展为目标，多维交流促成长。

交流项目的终极目标是促进青少年的发展，因此在设计时应关注学生需要，全方位多维度的推进，使学生能在项目的一步步进展中发展自我。中德学生在两周的时间里融入当地家庭生活，零距离感受当地的饮食文化、家庭文化、生活文化，在日常的交流和沟通中学会接纳不同的生活习惯，增强文化理解力和跨文化沟通能力。在设计交流主题时采取“文化 + 专业”双线并行的方式，旨在为中德学生提供丰富的文化体验，同时帮助他们从专业角度深入沟通，加强两国学生在职业能力方面的互动。

在主题层面，该项目关注社会热点，关注两国青少年共同感兴趣的话题，从而使交流有一个良好的基础；在活动设计层面，依托虚拟贸易场景，主线明确，让参与者从学生身份转换为职场人员，从意识上、行动上转为职场人；在文化层面，通过特色活动让学生更了解中德文化，在差异中找共性，在共性中悦纳彼此。

二、反思

一个项目不能以完成度作为简单的句点，而是要成为整体性强、流线型的轨道，这是上海市工商外国语学校和德国不来梅欧洲中心学校为学生打造的成长快车道，承载着两国青少年发展的高速列车。本项目的不足之处在于受众面有限：项目实施采取了 homestay 和项目组两类接待团队，参与 homestay 的学生不限语言程度，主要参与文化主线的交流活动；项目组的学生则是模拟公司的“员工”，主要负责主题项目层面的交流。这样的做法虽然使参与人员的数量相较于以往有很大的提升，展会、总结会等形式也能让更多的学生参与，但仍不能满足更多学生的需要。针对现有不足，两校计划启动云端虚拟交流项目，打破空间限制，让更多的学生参与进来，在交流中共同成长。

案例二：“文明互鉴”夏令营，中德学生同心行

一、案例设计背景

中国教育部在关于印发《推进共建“一带一路”教育行动》的通知中，特别提出：“推进沿线国家民心相通。鼓励沿线国家学者开展或合作开展中国课题研究，增进沿线各国对中国发展模式、国家政策、教育文化等各方面的理解。……逐步将理解教育课程、丝路文化遗产保护纳入沿线各国中小学教育课程体系，加强青少年对不同国家文化的理解。加强‘丝绸之路’青少年交流，注重利用社会实践和志愿服务、文化体验、体育竞赛、创新创业活动和新媒体社交等途径，增进不同国家青少年对其他国家文化的理解。”

为达成以上目标，学校积极开展与德国歌德学院、德国多个姐妹校、德国工商会、中德产教联盟等多个机构的合作与交流。

二、案例设计情况

本着文明互鉴的初心，深化各国职业学校的沟通交流的理念以及将先进的国际教育理念、管理方法、专业标准引进校园营造一个职业体验平台的想法，上海市工商外国语学校的姐妹学校国际夏令营已经走过了九年。

中德学生们携手欧亚多国同龄人，调研上海，探访雄关，深入敦煌，走进西安，亲见过“一带一路”龙头城市上海的国际化，感受过嘉峪关的伟岸，欣赏过莫高窟的精美，也体会过历史名城的厚重。近几年来，夏令营在关注“文明互鉴”和“一带一路”大主题的前提下，每年又各有焦点，例如，最近三届夏令营分别突出丝路历史文化、非物质文化遗产、科技互联等方面。中德学生聚焦年度主题，聆听欧亚多国学生的不同声音；大家立足各自的职业规划，参与到跨越不同地区的“一带一路”的大开放、大交流、大融合之中。夏令营着眼于职业精神与职业理想的教育，秉承鉴赏、包容、成长、发展的宗旨，扩大中德人文往来，为共建“一带一路”提供人才支撑。

夏令营引领中德学生通过参加各项国际交流活动，提高了对中外文化异同的敏感性和鉴别能力，潜移默化地学会包容他人、关心国是，自觉成为中德文化的推广使者。

三、案例具体实施

（一）模块内容

本案例的模块内容如下表：

模块名称	活动内容	参与对象
民族文化得弘扬，各国文明可互鉴	中国优秀传统文化讲座（中国龙文化、舞龙艺术、茶艺、书法、汉服文化等）	夏令营中外营员
	各国历史伟人介绍（着重介绍中外丝路交流史，并会特别介绍“丝绸之路”的提出者——德国地貌学地质学家李希霍芬）	
	实地研学，探访古代丝绸之路上的主要城市	
外企调研共分享，商务汉语同学习	互助式商务汉语学习	
	外国企业在沪调研	
多地中职借优势，职业规划谈梦想	各国学生未来十年职业规划和梦想的分享	
	各国学生在其本国兼职打工（或从事志愿者工作）的经历分享	
巧分中外多小组，自主管理有保障	学生职能分组	
	夏令营网页的设计与维护	
	中外学生联合晚会	

（二）组织实施

1. 准备阶段

（1）每年，在活动开始前，参与夏令营的中国学生和教师都召开多次筹备会议，讨论确定夏令营主题、内容、任务、日程安排、责任分工等，保证夏令营的顺利召开。

（2）建设由海内外姐妹校、参与夏令营的海内外教师、我校参与夏令营的学生、各姐妹校参与夏令营的学生组成的四级网络，严格根据方案要求进行分工，落实任务，责任到人。

2. 实施阶段

（1）全面宣传活动。利用学校网站、夏令营网页、微信公众号、海报、学生动员大会、视频等方式宣传，扩大国际夏令营影响力。

（2）清晰工作职责。各负责人与学生营长、各国老师和志愿者尤其认真把关，对实施过程中可能出现的情况提早进行预控，确保活动每个环节的衔接。

（3）保障活动安全。设计应急预案，联系、组织有急救知识的志愿者作为活动后备保障。

四、案例实施效果

（一）民族文化得弘扬，各国文明可互鉴

中国优秀传统文化讲座：中德以及欧亚多国学生参与龙文化、中国功夫、汉服、古筝、书法、茶艺、剪纸等讲座，体验舞龙、穿汉服、写毛笔字、泡中国茶和剪“囍”字。在此过程中，中国营员协助讲座老师向德国学生展示中国传统文化、帮助其巩固所学的商务汉语知识。

学生们对中国古代丝绸之路上的主要城市敦煌、嘉峪关、西安进行实地研学，了解中国历史文明，理解各民族融合进程。以国家为单位，各国青少年制作 PPT，畅谈对丝绸之路和各国经济文化交流的认识。

许多中外学生在参加夏令营之后，了解到“丝绸之路”这一名称原来是由一位 19 世纪德国学者李希霍芬（F. v. Richthofen）提出的，意识到丝绸之路的诞生和发展，离不开中德以及其他各国人民共同的付出。

（二）商务汉语同学习，外企调研共分享

为帮助中、德、以及欧亚多国学生真正融入“新丝绸之路”经济带的发展现状，

中国营员帮助德国营员学习汉语
Chinesische Teilnehmer helfen den deutschen Teilnehmern beim Erlernen der chinesischen Sprache

也为解决丝路之行中常会碰到的实际问题，我校国际教育部推出了《商趣汉语》学习手册，激发外国营员对中国商务文化的兴趣，也帮助其掌握生存汉语。

此外，海外营员们事先联系其本国驻沪企业，确定调研方案。齐聚上海之后，组成中外联合小组，奔赴企业完成实地调研任务，再进行汇报，将体会、分析和主张分享给更多人。每年，夏令营通过这一经典项目，都让很多德国师生彻底改变了对中国社会发展的看法，意识到了中德经济互联的重要意义。许多德国师生在回国后，也会把中国经济发展愿景和中国人民的美好愿望，继续向其身边其他同胞进行传递。

（三）多地中职借优势，职业规划谈梦想

夏令营借助敦煌旅游职业中等学校和西安外国语中学两所学校的场地，让学生思考并分享自己的兼职打工经历和职业生涯规划，结合自己的职业梦想，畅谈个人在实践活动中的成长心得。

在此环节，德国学生往往能给人留下深刻印象。他们凭借在德国职业院校和公司的大量实习实践经验，能够较为全面、也较为深入地介绍职业教育带给他们的诸多思考。

夏令营中，中德营员还与欧亚多国学生一起，模拟小商品公司进行商品售卖。中国学生对于电子商务的熟悉以及中国共享经济的发达，也每每令德国同学们吃惊。

（四）巧分中外多小组，自主管理有保障

夏令营设立会务组、宣传组、后勤组、翻译组、项目组和文体活动组，全面贯彻自主管理的理念。每一项活动都有长着中国面孔和洋面孔的营员各司其职，各尽其才，互相合作，彼此帮助，既学习了语言，理解了文化，又一起克服各种困难，结下了深厚的友谊。

“文明互鉴”“一带一路”姐妹校国际夏令营的开展，让中德学生增强了意志，对于中华民族传统文化、德国和世界多国优秀文化、“一带一路”历史有了更深入的了解，对自己的职业生涯规划有了更清晰的设计。

德国学生哈尔特曼·尼克拉斯（Haltermann Niclas）的体会最具代表性：“夏令营中的‘职业生涯规划’与‘兼职打工经历’的分享会让我学会了用更广阔的视野看待这个世界。”

供稿：上海市工商外国语学校，王秀秀、谭勇

Kultur und Karriere: Fokus auf die zukünftige Entwicklung des Jugend

— Austausch der Shanghai Industrial and Commercial Foreign Languages School mit Deutschland

Fallbeispiel I: Schüleraustauschprogramm „Elektromobilität: Aspekte des Handels, der Technik, der Gesellschaft und der Umwelt“

Die Abteilung Wirtschaftsdeutsch der Shanghai Industrial and Commercial Foreign Languages School und die Europaschule Schulzentrum SII Utbremen haben 2019 gemeinsam ein Schüleraustauschprogramm zum Thema „Elektromobilität: Aspekte des Handels, der Technik, der Gesellschaft und der Umwelt“ durchgeführt. Das Projekt wurde nach dem Prinzip „Kultur und Karriere“ konzipiert und führte die Schüler dazu, vom Leben in die Arbeitswelt einzusteigen und eine Reihe von Aktivitäten im Rahmen einer Übungsfirma zu entwerfen und durchzuführen, damit die Schüler vom eigentlichen Thema

两校项目获最佳项目奖

Das Projekt der beiden Schulen wurde als „Projekt des Monats“ ausgezeichnet zum Nachdenken über die Beziehung zwischen Mensch und Gesellschaft sowie Mensch und Natur überzugehen angeleitet werden und die Entwicklung der Schüler durch Kommunikation gefördert wird. Aufgrund des Vorbildcharakters des Projekts hat der Pädagogische Austauschdienst der Kultusministerkonferenz das Projekt im August 2020 als „Projekt des Monats" ausgezeichnet.

I. Wichtigste Initiativen und Auswirkungen

1. die Schlüsselstellung und aktive Teilnahme der Schüler während des gesamten Prozesses

Der Auslandsaufenthalt dient der Entwicklung der Schüler, und die Schlüsselstellung der Schüler sollte im Prozess der Projektdurchführung hervorgehoben werden. Die Schüler sollten während des gesamten Prozesses an der Gestaltung, Durchführung und Zusammenfassung des Projekts teilnehmen, um die Beteiligung der Schüler zu verbessern. Der gesamte Prozess der Projektdurchführung kann in die folgenden Schritte unterteilt werden und stellt ein geschlossenes Managementmodell dar.

Die beiden Schulen haben sich im Juni 2019 darauf geeinigt, ein Schüleraustauschprogramm für dieses Jahr zu planen und begannen anschließend den Prozess der Einholung von Schülervorschlägen und der Auswahl der Gastfamilien. Die beiden Schulen entwickelten über Online-Fragebögen jeweils fünf alternative Themen und diskutierten diese per Videokonferenz. Nach reiflicher Überlegung entschieden sich die Schüler beider Schulen schließlich für das Thema „Elektromobilität", bei dem es um das Verkehrsmittel der Zukunft geht.

Die Schüler nutzten das Internet und andere Technologien, um eine starke Verbindung mit ihren Partnern aufzubauen, jederzeit zu kommunizieren, sich gut über das Thema auszutauschen und auch Ideen für die Feldaktivitäten während der gegenseitigen Besuchsphase zu liefern. Wie man den 2-wöchigen Vor-Ort-Austausch gestaltet und wie man die begrenzte Zeit am effektivsten nutzt, darauf gaben die Schüler nach einem gründlichen Meinungsaustausch die Antwort: 16 thematische Aktivitäten, 7 kulturelle Austausche und 1 „Messe"... Durch die Kombination von Thema und Gruppeninteressen haben die Schüler einen Projektvorschlag „maßgeschneidert", der dem Zweck dieses Austauschs am besten entspricht.

Während der Durchführung arbeiten die Schüler in Gruppen, um das Projekt für den Tag laufen zu lassen und zeitnah einen Bericht darüber zu erstellen, der den Tagesverlauf analysiert und weitere Ideen für die Weiterentwicklung des Projekts liefert. Am Ende des Projekts wird eine Gruppen-Nachbereitung durchgeführt, um die gewonnenen Erkenntnisse zusammenzufassen und die Kommunikationsaktivitäten für das nächste Jahr vorzubereiten.

Die tiefe Einbindung der Schüler ist der wichtigste Faktor für die erfolgreiche Umsetzung des Projekts, wobei die Kreativität und Motivation der Schüler voll ausgeschöpft werden kann. Die Projektgestaltung ist nah am Lernen und Leben der Schüler, was sie besser zur Teilnahme motiviert.

学生开展在线交流
Schüler engagieren sich in der Online-Kommunikation

2. Unterstützung der Lehrer bei wichtigen Aspekten

Das Lehrerteam spielt eine entscheidende Rolle im internationalen Austauschprogramm. Ein gutes Team von Lehrern kann die Gesamtrichtung des Projekts erfassen und sicherstellen, dass das Projekt die erwarteten Ergebnisse erzielt. Das Team aus Lehrern beider Schulen pflegt eine ausreichende Kommunikation, schlägt die Gesamtvision des Projekts vor, entwickelt den Projektplan auf der Grundlage der Vision, gliedert die Schlüsselpunkte auf und kann auf dieser Grundlage den „Lehrplan" entwerfen, um die Schüler anzuleiten, weitere Forschungen im Rahmen des Projekts durchzuführen.

3. Handel als Basis und Übungsfirma als Plattform

Wie werden wir uns in Zukunft fortbewegen? „Elektroautos", „fahrerlose öffentliche Verkehrsmittel", „solarbetriebene Luxuskreuzfahrtschiffe", „urbane Flugmaschinen"... Diese entstandenen oder noch nicht entstandenen Reiseformen sind auf der „Sonderausstellung der Übungsfirma" in der Shanghai Industrial and Commercial Foreign Language School zu sehen, wo sich „Kunden" durch die Vorstellung und Beratung vor Ort über die Leistung und den Preis der Produkte informieren können. Dies war nicht nur ein Schaufenster für das Projekt „Elektromobilität", sondern auch eine Veranstaltung der beiden Schulen für die Übungsfirma.

Sowohl die Shanghai Industrial and Commercial Foreign Language School als auch die Europaschule Schulzentrum SII Utbremen bieten praxisnahe Schulungen in Übungsfirmen an. Übungsfirmen bieten den Schülern eine Plattform für die Simulation von beruflichem Verhalten, indem sie eine simulierte Geschäftsumgebung bereitstellen, in der die Schüler verschiedene geschäftliche Aktivitäten durchführen, die Regeln des Handels und des Gewerbes erlernen, sich mit dem Marktmechanismus vertraut machen, den gesamten Geschäftsprozess erleben und die Zusammenhänge zwischen seinen verschiedenen Komponenten verstehen. Die Simulation ist so aufgebaut und wird so betrieben, wie es mit Rechnungen, Rechnungsbüchern, Vorgängen, Buchhaltungsmethoden usw. in der realen Wirtschaft üblich ist, mit der Ausnahme, dass die Güter virtuell sind und keine physische Verschiebung erfahren. Der Austausch findet im Rahmen dieser Plattform statt und verwandelt das herkömmliche Projektmodell in ein „Handelsgeschäft", bei dem Schüler im Laufe des Projekts reale Handelsprozesse verfolgen und Geschäftsverhandlungen führen.

Die Schüler lernen während des Praktikums Unternehmen kennen, die mit Elektroautos zu tun haben und führen umfangreiche Marktforschungen durch, wie z.B. Straßenbesuche, um die Ansichten der Öffentlichkeit über Elektroautos zu verstehen; Besuche in 4S-Geschäften für Elektroautos, um die Entwicklung der Marke und die Leistung der Elektroautos zu verstehen; Entwicklung von Werbeanzeigen für Unternehmen und Marketing; Vertretung verschiedener Unternehmen bei Handelsgesprächen am Verhandlungstisch... Neue Formen der Kommunikation

中德学生参观上海大众
Chinesische und deutsche Schüler besuchen SAIC Volkswagen

machen gewöhnliche Schülerprojekte einzigartiger und entsprechen mehr den Merkmalen der Ausbildung geschäftsorientierter Talente in beiden Schulen.

4. die Entwicklung als Ziel, die mehrdimensionale Kommunikation für Wachstum

Das ultimative Ziel des Austauschprogramms liegt darin, die Entwicklung der Jugendlichen zu fördern, daher sollte es mit Aufmerksamkeit für die Bedürfnisse der Schüler gestaltet und allseitig und mehrdimensional gefördert werden, damit sich die Schüler im schrittweisen Verlauf des Programms entwickeln können. Während der zwei Wochen werden die chinesischen und deutschen Schüler in das Leben der einheimischen Familien integriert, erleben unmittelbar die lokale Essens-, Familien- und Wohnkultur, lernen unterschiedliche Lebensgewohnheiten in der täglichen Kommunikation zu akzeptieren und verbessern ihr kulturelles Verständnis und ihre interkulturellen Kommunikationsfähigkeiten. Das Thema des Austausches ist „kulturell und fachlich" angelegt und zielt darauf ab, den chinesischen und deutschen Schülern ein reiches kulturelles Erlebnis zu bieten und gleichzeitig die Kommunikation aus fachlicher Sicht zu vertiefen und die Interaktion zwischen den Schülern aus beiden Ländern in Bezug auf die fachliche Kompetenz zu stärken.

Auf der thematischen Ebene konzentriert sich das Projekt auf aktuelle gesellschaftliche Themen und Felder, die für die Jugend beider Länder von gemeinsamem Interesse sind, und bietet so eine gute Grundlage für den Austausch; auf der Ebene der Projektgestaltung, die sich auf virtuelle Handelsszenarien stützt, ist die Hauptlinie klar und ermöglicht den Rollenwechsel der Teilnehmer von Schülern zu Berufstätigen; auf der kulturellen Ebene können Schüler durch spezielle Aktivitäten die chinesische und deutsche Kultur besser verstehen, das Gemeinsame in den Unterschieden finden und sich über die Gemeinsamkeiten freuen.

II. Überlegungen

Das Projekt wird nicht einfach beendet, sondern soll stattdessen weiter zum Wachstum der Schüler der Shanghai Industrial and Commercial Foreign Language School und der Europaschule Schulzentrum SII Utbremen beitragen und der Entwicklung der Jugend beider Länder dienen. Der Nachteil dieses Projekts liegt in seinem begrenzten Publikum: Das Projekt wird in zwei Arten, nämlich Gastfamilie und Projektgruppe, durchgeführt. Dabei sind die Schüler in der Gastfamilie unabhängig von ihrem Sprachniveau hauptsächlich an den Aktivitäten des kulturellen Austauschs beteiligt, während in der Projektgruppe die Schüler als „Angestellte" des simulierten Unternehmens hauptsächlich für die thematische Projektebene verantwortlich sind. Obwohl dieser Ansatz die Anzahl der Teilnehmer im Vergleich zu früher erhöht hat und mehr Schüler an Ausstellungen und Abschlussveranstaltungen teilnehmen können, wird er immer noch nicht den Bedürfnissen von mehr Schülern gerecht. Um die bestehenden Defizite zu beheben, planen die beiden Schulen ein virtuelles Online-Austauschprogramm, um die räumliche Begrenzung zu durchbrechen und mehr Schülern die Teilnahme und das Zusammenwachsen am Austausch zu ermöglichen.

Fallbeispiel II: Sommercamp zum Thema „gegenseitige Wertschätzung von Zivilisationen"

I. Hintergrund

In einem Rundschreiben des chinesischen Bildungsministeriums über die Bildungsinitiative zur Förderung des Aufbaus von „One Belt, One Road" („Ein

Gürtel, eine Straße") heißt es ausdrücklich: „Förderung des Austauschs zwischen den Menschen in den Ländern entlang der Seidenstraßen. Wissenschaftler aus den Ländern entlang der Route werden ermutigt, Forschungen zu chinesischen Themen durchzuführen oder mit ihnen zusammenzuarbeiten und das Verständnis für Chinas Entwicklungsmodell, nationale Politik, Bildung und Kultur in verschiedenen Aspekten in den Ländern entlang der Route zu verbessern... Schrittweise Aufnahme von Kursen zur Verständigungsbildung und zur Bewahrung des kulturellen Erbes der Seidenstraße in den Lehrplan der Grund- und weiterführenden Schulen in den Ländern entlang der Seidenstraßen, um das Verständnis der jungen Menschen für die Kulturen der verschiedenen Länder zu verbessern. Stärkung des Jugendaustauschs entlang der Seidenstraßen und Konzentration auf die Nutzung von sozialer Praxis und Freiwilligenarbeit, kulturellen Erfahrungen, Sportwettbewerben, innovativen und unternehmerischen Aktivitäten und Sozialisierung durch neue Medien, um das Verständnis für die Kulturen anderer Länder unter Jugendlichen aus verschiedenen Ländern zu verbessern."

Um die obengenannten Ziele zu erreichen, arbeitet die Schule aktiv mit verschiedenen Institutionen wie dem Goethe-Institut, den deutschen Partnerschulen, der Deutschen Industrie- und Handelskammer und der Chinesisch-Deutschen Industrie- und Bildungsallianz zusammen und tauscht sich mit ihnen aus. Hier möchten wir das internationale Sommercamp „One Belt, One Road" zum Thema „gegenseitige Wertschätzung von Zivilisationen" für Schüler von Partnerschulen, das seit neun Jahren stattfindet, als Beispiel nehmen, um die Innovation und Arbeit der Schule bei der Förderung des Austauschs zwischen chinesischen und deutschen Schülern und Lehrern zu veranschaulichen.

II. Projektgestaltung

Mit der ursprünglichen Absicht der gegenseitigen Wertschätzung von Zivilisationen, dem Konzept, den Austausch zwischen Berufsschulen verschiedener Länder zu vertiefen und der Idee, fortschrittliche internationale Bildungskonzepte, Managementmethoden und professionelle Standards in den Campus einzuführen und dadurch eine Plattform für berufliche Erfahrungen zu schaffen, findet das Internationale Sommercamp der Partnerschulen der Shanghai Industrial and Commercial Foreign Language School seit neun Jahren statt.

Die deutschen und chinesischen Schüler haben zusammen mit Gleichaltrigen aus

Europa und Asien Untersuchungen in Shanghai gemacht und Jiayuguan, Dunhuang und Xi'an besucht. Sie haben die Internationalisierung von Shanghai, die Pracht des Jiayuguan-Passes, die Schönheit der Mogao-Grotten und die Wichtigkeit der historischen Städte gesehen, wodurch sie hautnah die chinesische Kultur erleben konnten.

In den letzten Jahren konzentrieren sich die Sommercamps auf die allgemeinen Themen „gegenseitige Wertschätzung der Zivilisationen“ und „One Belt, One Road“, haben aber jedes Jahr verschiedene Schwerpunkte. In den letzten drei Sommercamps geht es beispielsweise jeweils um die Geschichte und Kultur der Seidenstraße, um immaterielles Kulturerbe und um die Verflechtung von Wissenschaft und Technik. Die deutschen und chinesischen Schüler beschäftigen sich mit dem Jahresthema und hören die unterschiedlichen Stimmen der Schüler aus Europa und Asien. Aufgrund ihrer Karrierepläne engagieren sie sich für die Erschließung, den Austausch und die Integration der „One Belt, One Road“ über verschiedene Regionen hinweg. Das Sommercamp konzentriert sich auf die Ausbildung von Professionalität und Karrierewünschen, hält sich an das Ziel von Wertschätzung, Toleranz, Wachstum und Entwicklung, erweitert den deutsch-chinesischen humanistischen Austausch und bietet Talentunterstützung für den Aufbau von „One Belt, One Road“.

德国学生学习书法

Deutsche Schüler lernen chinesische Kalligraphie

Das Sommercamp führt chinesische und deutsche Schüler dazu, an verschiedenen internationalen Austauschaktivitäten teilzunehmen, ihre Sensibilität und Fähigkeit zu verbessern, die Ähnlichkeiten und Unterschiede zwischen chinesischen und fremden Kulturen zu erkennen, Toleranz zu lernen, sich um nationale Belange zu kümmern und freiwillige Botschafter für die Förderung der chinesischen und deutschen Kultur zu werden.

III. Projektdurchführung

1. Modelle des Projekts

Modelle	Inhalt	Teilnehmer
Förderung der nationalen Kultur und gegenseitige Wertschätzung der Zivilisationen	Vorträge über die traditionelle chinesische Kultur (chinesische Drachenkultur, Drachentanzkunst, Teekunst, Kalligraphie, chinesische Kostümkultur usw.)	chinesische und ausländische Teilnehmer des Sommercamps
	Einführung in die historischen Persönlichkeiten des jeweiligen Landes (Fokus auf die Geschichte des Austauschs zwischen China und Ländern entlang der Seidenstraße, mit einer speziellen Präsentation über den deutschen Geomorphologen und Geologen F. v. Richthofen, der den Namen „Seidenstraße" prägte)	
	Feldstudie zum Besuch der wichtigsten Städte an der alten Seidenstraße	
Untersuchung der ausländischen Unternehmen, Wirtschaftschinesisch gemeinsam lernen	Wirtschaftschinesisch gemeinsam lernen	
	Untersuchung der ausländischen Unternehmen in Shanghai	
Karriereplanung und Träume austauschen	Schüler aus verschiedenen Ländern teilen ihre Karrierepläne und Träume für das nächste Jahrzehnt	
	Schüler aus verschiedenen Ländern teilen ihre Erfahrungen mit Teilzeitarbeit (oder Freiwilligenarbeit) in ihren Heimatländern	
Gruppeneinteilung und Selbstmanagement	Gruppierung der Schüler nach Aufgaben	
	Gestaltung und Pflege der Sommercamp-Webseite	
	Abschlussparty für chinesische und ausländische Schüler	

2. Organisation und Durchführung

Vorbereltung

Jedes Jahr halten die am Camp beteiligten chinesischen Schüler und Lehrer vor Beginn der Veranstaltung mehrere Vorbereitungstreffen ab, um das Thema, den Inhalt, die Aufgaben, den Zeitplan und die Aufteilung der Verantwortlichkeiten zu besprechen und festzulegen, um einen reibungslosen Ablauf des Camps zu gewährleisten.

Es wird ein vierstufiges Netzwerk aufgebaut, das aus Partnerschulen im In- und Ausland, die am Camp teilnehmenden Lehrern im In- und Ausland, die teilnehmen Schülern unserer Schule sowie die der Partnerschulen, besteht, und die Aufgaben werden streng nach den Anforderungen des Programms aufgeteilt, wobei jeder Person Verantwortlichkeiten zugewiesen werden.

Durchführung

Umfassende Werbekampagne. Werbung über die Schulwebseite, die Camp-Webseite, die öffentliche WeChat-Webseite, Plakate, Schülerversammlungen und Videos, um die Wirkung des internationalen Sommercamps zu erweitern

Klare Aufgabenverteilung. Die Verantwortlichen achten zusammen mit den Leitern der Schülercamps, Lehrern und Freiwilligen aus verschiedenen Ländern besonders darauf, mögliche Situationen, die während der Durchführung entstehen können, im Voraus zu kontrollieren, um sicherzustellen, dass jeder Aspekt der Aktivität beachtet wird.

Gewährleisten der Sicherheit der Veranstaltung. Notfallpläne werden entworfen, Freiwillige mit Erste-Hilfe-Kenntnissen werden als Back-up für die Veranstaltung kontaktiert und organisiert.

IV. Auswirkungen

1. Förderung der nationalen Kultur und gegenseitige Wertschätzung der Zivilisationen

Vorträge über die traditionelle chinesische Kultur: Chinesische, deutsche und eurasische Schüler nehmen an Vorträgen über Drachenkultur, chinesisches Kung-Fu, chinesische Kostüme, Guzheng, Kalligraphie, Teekunst und Scherenschnitt teil und erleben, wie Drachen tanzen, wie chinesische Kostüme getragen werden, wie man chinesische Pinselzeichen schreibt, wie chinesischer Tee zubereitet wird und wie man das Zeichen für Hochzeit schneidet. Dabei unterstützen die chinesischen Teilnehmer die Dozenten dabei, den deutschen Schülern die traditionelle chinesische Kultur zu zeigen und ihnen zu helfen, das erlernte Wirtschaftschinesisch zu festigen.

中德学生一起赛龙舟
Chinesische und deutsche Schüler beim Drachenbootrennen

Die Schüler führen Feldstudien in Dunhuang, Jiayuguan und Xi'an durch, den wichtigsten Städten an der alten chinesischen Seidenstraße, um die chinesische Geschichte und Zivilisation kennen zu lernen und den Prozess der Integration verschiedener ethnischer Gruppen zu verstehen. Als Ländergruppe halten die Jugendlichen aus jedem Land eine PowerPoint-Präsentation, um über ihr Verständnis der Seidenstraße und des wirtschaftlichen und kulturellen Austauschs zwischen den Ländern zu sprechen.

Viele chinesische und ausländische Schüler erkennen, dass die Seidenstraße ohne die gemeinsamen Anstrengungen von Chinesen und Deutschen sowie Bevölkerungen der anderen Länder nicht hätte entstehen und entwickelt werden können. Es stellt sich heraus, dass der Name „Seidenstraße" von einem deutschen Gelehrten namens Richthofen im 19. Jahrhundert geprägt wurde.

2. Untersuchung der ausländischen Unternehmen, Wirtschaftschinesisch gemeinsam lernen

Um den chinesischen, deutschen und eurasischen Schülern zu helfen, sich wirklich in die Entwicklung des Wirtschaftsgürtels „Neue Seidenstraße" zu integrieren und die praktischen Probleme zu lösen, auf die sie während der Seidenstraßenreise oft stoßen, hat die Abteilung für internationale Bildung unserer Schule das Studienhandbuch

„Wirtschaftschinesisch“ angefertigt, um das Interesse der ausländischen Teilnehmer an der chinesischen Geschäftskultur zu wecken und ihnen zu helfen, die chinesische Sprache zu beherrschen.

Außerdem setzen sich die ausländischen Teilnehmer im Vorfeld mit ihren Heimatunternehmen in Shanghai in Verbindung, um das Forschungsprogramm festzulegen. Nachdem sie sich in Shanghai versammelt haben, bilden sie ein gemeinsames chinesisches und ausländisches Team und gehen in die Unternehmen, um dort ihre Feldforschungsaufgaben zu erledigen. Anschließend geben sie ein Feedback und teilen ihre Erfahrungen, Analysen und Ideen einem breiteren Publikum mit. Dieses klassische Programm im Rahmen eines jährlichen Sommercamps ermöglicht es vielen deutschen Schülern und Lehrern, ihre Ansichten über die Entwicklung der chinesischen Gesellschaft völlig zu verändern und die Bedeutung der deutsch-chinesischen Wirtschaftsverflechtung zu erkennen. Viele deutsche Schüler und Lehrer geben auch nach ihrer Rückkehr in die Heimat ihre Sicht auf die wirtschaftliche Entwicklung Chinas und die guten Wünsche an das chinesische Volk an andere Landsleute in ihrem Umfeld weiter.

3. Karriereplanung und Träume austauschen

Auf den Geländen der Dunhuang Tourism Secondary School und der Xi'an Foreign Language Middle School ermöglichte das Sommercamp den Schülern, ihre Erfahrungen mit Teilzeitarbeit und Karriereplanung zu reflektieren und auszutauschen und über ihr persönliches Wachstum in den praktischen Aktivitäten im Zusammenhang mit ihren Karriereträumen zu sprechen.

Bei diesen Sitzungen wird man oft von den deutschen Schülern tief beeindruckt. Mit ihren umfangreichen praktischen Erfahrungen in deutschen Berufskollegs und Betrieben konnten die deutschen Schüler die vielen Reflexionen, die ihnen die berufliche Bildung gebracht hat, umfassender und tiefgründiger darstellen.

Während des Sommercamps arbeiten die chinesischen und deutschen Teilnehmer auch mit Schülern aus mehreren eurasischen Ländern zusammen, um ein kleines Warenunternehmen zu simulieren und ihre Waren zu verkaufen. Überrascht sind die deutschen Schüler auch von der Vertrautheit der chinesischen Schüler mit dem elektronischen Handel und der Entwicklung der chinesischen Sharing Economy.

4. Gruppeneinteilung und Selbstmanagement

Das Camp hat ein Konferenzteam, ein Werbeteam, ein Logistikteam, ein Übersetzungsteam, ein Projektteam und ein Team für sportliche und kulturelle Aktivitäten eingerichtet, um das Konzept des Selbstmanagements vollständig umzusetzen. Für jede Aktivität gibt es chinesische und ausländische Teilnehmer, jeder macht seine eigene Arbeit, jeder gibt sein Bestes. Man kooperiert miteinander, hilft sich gegenseitig, lernt die Sprache und versteht die Kultur, überwindet verschiedene Schwierigkeiten gemeinsam und bildet tiefe Freundschaften.

Das internationale Sommercamp „One Belt, One Road" zum Thema „gegenseitige Wertschätzung von Zivilisationen" für Schüler von Partnerschulen hat es den chinesischen und deutschen Schülern ermöglicht, ihren Willen zu stärken, ein tieferes Verständnis für die traditionelle chinesische Kultur, die Kulturen Deutschlands und vieler anderer Länder der Welt sowie die Geschichte der Seidenstraße zu erlangen und einen klareren Entwurf für ihre Karriereplanung zu entwickeln.

Der deutsche Schüler Haltermann Niclas hat es am besten ausgedrückt: „Der Austausch über ‚Karriereplanung' und ‚Teilzeitarbeitserfahrung' im Camp hat mich gelehrt, die Welt mit einer breiteren Perspektive zu betrachten."

Text und Bild: WANG Xiuxiu, TAN Yong

Shanghai Industrial and Commercial Foreign Languages School

以图书为依托，建设融媒体学习平台

——同济大学出版社德语与欧洲文化出版中心

一、案例简介

同济德语与欧洲文化出版中心成立于2013年，是同济大学出版社重要的编辑部门之一，中心共4名编辑。在成立不到10年的时间里，这支高学历、高素质的编辑队伍不断提升自身业务素养，踏实创新，秉承同济大学出版社优质教材与优秀学术著作并重的出版方针，依托同济大学的德语学科和人才优势，积极汇聚海内外优秀作者资源。现已出版德语类教材教辅以及学术专著200余种，形成了完善的德语教材与文化出版体系，是同济大学出版社突出的图书品牌。

中心自成立以来，在出版服务学校教学和科研，出版服务学科建设的同时，更在“融媒体”的出版模式升级道路上积极探索，开拓创新，销量和品牌影响力在全国德语出版细分市场中都名列前茅。

二、案例举措与成效

1. 为学校教学和科研服务，是国内德语与德国文化的重要出版基地

大学是大学出版社赖以生存和发展的根基，也是获取出版资源、品牌优势和形成特色出版的主要源泉。同济大学出版社德语与欧洲文化出版中心同样如此，既有同济大学的德语学科优势及同济大学与德国关系密切所带来的资源优势，同时也服务于学校对德合作的各个机构，为学校的教学和科研提供全方位的热忱服务。

（1）与同济大学留德预备部合作出版的“新求精”系列德语教材，已被全国众多高校和德语培训机构作为教材，在全国德语图书市场上，品牌和影响力位居第一。

（2）先后出版了由同济大学德语老师编写的各种德语类图书近百种，其中《科技德汉大辞典》获得国家出版基金资助，填补了国内空白；《新求精德语强化教程》《科技德语教程》被评为教育部规划教材；《德语语法解析与练习》《现代德语实用语法》等德语图书多次再版，口碑和销量俱佳，获得同行和读者的认可。

（3）与同济大学德国研究中心、德国歌德学院合作出版“德意志译丛”系列。引进德国最新出版且有影响力的社科类图书。2015 年已出版三本：《德国的欧洲》《欧洲的价值》《忧心欧洲：我的呼吁》。其中，《忧心欧洲：我的呼吁》一书是同济大学名誉博士、德国前总理科尔（Helmut Kohl）生前最后一部专著。2015 年 11 月，本中心与同济大学德国研究中心共同举办新书发布及欧洲问题研讨会，澎湃新闻、文汇报等多家媒体对此作了报道。

（4）服务学校学科建设和科研，与同济大学德语系、同济大学中德人文交流研究中心合作出版《中国高校德语硕士研究生学术语篇写作问题及对策》《镜头下的中德人文交流》等各类德语语言文学专著和德国文化类专著。

德语与欧洲文化出版中心编辑与《阿福拜见老虎岳父》作者阿福（Thomas Derksen）及其妻子莉萍，2019 年 12 月于同济书店
Redakteurinnen mit Thomas Derksen, Autor von „Und täglich grüsst der Tigervater: Als deutscher Schwiegersohn in China“ und seiner Frau Liping, in der Tongji-Buchhandlung im Dezember 2019

（5）积极开拓海外出版合作方，成功联系到欧洲多家出版社引进图书版权，如德国柯莱特教育出版集团、康乃馨出版集团和 Hueber 出版集团，成功引进了成人德语培训教材《柏林广场》全系列图书、青少年德语培训教材《我们的德语》全系列图书、儿童德语绘本《我的第一本德语书》系列、《德语词汇语法训练》《德语听说训练》《德语读写训练》系列、《新版欧标德语备考教程与模拟试题》系列和《德语经典名著简读本》系列等图书。

（6）组织德语教材研讨会：2017 年与同济大学留德预备部合作组织《新求精》系列德语教材的全国性教学研讨会工作；2018 年与德国柯莱特教育集团合作成功组织《柏林广场》系列教材的全国性教学研讨会工作，对教材的宣传推广和教师的授课教学都有极大的帮助。

本中心通过系列化教材、教辅及专著的出版推动了本校的人才培养、学科建设和科学研究；开展的各项文化活动为提高学校的学科学术地位和专业品牌作出了一定的贡献，同时也展现了学校在学术研究和知识创造方面的新成果。

2. 打造“德语教学与文化交流在线平台”，疫情期间激流勇进

德语与欧洲文化出版中心虽然在图书出版领域获得了优异的成绩，但并没有安于现状，而是积极考虑如何在纸质图书优势内容的基础上，完善用户服务和知识服务，提升用户体验。为了适应信息时代高速发展的新形势和传统图书出版转型的需要，积极拓展新时期出版的新模式，把传统图书出版与知识服务结合起来，打造“德语教学与文化交流在线平台”，实现跨界、跨越式发展。

“德语教学与文化交流在线平台”是中心在传统出版基础上，将图书出版、语言教学和文化交流通过同济大学音像出版社的数字平台实现进一步深化内容和资源整合的综合出版平台。在纸质出版的优质内容基础上，通过实施“互联网 +”的战略以及数字平台的推广，增强传统出版的活力，并提升社会效益和经济效益。

“德语教学与文化交流在线平台”主要包括了同济德语网站、布谷德语课堂在线课程、微信公众号“同济德语出版中心”和“跟阿福学德语”、同济德语 APP、布谷词场微信小程序等全方位的数字平台内容。

同济德语网站（www.tongjideyu.com）是同济大学出版社德语出版的官方网站。其中的“下载中心”提供了纸质出版图书的配套多媒体资源，音频、视频和配套补充资料使传统图书更为丰富和立体化。同济德语出版的纸质图书已不再将多媒体资料以光盘或优盘等形式随书出版，而是改为由用户在同济德语官网免费下载，在实现将读者和用户向官网引流的同时，也减少了电子垃圾的产生。而“布谷德语课”（class.tongjideyu.com）则是架构在同济德语官网上的在线教学平台。作为专业的德语学习在线课堂，“布谷德语课”开设的课程由同济大学留德预备部等正规教学机构的一线师资录制而成，课程内容围绕但不局限于同济德语已出版纸质图书内容。视频录制和后期剪辑均由出版社自行完成，这在控制成本的同时也能保证课程内容质量。除在线教学以外，“布谷德语课”目前还推出了对应课程的在线题库，极大地丰富在线教学的内容。

“同济德语出版中心”微信服务号通过日常推送向订阅者推荐新书以及德语语言和文化学习内容；“跟阿福学德语”是一个由同济德语出版中心、同济大学留德预备部和德国友人阿福（Thomas Derksen）团队共同打造的德语学习和文化交流的公众号；同济德语 APP 实现了同济德语传统出版的纸质图书的电子化、立体化、多媒体化。例如德语语音类、听力类的教材教辅，在 APP 上被制作成点读书的形式，这使传统图书更具互动性，提升了用户体验。通过 APP 也可以免费下载图书配套音频、视频和补充材料，丰富了多媒体资源的获取渠道；“布谷词场”是微信平台上的小程序，主要以德语词汇学习为主要内容，以德语词汇类纸质图书，单个单词汉译德或德译汉的选择题形式在小程序中帮助用户学习和记忆词汇，同时还有错题复习和测试等内容。

“德语教学与文化交流平台”中的网站、APP、公众号以及小程序都在过去一年多时间里逐渐搭建起来，目前官网累计浏览量近百万次，注册会员 20 余万人。“布谷德语课”注册用户近 3 万人，在线课程累积浏览量 20 余万次。微信公众号“同济德语出版中心”订阅数超 2 万人，“跟阿福学德语”的订阅数也超过万人，推送的平均阅读量一般为 3000。而同济德语 APP 下载量过 10 万，注册会员 4 万余人。

值得一提的是，德语与欧洲文化出版中心的这个在线平台在 2020 年上半年的疫情期间激流勇进，几乎整个 2020 年上半年都对广大读者和用户免费开放，帮助读者在疫情期间获取优质的德语学习资源，贯彻了中心“出版为读者服务”的初心，同时也扩大了中心的社会影响力，使得中心即便在疫情期间也能稳步发展，在在线教育领域站稳脚跟。

三、案例总结与展望

德国与欧洲文化出版中心尽管成立时间不长，但在短短 9 年里取得了让许多人引以为豪的成绩。编辑部每位员工在各司其职的同时，又能精诚合作，使德语出版成长为同济出版的优质品牌，并在国内德语出版这一领域占据领先地位，为中德人文交流提供了一个以图书为依托的平台。

随着短视频、直播的迅速崛起，年轻一代紧跟“潮流”，积极投入其中，学习掌握这些新手段并用于工作中。未来，中心还将在跨界发展、图书出版和营销宣传中，继续发挥团队协作的力量；在传统纸质图书出版之外，面对新的市场和形势，做到不受限于固有思维，敢于尝试，整个中心共同成长。

供稿：同济大学出版社德语与欧洲文化出版中心

Aufbau einer integrierten Lernplattform

— Zentrum für Deutsch und Europäische Kultur des Tongji-Verlags

I. Einführung

Das Zentrum für Deutsch und Europäische Kultur des Tongji-Verlags wurde 2013 gegründet und ist mit vier Redakteurinnen eine der wichtigen Redaktionsabteilungen des Tongji-Verlags. Seit der Gründung hat das hochqualifizierte Redaktionsteam innerhalb von zehn Jahren seine fachliche Kompetenz immer weiter ausgebaut. Der Verlag der Tongji-Universität achtet sowohl auf die Erarbeitung und Publikation von Lehrmaterialien als auch von hochqualitativen wissenschaftlichen Arbeiten. Diesem Prinzip folgt das Zentrum ebenfalls. Es arbeitet mit Fachexperten mit fundiertem Wissen über Deutschland im In- und Ausland. Inzwischen wurden bereits mehr als 200 deutschsprachige Lehrbücher sowie wissenschaftliche Monographien veröffentlicht. Dadurch ist das Zentrum eine bekannte Marke des Tongji-Verlags geworden.

Darüber hinaus beschäftigt sich das Zentrum seit seiner Gründung damit, innovative Formate anhand integrierter Medien zu entwickeln. Angesichts des Umsatzes und des erzielten Markeneinflusses gehört das Zentrum zu den besten im chinesischen Verlagswesen, was die deutsche und deutschlandrelevante Literatur anbelangt.

II. Maßnahmen und Auswirkungen

1. Eines der bedeutsamsten Publikationshäuser für die deutsche Sprache und Literatur und Dienstleister für Lehre und Forschung an der Hochschule

Die Universität stellt in der Regel die Grundlage dar, auf die der universitätseigene

Verlag seine Existenz gründet, auf der auch wissenschaftliche Beiträge geboten werden und wo sich Markenvorteile und Alleinstellungsmerkmale ausbilden. Dies gilt auch für das Zentrum für Deutsche und Europäische Kultur des Tongji-Verlags. Die Tongji-Universität ist stark im Erwerb der deutschen Sprache, in der Vermittlung der deutschen Kultur sowie der Zusammenarbeit mit Deutschland auf diversen Gebieten. Das Zentrum profitiert von den oben genannten Vorteilen und steht gleichzeitig in den Diensten verschiedener Teileinrichtungen der Tongji-Universität in deren Kooperation mit Deutschland. Das betrifft sowohl die Lehre als auch die Forschung.

(1) Das Lehrwerk „Stichwort Deutsch Intensivkurs", das in Zusammenarbeit mit dem Deutschkolleg der Tongji-Universität herausgegeben wurde, wird landesweit an vielen Universitäten und Sprachschulen als Standardlernmaterialien verwendet. Auf dem nationalen deutschsprachigen Buchmarkt gilt es als das einflussreichste Markenprodukt.

(2) Das Zentrum hat bisher beinahe hundert deutschsprachige Bücher herausgegeben, die durch die Deutschlehrkräfte der Tongji-Universität verfasst wurden. Darunter ist das „Fachwörterbuch. Technik und angewandte Wissenschaften. Deutsch-Chinesisch" mit den Fördermitteln des nationalen Publikationsfonds das erste deutsch-chinesische Fachwörterbuch im technischen Bereich. Die Lehrwerke „Stichwort Deutsch Intensivkurs", „Technisches Deutsch" und „Deutsch" wurden in den Lehrmaterialien-Kanon des chinesischen Bildungsministeriums aufgenommen. Das „Lehr- und Übungsbuch zur deutschen Grammatik" und „Praktische Grammatik der modernen deutschen Sprache" wurden mehrmals nachgedruckt und haben Anerkennung bei Fachkollegen und Lesern gefunden.

(3) Das Zentrum veröffentlichte die „Deutsche Übersetzungsserie" in Zusammenarbeit mit dem Deutschlandforschungszentrum der Tongji-Universität und dem Goethe-Institut. Neu erschienene und einflussreiche sozialwissenschaftliche Fachliteratur wird auch stets aus Deutschland eingeführt. Im Jahr 2015 sind drei Bücher erschienen, nämlich „Das Deutsche Europa", „Europas Werte" und „Aus Sorge um Europa. Ein Appell". Der Autor des Letzteren ist der ehemalige Bundeskanzler und Ehrendoktor der Tongji-Universität Helmut Kohl. Im November 2015 organisierten das Verlagszentrum und das Deutschlandforschungszentrum gemeinsam eine Buchvorstellung

sowie eine Tagung zum Thema Europa, worüber mehrere Medien wie „The Paper“ und „Wenhui Daily“ berichteten.

(4) Um die Lehre und Forschung an der Universität zu unterstützen, hat das Verlagszentrum in Zusammenarbeit mit der deutschen Fakultät sowie dem Zentrum für Chinesisch-Deutschen Gesellschaftlich-Kulturellen Austausch der Tongji-Universität zahlreiche Monographien über die deutsche Sprache, Literatur und Kultur veröffentlicht, z.B. „Probleme und Maßnahmen beim akademischen Schreiben für deutsche Masterstudenten an chinesischen Universitäten“ und „Unter der Lupe: Facetten der gesellschaftlichen und kulturellen Begegnungen zwischen Chinesen und Deutschen“.

(5) Das Zentrum hat Kontakte mit mehreren europäischen Verlagen hergestellt, wie dem Ernst Klett Verlag, dem Cornelsen Verlag und dem Hueber Verlag. In der Zusammenarbeit wurde der Lizenzerwerb für die Einführung einer Reihe von Lehrwerken ermöglicht, zu denen das Lehrbuch für das Deutschlernen mit Erwachsenen als der Zielgruppe „Berliner Platz“, das Lehrbuch für Jugendliche „Wir neu“, der Bilderband für Kinder „Deutsch für Anfänger“, die Lehrmaterialien „Wortschatz & Grammatik“, „Hören & Sprechen“, „Lesen & Schreiben“, „Prüfungstraining Goethe-Zertifikat“ sowie die Buchreihe „Kurzlektüre deutscher Klassiker“ zählen.

《柏林广场》系列教材封面合集
Cover „Berliner Platz“

《我们的德语》系列教材封面合集
Cover „Wir Neu“

《新求精》系列教材封面合集
Cover „Stichwort Deutsch Intensivkurs“

《新思维德语》系列教材封面合集
Cover „Akademie Deutsch“

(6) Das Zentrum hat Seminare zu deutschen Lehrbüchern organisiert: 2017 wurde in Zusammenarbeit mit dem Deutschkolleg der Tongji-Universität ein nationales didaktisches Fachseminar zum Lehrbuch „Stichwort Deutsch Intensivkurs" ausgerichtet. 2018 fand ein weiteres Seminar in Zusammenarbeit mit der deutschen Verlagsgruppe Klett für die Reihe „Berliner Platz" statt. Die Veranstaltungen sind hilfreich für die Werbung der Lernmaterialien und fördern die Lehrtätigkeit.

Das Zentrum fördert die Talentausbildung, den Aufbau von Disziplinen und die wissenschaftliche Forschung an der Universität durch die Veröffentlichung einer Reihe von Lehrbüchern, Beilagen und Monographien. Die verschiedenen Kulturaktivitäten, die das Zentrum durchgeführt hat, steigern den akademischen Status und erhöhen stets den Stellenwert der Universität. Gleichzeitig werden dabei die neuen Errungenschaften der Universität in der akademischen Forschung und Wissensvermittlung demonstriert.

2. Online-Plattform für Deutschunterricht und Kulturaustausch und Aktivitäten während der Pandemie

Das Zentrum für Deutsche und Europäische Kultur des Tongji-Verlags bemüht sich trotz bereits der erzielten Auszeichnungen und Anerkennung weiter darum, die nutzer- und wissensrelevanten Dienste zu verbessern, sowie das Nutzererlebnis auf der Grundlage der Papiermedien zu optimieren. Um sich der rasanten Entwicklung des digitalen Zeitalters und dem Transformationsbedarf des traditionellen Verlagswesens anzupassen und neue Formate im neuen Zeitalter aktiv auszubauen, hat das Zentrum die Online-Plattform für Spracherwerb und Kulturaustausch errichtet, die einen interdisziplinären Ansatz anwendet.

Die Online-Plattform ist eine auf dem traditionellen Verlagswesen basierte umfassende Verlagsplattform, die Publikation, Spracherwerb und Kulturaustausch integriert und diverse Ressourcen mithilfe der digitalen Plattform des Audiovisuellen Verlags der Tongji-Universität verbindet. Die „Internet+" - Strategie wurde auf der Grundlage hochwertiger, in Papierform veröffentlichter Inhalte umgesetzt. Die digitalen Plattformen dienen dazu, die Vitalität des traditionellen Publizierens zu steigern, den sozialen und wirtschaftlichen Nutzen zu verbessern.

Die Online-Plattform für Spracherwerb und Kulturaustausch umfasst vor allem die Webseite fürs Deutschlernen (www.tongjideyu.com), den Online-Kurs Kuckuck, das

WeChat-Nachrichtenabo des Zentrums für deutschsprachige Literatur des Tongji-Verlags und „Deutschlernen mit Thomas Derksen", die APP-Version des Portals www.tongjideyu.com, das WeChat-Miniprogramm Kuckuck Wortschatz und weitere digitale Inhalte.

Die Webseite fürs Deutschlernen (www.tongjideyu.com) ist die offizielle Website des Tongji-Verlags. Im Download-Center sind Multimedia-Lernressourcen, Audios, Videos und begleitende Materialien für Veröffentlichungen in Papierform abrufbar. Die begleitenden ergänzenden Lernmaterialien, die in der Vergangenheit normalerweise als CDs oder USB-Stick den Büchern beigelegt wurden, sind jetzt ausschließlich kostenlos online erhältlich, was die Leser und Nutzer auf die digitalen Formate aufmerksam macht und anleitet und gleichzeitig elektronischen Müll vermeidet. Der Online-Kurs Kuckuck (class.tongjideyu.com) ist auf der Webseite www.tongjideyu.com eingebettet und vermittelt deutsche Kenntnisse als Fachstudium. Inhaltlich besteht das Angebot aus Aufzeichnungen durch die Deutschlehrenden an der Hochschule, z.B. durch die Lehrkräfte des Deutschkollegs. Der Kursinhalt dreht sich um die Veröffentlichungen des Tongji-Verlags, ist aber nicht darauf beschränkt. Videoaufnahmen und Nachbearbeitungen werden vom Verlag selbst durchgeführt, wodurch die Kosten reduziert und die inhaltliche Qualität sichergestellt werden. Neben Online-Kursen wurde zusätzlich eine Online-Datenbank für Prüfungsaufgaben als Ergänzung des Kursangebots und Maßnahme der Qualitätskontrolle erstellt.

Das WeChat-Nachrichtenabo des Zentrums für deutschsprachige Literatur ist auch der Herausgeber der Serie „Deutschlernen mit Thomas Derksen". Die Abonnenten erhalten täglich Empfehlungen neuer Publikationen sowie Tipps zum Erlernen der deutschen Sprache und Kultur. „Deutschlernen mit Thomas Derksen" ist eine Koproduktion des Zentrums für deutsche Literatur des Tongji-Verlags in Zusammenarbeit mit dem Deutschkolleg der Tongji-Universität und Thomas Derksen. Die App Tongji Deutsch gestaltet die deutsch-relevanten Publikationen des Tongji-Verlags elektronisch, dreidimensional und multimedial. Lehrmittel zur deutschen Phonetik und Hörbücher werden für Talking Pens verarbeitet, wodurch Bücher interaktiver und benutzerfreundlicher werden. In der App kann man ebenfalls begleitende Lernmaterialien als Audio und Video sowie in Papierform kostenlos im Download-Center heruntergeladen, wodurch die Kanäle zum Beziehen der Multimedia-Ressourcen bereichert werden. Das WeChat-Miniprogramm Kuckuck Wortschatz hilft hauptsächlich beim Erlernen des deutschen Vokabulars. Die

Vokabeln kommen aus gedruckten Veröffentlichungen und bieten sich in Form von Multiple-Choice-Fragen online für Sprachlernende, um das Auswendiglernen zu erleichtern. Gleichzeitig ist die APP mit weiteren Funktionen versehen, z.B. gibt es eine Wiederholung der falsch beantworteten Aufgaben und Prüfungsmodule.

Die Website, die App, die WeChat-Abos und -Miniprogramme für Spracherwerb und Kulturaustausch wurden im letzten Jahr schrittweise aufgebaut. Derzeit hat die offizielle Website fast eine Million Aufrufe und mehr als 200.000 registrierte Nutzer. Die für den Online-Sprachkurs Kuckuck eingeschriebenen Nutzer betragen beinahe 30.000. Die Gesamtzahl der Aufrufe beläuft sich auf mehr als 200.000. Das WeChat-Abos „Zentrum für deutsche Literatur des Tongji-Verlags" freut sich über mehr als 30.000 Abonnenten, und „Deutschlernen mit Thomas Derksen" mehr als 10.000 Abonnenten und die durchschnittliche Klickzahl beträgt in der Regel 3.000. Die App wurde von über 100.000 Personen heruntergeladen und die Gesamtzahl der registrierten Benutzer beträgt über 40.000.

Besonders erwähnenswert ist die Leistung, die die Online-Plattform des Zentrums für Deutsche und Europäische Kultur des Tongji-Verlags während der Pandemie im ersten Halbjahr 2020 hervorgebracht hat. Für ein halbes Jahr stand die Plattform Lesern und Nutzern kostenlos zur Verfügung und half dabei, trotz der kritischen Zeit hochwertige Deutschlernressourcen zu erhalten. Das Zentrum sieht sich dazu verpflichtet, den Lesern zu dienen und zugleich die Einflussweite der Institution zu erweitern, sodass sich das Zentrum auch während der Pandemie stetig entwickelt und im Bereich der Online-Ausbildung Fuß gefasst hat.

III. Zusammenfassung und Ausblick

Das Zentrum für deutsche und europäische Kultur des Tongji-Verlags hat trotz der jungen Geschichte in nur neun Jahren viel erreicht. Jeder in der Redaktion engagiert sich stark mit Teamgeist, so dass sich das Zentrum für deutsche Literatur zu einer hochwertigen Marke des Tongji-Verlags entwickelt hat und eine führende Position im Bereich deutschsprachiger Publikationen einnimmt. Das Zentrum stellt eine publikations-basierte Plattform für den chinesisch-deutschen Kulturaustausch dar.

Mit der Verbreitung von Kurzvideos und Live-Übertragungen hält die jüngere Generation mit dem Trend Schritt. Sie nimmt aktiv daran teil und lernt die neuen

Formate beherrschen und solche Instrumente bei der Arbeit einsetzen. Das Zentrum wird in Zukunft als Team die hybride Entwicklung des Verlagswesens anstreben, die Marketing- und Öffentlichkeitsarbeit stärken. Man soll querdenken können, angesichts des Markttrends neben der Papierform neue Formate gestalten und ausprobieren.

Text und Bild: Zentrum für Deutsche und Europäische Kultur des Tongji-Verlags

疫情中感受德国足球文化的新方式

——2020 年拜仁在中国如何破局

一、案例简介

在刚刚过去的 2020 年，世界经历了太多的变化和不确定性。拜仁慕尼黑足球俱乐部（下简称“拜仁”或“拜仁慕尼黑”）面对各种突发情况灵活调整，在疫情期间为中国加油，开发了直播节目、云夏季行、奖杯巡展、中国区会员体系、公益活动、足球学校培训等一系列活动，成为在中国开展球迷活动最多的国外顶级俱乐部，这也得益于中国对疫情严格而有效的控制。

二、实施过程、开展形式及效果

典型案例 1：疫情期间为中国加油联动

2020 年 1 月底，疫情期间，队长诺伊尔（Neuer）、穆勒（Müller）以及基米希（Kimmich）先后发声为武汉祈福，成为首家有球员录制视频给武汉和中国加油的欧洲俱乐部。2 月 9 日，拜仁球员穆勒在自己的个人微博上对一位紧急支援武汉工作的拜仁球迷医生送去祝福和点赞。2 月 15 日，国务委员兼外长王毅德国出席第 56 届慕尼黑安全会议并在会上讲述了国际社会支持中国抗击疫情的动人故事，其中还特意提及德国拜仁慕尼黑足球俱乐部也专门为中国加油打气。有 30 多家媒体先后报道拜仁与武汉的暖心故事，收获约 3.73 亿曝光量。

本着致敬抗疫英雄的宗旨，拜仁慕尼黑利用奖杯巡展落户武汉的机会，在 11 月 7 日下午举行拜仁武汉球迷对阵武汉市中心医院足球队的友谊赛。在这次抗击疫情的战斗中，中心医院发挥重要作用，很多医护球员战斗在一线。俱乐部在球衣上印上“妙手仁心”表达对医生的敬意。赛后医生代表来到奖杯巡展现场接受颁奖，并在国家德比观战活动前讲述自己的抗疫故事以及对拜仁的热爱。包括武汉电视台、湖北日报、PP 体育、腾讯体育等在内的 42 家媒体亲临活动和友谊赛现场，收获约 3 亿媒体曝光量。在社交媒体平台，球迷也纷纷点赞，向所有支援抗疫前线的医务人员致敬！

穆勒点赞戴医生

Thomas Müller clickte Like für den Arzt (Dr. Dai)

武汉球迷 vs 医生队在“向医务工作者致敬”牌前合照

Wuhan-Fans vs. Ärzte, vor dem Schild „MIA SAN FAMILY“

典型案例 2：“仁声鼎沸”直播节目

2020 年 3 月份开始，拜仁慕尼黑开启每周一期直播节目“仁声鼎沸”。目前为止，这是唯一一档俱乐部在赛季期间推出的每周直播节目。直播通常在拜仁慕尼黑中国办公室完成，并在微博和抖音两个平台同时播出。截至目前，直播已完成四十多期，每期一小时，微博和抖音成为拜仁球迷线上交流的新平台，双平台观看量的真实数据超过 500 万。这些直播始终坚持以中国球迷的互动作为最重要的目标，旨在给拜仁球迷打造一个实时互动的节目。拉姆（Lahm）、埃尔伯（Elber）、皮萨罗（Pizarro）等多位拜仁传奇球星和形象大使在节目中完成了中国直播首秀，杨晨、刘越、刘建宏等十多位体育名嘴主持做客直播间，为球迷带来专业指导，同时也给合作伙伴创造出商业价值。

拜仁传奇奥根塔勒（Klaus Augenthaler）空降直播
Klaus Augenthaler als Gast in der Live-Übertragung

典型案例 3：奥迪“云夏季行”

因为疫情，拜仁原定于 2020 年夏天来华进行访问比赛的计划无法实现。为了跟球迷走得更近，拜仁便携手奥迪等合作伙伴推出了“云夏季行”，特别制作了很多符合中国本土化的专属内容，满足了球迷的需求。包括华天、邹市明等体育明星和穆勒、莱万多夫斯基（Lewandowski）连线，穆勒接受 11 名中国小朋友群访等。所有内容都集中展示在拜仁官网以及 PP 体育、腾讯和虎扑等奥迪“云夏季行”媒体合作伙伴。马丁内斯（Martínez）与支援武汉的医疗工作者球迷通话，拜仁慕尼黑和武汉卓尔球员的球技挑战，都得到中国球迷一致好评。线上活动还延伸到线下，机器人可以完全模仿拜仁球员签名，在成都满足 400 多名球迷的愿望。此次“云夏季行”实现的媒体触达是过去线下夏季行的 9 倍，互动量则达到过去的 24 倍。在社媒发帖量同线下夏季行基本一致的情况下，奥迪“云夏季行”实现了更大媒体价值（3.43 亿阅读量、1100 万互动量和 1926 条帖子），奥迪则实现了 1.13 亿次品牌曝光量，仅在中国市场就实现了 1200 万欧元的商业价值。

奥迪云夏季行期间，穆勒和华天连线
Thomas Müller und Alex Hua Tian waren online zugeschaltet während Audi Digital Summer Tour

拜仁球迷参加成都派对
Bayern Fans auf der Party in Chengdu

典型案例 4：微信小程序——“拜仁朋友圈”

2020 年，拜仁慕尼黑第一次在德国以外的国家推出会员体系，在微信小程序平台建立“拜仁朋友圈”，如今已经有超过 2 万人和 60 多家球迷会进行了注册并积极互动。卡恩（Kahn）、瓦克（Wacker）等俱乐部董事会高层还和近 30 名中国球迷代表进行了在线交流，听取他们的意见建议。

“拜仁朋友圈”小程序页面
Screenshot von FC Bayern Miniprogramm

典型案例 5：三冠奖杯全国巡展

从 2020 年 10 月起，拜仁慕尼黑在上海、北京、武汉、广州和南京五座城市举行奖杯巡展，向所有人免费开放，并提供图片直播。球迷们可以和奖杯以及吉祥物伯尼熊（Bear Bernie）合影，参观迷你球队更衣室、

三冠王巡展北京站
„Trophy Tour“ in Peking

三冠王巡展《天下足球》栏目
„Trophy Tour“ in der CCTV-Sendung „Total Soccer“

珍贵的签名物品和纪念品，通过拜仁 120 周年图片展进一步了解俱乐部的历史。此外还有独一无二的 VR 互动体验，穆勒、诺伊尔等球星以及伯尼熊会用中文和球迷们打招呼。五座城市巡展一共为期十天，大约 4 万球迷来到现场。在上海和广州，我们积极调动各方资源，共同推动拜仁周边产品销售额的增长。社媒平台、奖杯巡展共收获约 500 万话题曝光，包括央视新闻、武汉电视台等 42 家媒体纷纷报道，媒体曝光约 6 亿次。值得一提的是，拜仁三冠奖杯于 11 月 2 日空降央视《天下足球》栏目，共 380 万观众在电视机前一睹拜仁奖杯风采。

典型案例 6：拜仁青岛足球学校完成升级续约

拜仁慕尼黑和青岛中德生态园于 2020 年 9 月宣布续约至 2025 年。除了确认未来长期合作，合作双方还与青岛市体育局、青岛市教育局共同签署了四方合作备忘录，成为国家体教融合战略的积极践行者。整个活动在青岛政协主席杨军和德国驻华大使葛策先生（Clemens von Goetze）的见证下进行。过去几年，拜仁青岛足校培训了近千名教练员，并举办了众多体育赛事，如教育部校园足球夏令营、拜仁青年杯中国区决赛等。2020 年疫情期间，拜仁和青岛足校以及青岛教育局坚持了网上授课和培训。

拜仁慕尼黑青岛足球学校完成续约
Vertragsverlängerung vom FC Bayern Football School Qingdao

三、所获奖项、媒体报道、利益相关方评价

- 获得抖音平台颁布的“年度卓越影响力体育俱乐部”大奖。
- 获得新浪微博评选的“十大年度影响力足球俱乐部”。
- 获得权威体育媒体“体育大生意”颁布的“年度最佳体育创新奖”。
- 获得邮人体育发布的“最具创意营销案例”金奖、“最佳直播应用”和“最佳社会公益项目”银奖，成为唯一一家在六项大奖中有三项跻身前三名的俱乐部。

四、经验总结及展望

这一年的特殊经历让大家更珍惜彼此。疫情期间，我们积累的宝贵经验将会对未来的工作有非常重要的指导意义。疫情暂时隔断了不同国家之间的线下联系，但是拜仁慕尼黑通过足球，依然将中德两国人民特别是年轻人连接在一起。2021 年，拜仁也需要和球迷们一同继续前行！“仁潮仁海中，有你有我！”

供稿：拜仁慕尼黑中国办公室

Die deutsche Fußballkultur in der Pandemiezeit neu erleben

— wie der FC Bayern 2020 in China den Druchbruch geleistet hat

I. Hintergrund

Die Welt des Jahres 2020 hat viel Veränderungen und Unsicherheiten erlebt. In verschiedensten Notsituationen passte sich der FC Bayern flexibel an, ermutigte China während der Pandemiebekämpfung, entwickelte eine Reihe von Aktivitäten und Formaten wie Livestreams, Audi Digital Summer Tour, Triple-Tour, Mitgliedschaftsnetzwerk, gemeinnützige Aktivitäten und Fußballschulausbildung. Damit wurde FC Bayern der TOP-Fußballclub mit den meisten Fan-Aktivitäten in China. Die Rekordzahl ist ebenfalls den strikten und effektiven COVID-19-Kontrollmaßnahmen Chinas zu verdanken.

II. Umsetzung, Format und Auswirkung

Beispiel 1: Videos zur Ermutigung Chinas während der Pandemie

Ende Januar 2020 zeigten Mannschaftskapitän Neuer, Fußballspieler Müller und Kimmich mit Videoaufnahmen den Schulterschluss mit Wuhan. Der FC Bayern wurde damit der erste europäische Fußballclub, dessen Spieler in Videoform China und Wuhan ihren Beistand erklärten. Am 9. Februar beglückwünschte und likte der Fußballspieler Müller einen chinesischen Arzt im Social-Media Weibo, der gleichzeitig Fan von FC-Bayern ist und freiwillig zur Unterstützung des lokalen medizinischen Teams nach Wuhan ging. Am 15. Februar erzählte Staatsrat und Außenminister WANG Yi auf der 56. Münchner Sicherheitskonferenz in Deutschland die bewegende

Geschichte über die Unterstützung der internationalen Gemeinschaft für Chinas Kampf gegen die Epidemie. Dabei wurde auf die Beiträge des FC Bayern München besonders hingewiesen. Über 30 Medien haben über die Interaktionen zwischen dem Fußballclub und Wuhan geschrieben und ca. 373 Millionen Aufrufe/Klicks erhalten.

诺伊尔为武汉加油
Neuer zeigte Schulterschluss mit Wuhan

Mit dem Ziel, die Helden im Kampf gegen die Epidemie zu ehren, hielt der FC Bayern München am Nachmittag des 7. November während der „Triple-Touren" in Wuhan ein Freundschaftsspiel zwischen Bayern-Fans Wuhan und der Fußballmannschaft des Zentralkrankenhauses Wuhan ab. Das Zentralkrankenhaus Wuhan spielte eine wichtige Rolle im Kampf gegen COVID-19, wobei viele von den Ärzten in der Pandemiebekämpfung an der Front arbeiteten. Mit einem Trikot, auf dem in chinesischer Sprache der Spruch „Heilende Hände und ein gutmütiges Herz") zu lesen war, huldigte der FC Bayern den Ärzten. Nach dem Spiel nahmen Ärztevertreter Auszeichnungen entgegen und erzählten über ihre Erlebnisse während der Pandemie sowie über ihre Liebe zum FC Bayern München, bevor sie sich gemeinsam das nationale Derby anschauten. 42 Medien, darunter Wuhan Television Station, Hubei Daily, PP Sports, Tencent Sports usw., nahmen an Veranstaltungen und Freundschaftsspielen teil. Eine Medienreichweite von 300 Millionen Menschen wurde erzielt. Zahlreiche Fans verfolgten die Veranstaltungen in sozialen Medien und würdigten die medizinischen Fachkräfte an der Front!

Beispiel 2: Programm im Livestream „Ren Sheng Ding Fei"

Im März 2020 launchte der FC Bayern sein erste wöchentliches Livestream-Programm während der Spielsaison „Ren Sheng Ding Fei". Die Live-Übertragungen werden in der Regel im Bayern München China Office durchgeführt und laufen parallel auf „Sina Weibo" und TikTok. Bisher hat es bereits 40 Live-Shows für jeweils 1 Stunde gegeben. „Sina Weibo" und TikTok haben sich zu neuen Online-Kommunikationkanälen unter Bayern-Fans entwickelt, die tatsächliche Anzahl der Aufrufe auf den beiden Plattformen überstieg 5 Millionen. Das Programm hat die unmittelbare Interaktion mit chinesischen Fans als das oberste Ziel. Eine Reihe von legendären Fußballspielern sowie Image-Botschaftern vom FC Bayern, wie Lahm, Elber und Pizarro, waren zu Gast in Live-Shows. Mehr als ein Dutzend berühmte chinesische Sportkommentatoren wie YANG Chen, LIU Yue und LIU Jianhong haben die Shows moderiert, professionelle Einsichten mit Fans geteilt, wobei für die Partner ein kommerzieller Wert generiert wurde.

拜仁传奇菲利普·拉姆（Phillipp Lahm）空降直播间

Der FC Bayern Legende Philipp Lahm war zu Gast in der Live-Show

Beispiel 3: „Audi Digital Summer Tour"

Der geplante Besuch in China im Sommer 2020 konnte aufgrund der Pandemie nicht realisiert werden. Um den chinesischen Fans trotzdem näher zu kommen, initiierte der FC Bayern mit Partnern die Audi Digital Summer Tour, die eine Reihe von chinaspezifischen exklusiven Events beinhaltete. Sportstars wie HUA Tian, ZOU Shiming, Müller und Lewandowski waren online zugeschaltet. Müller nahm z.B. an einem Interview teil, das von einer Gruppe von 11 chinesischen Kindern durchgeführt wurde. Sämtliche Informationen sind bei den Medienpartnern von „Audi Digital Summer Tour“ wie auf der offiziellen Website der FC Bayern, PP Sports, Tencent und Hupu abrufbar. Das Telefonat zwischen Martínez und den medizinischen Mitarbeiter/innen zum Noteinsatz in Wuhan sowie der Wettbewerb zwischen den Spielern von Bayern München und Wuhan Zall F.C. wurde von chinesischen Fans gut aufgenommen. Die Offline-Events haben sich digital erweitert. Die Unterschriften von FC Bayern-Spielern ließen sich mit Robotern nachahmen, so dass die Wünsche von mehr als 400 Fans in Chengdu in Erfüllung gingen. Die Medienreichweite der „Digital Summer Tour“ betrug das 9-fache der vorherigen Touren im realen Bereich, und die Interaktion hat das 24-fache der Vergangenheit erreicht. Obwohl die Anzahl von Posts in sozialen Medien im Vergleich zum Offline-Bereich kaum Unterschiede zeigte, erzielte Audi Digital Sommer Tour einen höheren Medienwert (343 Millionen Aufrufe, 11 Millionen Interaktionen und 1.926 Beiträge), wobei Audi als Marke von den 113 Millionen Klicks (Markenpräsenz) stark profitiert hat, was allein auf dem chinesischen Markt einen Zusatzwert von 12 Millionen Euro bedeutet.

拜仁与武汉卓尔 PK

FuBball Challenge zwischen den Spielern vom FC Bayern und Wuhan Zall F.C.

Beispiel 4: WeChat Small Program – FC Bayern Freundeskreis

Im Jahr 2020 launchte der FC Bayern sein Mitgliedschaftssystem erstmals im Ausland und gründete im WeChat Small Program einen „FC Bayern Freundeskreis“. Bisher

球迷会页面

Die Online-Seite des Fanclubs auf Miniprogramm

haben sich mehr als 20.000 Menschen und über 60 Fanclubs angemeldet. Der Vorstand vom FC Bayern, wie Kahn und Wacker, interagierten online mit beinahe 30 Vertretern von chinesischen Bayern-Fans, um ihren Meinungen und Vorschlägen zuzuhören.

Beispiel 5: „Triple-Touren“

Seit Oktober hat der FC Bayern in Shanghai, Peking, Wuhan, Guangzhou und Nanjing „Triple-Touren“ organisiert, die für alle kostenlos zugänglich waren und mit Bildern live übertragen wurden. Die Fans konnten sich mit den Pokalen und Bear Bernie fotografieren lassen, Mini-Kabinen besuchen, kostbare Autogramme und Souvenirs erwerben, sich in der Fotoausstellung zum 120-jährigen Jubiläum des FC Bayern über die Vereinsgeschichte informieren. Darüber hinaus gab es im Rahmen des Programms ein einzigartiges interaktives VR-Erlebnis, wobei Fußball-Stars wie Müller, Neuer und Bear Bernie auf chinesisch Fans begrüßten. Die 10-tägigen „Triple-Touren“ haben rund 40.000 Fans vor Ort versammelt. In Shanghai und Guangzhou wurden Ressourcen für einen besseren Vertrieb von Produktperipherien rund um den FC Bayern mobilisiert. Die „Triple-Touren“ erhielten insgesamt ca. 5 Millionen Aufrufe in sozialen Medien. 42 Medien, darunter CCTV News und Wuhan TV, haben über die Touren berichtet. Digital erzielte der Club eine Medienreichweite von rund 600 Millionen. Besonders erwähnenswert ist, dass die drei Pokale des FC Bayern in der CCTV-Sendung „Total Soccer“ am 2. November vor 3,8 Mio. Zuschauern präsentiert wurden.

Beispiel 6: Vertragsverlängerung für die FC Bayern Football School Qingdao und Ausbau der Zusammenarbeit

Der FC Bayern München und der deutsch-chinesische Ökopark Qingdao gaben im

三冠王巡展武汉站
„Trophy Tour" in Wuhan

September die Kooperationsverlängerung bis 2025 bekannt. Neben der Stärkung der langfristigen Zusammenarbeit haben die beiden Vertragsparteien mit dem Sportamt und der Bildungskommission der Stadt Qingdao ein Memorandum unterschrieben. Die Unterzeichnung erfolgte in der Anwesenheit des Vorsitzenden der Politischen Konsultativkonferenz Qingdao, YANG Jun, und dem deutschen Botschafter in China, Clemens von Götze. In den letzten Jahren wurden beinahe 1.000 Trainer in der Fußballschule ausgebildet sowie zahlreiche Sport-Events ausgerichtet, z.B. Football Summer Camps des chinesischen Bildungsministeriums und das Finale des FC Bayern Youth Cups in China. Während der Pandemie dieses Jahres haben der FC Bayern und die FC Bayern Football School in Zusammenarbeit mit der Bildungskommission Qingdao die Ausbildungsprogramme und Schulungen in Form von Webinaren organisiert.

III. Auszeichnungen, Medienberichterstattung, Bewertungen durch Akteure

- Tiktok: „TikTok Most Influential Sports Club 2020"
- Sina Weibo: „Top 10 Most Influential Football Club 2020"
- „Sports Money" (Sportindustrie): „Best Sports Innovation of the Year"

- „Red Card"-Studie in der Kategorie „Best Creative Campaign" mit Gold ausgezeichnet und in der Kategorie „Best Livestream" und „Best CSR Initiative" jeweils mit Silber. Der FC Bayern gewann drei von den sechs Preisen.

IV. Zusammenfassung und Ausblick

Das außergewöhnliche vergangene Jahr hat uns alle dazu gebracht, uns gegenseitig mehr zu schätzen. Die Erfahrungen, die der Fußball-Club während der Pandemie gesammelt hat, sind wertvoll für die Zukunftsgestaltung. Die Epidemie hat zwar die Offline-Kontakte zwischen Ländern vorübergehend eingeschränkt, aber der FC Bayern verbindet mit Fußball das chinesische und das deutsche Volk, vor allem die jungen Generationen. Auch im Jahr 2021 geht der FC Bayern Hand in Hand mit den Fans gemeinsam vorwärts! „Bayern mit uns!"

Text und Bild: FC Bayern China Office

德国山城的中国标签

——克劳斯塔尔工业大学中国能力中心

一、案例简介

德国联邦教育和研究部（BMBF）自 2018 年 3 月 1 日起资助克劳斯塔尔工业大学成立中国能力中心。

该项目旨在实现以下目标：

- 通过提高大学师生对中国的全面认识，增加他们对中国经济、政治和历史等方面的兴趣，从而提高他们的跨文化能力。
- 以克劳斯塔尔工业大学现有的中德合作为基础，开展中德联合培养、科研合作等交流项目，为大学师生提供赴中交流学习机会，积累在中国的个人阅历。
- 提升德方中德合作中的参与度：在相同或相近研究领域组建中德联合科研团队，联合培养青年学者。
- 以克劳斯塔尔工业大学牵头的两个中德创新平台“清洁能源”和“智能制造”为基础，扩展全德范围内的交流合作联络网。
- 深化克劳斯塔尔工业大学与中国间密切且长期的合作。

中国能力中心的职责包括：

- 策划和组织与中国有关的活动、研讨会和讲座。
- 提供赴中国的交流项目以及咨询服务，例如：办理中国签证的咨询。
- 与大学内部的各个学院和部门合作，并且与大学外部的中德合作高校、企业合作。
- 扩展与现有的中国合作伙伴在教育和科研领域的合作。
- 通过新闻、邮件、出版物以及社交媒体进行公共宣传工作。

中国能力中心工作团队包括主任侯正猛、干事长岳也、干事罗佳顺，另有 3 名学生助理协助日常工作。

二、案例举措与成效

中国能力中心成立至今，举办的主要活动如下。

1.“中国周”系列活动

克劳斯塔尔工业大学中国能力中心于2018年创办“中国周”系列活动，每年11月初举行。活动邀请来自中德两国的政府代表、高校专家、企业人士等，围绕着中德两国政治、科技、经贸、教育和文化等方面进行全方位交流，通过全面深入的分析，增进双方了解，促进中德友谊、互信，并探讨两国合作新机遇。同时，也为两国人民和青年学子提供新的交流渠道，架起沟通两国教育和文化交流的桥梁，推动双方关系不断发展。

“中国周”系列活动至今已连续成功举办三届，活动汇聚了中德政商界代表和知名学者，包括时任中国驻汉堡总领馆杜晓晖总领事，中国驻德国大使馆尹军公参，同济大学中德人文交流研究中心主任、中国原驻德国大使馆教育处公使衔参赞董琦，下萨克森州科学、教育和文化部部长泰姆勒（Björn Thümler）先生，下萨克森州科学、教育和文化部国务秘书萨宾·约翰森（Dr. Sabine Johannsen），时任北京航空航天大学校长徐惠彬院士，时任郑州大学校长刘炯天院士，德国工程院院士雷宪章，华为德国柏林办公室首席代表王承东先生，三一重工驻普茨迈斯特公司代表蒋向阳博士等。

在“中国周”活动中，各位嘉宾通过主题发言和圆桌讨论各抒己见，分享各自研究成果以及就相关议题进行探讨。此外，中国能力中心还组织参观德国企业，烹饪中国传统美食以及参加放映中国国产电影等活动，深入扩大人文交流和文明互鉴，推动新时期中德关系取得更大发展，为促进中欧关系以及世界和平与发展作出贡献。

2020年虽受疫情影响，“中国周”活动改为线上举行，但活动的精彩程度和参与者的热情丝毫未减，线上参与人数一度突破500人。不仅如此，中德双方高校代表更是在“中国周”期间签署并成立了“中国-下萨克森州科学文化联盟”，希望通过此联盟建立起长期且稳定的合作关系，共同培养下一代年轻人。

“中国周”举办短短三年却已引起社会各界的广泛关注，深受国内外各界人士好评。人民网、新华网等国内知名媒体竞相报道。新华网更是持续关注系列活动，连续发表《德国克劳斯塔尔大学“中国周”活动云端开幕》和《德国克劳斯塔尔工业大学“中国周”：中德携手合作前景可期》两则报道。克劳斯塔尔工业大学“中国周”活动正不断扩大其影响力，我们也将通过不断学习，更加精心地策划和准备，听取更多建议，努力把“中国周”系列活动办成精品活动，致力于为外界提供更多

2018 年“中国周”开幕式
Eröffnungsfeier der „China Woche“ 2018

2018 年“中国周”圆桌讨论
Podiumsdiskussion der „China Woche“ 2018

拓宽中国文化视野的机会，加深外界对中国经济、政治和科学政策方面的了解，更为中德教育、科技、文化合作提供一个很好的平台。

2. 本地其他活动

城市节：在克劳斯塔尔市一年一度的城市节中，中国能力中心设置展位，教德国朋友用毛笔写中文名字，画脸谱，制作中国结，并提供国宝熊猫玩偶为活动奖品，在娱乐中感受中国传统文化。

龙舟节：龙舟节活动与德国的龙舟活动相结合，与学校体育中心联合举办，于每年端午节前后举行，活动中不仅有来自中国的龙舟参与比赛，还为德国朋友们提供传统节日美食粽子和中国茶叶，请他们体验中国传统节日的独特魅力。

电影之夜：克劳斯塔尔工业大学中国能力中心每学期在学校电影院组织 2 至 3 次中国电影之夜活动，旨在传播优秀电影的同时传播中国文化，让德国人更加了解中国的风土人情。

上述本地活动虽然规模不及“中国周”系列活动，但有着不可替代的作用。本地活动受众面更广，内容更贴近生活，民众参与度更高，中国元素已经成为克劳斯塔尔这座山城的一个重要标签。

3. 合作交流

自 2012 年以来四川大学每年约 30 名青年教师以及自 2018 年以来昆明理工大学每年约 20 名青年教师分别赴克劳斯塔尔工业大学参加继续教育项目“卓越工程师教育培养计划”。克劳斯塔尔工业大学中国事务专员负责该项目的组织协调，为四川大学、昆明理工大学分别安排为期四周及六周的培养计划。该培训的目的是让来自中国的青年学者了解克劳斯塔尔工业大学以实践为导向的工程教育并将其融会贯通。在培训期间，中国学者与克劳斯塔尔工业大学的科研人员及教授会进行许多学术交流，以便日后开展中德合作研究项目。

中国能力中心也为德国学生提供了多种前往中国学习交流的可能性。克劳斯塔尔工业大学在国内拥有众多合作伙伴，中国能力中心每年都会为学生提供奖学金前往北京、成都参与交换学期、夏令营、冬令营、国际周等活动，同时也为国内合作院校提供来德交流访问的机会。仅 2019 年就有 50 余名德国学生、教授前往中国交流访问，100 余名中国学生、青年教师、教授前往克劳斯塔尔工业大学访问。

中国能力中心也致力于德国文化的传播，于 2019 年组织德国团队前往北京、成都、郑州、兰州、大庆、贵阳、昆明七个城市，组织了八场中德音乐晚会以及啤酒节，促进了中德文化的交流，拉近了两国人民的距离。

2019 北京冬令营
Winter School in Peking 2019

三、案例反思

克劳斯塔尔工业大学中国能力中心为本地区所有目标群体提供国际和跨文化经验，并提供赴中国交流的机会。克劳斯塔尔工业大学的学生将被培养成具有开放视野的世界公民，具有宽广国际视野、社会能力与多元文化能力并重的管理或专业人才。他们将能够适应国际化激烈的竞争环境，拥有独立的思考能力。由于日益增长的中国市场，德国企业（特别是下萨克森州的中小企业）对这样的年轻人才有很大需求。克劳斯塔尔工业大学与众多中国顶尖大学已有的合作将进一步扩大。在中国校友的支持下，还将建立更多新的合作。现有的合作领域大多都是跨学科领域或者是克劳斯塔尔工业大学的优势领域，例如能源科学、环境工程与循环经济、材料科学、计算机科学、电气工程等。

在中欧尤其是中德不断深化双边关系的背景之下，克劳斯塔尔工业大学中国能力中心自成立以来，充分利用其自身国际化、多语种、跨平台的优势，通过创新活动方式，打造新时代向德国传播中国声音的新平台。每次活动均选取具有重要意义的热点话题，邀请中外政商学界精英同台交流，从国际视角出发，回应德国对中国热点问题和重大主张的关切，揭示背后的世界意义，在海内外引发热烈反响。同时我们也深刻认识到，只有通过双方不断深入了解，继续深化开放，开诚布公，增进互信，才能使两国人民建立起更为深厚的友谊，维护和发展两国关系，实现互利共赢。侯正猛教授和中国能力中心也愿意担任起新时代沟通两国文化的使者和桥梁，成为中华文化的义务传播者，为中德之间的交流翻开新的篇章，为两国全方位战略伙伴关系作出贡献。

供稿：克劳斯塔尔工业大学中国能力中心，岳也、罗佳顺

China-Label einer deutschen Bergstadt

— China-Kompetenzzentrum der Technischen Universität Clausthal

I. Einführung

Das Bundesministerium für Bildung und Forschung (BMBF) fördert den Aufbau des China-Kompetenzzentrums an der TU Clausthal seit dem 01. März 2018.

Das Projekt strebt die folgenden Ziele an:

- die interkulturelle Kompetenz der Lehrenden und Studierenden durch Verbesserung ihres Allgemeinwissens über China sowie Steigerung ihres Interesses an der chinesischen Wirtschaft, Politik und Geschichte zu verbessern;
- den Lehrenden und Studierenden auf der Grundlage der bestehenden deutsch-chinesischen Zusammenarbeit an der TU Clausthal Möglichkeiten für Austauschsemester sowie fachliches Studium in China bzw. Auslandsaufenthalte zur Sammlung Chinaerfahrungen im Rahmen von gemeinsamen Studien- oder Forschungsprogrammen anzubieten;
- Akquisition chinesischer und deutscher Akteure für die Zusammenarbeit: Betreuung wissenschaftlichen Nachwuchses durch chinesisch-deutsche Forschungsteams aus gleichen oder ähnlichen Fachbereichen;
- die deutschlandweite Vernetzung auf Basis der chinesisch-deutschen Innovationsplattformen „Clean Energy“ und „Intelligent Manufacturing“ zu erweitern, die von TU Clausthal koordiniert werden;
- intensive und langfristige Kooperationen zwischen der TU Clausthal und China aufzubauen.

Zum Aufgabenbereich des China-Kompetenzzentrums zählen:

- Planung und Organisation von Veranstaltungen, Seminaren und Vorträgen über China;
- Angebote verschiedener Austauschprogramme am Standort China mit Beratungsservice z.B. beim chinesischen Visumverfahren;
- Zusammenarbeit mit internen Partnerinstitutionen (wie z.B. Fakultäten und Einrichtungen der Universität) und mit externen Partnern, wie z.B. chinesischen/deutschen Partnerhochschulen sowie Unternehmen;
- Ausbau der bestehenden Kooperationen mit chinesischen Partnern im Bereich Bildung und Forschung;
- Öffentlichkeitsarbeit durch Newsletter, Mails, Publikationen und sozialen Medien.

Das Team des China-Kompetenzzentrums besteht aus dem Leiter Professor HOU Zhengmeng, dem Geschäftsführer YUE Ye und dem Mitarbeiter LUO Jiashun. Hinzu kommen drei studentische Hilfskräfte, die die alltägliche Arbeit unterstützen.

II. Maßnahmen und Auswirkung

Seit der Gründung hat das China-Kompetenzzentrum vor allem folgende Veranstaltungen organisiert:

1. Veranstaltungsreihe China Woche

Das China-Kompetenzzentrum der Technischen Universität Clausthal hat im Jahr 2018 die Veranstaltungsreihe „China Woche“ initiiert, die jährlich Anfang November stattfindet. Dazu werden Regierungsvertreter, Akademiker, Unternehmer und andere aus China und Deutschland eingeladen, um sich rund um politische, wissenschaftliche und technologische, wirtschaftliche und handelspolitische, bildungspolitische und kulturelle Themen beider Länder auszutauschen, durch umfassende und eingehende Analysen das gegenseitige Verständnis zu verbessern, die deutsch-chinesische Freundschaft und das gegenseitige Vertrauen zu fördern und neue Möglichkeiten der Zusammenarbeit zwischen den beiden Ländern zu erkunden. Gleichzeitig werden der Bevölkerung und insbesondere den Studierenden neue Kommunikationskanäle geschaffen und Brücken für den Bildungs- und Kulturaustausch zwischen den beiden Ländern geschlagen, sodass die bilateralen Beziehungen stets gefördert werden.

Die Reihe „China Woche" findet seit drei Jahren erfolgreich statt und brachte Vertreter der chinesisch-deutschen Politik und Wirtschaft sowie prominente Wissenschaftler zusammen, darunter Herrn DU Xiaohui, damaligen Generalkonsul der Volksrepublik China in Hamburg, Herrn YIN Jun, Gesandten-Botschaftsrat der Botschaft der Volksrepublik China in Deutschland, Prof. DONG Qi, Direktor des Zentrums für Chinesisch-Deutschen Gesellschaftlich-Kulturellen Austausch der Tongji-Universität und ehemaligen Gesandten-Botschaftsrat in der Bildungsabteilung der chinesischen Botschaft in Deutschland, Herrn Björn Thümler, Minister für Wissenschaft und Kultur Niedersachsen, Frau Dr. Sabine Johannsen, Staatssekretärin des Niedersächsischen Ministeriums für Wissenschaft und Kultur, Herrn Prof. Dr. XU Huibing, damaligen Präsidenten der Beihang University, Herrn Prof. Dr. LIU Jiongtian, damaligen Präsidenten der Zhengzhou University, Herrn Prof. Dr. LEI Xianzhang, Mitglied der Deutschen Akademie der Technikwissenschaften, Dr. WANG Chengdong, Generalbevollmächtigter vom Huawei-Büro in Berlin, Dr. JIANG Xiangyang, Vertreter der Putzmeister GmbH- Niederlassung von Sany Heavy Industry.

Im Rahmen der „China Woche" äußerten sich die Gäste in Themenvorträgen und Podiumsdiskussionen, teilten ihre Forschungsergebnisse mit und diskutierten über verwandte Themen. Darüber hinaus organisierte das China-Kompetenzzentrum Besuche in deutschen Unternehmen, die Zubereitung traditioneller chinesischer Speisen und Vorstellungen chinesischer Filme, was den kulturellen Austausch und die gegenseitige Wertschätzung intensiv ausbaute, die chinesisch-deutsche Beziehung in einer neuen Zeit förderte und zur Förderung der chinesisch-europäischen Beziehungen und des Weltfriedens beitrug.

Dass die „China Woche" 2020 aufgrund der Pandemie online stattfinden musste, änderte nichts daran, dass die Veranstaltungen wie immer spannend und die Teilnehmer begeistert waren. Die Zahl der Online-Teilnehmer überschritt zeitweise sogar 500. Außerdem unterzeichneten und gründeten die Vertreter chinesischer und deutscher Hochschulen während der „China Woche" die „Chinesisch-Niedersächsische Allianz für Wissenschaft und Kultur", wodurch eine langfristige und stabile Partnerschaft aufgebaut wird und die junge Generation beiderseitig gemeinsam auszubilden ist.

Die „China Woche" hat innerhalb von drei Jahren Aufmerksamkeit in breiten Kreisen der Bevölkerung erregt und ist im In- und Ausland gut angekommen.

Bekannte chinesische Medien wie people.cn und xinhuanet.com erstatteten Bericht darüber. Dabei verfolgte xinhuanet.com die Veranstaltungsreihe und veröffentlichte nacheinander die Berichte „Die Veranstaltung ‚China Woche' der TU Clausthal in Deutschland in der Cloud eröffnet" und „‚China Woche' der TU Clausthal in Deutschland: Perspektiven für Chinesisch-Deutsche Zusammenarbeit". Die „China Woche" der TU Clausthal baut ihren Einfluss stetig aus. Wir werden auch weiterhin lernen, sorgfältiger planen und vorbereiten und dabei mehr Anregungen aufnehmen. So werden wir uns bemühen, die Veranstaltungsreihe „China Woche" zu einer qualitativ hochwertigen Veranstaltung zu machen. Wir setzen uns dafür ein, mehr Möglichkeiten zur Erweiterung des Horizonts zur chinesischen Kultur zu bieten, das Verständnis für die wirtschaftliche, politische und wissenschaftliche Politik Chinas zu vertiefen und eine gute Plattform für die chinesisch-deutsche Zusammenarbeit in Bildung, Wissenschaft und Technologie sowie Kultur zur Verfügung zu stellen.

2019 年“中国周”圆桌讨论
Podiumsdiskussion der „China Woche" 2019

2. Weitere lokale Veranstaltungen

Stadtfest: Am jährlichen Clausthaler Stadtfest nimmt das China-Kompetenzzentrum mit einem Informationsstand teil. Dabei wird deutschen Freunden beigebracht, chinesische Namen mit Pinsel zu schreiben, Gesichtsbemalung zu probieren oder chinesische Knoten zu machen. Als Preis werden Panda-Kuscheltiere bereitgestellt. Durch Unterhaltung soll die traditionelle chinesische Kultur erlebt werden.

Drachenbootfest: In Verbindung mit dem deutschen Bootshausfest wird das Drachenbootfest in Zusammenarbeit mit dem Sportinstitut der Universität veranstaltet. Es findet jährlich um die Zeit des traditionellen chinesischen Drachenbootfestes statt. Nicht nur am Wettkampf nehmen Drachenboote aus China teil, auch chinesischer Tee und die chinesische traditionelle Spezialität „Zongzi“ werden den deutschen Freunden angeboten, sodass der einzigartige Charme der chinesischen Tradition erlebt werden kann.

Filmabend: Das China-Kompetenzzentrum der TU Clausthal organisiert zwei bis drei chinesische Filmabende pro Semester im Uni-Kino mit dem Ziel, gute Filme und zugleich die chinesische Kultur zu vermitteln, damit die Deutschen chinesische Bräuche und Kultur besser kennen.

2019 城市节
Stadtfest 2019

Die oben genannten lokalen Veranstaltungen sind zwar nicht so umfangreich wie die „China Woche“, spielen aber eine unersetzliche Rolle. Mit einem breiteren Publikum, lebensnahen Inhalten und einer größeren Beteiligung sind chinabezogene Events zu einem wichtigen Label der Bergstadt Clausthal geworden.

3. Zusammenarbeit und Austausch

Seit 2012 sind jährlich rund 30 junge DozentInnen der Sichuan University und seit 2018 jährlich rund 20 junge DozentInnen der Kunming University of Science and Technology an die TU Clausthal gekommen, um am Weiterbildungsprogramm „Ausbildungsprogramm für Elite-Ingenieure“ teilzunehmen. Der China-Beauftragte der TU Clausthal ist für die Organisation und Koordination des Programms zuständig und ordnet für die Sichuan University und die Kunming University of Science and Technology jeweils ein vierwöchiges und ein sechswöchiges Weiterbildungsprogramm an. Ziel der Weiterbildung ist es, junge Wissenschaftler/innen aus China mit der praxisorientierten Ingenieursausbildung an der TU Clausthal vertraut zu machen. Während der Weiterbildung führen chinesische Wissenschaftler/innen viele akademische Austauschveranstaltungen mit den Wissenschaftler/innen und Professor/innen der TU Clausthal durch, um zukünftig chinesisch-deutsche Forschungskooperationen umzusetzen.

Das China-Kompetenzzentrum bietet auch Studierenden verschiedene Möglichkeiten, zum Studium und Austausch nach China zu reisen. Die TU Clausthal hat viele Partner in China. Jedes Jahr vergibt das China-Kompetenzzentrum an Studierende Stipendien für Austauschsemester, Summer School, Winter School, internationale Wochen usw. in Peking oder Chengdu und bietet zugleich chinesischen Partneruniversitäten Gelegenheiten zum Austausch und Besuch in Deutschland an. Allein 2019 besuchten mehr als 50 deutsche Studierende und Professor/innen China und mehr als 100 chinesische Studierende, junge Dozent/innen und Professor/innen die TU Clausthal.

Das China-Kompetenzzentrum setzt sich auch für die Verbreitung deutscher Kultur ein. 2019 organisierte es Besuche deutscher Delegationen nach Peking, Chengdu, Zhengzhou, Lanzhou, Daqing, Guiyang und Kunming sowie acht chinesisch-deutsche Musikabende bzw. Bierfeste, was den chinesisch-deutschen Kulturaustausch förderte und die Bevölkerung beider Länder einander näherbrachte.

2018 年四川大学国际课程周
„University Immersion Program" der Sichuan University 2018

2019 北京夏令营
Summer School in Peking 2019

III. Reflexion

Das China-Kompetenzzentrum der TU Clausthal bietet allen Zielgruppen in der Region internationale und interkulturelle Erfahrungen und Möglichkeiten zum Austausch mit China. Die Studierenden der TU Clausthal sind als aufgeschlossene Weltbürger bekannt, die Führungs- oder Fachkräfte mit internationalem Blickwinkel, Sozialkompetenz und interkultureller Kompetenz werden sollen. Sie sollen in der Lage sein, sich an ein internationales wettbewerbsintensives Umfeld anzupassen und selbstständig zu denken. Aufgrund des wachsenden chinesischen Marktes haben deutsche Unternehmen, insbesondere KMUs in Niedersachsen, eine starke Nachfrage nach solchen Nachwuchskräften. Die bereits bestehende Kooperation zwischen der TU Clausthal und zahlreichen führenden chinesischen Hochschulen ist weiter auszubauen. Durch den Kontakt und mit der Unterstützung chinesischer Alumni werden neue Kooperationen aufgebaut. Die bestehenden Kooperationen erfolgen meistens in interdisziplinären Bereichen oder in den überlegenen Bereichen der TU Clausthal, wie z.B. Energiewissenschaft, Umwelttechnik und Kreislaufwirtschaft, Materialwissenschaft, Informatik, Elektrotechnik usw.

Angesichts der verflochtenen Beziehungen zwischen China und Europa, insbesondere zwischen China und Deutschland, nutzt das China-Kompetenzzentrum der TU Clausthal seit der Gründung seine internationalen, mehrsprachigen und plattformübergreifenden Vorteile aus, um durch innovative Veranstaltungsformate ein realitätsnahes sachliches China-Bild in Deutschland zu schaffen. Für jede Veranstaltung werden jeweils bedeutende Trendthemen ausgewählt, chinesische und ausländische Eliten aus der Politik, Wirtschaft und Wissenschaft zum Austausch eingeladen. Aus internationaler Perspektive wurde auf die Belange Deutschlands hinsichtlich der Trendthemen und wichtigen Ansprüche Chinas eingegangen, hinter die Kulissen geschaut, was begeisterte Reaktionen im In- und Ausland ausgelöst hat. Gleichzeitig ist die Freundschaft zwischen den beiden Völkern zu vertiefen und gegenseitiges Nutzen zu generieren, wenn beide Seiten kontinuierlich die Verständigung verbessern wollen. Das China-Kompetenzzentrum unter der Leitung von Professor HOU Zhengmeng ist bereit, als Bote und Brücke zwischen den Kulturen in der neuen Zeit zu dienen, Vermittler der chinesischen Kultur zu werden, ein neues Kapitel für den Austausch zwischen China und Deutschland zu eröffnen und zur allseitigen strategischen Partnerschaft zwischen den beiden Ländern beizutragen.

Text und Bild: YUE Ye, LUO Jiashun

China-Kompetenzzentrum der Technischen Universität Clausthal

对标德国先进经验，探讨中国工业现状

——深圳广电集团 5 集纪录片《中德制造》

《中德制造》是深圳广电集团制作推出的 5 集纪录片，该片于 2018 年 11 月 28 日至 12 月 26 日，每周三晚 21:35 在深圳卫视首播，并在全网传播。“促进经济高质量发展，推动制造业转型升级”是中国国家战略的重大议题，《中德制造》聚焦实体经济高质量发展，从深圳制造业实践出发，对标制造业强国德国，深入探讨制造业的现状、难点及未来趋势。区别于同题材纪录片，《中德制造》用冷静平和的态度，从建设性的角度，探讨如何借鉴国际经验，解决当前中国制造业发展的具体问题。

《中德制造》主创团队在调研百余家中德企业和相关机构后，精选出最具代表性的 30 余家作为拍摄对象，这其中有西门子、大众、EOS、大疆、欣旺达等一批中德企业，也有中德两国的研究机构、政府部门、行会、学校等相关机构，该片从制造业与国民经济关系、标准与质量、制造者、供应链、双元制职业教育等 5 个话题出发，展示中国制造业的探索之路和德国制造的真实面貌。

鲜明的问题意识是该片的一大特点。要发展就会遇到问题，《中德制造》从中国制造业转型升级遇到的具体问题出发，对标德国经验。例如，如何借鉴“德国制造”发展经验，提升“中国制造”的品牌含金量？如何学习德国，让更多中国企业成为“隐形冠军”？中国企业又该怎样通过技术革新，抓住新一轮工业革命的机遇？实际上，一百年前，“德国制造”是劣质产品代名词，德国制造业靠质量建设完成品牌逆袭；近几年，德国通过提出工业 4.0 计划，来应对国际竞争环境下的新挑战。《中德制造》再现德国制造业的发展历程，为中国提供具有现实价值的参考案例。与此同时，该片还从历史维度，深挖中德制造的联结。如德企舒勒公司历史上的第一台出口设备，就是卖给了当时的清政府；德国钢铁巨头克虏伯大炮几乎就是近代中国海防的代名词；今天，中国企业美的收购顶级德企库卡公司、创维收购德国电视机品牌美兹等案例，历史纵深下，该片全景式展现中德制造的演变与发展，深刻诠释了

高质量发展——中德制造对话会嘉宾启动《中德制造》纪录片开播仪式
Gäste des chinesisch-deutschen Dialogs über qualitativ hochwertige Entwicklung launchten die Dokumentarfilmserie „The Future We Make“

习近平主席“展望未来，中国需要‘德国质量’，德国发展离不开中国市场和‘中国速度’”的重要论述。

强调拍摄对象的代表性和相关经验的现实价值也是该片的一个特点。《中德制造》中没有描绘恢弘的重大工程，也没有着墨于身怀绝技的行业大师，主角都是制造业企业的一线员工：有 360 年历史的德国制笔企业的车间主管、正在尝试智能产线升级的中方管理者、既要忙着产品检测还要兼职推广德国标准的产品检测员，他们的故事平凡但具有代表性。正是通过对这些故事的展示，“中德制造”这一抽象化的概念变得可感可知，德国的工程师文化与中国的匠人精神实现了连接。特别是在对工匠精神的解读上，中国人对工匠精神的理解，主要集中在个人的职业追求。《中德制造》通过中德工人刷漆工序的差别，揭示出德国的工匠精神并非单纯个人追求，而是一个各方配合的系统工程。这个系统既包括企业的工艺管理，还包括全社会普适的标准体系、薪酬架构、教育支持等各种因素。用系统建设对冲个体的局限性和不确定性，这正是中国制造业高质量发展可以借鉴的路径。

此外，借鉴真人秀手法的表现方式，节目形式活泼，也是该片的一个创新之处。《中德制造》第五集《双元制》，通过跟踪拍摄四名中国师生在德国体验双元制职业教育的过程，展示了德国双元制职业教育的完整面貌。该片关于双元制职业教育问题的探讨，也是国内电视栏目中首次对相关话题的深入报道。双元制职业教育被誉为德国经济腾飞的“秘密武器”，片中通过展示德国职业教育学校、企业、行会等相关机构之间的配合，深入讨论了德国模式的独特之处，并对如何提升中国职业教育质量提供了针对性建议。

《中德制造》播出后，获得了各方积极反馈，多家企业、职业院校组织集体观摩，上海同济大学中德学院主动联系栏目组，希望将节目吸纳为教材。深圳湾生态科技园希望将节目循环播放作为展示材料。时任中国驻德大使史明德发表署名文章，称赞该片促进中德企业合作，助力中国制造高质量发展。业界、学界的海内外专家称赞该片“生动、平和、明理、大道至简”。《中德制造》在中国内地全网累计点击量超过千万次，海外平台点击量达数十万次，多个话题引发网友热议。

网站首页 时政 国际 财经 台湾 军事 观点 领导 人事 理论 法治 社会 产经 教育 科普 体育 文化 书画 房产 汽车 旅游 健康 视频 知识产权 登录 注册

人民网 people.cn 人民网 >> 文化

聚焦制造业高质量发展 《中德制造》打造同类题材新语态

2018年12月20日08:33 来源：人民网-文化频道 分享到：

近日，由深圳广电新闻中心《直播港澳台》团队打造的五集系列纪录片《中德制造》在深圳卫视黄金时段播出，引发各方热议。播出至今，全网点击量超过600万。

中国驻德国大使史明德发表署名文章，称赞该片促进中德企业合作，助力中国制造高质量发展。中国人民大学产业经济教授、国家制造强国建设战略咨询委员会委员徐佳宾在观看纪录片播出后，称赞该片“生动、平和、明理、大道至简”。同济大学中德人文交流中心副主任胡春春则表示，该片可在中德人文交流过程中，作为教学案例。

《中德制造》是一部聚焦当前制造业发展现状及未来趋势的系列纪录片。该片立足深圳企业实践，借鉴制造强国德国经验，以探讨制造业与国民经济关系、标准与质量、制造者的匠心、供应链、职业教育等话题，讲述深圳高质量发展的探索之

微信 微博 手机人民网 关注人民网微信 地方领导留言板

热点推荐

聚焦制造业高质量发展 《中德制造》打...

人民网有关《中德制造》纪录片报道

Bericht auf people.cn über die Dokumentarfilmserie „The Future We Make“

供稿：深圳广播电影电视集团，池薇、缪孟晴、丁蓁蓁、王瑜

Ein Dokumentarfilm über die aktuelle Situation der chinesischen Industrie und ein Vergleich zum Vorbild Deutschlands

— Fünfteilige Dokumentarfilmserie „The Future We Make“ von Shenzhen Media Group

„The Future We Make“ ist eine 5-teilige Dokumentationsfilmserie, die von der Shenzhen Media Group produziert und präsentiert wurde. Die Erstausstrahlung fand vom 28. November bis 26. Dezember 2018 jeden Mittwoch um 21.35 Uhr im Shenzhen TV statt. Zudem wurde die Serie online übertragen. Qualitativ hochwertige wirtschaftliche Entwicklung zu fördern und die Umgestaltung sowie Modernisierung der Fertigungsindustrie voranzutreiben, stellt ein wichtiges Thema der nationalen Strategie Chinas dar. Fokussiert auf die qualitativ hochwertige Entwicklung der Realwirtschaft befasst sich „The Future We Make“ eingehend mit der aktuellen Situation, den Schwierigkeiten und den Trends der Fertigungsindustrie am Beispiel der Praxis in Shenzhen und im Vergleich mit Deutschland, der Großmacht in der Fertigungsindustrie. Im Unterschied zu Dokumentarfilmen der gleichen Art diskutiert „The Future We Make“ in einer sachlichen Haltung und aus einer konstruktiven Perspektive, wie man basierend auf internationaler Erfahrung konkrete Probleme in der aktuellen Entwicklung der Fertigungsindustrie in China löst.

Nach der Auseinandersetzung mit mehr als 100 chinesischen und deutschen Unternehmen und relevanten Institutionen wählte das Produktionsteam über 30 der repräsentativsten als Gegenstand der Dreharbeiten aus, darunter eine Reihe von chinesischen und deutschen Unternehmen wie Siemens, Volkswagen, EOS, DJI und Sunwoda sowie relevante chinesische und deutsche Institutionen wie Forschungseinrichtungen, Behörden, Verbände und Schulen. Die Filmserie zeigt den Erkundungsweg der chinesischen Fertigungsindustrie und das Bild der deutschen Fertigung in fünf Rubriken: Beziehung zwischen der Fertigungsindustrie und der Volkswirtschaft, Standards und Qualität, Hersteller, Lieferketten und duale Berufsbildung.

高质量发展——中德制造对话会暨《中德制造》纪录片开播仪式现场合影
Gruppenfoto auf dem chinesisch-deutschen Dialog über qualitativ hochwertige Entwicklung und der Launch-Zeremonie der Dokumentarfilmserie „The Future We Make“

Die Problemorientiertheit gilt als Hauptmerkmal der Filmserie. Wenn man sich entwickeln will, stößt man auf Probleme. „The Future We Make“ geht von den spezifischen Problemen bei der Umgestaltung und Modernisierung der chinesischen Fertigungsindustrie ausund betreibt Benchmarking mit Deutschland. Wie kann man zum Beispiel in Anlehnung an die Entwicklungserfahrungen von „Made in Germany“ den Markenwert von „Made in China“ erhöhen? Wie können mehr chinesische Unternehmen „Hidden Champions“ werden? Wie nehmen chinesische Unternehmen die Chance der neuen industriellen Revolution durch technologische Innovationen wahr? „Made in Germany“ stand noch vor hundert Jahren für minderwertige Produkte. Die deutsche Fertigungsindustrie hat es geschafft, mit Qualitätsverbesserung das Markenimage aufzupolieren. In den letzten Jahren hat Deutschland den Plan Industrie 4.0 aufgestellt, um den neuen Herausforderungen im internationalen Wettbewerb zu begegnen. „The Future We Make“ stellt die Entwicklung der deutschen Fertigungsindustrie dar und liefert einen Referenzfall für China. Gleichzeitig geht der Film auch der Verbindung zwischen der deutschen und chinesischen Fertigungsindustrie historisch auf den Grund. Zum Beispiel hat das Unternehmen Schuler die erste Exportausrüstung an die Regierung der Qing-Dynastie verkauft. Durch die Kanonen vom deutschen Stahlriesen Krupp wurde die moderne chinesische Seeverteidigung fast komplett vertreten. Heute gibt es Fälle wie die Übernahme des führenden deutschen Unternehmens KUKA durch Midea oder die Übernahme der deutschen Fernsehermarke Metz durch Skyworth usw. Mit einem historischen Rückblick zeigt der Film panoraartig die Evolution und Entwicklung der chinesischen und deutschen Fertigungsindustrie und interpretiert tiefgehend die wichtige Aussage von Präsident XI Jinping: „China braucht in der Zukunft ‚deutsche Qualität'. Die Entwicklung Deutschlands ist seinerseits untrennbar mit dem chinesischen Markt und der ‚chinesischen Geschwindigkeit' verbunden".

Ein weiteres Merkmal der Dokumentarserie besteht in der filmischen Erläuterung, inwieweit die ausgewählten Unternehmen repräsentativ und aussagefähig sind, und welchen praktischen Nutzen die vorgestellten Erfahrungen bringen können. Anstatt prächtige Großprojekte oder Meister mit außergewöhnlichen Kunstfertigkeiten zu zeigen, sind die Protagonisten in „The Future We Make" Mitarbeiter von Fertigungsunternehmen, die unmittelbar in der Produktion tätig sind: der Werkstattleiter eines 360 Jahre alten deutschen Schreibgerätebetriebs, ein chinesischer Manager; der gerade versucht, die intelligente Produktionslinie zu modernisieren; ein Produktionspektor, der mit Produkttests beschäftigt ist und gleichzeitig für deutsche Standards wirbt – ihre Geschichten sind gewöhnlich, jedoch repräsentativ. Gerade die Geschichtserzählung macht das abstrakte Konzept von „The Future We Make" greifbar, und die deutsche Ingenieurskultur und der chinesische Handwerkergeist werden miteinander verbunden. Hinsichtlich des Handwerkergeists ist das Verständnis der Chinesen, nämlich nach Perfektion und Vervollkommnung zu streben, hauptsächlich auf das individuelle berufliche Streben ausgerichtet. „The Future We Make" zeigt anhand der Unterschiede zwischen chinesischen und deutschen Arbeitnehmern in den Lackierprozessen, dass der deutsche Handwerkergeist kein individuelles Streben ist, sondern ein systemisches Projekt, an dem alle Beteiligten mitwirken. Dieses System umfasst nicht nur das Prozessmanagement des Unternehmens, sondern auch verschiedene, für die ganze Gesellschaft allgemeingültige Faktoren wie z.B. das Standardsystem, die Gehaltsstruktur und die Bildung. Mit der Systemkonstruktion sichert man sich gegen die Einschränkungen und Unsicherheiten des Einzelnen ab, was genau der Weg ist, den China für eine qualitativ hochwertige Entwicklung der Fertigungsindustrie einschlagen könnte.

Die Reality-Shows gelten ebenfalls als Innovation in der Filmserie. Die fünfte Episode „Das duale System“ zeigt das komplette Bild der dualen Berufsbildung in Deutschland, indem der Prozess von vier chinesischen Lehrkräften und Auszubildenden verfolgt wird, die die duale Berufsbildung in Deutschland erleben. Die Auseinandersetzung mit der dualen Berufsbildung ist auch die erste tiefgehende Berichterstattung über das relevante Thema in chinesischen Fernsehprogrammen. Die duale Berufsbildung wird als „Geheimwaffe“ des wirtschaftlichen Aufschwungs Deutschlands angesehen. Der Film stellt das Zusammenwirken von deutschen Berufsbildungsschulen, Betrieben und Verbänden vor und geht damit auf die Besonderheiten des deutschen Modells ein. Vorschläge zur Qualitätsverbesserung der Berufsbildung in China wurden ebenfalls in der Sendung mitgegeben.

Nach der Ausstrahlung von „The Future We Make“ gab es von allen Seiten positives Feedback. Mehrere Unternehmen und berufliche (Hoch-)Schulen organisierten kollektive Filmscreening-Veranstaltungen. Das Chinesisch-Deutsche Hochschulkolleg der Tongji-Universität in Shanghai nahm Kontakt zum Programmteam auf, um die Sendung als Lernmaterial in den Unterricht einzubinden. Shenzhen Bay Technology and Ecology Park zeigte die Filmserie in der Loop als Teil einer Ausstellung. Herr SHI Mingde, der damalige chinesische Botschafter in Deutschland, pries in einem Kommentar, dass die Filmserie die Zusammenarbeit zwischen der chinesischen und deutschen Wirtschaft fördere und zur qualitativ hochwertigen Entwicklung der chinesischen Fertigungsindustrie beitrage. Experten aus Industrie und Wissenschaft im In- und Ausland haben die Filmserie hoch anerkannt und fanden sie „anschaulich, sachlich, schlicht, aber bedeutungsvoll“. „The Future We Make“ hat insgesamt mehr als 10 Millionen Aufrufe im Internet auf dem chinesischen Festland und Hunderttausende von Zugriffen auf Plattformen außerhalb des chinesischen Festlandes verzeichnet. Relevante Themen wurden online heiß diskutiert.

Text und Bild: CHI Wei, MIAO Mengqing, DING Zhenzhen, WANG Yu
Shenzhen Media Group

追寻同济医源，开启合作新章

——同济医院中德交流与合作

一、案例背景

一个世纪以前，一位德国医生埃里希·宝隆（Erich Paulun），带着西方医学，来到了具有五千年文明的古国，在千里长江的入海口——上海，建立起了一所医院，取名“同济医院”。从此，“同济”这个名字在历史的长河中便留下了不可磨灭的印记。始建于1991年的甘泉医院在新世纪伊始汇入了同济大学，更名为同济大学附属同济医院。2010年医院正式属地化，再次为同济医学梦想注入了新的强大动力。如今，承载了同济百年医学梦想的同济大学附属同济医院在历史的见证下，同舟共济，奋力拼搏，攀登上了一座座医学的高峰。

同济医院与德国医学的缘起，皆在一颗共同的悬壶济世之心。带着这样一份情，含着这样一种意，同济医院追溯同济医源，寻觅宝隆精神。近些年来，同济医院与德国的合作伙伴们加强交流频繁，密切合作，关系愈发亲密。为了更好地理解和传承宝隆精神，进一步加强和促进中德往来交流，医院开启了医源传承之旅。

二、国际论坛，架起沟通桥梁

自2017年起，同济医院定期举办“纪念宝隆”同济医院发展国际论坛。首届国际论坛上，时任同济大学校长钟志华院士与德国弗莱堡大学代表签署了中德合作备忘录；医院也与德国弗莱堡大学及其医学中心、德国柏林夏里特医科大学和德中医学会建立了正式合作关系。随着时间的推移，医院更加注重中德人文交流和医护人员国际视野的培养。2019年的国际论坛上，医院与德国埃里希·宝隆护理学院（Berufsschule „Dr. Erich Paulun“）院长拉茨寇（Kerstin Latzkow）签署了双方合作谅解备忘录。此外，医院还设立中德交流专场。德国资深战略咨询专家沙尔平

2017 年 5 月 18 日，同济大学时任校长钟志华院士与德国弗莱堡大学代表签署中德合作备忘录
Unterzeichnung des Memorandums über die deutsch-chinesischen Zusammenarbeit durch Professor ZHONG Zhihua, den damaligen Präsidenten der Tongji-Universität, und die Vertreterin der Universität Freiburg am 18. Mai 2017

第三届“纪念宝隆”同济医院发展管理国际论坛中德专场（报告人：上海外国语大学党委书记姜锋教授）
Der chinesisch-deutsche Sonderforum im Rahmen des 3. Internationalen Forums zur Entwicklung des Tongji-Krankenhauses zum Gedenken an Erich Paulun (Referent: Professor JIANG Feng, Sekretär des Parteikomitees der Shanghai International Studies University)

（Rudolf Scharping）和上海外国语大学党委书记姜锋就中德合作和“一带一路”这一话题展开交流报告，中德双方的思想碰撞出火花，这也使在场的人们更进一步体会到中德合作的美好前景，加深对彼此的认同理解。2020 年新冠疫情期间，“纪念宝隆”同济医院发展国际论坛仍如期举行。同济医院院长程黎明与埃里希 · 宝隆护理学院院长拉茨寇女士云端会晤。拉茨寇女士线上致辞，表达了对全球疫情下医护工作者们的关心与慰问。同时，医院也心系他们在德国的合作伙伴，向埃里希 · 宝隆护理学院捐赠了口罩、防护服等防疫物资，坚定支持携手抗疫。疫情不会阻断中德双方的连结，反而使彼此的理解和友谊得到了加强和深化。

三、寻根溯源，巩固关系纽带

自百年前埃里希 · 宝隆在上海开设医院以来，他所秉承的精神理念便一脉相承，被一代代人继承发扬，在中国的同济医院如此，在德国的埃里希 · 宝隆护理学院亦是如此。2017 年，同济宝隆健康广场和埃里希 · 宝隆铜像在医院内外先后落成。医院承百年医源，普宝隆精神的理想，以及医院的品牌文化更加深入人心。时至 2018 年，医院开启“追溯同济医学起源，传承同济宝隆情缘”的赴德访问。访问团由同济医院院长程黎明、同济大学中德人文交流研究中心主任董琦、妇产科主任童晓文、

2017 年 5 月 18 日，同济医院及大学创始人埃里希 · 宝隆铜像揭幕
Enthüllung der Bronzestatue von Erich Paulun, Gründer des Tongji-Krankenhauses und der Universität, am 18. Mai 2017

2018 年 10 月 26 日，德国埃里希·宝隆护理学院代表团来访
Besuch der Delegation der Berufsschule „Dr. Erich Paulun“ am 26. Oktober 2018

2018 年 6 月 1 日，访问团抵达埃里希·宝隆博士出生地，与埃里希·宝隆护理学院院长拉茨寇女士一同瞻仰宝隆纪念碑
Anreise der Delegation zum Geburtsort von Dr. Erich Paulun und Besuch des Paulun-Denkmals mit Frau Kerstin Latzkow, Leiterin der Berufsschule „Dr. Erich Paulun“, am 01. Juni 2018

医疗集团执行理事长罗明及成员单位代表组成。他们寻根溯源，前往埃里希 · 宝隆博士的出生地德国帕瑟瓦尔克市。他们访问了以宝隆博士名字命名的德国教育领域享有盛誉的埃里希 · 宝隆护理学院。有趣的是，埃里希 · 宝隆护理学院的周年庆图徽与同济医院院徽竟惊人地相似，原来纵使位于亚欧大陆的两端，中德双方仍一直心意互通，一路风雨同舟。此后，埃里希 · 宝隆护理学院代表团定期前来中国上海，到访同济医院。中德双方的情谊在彼此的交流往来中逐步加深，除了在医、教、研、人才培养等方面的互相学习沟通，更有欢声笑语中的相熟相知。

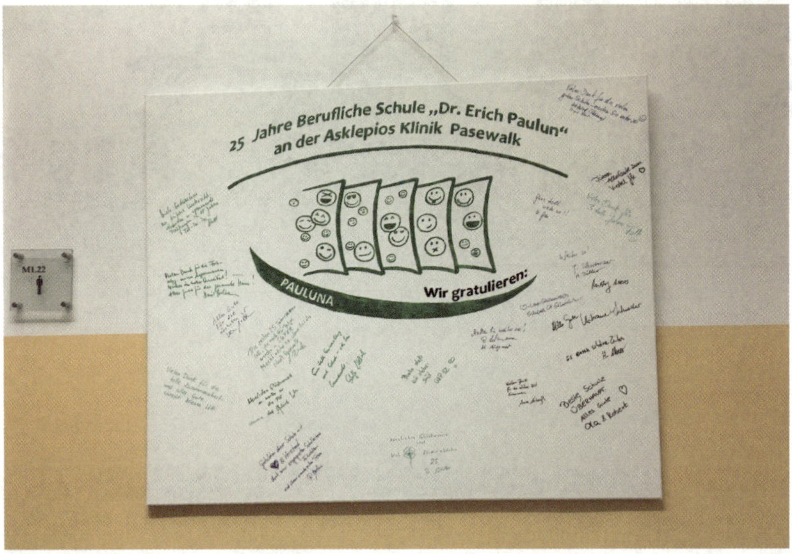

埃里希 · 宝隆护理学院周年庆图徽

Jubiläumsemblem der Berufsschule „Dr. Erich Paulun“

同济医院院徽

Emblem des Tongji-Krankenhauses

四、共同推进，强化合作方式

同济医院一直在探寻多种与德合作交流的方式，包括参与重要的学术交流、设立专项赴德培养人才基金、“云签约”等。2019 年，院长程黎明代表医院率团赴德参加第 32 届德中-中德医学协会联合年会。在这场一年一度的中德医学交流盛会上，程院长作为上海市重点学科——急诊与危重症学科带头人，在大会上作了精彩报告。他向在场中德医疗界同仁介绍医院在沪西北区域性危急重症救治工作中的举措和成效，报告受到了中德两国医疗界同仁的频频认可和高度关注。时至 2020 年，为加强国际学术交流与人才培养，更好传承同济百年医源，医院开始设立宝隆访学计划，每年选拔支持一批优秀的骨干人才赴德访学。访学计划与埃里希 · 宝隆护理学院共同合作，在 2020 年“纪念宝隆”同济医院发展国际论坛上，院长程黎明与埃里希 · 宝隆护理学院院长拉茨寇女士通过“云签约”的形式完成了宝隆访学计划合作协议签署。医院为宝隆访学计划的入选者们开设了专业德语培训，使他们逐步积

2019 年 10 月 9 日至 12 日，院长程黎明率团赴德国汉堡参加第 32 届德中—中德医学协会联合年会
Teilnahme der Delegation unter der Leitung von CHENG Liming, Leiter des Krankenhauses, an der 32. Jahrestagung der Chinesisch-Deutschen Gesellschaft für Medizin vom 09.–12. Oktober 2019 in Hamburg, Deutschland

2020 年 5 月 18 日，宝隆访学计划签约仪式
Unterzeichnungszeremonie des Paulun-Forschungsprogramms am 18. Mai 2020

累德语语言相关知识，循序了解德国国家文化和德国医院文化。通过双方多样化的紧密合作，医院的中德交往渠道更加丰富，合作关系更加牢固，双方纽带连接更加紧密。

五、人文分享，拓展交往内涵

同济医院一直致力于拓展与德国医疗界、德国民众交往的内涵。除却与德国合作伙伴们在学术、医疗、管理等方面的合作，医院积极搭建医学人文交流平台，促进交叉领域的跨文化互动。2020 年起，医院开始举办同济宝隆分享会。同济大学国际文化交流学院副教授、《生命》中译本译者叶澜，上海外国语大学党委书记姜锋以及同济医院院长、脊柱外科专家程黎明教授受邀出席。2020 年度宝隆访学计划入选者、同济医院援鄂及留德医护代表与会分享交流。首期同济宝隆分享会以德国作家大卫 · 瓦格纳（David Wagner）的自传体小说《生命》为契机，围绕德国医院文化、中德生命观异同，给医疗工作者们带来了一次全新的跨文化体验。通过这样一种新颖的视角，大家进一步认识到在医疗的背后不仅是病人、科技和医疗，更多的是社会、人文，是人性和生命文化。定期举办同济宝隆分享会，使得医院医务人员更加贴近德国医疗文化，更能深入德国民众生活，更好传承同济宝隆精神。

同济医院作为一所百年传承的现代化医院，执着于精湛的医术，传播着济世的医德。时光流淌，埃里希·宝隆医生的理想得以在上海这个起源地一脉相承，同济医院与德国的合作交流在内容、方式、渠道上不断加深和丰富，不仅是医疗、学术、管理方面，还涉及到人文世界的理解与交流。我们以医为介，以心相交，追寻医院百年的医源，促进中德医学的发展。期待着未来与宝隆医生的祖国开展更多样的合作，与德国医疗界同仁进行更深入的交流，与德国民众产生更紧密的联系。

供稿：同济医院，吴珩、鲁瑶

Deutsche Wurzeln und ein neues Kapitel der Zusammenarbeit

— Deutsch-Chinesische Kooperationen am Tongji-Krankenhaus

I. Hintergrund

Vor einem Jahrhundert machte sich ein deutscher Arzt, Erich Paulun, auf den langen Weg ins Reich der Mitte. In Shanghai, wo der sich über Tausende von Kilometern erstreckende Jangtse-Fluss ins Ostchinesische Meer mündet, errichtete er ein Krankenhaus namens „Tongji-Krankenhaus". Seitdem hat der Name Tongji eine unauslöschliche Spur in der langen Geschichte hinterlassen. Das 1991 erbaute Ganquan-Krankenhaus wurde zu Beginn des neuen Jahrhunderts in die Tongji-Universität integriert und in „Tongji-Krankenhaus" umbenannt. Im Jahr 2010 wurde das Krankenhaus offiziell an die lokale Verwaltung übergeben, was der Entwicklung der Universitätsklinik erneut starke Impulse verlieh. Heute ist das Tongji-Krankenhaus, das seit hundert Jahren den medizinischen Traum der Tongji erfüllt, eine weithin bekannte medizinische Einrichtungin China.

Das Krankenhaus und sicherlich auch die deutsche Medizin sehen den Sinn ihrer Existenz darin, Krankheiten zu heilen und Schmerzen zu lindern. Mit seinermumanitären Einstellung besinnt sich das Krankenhaus auf seine Entstehungsgeschichte und den Geist von Paulun. In den letzten Jahren haben das Tongji-Krankenhaus und seine deutschen Partner den Austausch verstetigt und die Kooperation intensiviert. Das Krankenhaus bemüht sich, Pauluns geistige Erbe weiterzuführen und den Austausch zwischen China und Deutschland zu stärken und zu fördern.

II. Internationales Forum als Austauschplattform

Seit 2017 gedenkt das Tongji-Krankenhaus regelmäßig Erich Pauluns im Rahmen des Internationalen Forums über Krankenhausentwicklung der Tongji. Auf dem ersten internationalen Forum unterzeichneten Professor ZHONG Zhihua, der damalige Präsident der Tongji-Universität, und der Vertreter der Universität Freiburg ein Memorandum über die Zusammenarbeit. Das Krankenhaus etablierte auch eine offizielle Partnerschaft mit der Universität Freiburg und dem Universitätsklinikum Freiburg, der Charité-Universitätsmedizin Berlin und der Deutsch-Chinesischen Gesellschaft für Medizin. Im Laufe der Zeit ist der deutsch-chinesische kulturell-gesellschaftliche Austausch und die Aneignung eines internationalen Blickfeldes beim medizinischen und pflegerischen Personal immer stärker in den Vordergrund gerückt. Auf dem internationalen Forum 2019 unterzeichneten das Krankenhaus und Frau Kerstin Latzkow, Leiterin der Berufsschule „Dr. Erich Paulun", ein MoU zur Stärkung der Zusammenarbeit. Darüber hinaus hielten Rudolf Scharping, ein hochrangiger deutscher Strategieberater, und Professor JIANG Feng, Sekretär des Parteikomitees der Shanghai International Studies University, im Rahmen des Forums Vorträge zur deutsch-chinesischen Zusammenarbeit und zur Initiative „One Belt One Road". Die

2017 年 5 月 18 日，同济医院程黎明院长在首届“纪念宝隆”同济医院发展国际论坛上致欢迎辞
Grußwort von Herrn CHENG Liming, Leiter des Tongji-Krankenhauses, auf dem ersten Internationalen Forum zur Entwicklung des Tongji-Krankenhauses zum Gedenken an Erich Paulun am 18. Mai 2017

2019 年 5 月 18 日，同济医院与宝隆护理学院签署国际合作协议
Unterzeichnung der Internationalen Kooperationsvereinbarung von Tongji-Krankenhaus und der Berufsschule „Dr. Erich Paulun" am 18. Mai 2019

第三届"纪念宝隆"同济医院发展管理国际论坛中德专场（报告人：德国夏里特医院院长 Astrid Lurati）
Der chinesisch-deutsche Sonderforum im Rahmen des 3. Internationalen Forums zur Entwicklung des Tongji-Krankenhauses zum Gedenken an Erich Paulun (Referenten: Astrid Lurati, Direktorin des Klinikums an der Charité)

Denkanstöße brachten künftige Zusammenarbeitsmöglichkeiten vor Augen und halfen dabei, gegenseitige Anerkennung zu erlangen und die Verständigung zu verbessern. 2020 wurde das Internationale Forum über Krankenhausentwicklung der Tongji zum Gedenken an Erich Paulun trotz der Pandemie planmäßig abgehalten. Herr CHENG Liming, Leiter des Tongji-Krankenhauses, und Frau Kerstin Latzkow, Leiterin der Berufsschule „Dr. Erich Paulun", trafen sich online. In der Rede von Frau Latzkow brachte sie Besorgnis und ihr Mitgefühl für das medizinische Personal in der globalen Pandemie zum Ausdruck. Das Tongji-Krankenhaus spendete der Berufsschule „Dr. Erich Paulun" Masken, Schutzkleidung und weitere PPE-Materialien und unterstützte damit den gemeinsamen Kampf gegen die Pandemie. Die Pandemie wird die Verbindungkein Ende setzen, sondern die Freundschaft zwischen China und Deutschland stärken.

III. Suche nach den Wurzeln und Stärkung der Beziehungen

Seit Erich Paulun vor hundert Jahren sein Krankenhaus in Shanghai errichtete, werden seine Grundgedanken von Generation zu Generation weitergegeben. Das gilt sowohl für das Tongji-Krankenhaus in China als auch für die der Berufsschule „Dr. Erich Paulun" in Deutschland. 2017 wurden der Tongji-Paulun-Health-Plaza und die Bronzestatuen von Erich Paulun innerhalb und außerhalb des Krankenhausgeländes fertiggestellt. Es besteht kein Zweifel, dass die Tradition tief verwurzelt ist. Die Delegationsreise im Jahr 2018 nach Deutschland diente dazu, „dem medizinischen Ursprung von Tongji nachzuspüren und die Tongji-Paulun-Beziehung zu beleben". Die Delegation bestand aus CHENG Liming, Leiter des Tongji-Krankenhauses, DONG Qi, Direktor des Zentrums für Chinesisch-Deutschen Gesellschaftlich-Kulturellen Austausch der Tongji-Universität, TONG Xiaowen, Leiter der Abteilung für Gynäkologie und Geburtshilfe, LUO Ming, Geschäftsführer der Medizingruppe sowie Vertretern der angegliederten Einrichtungen. Die Erkundungsreise führte sie zum Geburtsort von Dr. Erich Paulun nach Pasewalk, Deutschland. Dort besuchten sie die Berufsschule „Dr. Erich Paulun", die nach Dr. Paulun benannte Krankenpflegeschule, und statteten dem Paulun-Denkmal einen Besuch ab. Die Schule, die zum Gedenken an Erich Paulun umbenannt wurde, setzt Pauluns Ideen um und ist in der deutschen Bildungslandschaft bekannt. Der Austausch vor Ort fand in freundlicher Atmosphäre statt, begünstigt von sonnigem Wetter im Mai. Interessanterweise stellte man fest, dass das Jubiläumsemblem der Berufsschule „Dr. Erich Paulun" dem Emblem des Tongji-Krankenhauses überraschend ähnlich aussieht. Obwohl sich beide

2017 年 5 月 17 日，同济宝隆健康广场揭幕
Enthüllungszeremonie des Tongji-Paulun-Health-Plaza am 17. Mai 2017

Institutionen an zwei Enden des asiatisch-europäischen Kontinents befinden, sind sie geistig miteinander verbunden. In der Folge organisierte die Berufsschule „Dr. Erich Paulun" regelmäßig Delegationen nach Shanghai , um das Tongji-Krankenhaus zu besuchen. Die Freundschaft zwischen China und Deutschland ist durch den Austausch schrittweise vertieft worden. Bei jedem Treffen geht es nicht nur um gegenseitiges Lernen und fachlichen Austausch im Bereich Medizin, Lehre, Forschung und Fachkräfteausbildung, sondern auch um das freundschaftliche gegenseitige Kennenlernen.

IV. Gemeinsame Förderung und Stärkung der Kooperation

Das Tongji-Krankenhaus hat immer nach neuen Zusammenarbeitsformaten mit Deutschland gesucht, z.B. Teilnahme an akademischen Austauschveranstaltungen, Einrichtung eines Spezialfonds für Ausbildungsaufenthalte in Deutschland und „Online-Vertragsabschluss" für Kooperationsprojekte. Im Jahr 2019 nahm eine Delegation unter der Leitung von CHENG Liming im Auftrag des Krankenhauses an der 32. Jahrestagung der Chinesisch-Deutschen Gesellschaft für Medizin in Deutschland teil. Im Rahmen des jährlich stattfindenden Austausches unter chinesischen und deutschen Medizinern hielt Herr Cheng als Leiter der Disziplin

Notfall- und Intensivmedizin (Schlüsseldisziplin in Shanghai) einen spannenden Vortrag, in dem er die Maßnahmen und Erfolge des Krankenhauses in der regionalen Intensivmedizin im Nordwesten Shanghais vorstellte. Der Vortrag fand bei den chinesischen und deutschen Kolleg/innen viel Anerkennung und große Aufmerksamkeit. Um den internationalen akademischen Austausch und die Fachkräfteausbildung zu stärken und Pauluns Tradition weiterzuvererben, hat das Krankenhaus 2020 das Paulun-Forschungsprogramm eingeführt. Jedes Jahr wird eine Gruppe herausragender Fachkräfte ausgewählt und eine Studienreise nach Deutschland gefördert. Für die Studienreise ist ein Zusammenarbeitsprojekt mit der Berufsschule „Dr. Erich Paulun" geplant. Im Rahmen des Internationalen Forums zur Krankenhausentwicklung der Tongji im Jahr 2020 zum Gedenken an Erich Paulun 2020 vollzogen Herr CHENG Liming, Leiter des Krankenhauses, und Frau Latzkow, Leiterin der Berufsschule „Dr. Erich Paulun", die Unterzeichnung der Kooperationsvereinbarung des Paulun-Forschungsprogramms online. Da zum Kennenlernen der Kultur des jeweiligen Landes die sprachliche Barriere zunächst zu überwinden ist, bietet das Krankenhaus den Teilnehmern des Paulun-Forschungsprogramms professionelle Deutschkurse an, damit sie Schritt für Schritt die deutsche Sprache beherrschen, die deutsche Kultur und die deutsche Krankenhauskultur kennenlernen können. Durch die vielfältige enge Zusammenarbeit hat das Krankenhaus nun mehr Austauschformate. Die Kooperationsbeziehung wird gestärkt und die Verbindung enger.

2020 年 5 月 18 日，宝隆访学计划入选者颁奖仪式
Preisverleihung, Stipendiat/innen des Paulun-Forschungsprogramms am 18. Mai 2020

V. Kulturell-gesellschaftlicher Austausch, inhaltliche Erweiterung der Kooperation

Wie kann man ein fremdes Land besser kennenlernen? Das Tongji-Krankenhaus setzt sich stets dafür ein, im Umgang mit der deutschen Medizin und im Austausch der deutschen Bevölkerung inhaltlich neue Akzente zu setzen erweitern. Neben der Zusammenarbeit mit deutschen Partnern im akademischen, medizinischen und Managementbereich baut das Krankenhaus aktiv eine Plattform für den medizinisch-kulturellen Austausch auf und fördert die interkulturelle Interaktion in Querschnittsbereichen. 2020 wurde das Tongji-Paulun-Treffen ins Leben gerufen und institutionalisiert. Zur Veranstaltung wurden Frau YE Lan, außerordentliche Professorin an der International School der Tongji-Universität und Übersetzerin des autobiographischen Romans „Leben", JIANG Feng, Wissenschaftler an der Shanghai International Studies University, und Professor CHENG Liming, Leiter des Tongji-Krankenhauses und Spezialist für Wirbelsäulenchirurgie, eingeladen. Kandidaten des Paulun-Forschungsprogramms 2020, Vertreter von Ärzten und Pflegekräften des Tongji-Krankenhauses, die die Provinz Hubei in der Pandemie unterstützt oder in Deutschland studiert hatten, waren anwesend. Beim ersten Tongji-Paulun-Treffen wurden auf der Grundlage von David Wagners „Leben" interkulturelle Erfahrungen im

2020 年 7 月 14 日，首期同济宝隆分享会上，现场人员细心聆听
Das 1. Tongji-Paulun-Treffen am 14. Juli 2020

Hinblick auf die deutsche Krankenhauskultur, die Gemeinsamkeiten und Unterschiede zwischen der chinesischen und der deutschen Lebensauffassung vermittelt. Die Beteiligten erkannten, dass medizinische Versorgung nicht nur mit Patienten, Technik und medizinischer Behandlung zu tun hat, sondern auch mit Gesellschaft, Kultur und Menschenbild. Durch das regelmäßige Tongji-Paulun-Treffen wird es dem medizinischen Personal des Krankenhauses ermöglicht, der deutschen medizinischen Kultur näherzukommen, tiefer in das Leben der deutschen Bevölkerung einzublicken und den Geist von Tongji-Paulun besser weiterzuführen.

Das Tongji-Krankenhaus, ein modernes Krankenhaus mit langer Tradition, legt großen Wert auf vortreffliche medizinische Fertigkeiten und die Berufsethik. Im Laufe der Zeit konnten die Ideale von Dr. Erich Paulun in Shanghai, am Entstehungsort des Krankenhauses, von Generation zu Generation weitergegeben werden. Die Zusammenarbeit und der Austausch zwischen dem Tongji-Krankenhaus und Deutschland haben sich hinsichtlich der Inhalte, Formate und Kanäle ständig vertieft und erweitert. Die Kooperation beschränkt sich nicht auf die medizinische Behandlung, die Wissenschaft und die Administration. Sie dehnt sich ebenfalls auf kulturell-gesellschaftlichen Austausch aus. Die Medizin dient als Medium um enge Freundschaft zu schließen. Damit verfolgt man die lange Tradition des Krankenhauses und trägt zur Zusammenarbeit und Entwicklung der Medizin in China und Deutschland bei. Das Krankenhaus freut sich auf eine vielfältigere Zusammenarbeit mit dem Heimatland von Dr. Erich Paulun und hofft aufeinen intensiveren Austausch mit den deutschen Partnern in der Zukunft.

Text und Bild: WU Heng, LU Yao, Tongji-Krankenhaus

国际化人才培养视域下的中德教育交流

——浙江外国语学院德国研究中心

一、案例简介

浙江外国语学院德国研究中心（下称“浙外德国研究中心”或“中心”）的前身是成立于 2011 年的浙江外国语学院中德教育研究所。2017 年 6 月，中心正式入选教育部国别和区域研究中心备案名单，并于 11 月举行揭牌仪式、召开建设论证会。该中心是教育部在全国高校中设立的第八个德国研究中心，也是浙江省首个德国研究中心。

中心定位为跨学科、跨机构的浙江外国语学院人文社科对德研究平台，承担高校智库功能。中心以学科建设和人才培养为依托，以咨政服务为宗旨，从政治、经济、社会发展等方面全面服务国家和地方对外战略需求。

德国是我国长期以来开展教育和科技合作的重点对象国。德国独特的教育模式培养了大批优秀人才，造就如今先进的德国工业。而中国的传统教育正面临转型，新形势下我国教育发展充满挑战与机遇。教育交流合作绝非单车道，而须在互学互鉴中实现共赢。在此背景下，浙外德国研究中心以国际化师范生培养、教材中的国家形象研究和中德合作可持续发展教育等项目为抓手，通过师生互访、科研合作、学术交流等形式促进中德两国在基础教育领域的全方位、多层次交流。

二、具体项目

（一）国际化师范生培养项目

2016 年 9 月，为适应基础教育国际化发展趋势，培养高水平、具有国际化视野的优秀教育人才，浙江外国语学院与德国汉斯 · 赛德尔基金会、德国帕绍大学共同签署三方合作协议，进一步搭建、完善浙外国际科研合作平台，在教师教育领域开展多元化交流与合作。

在课程设置方面，中心开设“师范生能力提升海外研学课程”，促进中德师生交流。该课程为浙外教育学院小学教育专业培养方案课程之一，旨在培养师范生的国际理解力、跨文化交流能力和全球胜任力，使其成为面向未来的国际化卓越教师。2017 年以来，浙外国际处、教育学院和德国研究中心每年组织师范生赴德交流。借助研学课程，学生既能收获对德国师范教育三个阶段教育理论的全方位系统了解，又能走进现场旁听德国高校师范生课程，同时观摩中小学实习（第一阶段）、候任教师研讨课和试教（第二阶段）以及中小学正式教师授课（第三阶段）。

浙江外国语学院第二届“国际化卓越教师培养创新实验班”赴德交流
Studienreise der zweiten „Versuchsklasse für Ausbildung von exzellenten Lehrer/innen mit internationalen Kompetenzen“ der Zhejiang International Studies University nach Deutschland

在实习基地建设方面，中心授予七所海内外优质学校“中德合作国际化教师发展学校”的称号，为师范生海外实习提供平台。目前，德国海登霍夫艺术小学、德国哈瑟尔巴赫小学、杭州市学军小学、杭州市卖鱼桥小学、杭州长江实验小学、杭州新世纪外国语学校和杭州绿城育华学校等七所海内外优质学校为浙江外国语学院、德国帕绍大学师范生提供海外实习岗位，促进中德师范生国际视野与实践能力的培养。同时，这七所学校还在中德两所高校的学术引领下参与中德教育比较研究项目，开展教师专业化发展方面的理论和实践研究。

在科研工作方面，中心课题组成员聚焦师范生专业能力标准，获批国家级课题并顺利结题。中心主任吴卫东教授带领的团队聚焦师范生实践体系的建构，主持国家社会科学基金项目“师范生专业能力分阶行为指标及学习支持体系研究”并顺利结题。课题组成员发表《欧洲教师：欧洲一体化进程中教师教育的新概念》《基于工作逻辑取向的德国师范生教育实习体系及其启示》《卓越师范生适教性的诊断措施研究》等论文和著作。

在学术交流方面，中心研究人员参加国际学术会议，促进不同教育理念的国际理解。2017 年 3 月，应德国黑森州教师进修学院和德国帕绍大学教师教育中心邀请，中心主任吴卫东教授率领学术代表团参加“欧洲首届教师教育国际化大会”，并在“国际交流的成功条件”工作坊作主题发言，详细介绍浙外 60 余年的教师教育历史、教育与外语兼备的复合平台、与赛德尔基金会近 30 年的中德教育合作，并以浙外与帕绍大学开展的师范生海外实习项目为例介绍国际化师范生培养海外实习课程。

（二）“德国中小学教材中的中国形象”研究项目

为响应新形势下国家形象塑造及对外传播的需求，中心自 2018 年以来组织开展德国中小学教材中的中国形象专项研究。该研究有助于帮助中国政府、学者和民众了解德国国家主流价值对青少年思想认识教育的导向、对中国形象的认知与书写，从而预测中德关系未来走向，并为决策提供必要资讯。

在科研工作方面，中心组建跨学院、多学科研究团队，在前期资料收集的基础上获批省部级课题。2019 年，“中国形象的异国建构——以德国教科书切入”课题获得浙江省哲学社会科学规划课题立项。在课题基础上，课题组成员已发表三篇相关论文。

在国际合作方面，中心与德国帕绍大学合作开展实证研究，对标德国研究方法，获取田野调查数据。2018 年 10 月，德方课题组访问浙外，与中方商谈科研合作内容。双方通过讲座、培训、旁听、会谈等形式凝聚中德科研团队，夯实合作研究基础。2019 年 11 月，中方课题组受邀赴德国帕绍大学参加“德国教材中的中国形象”学术研讨会。双方听取专家学者针对教材研究、国家形象研究的学术报告，围绕国家形象认知的理论模型、定性定量研究方法展开交流。同时，双方在前期讨论制定的调查问卷与访谈提纲的基础上，就“中国形象”这一主题与 23 名德国中学生和 6 名中学教师展开对话。

在学术交流方面，中心参加国内外学术会议，与相关领域学者分享项目阶段性成果。2019 年 12 月，中心主任吴卫东教授受邀赴上海参加由高校国别和区域研究

浙江外国语学院德国研究中心应邀赴德参加“德国教材中的中国形象”学术研讨会
Teilnahme des Zentrums für Deutschlandstudien am Symposium zum Thema „Das Chinabild in deutschen Schulbüchern“ in Deutschland

工作秘书处、上海外国语大学共同主办的“全国高校国别和区域研究 2019 年学术年会”，并在“国别和区域研究学术研讨交流”分论坛以“中国形象的异国建构——以德国教科书切入”为题，介绍课题研究思路和阶段性成果，并与参会代表就研究意义、研究方法深入交流。

（三）中德合作可持续发展教育项目

“联合国可持续发展目标”（Sustainable Development Goals，简称 SDGs）是联合国在 2015 年制定的 17 个全球发展目标。其中，教育是实现其他可持续发展目标的关键，在全社会迈向可持续发展的过程中扮演着示范性、导向性的角色。在此背景下，自 2015 年以来，浙江外国语学院与汉斯 · 赛德尔基金会合作完成环境教育课题、共建国际平台——联合国可持续发展教育（杭州）专业区域中心（Regional Centre of Expertise Hangzhou，简称 RCE 杭州），积极响应联合国可持续发展目标号召，通过教科研项目促进目标实现。

在科研工作方面，中心从理论和实践两方面与德国机构开展合作，获批并顺利完成国际科研合作项目——“中德环境教育项目”。该项目受到德国经济合作与发展部资助，由浙外与赛德尔基金会、德国帕绍大学、上海市师资培训中心合作实施，旨在提升小学生环境保护意识与能力、强化教师课程设计水平。项目成果包括《项目说明手册》《课程模块研发框架与指导手册》等专业研发材料、十个课程模块、一部编著《小学可持续发展教育——基于中德合作研究的课程设计与教学》等。项目辐射范围广——浙江省内共有 11 所学校、100 余名教师、3 000 余名学生参与这一项目。

在项目活动方面，中心协同 RCE 杭州深入开展青少年水资源保护活动，带动社会环保意识的形成。鉴于“中德环境教育项目”的顺利开展，RCE 杭州汲取德国教育教学理念和中小学项目设计思路，启动“小河长：青少年护水计划”项目。项目致力于推动“联合国可持续发展目标 4”（SDG 4：优质教育）和“14”（SDG 14：水下生物）的实现，提倡改变课堂固有的教学模式、增强公众的环保意识。2019 年，“小河长”项目在全球评选中荣获联合国大学最高奖项。

在学术交流方面，中心组织开设系列讲座与课程，注重培养高校师生可持续发展理念。2020 年，“融入社会经济要素的 ESD 教学和课程设计”项目荣获“2020 年 RCE 贡献项目”称号。该项目由浙外与赛德尔基金会共同策划实施，旨在推动“联合国可持续发展目标 8”（SDG 8：体面工作和经济增长）的实现。该项目的具体内容包括：中心参与主办的“从摇篮到摇篮设计”线上讲座周（2020 年 6 月）和 2020 年秋冬学期“可持续发展教育”通识课。两次活动分别以“探索循环经济之道”和“中欧可持续发展现状及趋势”为主题展开讨论，旨在探讨中欧当前面临的可持续发展挑战与机遇，培养学生可持续发展理念，以适应当前社会国际化发展的需要。

三、总结与展望

浙外德国研究中心自成立以来，始终致力于促进中德两国在基础教育领域的人文交流，以多元化项目为抓手，以师生互访、科研合作、学术交流为方式，为中德教育交流作出贡献。在此过程中，中心团队成员视以下两点为中德教育交流的目标：

一是培养具有家国情怀的一代。热爱家国，传承民族精神是对当代大学生、教育和科研工作者的基本要求。“国际化师范生培养项目”致力于让师范生在国际交流中学会弘扬传统、自我反思；“德国教材中的中国形象研究项目”致力于讲好中国故事、塑造国家形象；“中德合作可持续发展教育项目”致力于让全社会意识到保护家园的重要性。

二是培养具有国际视野的人才。随着我国对外开放领域的不断扩大，国家的发展需要更多具有国际视野的高素质人才。浙外德国研究中心通过“国际化师范生培养项目”发现具有全球胜任力的未来教育家，通过“德国中小学教材中的中国形象研究项目”了解异国视角对中国社会的认知，通过“中德合作可持续发展教育项目”提升师生适应当前国际现状与趋势的能力。

在中德教育交流中渗透家国情怀、国际视野，是浙外德研人的赤子之心，亦是我们永无止境的教育追求。

供稿：浙江外国语学院德国研究中心，吴卫东、程静

Deutsch-chinesische Bildungskooperation im Blickfeld der internationalen Fachkräfteausbildung

— Zentrum für Deutschlandstudien an der Zhejiang International Studies University

I. Einführung

Das Zentrum für Deutschlandstudien (ZfD) der Zhejiang International Studies University (ZISU) geht auf das Chinesisch-Deutsche Forschungsinstitut für Bildung an der ZISU zurück, das im Jahr 2011 gegründet wurde. Im Juni 2017 wurde das Zentrum offiziell in die Liste der Länder- und Regionalforschungszentren des chinesischen Bildungsministeriums aufgenommen. Im November des Jahres wurden die Einweihungszeremonie und die Besprechung über das Bauvorhaben abgehalten. Das Zentrum ist das achte Zentrum für Deutschlandstudien, das das Bildungsministerium an den chinesischen Hochschulen eingerichtet hat, und das erste in der Provinz Zhejiang.

Das ZfD versteht sich als interdisziplinäre und institutionsübergreifende Plattform für geistes- und sozialwissenschaftliche Deutschlandforschung der ZISU und übernimmt die Funktion eines universitären Think-Tanks. Das ZfD beschäftigt sich vor allem mit dem Aufbau von Disziplinen und der Ausbildung von Fachkräften. Auf dieser Grundlage bietet das Zentrum politische Beratungsdienste unter Berücksichtigung des politischen, ökonomischen und sozialen Entwicklungszustandes an, wobei die nationalen und lokalen Bedürfnisse nach außenpolitischen Strategien umfassend bedient werden.

Deutschland ist seit langem ein wichtiges Partnerland Chinas hinsichtlich der Bildungs- und Wissenschafts- bzw. Technologiekooperationen. Mit seinem einzigartigen Bildungsmodell hat Deutschland zahlreiche hervorragende Fachkräfte ausgebildet, die die heutige fortschrittliche deutsche Industrie mitgestaltet haben. Das traditionelle chinesische Bildungswesen steht vor einem Wandel und ist mit Herausforderungen konfrontiert. Der Austausch und die Zusammenarbeit im Bildungsbereich ist keine Einbahnstraße, sondern geprägt von dem gemeinsamen Wunsch, voneinander zu lernen. In diesem Zusammenhang führt das ZfD Projekte wie die internationale Lehrerausbildung, Erforschung der „National Images" in Schulbüchern und deutsch-chinesische Zusammenarbeit im Bereich der Bildung für nachhaltige Entwicklung durch. Durch Personalaustausch, gemeinsame Forschungsprojekte und akademischen Austausch wird ein umfassender und vielschichtiger Austausch zwischen China und Deutschland im Bereich der Grundbildung ermöglicht.

II. Projekte

(i) Internationales Lehrerausbildungsprogramm

Um dem Internationalisierungsbedarf der Grundbildung gerecht zu werden und hochqualifizierte Bildungsfachkräfte mit internationalem Blickfeld auszubilden, unterzeichneten die ZISU, die Hanns-Seidel-Stiftung und die Universität Passau im September 2016 eine Kooperationsvereinbarung mit dem Ziel, die Plattform für internationale Forschungszusammenarbeit der ZISU weiter auszubauen und vielfältige Kooperationen im Bereich der Lehrerausbildung durchzuführen.

Was das Curriculum angeht, bietet das ZfD das Modul „Studienreise ins Ausland zum Kompetenzaufbau der Lehramtsstudierenden" an, um den Personalaustausch zwischen chinesischen und deutschen Lehrenden und Studierenden zu fördern. Dieses Kursmodul gilt als Teil des Ausbildungskonzepts für das Studienfach Grundschulbildung an der Fakultät für Erziehungswissenschaften der ZISU. Er zielt darauf ab, dass Lehramtsstudierende internationales Verständnis, interkulturelle Kommunikationsfähigkeiten und ihre globale Kompetenz entwickeln sollen, um zukunftsfähige exzellenten Lehrer/innen mit internationalen Kompetenzen zu werden. Seit 2017 organisieren das International Office der ZISU, die Fakultät für Erziehungswissenschaften und das ZfD jedes Jahr Reisen für Lehramtsstudierende nach Deutschland. Auf der Studienreise können die Studierenden nicht nur ein umfassendes systematisches Verständnis für die dreistufige Form der deutschen Lehrerbildung erlangen, sondern auch als Zuhörer Kurse der Lehramtsstudierenden an deutschen Universitäten besuchen. Dabei können sie Praktika in Schulen der Primar- und Sekundarstufe (Stufe 1) absolvieren und Seminare der Referendare, besuchen, am Probeunterricht (Stufe 2) teilnehmen und bei regulären Lehrveranstaltungen, die in der Primar- und Sekundarstufe (Stufe 3) abgehalten werden, hospitieren.

Was die Praktikumsplätze anbelangt, hat das ZfD sieben qualitativ hochwertige Schulen im In- und Ausland als „Schule für Chinesisch-Deutsche Kooperation in internationaler Lehrerentwicklung" ausgewählt und bietet damit eine Plattform für Auslandspraktika für Lehramtsstudierende. Derzeit bieten sieben Schulen im In- und Ausland gemeinsam mit der ZISU und der Universität Passau Auslandspraktikumsplätze für Lehramtsstudierende beider Hochschulen an. Mit dabei sind die Kunst-Grundschule Haidenhof und die Hasselbachschule in Deutschland, und die Xuejun Grundschule, die Maiyuqiao Grundschule, die Changjiang Experimental Primary School, die New Century Foreign Language School und die Greentown Yuhua School in Hangzhou. Dadurch soll die Entwicklung des internationalen Blickfeldes und der praktischen Fähigkeiten der chinesisch und deutschen Lehramtsstudierenden gefördert werden. Gleichzeitig nehmen die sieben Schulen unter der wissenschaftlichen Leitung der beiden Universitäten an vergleichenden Forschungsprojekten zur deutschen und chinesischen Bildung teil und betreiben theoretische und praktische Forschung zur beruflichen Entwicklung von Lehrkräften.

Im Bereich der wissenschaftlichen Forschung konzentrieren sich die Mitglieder der ZfD-Forschungsgruppe auf die Standardisierung der Fachkompetenzen für Lehramtsstudierende. Ihnen ist es gelungen, ein staatlich gefördertes Forschungsprojekt einzuwerben und erfolgreich abzuschließen. Das Team unter der Leitung von Professorin WU Weidong, Direktorin des ZfD, fokussierte sich auf die Konstruktion eines Praxissystems für Lehramtsstudierende und leitete das Projekt „Studie über abgestufte Verhaltensindikatoren für Fachkompetenzen von Lehreramtsstudierenden und Lernunterstützungssysteme", das vom Nationalen Fonds für Sozialwissenschaften Chinas gefördert und erfolgreich abgeschlossen wurde. Mitglieder der Forschungsgruppe veröffentlichten die Forschungsergebnisse in wissenschaftlichen Arbeiten und Büchern wie „Lehrende in Europa: ein neues Konzept der Lehrerausbildung im europäischen Integrationsprozess", „Das deutsche System der pädagogischen Praktika für Lehramtsstudierenden auf der Grundlage einer arbeitslogischen Orientierung und die daraus gewonnenen Erkenntnisse“ und „Studie über diagnostische Maßnahmen zur Eignung für Lehrtätigkeiten von exzellenten Lehramtsstudierenden“.

Im Hinblick auf den akademischen Austausch nahm das ZfD an internationalen akademischen Konferenzen teil und trug zur internationalen Verständigung über verschiedene Bildungsideen bei. Im März 2017 nahm Prof. WU Weidong, Direktorin des ZfD, auf Einladung der Hessischen Lehrkräfteakademie und des Zentrums für Lehrerbildung und Fachdidaktik der Universität Passau mit einer akademischen Delegation an der „Ersten europäischen Konferenz zur Internationalisierung der Lehrerbildung“ teil und hielt eine Rede im Workshop „Voraussetzungen für erfolgreiche internationale Kommunikation“. Dabei stellte sie die Geschichte der Lehrerausbildung an der ZISU seit mehr als 60 Jahren, die kombinierte Plattform von Bildung und Fremdsprachenlernen, die deutsch-chinesische Bildungskooperation mit der Hanns-Seidel-Stiftung seit fast 30 Jahren ausführlich vor und gab eine Einführung in das Auslandspraktikumsprogramm für internationale Lehramtsstudierende am Beispiel des Auslandspraktikums für Lehramtsstudierende der ZISU und der Universität Passau.

中心主任吴卫东教授（右二）与挪威斯塔万格大学艺术教育学院院长 Elaine Munthe 教授（左一）交流
Prof. WU Weidong, Direktorin des Zentrums , und Prof. Elaine Munthe, Dekanin der Faculty of Education and Arts, University of Stavanger, Norwegen tauschen sich über die Internationalisierung der Lehrerausbildung an der ZISU aus

(ii) Forschungsprojekt zum Chinabild in deutschen Schulbüchern

Da China im neuen Zeitalter den Anspruch auf ein positives Landesimage erhebt und die Öffentlichkeitsarbeit für immer wichtiger hält, hat das ZfD seit 2018 eine Sonderstudie über das Chinabild in deutschen Schulbüchern organisiert und durchgeführt. Die Studie soll der chinesischen Regierung, den Wissenschaftlern und der Bevölkerung helfen, besser nachzuvollziehen, wie die dominante Wertschätzung der deutschen Gesellschaft die ideologische Erziehung der Jugendlichen beeinflusst, wie man das Chinabild in Deutschland wahrnimmt und die Geschichtsschreibung funktioniert, damit die Tendenz der deutsch-chinesischen Beziehungen vorhergesagt werden kann und erforderliche Informationen für die Entscheidungsfindung geliefert werden können.

Hinsichtlich der Forschung hat das ZfD ein fakultätsübergreifendes und multidisziplinäres Forschungsteam gebildet und erhielt mit der Datenerhebung in der Vorbereitungsphase erfolgreich Fördermittel der Provinz für das Forschungsprojekt. 2019 wurde das Projekt zum Thema „Die Konstruktion des Chinabildes im fremden Kulturkontext – Deutsche Lehrbücher als Beispiel" als philosophisch-sozialwissenschaftliches Forschungsprojekt der Provinz Zhejiang anerkannt. Auf der Projektgrundlage haben Mitglieder der Forschungsgruppe drei relevante wissenschaftliche Arbeiten veröffentlicht.

Im Rahmen der internationalen Zusammenarbeit kooperiert das ZfD mit der Universität Passau in Deutschland und betreibt empirische Forschung, um einen Vergleich mit deutschen Forschungsmethoden zustande zu bringen und Feldforschungsdaten zu erheben. Im Oktober 2018 besuchte die deutsche Forschungsgruppe die ZISU und besprach mit der chinesischen Seite die Inhalte der wissenschaftlichen Zusammenarbeit. Durch Vorträge, Fortbildungen, Hospitieren und Besprechungen wurde das deutsch-chinesische Forschungsteam zusammengeführt und gestärkt, was die Basis für eine gemeinsame Forschung darstellt. Im November 2019 nahm die chinesische Forschungsgruppe an dem Symposium „Das Chinabild in deutschen Schulbüchern" an der Universität Passau teil. Beide Seiten hörten sich Vorträge von Experten und Wissenschaftler/innen über Lehrbuch- und Nationenbildforschung an und kommunizierten über theoretische Methoden zur Wahrnehmung der Nationenbilder sowie qualitative und quantitative Forschungsansätze. Gleichzeitig wurden auf der Basis des in den Vorgesprächen entwickelten Fragebogens und

Interviewentwurfs Dialoge mit 23 deutschen Gymnasiasten und 6 Gymnasiallehrern zum Thema „Chinabild" geführt.

Im Hinblick auf den akademischen Austausch hat das ZfD an akademischen Konferenzen im In- und Ausland teilgenommen und Zwischenergebnisse des Projekts mit Wissenschaftler/innen in verwandten Bereichen geteilt. Im Dezember 2019 wurde Prof. WU Weidong, Direktorin des ZfD, zur „Jahrestagung zu Länder- und Regionalstudien an Hochschulen in China 2019" nach Shanghai eingeladen, die vom Sekretariat für Länder- und Regionalstudien an Hochschulen und der Shanghai International Studies University gemeinsam veranstaltet wurde. Dabei stellte sie im Vortrag „Die Konstruktion des Chinabildes im fremden Kulturkontext – Deutsche Lehrbücher als Beispiel" die Forschungsideen und Zwischenergebnisse des Projekts im Panel „Workshop und Austausch über Länder- und Regionalstudien" vor und tauschte sich intensiv mit den Teilnehmern über die Bedeutung der Forschung und Forschungsmethoden aus.

(iii) Deutsch-chinesisches Projekt zur Bildung für nachhaltige Entwicklung in China

Bei Nachhaltigkeitszielen (Sustainable Development Goals, abgekürzt als SDGs) der Vereinten Nationen geht es um 17 globale Entwicklungsziele, die von den Vereinten Nationen im Jahr 2015 festgelegt wurden. Dabei ist Bildung der Schlüssel zur Erreichung der anderen SDGs und spielt daher eine leitende Rolle im Übergangsprozess zur nachhaltigen Entwicklung. In diesem Kontext arbeiten die Zhejiang International Studies University und die Hanns-Seidel-Stiftung seit 2015 zusammen, um umweltrelevante Bildungsprojekte durchzuführen und das Regional Centre of Expertise Hangzhou (RCE Hangzhou) als internationale Plattform, gemeinsam aufzubauen. Die Aktivitäten verstehen sich als Reaktion auf den Aufruf der SDGs und bezwecken die Zielerreichung durch Lehr- und Forschungsprojekte.

Das ZfD hat mit deutschen Institutionen im Hinblick auf Theorie und Praxis zusammengearbeitet. Das „deutsch-chinesische Umweltbildungsprojekt" wurde als internationale Forschungskooperation genehmigt und erfolgreich abgeschlossen. Es wurde vom deutschen Bundesministerium für wirtschaftliche Zusammenarbeit und Entwicklung (BMZ) gefördert und von der ZISU in Zusammenarbeit mit der Hanns-Seidel-Stiftung, der Universität Passau und dem Shanghai Teacher Training Center durchgeführt. Ziel war es, das Bewusstsein und die Fähigkeit der

Grundschüler zum Umweltschutz zu verbessern und die Curriculum-Gestaltung um das Thema Umweltschutz zu erweitern. Zu den Ergebnissen gehören Schriften wie „Projekthandbuch“ und „Rahmenwerk und Leitfaden für Entwicklung von Kursmodulen“, zehn Kursmodule und ein herausgegebenes Buch mit dem Titel „Bildung für nachhaltige Entwicklung in der Grundschule – Curriculum-Gestaltung und Lehre aufgrund deutsch-chinesischer Kooperationen“. Das Projekt hatte eine weitreichende Wirkung: Mehr als 100 Lehrkräfte und 3.000 Schüler/innen aus 11 Schulen in der Provinz Zhejiang nahmen an diesem Projekt teil.

In Bezug auf Projektaktivitäten hat das ZfD in Zusammenarbeit mit dem RCE Hangzhou Wasserschutzveranstaltungen für Jugendliche durchgeführt und das Umweltbewusstsein der Gesellschaft gesteigert. Angesichts der erfolgreichen Umsetzung des deutsch-chinesischen Umweltbildungsprojekts hat das RCE Hangzhou das „River Angels: Youth Water Protection Programm“ ins Leben gerufen, das sich an deutschen Bildungskonzepten und Projektdesign-Ideen für Primar- und Sekundarstufe orientiert. 2019 gewann das Projekt „River Angels“ in einem internationalen Wettbewerb den höchsten Preis der Universität der Vereinten Nationen. Das Projekt widmet sich der Erreichung des SGD 4 („Hochwertige Bildung“) und des SGD 14 („Leben unter Wasser“), indem es sich für eine Veränderung des inhärenten Lehrmodells im Unterricht und die Stärkung des öffentlichen Bewusstseins für den Umweltschutz einsetzt.

Im akademischen Austausch organisierte das ZfD eine Reihe von Vorträgen und Kursen. Dabei fokussierte man sich auf das Bewusstsein für nachhaltige Entwicklung bei Lehrenden und Studierenden an Hochschulen. 2020 wurde das Projekt „Integrating socio-economic Aspects into ESD Teaching and Curricula by Emphasizing the Labor Market Relevance“ mit „2020 Acknowledged Flagship Project“ ausgezeichnet. Das Projekt wurde von der ZISU und der Hanns-Seidel-Stiftung gemeinsam geplant und umgesetzt. Ein Betrag soll zum SDG 8 der Vereinten Nationen (SDG 8: Menschenwürdige Arbeit und Wirtschaftswachstum) geleistet werden. Das Projekt umfasst die Online-Vorlesungswoche „Von der Wiege zum Wiege-Design“ im Juni 2020 und das allgemeinbildende Kursmodul „Bildung für nachhaltige Entwicklung“ im Wintersemester 2020, die das ZfD mitveranstaltet hat. Im Rahmen der beiden genannten Formate wurden jeweils die Themen „Erforschung des Wegs zur Kreislaufwirtschaft“ und „Aktuelle Situation und Trends der nachhaltigen Entwicklung in China und in Europa“ angegangen. Man will sich dabei mit den aktuellen Herausforderungen und Chancen der nachhaltigen Entwicklung in China und Europa auseinandersetzen und die Studierenden für die nachhaltige Entwicklung sensibilisieren, um den Bedürfnissen der Internationalisierung gerecht zu werden.

"融入社会经济要素的 ESD 教学和课程设计" 项目荣获联合国大学 "2020 年度贡献项目奖"
Auszeichnung des Projekts „Integrating socio-economic Aspects into ESD Teaching and Curricula by Emphasizing the Labor Market Relevance" mit dem Preis „Acknowledged Flagship Project" 2020 durch die Universität der Vereinten Nationen

III. Zusammenfassung und Ausblick

Das Zentrum für Deutschlandstudien an der ZISU hat sich seit der Gründung stets für die Förderung des kulturellen Austausches zwischen China und Deutschland im Bereich der Grundbildung eingesetzt. Durch Personalaustausch, Forschungskooperationen und akademischen Austausch trägt es zur deutsch-chinesischen Bildungskooperation im Blickfeld der internationalen Fachkräfteausbildung bei. Dabei verfolgt das ZfD die folgenden Ziele des deutsch-chinesischen Bildungsaustausches.

Verantwortungsbewusstsein die jungen Generation gegenüber der Entwicklung des eigenen Landes. Das Verantwortungsbewusstsein für das eigene Land stellt eine grundlegende Qualität für die heutigen Studierenden, Pädagog/innen und Wissenschaftler/innen dar. Das „Internationale Lehrerausbildungsprogramm" widmet sich der Befähigung von Lehramtsstudierenden im internationalen Austausch, die Traditionen reflektierend zu erben, während sich das „Forschungsprojekt zum Chinabild in deutschen Schulbüchern" um die Erzählung guter Geschichten über China und die Gestaltung eines positiven Chinabildes bemüht. Das Projekt „Bildung für nachhaltige Entwicklung in China" strebt nach der Sensibilisierung der Menschheit zum Schutz der gemeinsamen Lebenswelt.

Ausbildung von Fachkräften mit internationalem Blickfeld. Mit der ständigen Ausweitung der Öffnung Chinas nach außen erfordert die Entwicklung des Landes hochqualifizierte Fachkräfte mit internationalem Blickfeld. Mit dem „Internationalen Lehrerausbildungsprogramm" soll das ZfD der ZISU zukunftsfähige Pädagogen mit globaler Kompetenz ausbilden. Durch das „Forschungsprojekt zum Chinabild in deutschen Schulbüchern" lässt sich erkennen, wie die chinesische Gesellschaft im Ausland wahrgenommen wird. Mit dem Projekt „Bildung für nachhaltige Entwicklung in China" werden Lehrende und Schüler/innen in die Lage versetzt, sich besser an die aktuelle internationale Situation und Trends anzupassen.

Es liegt den Deutschlandforschern an der ZISU am Herzen, die Bildungskooperation zwischen China und Deutschland mit Verantwortungsbewusstsein und internationalem Blickfeld fortzusetzen und stets zu verstärken. Das ist auch das Ziel der Bildung, nach dem wir unermüdlich streben.

Text und Bild: Prof. WU Weidong, CHENG Jing
Zhejiang International Studies University

重走丝路，再叙友谊

——中国无锡–德国博霍尔特汽车拉力赛

2007 年，为庆祝无锡市与德国博霍尔特市友好交流 20 周年及博霍尔特德中友协（DCG）成立 10 周年，无锡市政府联合博霍尔特市德中友协组织举办了“奥运中国行”中国无锡 – 德国博霍尔特汽车拉力赛。所有车手从无锡出发，经由丝绸之路抵达博霍尔特，途径中国、吉尔吉斯斯坦、乌兹别克斯坦、哈萨克斯坦、俄罗斯、乌克兰、摩尔多瓦、罗马尼亚、匈牙利、奥地利和德国等 11 国，赛段全长约 15000 公里（其中约 6500 公里在中国境内），比赛历时两个多月。博霍尔特市德中友协还为活动专门设计了一个包含无锡与博霍尔特字样的标识，贴在汽车车身及车手们的行李箱上，印在定制的队服和帽子上，让沿途的 11 国人民共同见证两市的友

无锡市外办热忱欢迎来自博霍尔特市的车手们
Herzlicher Empfang der Fahrer aus Bocholt durch das Büro für auswärtige Angelegenheiten der Stadt Wuxi

谊，极大地宣传了无锡，扩大了无锡在海内外的影响。参与活动的 10 位车手均为博霍尔特市市民，平均年龄约 60 岁。认识不同的国家，感受不同的文化，享受驾车在路上的感觉，深入了解老朋友无锡，是所有参与者此行的目的。

这场跨越 11 国的汽车拉力赛是博霍尔特德中友协副会长乌多 · 特康普（Udo Tekampe）先生为庆祝两市友好交流 20 周年及博霍尔特德中友协成立 10 周年而发起的。活动一共招募到 10 位参与者，其中年龄最大的已经 72 岁，最小的也已 43 岁。

2007 年 5 月 22 日，车手们领到中国驾照
Erteilung des chinesischen Führerscheins am 22. Mai 2007

此次拉力赛从 1 月初双方初步商定，到 5 月在无锡正式发车，只有短短 4 个月的准备时间。无锡市人民政府外事办公室作为这场活动在无锡的承办方，负责与博霍尔特市德中友协的对接与沟通。这期间，双方要详细沟通实施方案、招募参与人员、细化整个行程、装运车辆、办理各类手续等等。20 多年的深情厚谊激励着隔着 7 个小时时差的两地工作人员把这个活动圆满地推进下去。因为拉力赛是从无锡出发，所以博霍尔特市市长内伯罗（Peter Nebelo）先生在 4 月 11 日就提前为车队举行了发车仪式，预祝大家一路顺风。4 月 13 日，车手们的汽车在博霍尔特被统一

装入集装箱，先于他们踏上了漂洋过海的旅程。

一群外国人驾驶着从德国海运而来的汽车在中国境内行驶大约 6500 公里，这在无锡可谓首次。如何为这些车辆办理清关手续？如何为这些车手申办中国驾照？如何为这些车辆申办临时牌照？……这些都是在无锡的我们面临的问题。车辆的清关手续远比邮寄普通礼品复杂，为了协助车手们办理好清关手续，以便他们在抵达无锡后能顺利取到车辆，我们不断与所有涉及的管理部门沟通联络，了解相关政策和手续程序，也向博霍尔特发出了一封封邮件，补充需要准备的各种材料。

5 月 17 日，参赛车手们如约从欧洲起飞，并于 20 日抵达无锡。随后，我们紧锣密鼓地安排他们去出入境检验检疫局体检，领取健康证明；申办临时中国驾照；去江阴提取已经如期办理好手续并运抵江阴港的车辆，做好车辆检测，办理临时入境牌照等。他们最终拿到手的车辆临时入境牌照为“苏 B00001”等，这个“00001”也代表着无锡是首次办理外国车辆临时入境的业务，更是这场活动特殊性的证明。以上所有手续都是以最快速度完成，减少了车手们的等待时间。与此同时，无锡市外办还准备了丰富多彩的参观考察活动，带领车手们领略无锡这座既古老又现代的城市的魅力。

无锡市政府对这支特殊的车友团给予了最热烈的欢迎。5 月 24 日，在无锡市新体育中心广场，无锡市政府为拉力赛举行了隆重的发车仪式，除了市领导及相关部门负责人之外，无锡市车友会、无锡爱心车队等也有很多代表出席。无锡车友会的部分会员还主动自驾车，随拉力车队行驶至南京以示支持。无锡日报、无锡电视台、无锡广播电台以及博霍尔特当地媒体都对拉力赛进行了跟踪报道。为纪念这场拉力赛，博霍尔特市德中友协专门建立网站，永久展示活动的相关信息。

此次中国无锡 – 德国博霍尔特汽车拉力赛不仅进一步拉近了两市人民的距离，也为两市友好交流留下了一段可以世代流传的佳话。

供稿：无锡市人民政府外事办公室

Die Seidenstraße befahren, die Freundschaft erneuern

— Autokorso Wuxi – Bocholt

Anlässlich des 20-jährigen Jubiläums der Partnerschaft zwischen der chinesischen Stadt Wuxi und der deutschen Stadt Bocholt sowie des 10-jährigen Bestehens der Deutsch-Chinesischen Gesellschaft Bocholt e. V. (DCG) organisierte die Volksregierung Wuxi zusammen mit der DCG Bocholt im Jahr 2007 den Autokorso Wuxi-Bocholt im Rahmen einer China-Reise zu Olympischen Spielen 2008 in Peking. Alle teilnehmenden Fahrer fuhren von Wuxi entlang der Seidenstraße durch elf Länder – China, Kirgistan, Usbekistan, Kasachstan, Russland, Ukraine, Moldawien, Rumänien, Ungarn, Österreich und Deutschland – nach Bocholt und legten in mehr als zwei Monaten eine Strecke von 15.000 km (davon ca. 6.500 km in China) zurück. Die DCG Bocholt entwarf für die Veranstaltung ein spezielles Logo, auf dem die Namen Wuxi und Bocholt stehen. Das Logo wurde an den Karosserien der Autos und auf dem Gepäck der Fahrer angebracht und auf die Teamuniformen und -kappen gedruckt. So konnten die Menschen der elf Länder entlang der Strecke Zeugen der Freundschaft zwischen den beiden Städten werden. Das war eine gut gelungene Werbung für Wuxi und hat die Bekanntheit von Wuxi im In- und Ausland erhöht. Die 10 teilnehmenden Fahrer, die durchschnittlich rund 60 Jahre alt waren, waren alle Bocholter Bürger. Andere Länder kennenzulernen, andere Kulturen zu erleben, das Fahren zu genießen und die altbekannte Stadt Wuxi näher kennenzulernen, waren die Ziele aller Teilnehmer.

Diese Veranstaltung wurde von Herrn Udo Tekampe, Vizepräsident des DCG Bocholt, initiiert, um die 20 Jahre alte Freundschaft zwischen Wuxi und Bocholt sowie das 10-jährige Bestehen der Deutsch-Chinesischen Gesellschaft Bocholt e.V. zu feiern. Dafür wurden insgesamt zehn Teilnehmer angeworben, von denen der älteste schon 72 Jahre alt und die jüngste 43 Jahre alt war.

Von der ersten Vereinbarung Anfang Januar bis zum offiziellen Start in Wuxi im Mai dauerte die Vorbereitungszeit für die Veranstaltung nur vier Monate. Als Veranstalter in Wuxi war das Büro für auswärtige Angelegenheiten der Volksregierung Wuxi für die Koordinierung und Kommunikation mit der DCG Bocholt verantwortlich. Während der Vorbereitungszeit mussten beide Seiten u. a. detailliert über den Durchführungsplan kommunizieren, Teilnehmer anwerben, die gesamte Reiseroute in allen Einzelheiten planen, die Fahrzeuge verladen und alle möglichen Formalitäten erledigen. Die Freundschaft, die seit über zwei Jahrzehnten besteht, motivierte die Mitarbeiter in beiden Städten. Sie haben trotz der siebenstündigen Zeitverschiebung die Veranstaltung erfolgreich durchgeführt. Der Bürgermeister der Stadt Bocholt, Herr Peter Nebelo verabschiedete vorzeitig am 11. April 2007 die Fahrer und wünschte ihnen eine gute Reise. Am 13. April wurden die Autos in Bocholt in Container verladen und gingen noch früher auf Reise als die Fahrer selbst.

Zum ersten Mal fuhr in Wuxi eine Gruppe von Ausländern, die rund 6.500 Kilometer innerhalb Chinas zurücklegen sollten, mit ihren aus Deutschland verschifften Autos. Wie waren die Zollformalitäten für diese Fahrzeuge abzuwickeln? Wie konnten diese

2007 年 5 月 24 日，无锡市政府在无锡市新体育中心广场为拉力赛举行了隆重的发车仪式（JL18）
Auftaktfeier für die Veranstaltung auf dem Platz des neuen Wuxi Sportzentrums am 24. Mai 2007, ausgerichtet von der Volksregierung von Wuxi (JL 18)

车手们发来的沿途风景
Landschaft unterwegs, fotografiert von den Fahrern

Fahrer einen chinesischen Führerschein beantragen? ... Das waren die Fragen, denen wir uns in Wuxi stellten. Die Zollabwicklung bei Fahrzeugen war viel komplizierter als beim Übersenden von normalen Paketen. Um den Fahrern bei der Zollabfertigung zu helfen, damit sie ihre Fahrzeuge nach der Ankunft in Wuxi abholen konnten, standen wir mit allen betroffenen Verwaltungsbehörden in ständigem Kontakt. Wir informierten uns über die relevanten Richtlinien und Verfahren und schickten E-Mails nach Bocholt, wenn verschiedene Unterlagen bereitgestellt werden mussten.

Die teilnehmenden Fahrer flogen wie geplant am 17. Mai in Europa ab und kamen am 20. Mai in Wuxi an. Danach sorgten wir dafür, dass sie zum Amt für Ein- und Ausfuhrinspektion und Quarantäne (CIQ) gingen, um sich medizinisch untersuchen zu lassen und einen Gesundheitspass zu erhalten. Für sie wurde jeweils ein vorläufiger chinesischer Führerschein beantragt. Die Fahrer fuhren nach Jiangyin, um die Fahrzeuge abzuholen, die planmäßig alle Formalitäten durchliefen und im Hafen von Jiangyin abgeliefert wurden. Die Fahrzeuge wurden überprüft und für ein vorläufiges Autokennzeichen angemeldet. Eines der erteilten vorläufigen Einreise-Kennzeichen lautete „SU B00001“. Diese Nummer „00001“ zeigte, dass die Formalitäten für die temporäre Einreise ausländischer Fahrzeuge zum ersten Mal in Wuxi erledigt wurden.

Alle oben genannten Formalitäten wurden so schnell wie möglich abgeschlossen, sodass die Wartezeit für die Fahrer verkürzt wurde. Zwischenzeitlich bot das Büro für auswärtige Angelegenheiten der Stadt Wuxi ein vielfältiges Exkursionsprogramm an, und die Fahrer wurden durch die charmante Stadt Wuxi geführt, die eine moderne Stadt mit langer Tradition ist.

Die Volksregierung der Stadt Wuxi hieß die Fahrergruppe herzlich willkommen. Am 24. Mai fand auf dem Platz des neuen Wuxi Sportzentrums eine große Eröffnungsfeier statt, bei der neben dem Bürgermeister und den Leitern der zuständigen Behörden auch Vertreter des Wuxi Automobilclubs und der Wuxi Freiwilligen Fahrbereitschaft anwesend waren. Einige Mitglieder des Wuxi Automobilclubs begleiteten sogar aus eigener Initiative den Korso bis nach Nanjing. Die Wuxi Daily, das Wuxi TV, Wuxi Radio und die lokalen Medien in Bocholt verfolgten den Autokorso mit großer Aufmerksamkeit. Zur Erinnerung an diese Veranstaltung hat die DCG Bocholt eine Website eingerichtet, auf der sämtliche Informationen darüber dauerhaft zu finden sind.

Der Autokorso Wuxi-Bocholt brachte die Menschen beider Städte näher zusammen und hinterließ eine schöne Geschichte über die Freundschaft beider Seiten, die von Generation zu Generation weitergegeben werden kann.

Text und Bild: Büro für auswärtige Angelegenheiten
der Volksregierung der Stadt Wuxi

引入德国理念，培养创新人才

——“西门子杯”中国智能制造挑战赛

为继续深化中德合作关系，巩固双方的合作成果，在中德合作框架下，特别是面向“中国制造 2025”国家战略，教育部与西门子公司签订教育合作备忘录，双方共同举办“西门子杯”中国智能制造挑战赛。大赛通过与西门子等领先的跨国公司合作，引入德国工程教育理念、工业技术，促进两国人才培养交流，并为培养造就一大批创新能力强、具有国际视野、适应经济社会发展需要的高质量各类型工程人才和技术技能人才而努力，为我国走创新型发展道路、建设创新型国家、全面提高工程质量而服务。通过开展“西门子杯”中国智能制造挑战赛，我们不仅为国内相关工科院校引入了先进的工业技术，同时通过中德交流合作，将德国的工程师文化与国内实际相结合，引导学生培养精益求精的匠心精神。大赛积极践行教育部“双元制教育”的战略，结合德国成熟的双元制职业教育方法，在我国积极促进智能制造企业与参赛工程院校的深入交流和广泛合作。大赛还努力创造中国与德国的师生、工程师、企业家进行多层次交流的机会，不断提升大赛竞赛水平和参赛学生综合能力水平；同时，大赛还在赛事期间积极宣传中国工程教育成果。

一、背景介绍

“西门子杯”中国智能制造挑战赛是教育部与西门子公司签订的战略合作框架下的一项国家级 A 类竞赛，主要面向全国控制科学与工程、电气工程、机械工程、仪表科学与工程、信息与通讯工程、计算机科技与技术等相关学科的研究生、本科生和全国自动化类、机电设备类、机械设计制造类、电子信息类、计算机类及通信类等相关专业的高职高专学生。

在全国近 800 所高校的支持下，大赛已经成为国内智能制造领域规模和影响力最大的学生竞赛之一。2010 年，大赛被纳入教育部质量工程资助项目（控制仿真挑战赛）。2012 年被中国－欧盟工程教育论坛列为唯一支持的大学生竞赛项目。2016 年成为中德青少年交流年活动内容之一。2017 年，大赛被纳入中德高级别人文交流对话机制成果。2019 年，成为中国高等教育学会“全国普通高校学科竞赛排行榜”竞赛；同年，竞赛的机器人赛项成为中国高等教育学会“全国高校机器人竞赛创新指数”竞赛。

二、特色亮点

中国智能制造挑战赛开创了一种全新的竞赛模式。针对工程应用类赛项与设计开发类赛项，它将工业领域的实际需求抽象成一个工程项目作为竞赛对象。大赛组委会充当甲方角色，而参赛队伍以团队的形式充当乙方角色，通过分析、设计、竞标、实施、排错、优化、移交等多个实际环节完成竞赛。参赛队伍在对工业对象进行深入分析的基础上，完成自动化系统的设计，并在真实的工业控制器和仿真的工业对象环境下完成实施与调试，同时运用智能技术兼顾节能、效率等优化目标，以实际效果来决定名次。

针对创新研发类赛项，竞赛要求参赛队伍以创新创业团队的角色，在竞赛主题范围内进行自主选题，完成产品或系统从创意、分析、设计、研发、样机测试、规模生产等环节的研发工作，以所完成工作的创新性、技术难度、工程严谨及市场推广前景为评价依据。

三、组织架构

大赛设全国竞赛组委会为最高决策机构，由主办方、全国竞赛专家组、全国竞赛秘书处、各级竞赛承办单位及其他相关机构的代表组成，全国竞赛秘书处为常设组织与运行机构，包括会务组、技术组、宣传组等。全国竞赛专家组负责比赛命题的设计、审核和最终权威发布，竞赛评分标准的制定、竞赛流程的审核，并参与决赛成绩评定。

四、开展实施

竞赛设立智能制造创新研发、工程设计与应用两大类，共八个赛项。

1.“智能制造创新研发类”赛项

“智能制造创新研发类”赛项培养的是参赛选手的创造力与研发能力，培养目标是产品经理与研发工程师。该赛项涉及的方向包括但不限于智能硬件研发、智能软件研发、数字建模仿真、人工智能、智能产线、智能机器人研发等等。“智能制造创新研发类”赛项包括 2 个赛项，具体为：

（1）智能制造创新研发类赛项：自由探索方向。赛项根据国家发展战略、企业市场需求、制造业未来发展方向等，由专家组确定创新研发的方向与范围。参赛者在此范围内，确定研发项目，完成产品市场调研、创意设计、产品设计、产品开发、原型机制作等。比赛流程包括原型机展示与评测、互动 PK、方案答辩等。

（2）智能制造创新研发类赛项：企业命题方向。赛题来源于制造业企业在升级改造中面临的真实问题，由多家企业根据题目模板直接命题，经专家组审核后，形成正式赛题。参赛者作为乙方，自由选择要完成的项目（题目），完成需求分析、测试用例设计、方案设计、产品建模仿真、样机研发、样机测试等。比赛流程包括原型机展示与评测、互动 PK、方案答辩等。

2.“智能制造工程设计与应用类”赛项

“智能制造工程设计与应用类”赛项包括 6 个赛项，每个赛项均分为本科组和高职组。本科组重点培养参赛选手的设计能力，包括但不限于控制算法、排产调度、智能网关、工艺优化、工程设计以及工程方案实施等。高职组重点培养参赛选手的应用实施能力，包括但不限于控制方案设计、工程实施，故障排查等。具体为：

（1）智能制造工程设计与应用类赛项：流程行业自动化方向。该赛项以智能工厂、智能车间、智能产线中某个连续生产过程的升级改造为背景，参赛队以乙方角色参与连续生产过程的升级改造过程。该赛项重点考查参赛队员的工艺分析、生产优化、智能算法开发、控制系统设计、实施以及异常处理能力。连续过程设计开发赛项要求：根据提供的工艺过程，通过分析工艺流程及对象的特性，对该工艺过程进行生产优化、开车步骤设计、智能算法研发、控制系统设计、实施以及异常处理的工作。

（2）智能制造工程设计与应用类赛项：离散行业自动化方向。该赛项以智能工厂、智能车间、智能产线中某个离散行业为应用背景，参赛队以乙方的角色参与到离散行业的生产中。该赛项重点考查参赛队员对这类离散系统的综合分析、生产优化、智能调度算法开发、控制系统设计、实施及异常处理能力，强调工程方法的严谨性和控制系统应用的完整性，在控制优化、调度方面鼓励创新。赛项以电梯行业（分赛）为应用背景，参赛队员需要根据题目要求完成系统分析、设计、优化、算法研发、控制系统设计、实施以及异常处理等工作。

（3）智能制造工程设计与应用类赛项：离散行业运动控制方向。该赛项以智能工厂、智能车间、智能产线中的运动系统为应用背景，参赛队以项目乙方的角色参与竞赛。赛项重点考查参赛选手对运动控制系统的综合分析、智能算法开发、控制方案设计、实施、模块开发及异常处理能力，鼓励在控制方案及算法方面的创新。赛项分为抽象实验对象与实际生产对象两类，均为实物对象。其中，抽象对象（圆盘同步）考查选手对基础运动控制系统的开发能力。实际生产对象来源于在造纸、印刷等行业中有着广泛应用的物料卷绕系统。参赛队需要完成对象特性及控制需求分析，控制算法设计、优化，控制系统设计、选型与调试，模块开发，控制系统实施、异常情况处理等。

（4）智能制造工程设计与应用类赛项：信息化网络化方向。该赛项以智能工厂、智能车间、智能产线中的实际工业通信网络为应用背景，重点考查参赛选手面向实际工业生产通信网络的需求分析、通讯算法研发、网络结构设计、优化、实施及故障处理能力，鼓励在满足通信需求的条件下在网络结构设计与网络功能实现方面的创新。赛项的竞赛设备以工业 4.0 数字化工厂骨干网络为应用背景，体现工业生产下的高速实时网络需求，涉及工业现场常用的虚拟网络 VLAN、路由、实时通信、无线通信、冗余网络等功能。

（5）智能制造工程设计与应用类赛项：数控数字化双胞胎 – 虚拟调试方向。赛项以制造业数控机床研发、调试为应用背景，参赛队以乙方的角色参与到项目中。依托企业虚拟机床样机设计、调试任务，参赛队以项目承接方的角色参与到比赛中，结合数字化双胞胎技术，完成虚拟机床样机的设计、研发、调试与验证等工作。

（6）智能制造创新研发类赛项：智能产线与协作机器人方向。赛项以制造业中典型的需要人机交互、人机协作的智能产线为背景，参赛者自主设计一套或按照给出的人机交互、人机协作生产的方案，并进行现场应用实施与评测。具体包括需求分析、测试用例设计、方案设计、方案测试、现场实施与评测、方案答辩等。

2019 年，竞赛共设置 17 个分赛区，25 所高校承办全国初赛。2021 年有 40 余所院校承办全国初赛。每年 8 月举办全国总决赛，由来自清华大学、北京科技大学等全国各高校的知名教授和北京七星华创电子股份有限公司、北京蔚蓝数字工业科技有限公司等企业的资深技术专家组成全国总决赛评审专家团，对参赛队伍的参赛方案进行严格评审。

2019 年全国总决赛合影
Gruppenfoto auf dem nationalen Finale 2019

与此同时，竞赛围绕仿真技术、智能制造、工业 4.0、机器人技术、工程人才培养等方面进行了大量的科学宣传、传播、培训活动，取得了很好的效果。具体包括科学讲座、技术培训、研讨会等。在积极开展智能制造相关技术实践交流、校企对话合作的基础上，大赛大力推进赛教融合工作的推进与落实，在紧密结合智能制造技术与国内制造业挑战的同时，着眼于如何将竞赛的技术与模式转化为教学成果的课题，不断通过大赛平台推动智能制造技术与理念的推广普及。

五、实现效果

自 2006 年创办以来，大赛累计培养了 6 万余名优秀毕业生。2019 年，来自 28 个省份、580 余所高校的 4300 余支队伍、16000 余名师生报名参与了全国初赛，经过全国初赛选拔的 198 所高校的 378 支参赛队伍、1400 余名师生成功晋级并完成全国总决赛。与此同时，竞赛期间准备了 20 余场线下培训、若干场线上培训、3 场企业参观调研与企业线上培训、竞赛活动照片直播、竞赛技术分享论坛等实践与创新活动，得到了广大师生、嘉宾评审、合作企业及社会各界的普遍赞誉。

六、媒体评价

竞赛每年受到全国 100 余家大众媒体和行业媒体集中关注和广泛宣传报道。竞赛期间，大赛邀请各界媒体机构及代表来到现场召开媒体会议或采访报道。同时，数百家参赛院校每年也在校内外进行自发性宣传与报道。

受到大众及行业媒体的报道
Berichterstattung in Massen- & Fachmedien

七、计划展望

大赛以“立足培养，重在参与，面向工程，追求卓越”为指导思想，旨在促进高等学校的工程实践能力教育，提高学生的工程兴趣、工程素养、工程设计能力、实践动手能力、工程创新和工程研发能力。未来，大赛秘书处将根据教育部与西门子公司签署的《中华人民共和国教育部和西门子（中国）有限公司教育合作备忘录》精神，继续举办“西门子杯”中国智能制造挑战赛，推动中国工程教育发展。同时，大赛也将结合中德高级别人文交流对话机制，继续促进中德两国工科高校、职业院校、工业企业之间的交流，为中德人文交流的发展贡献力量。

供稿：中国智能制造挑战赛秘书处、北京化工大学，高东

Einführung des deutschen Konzepts zur Ausbildung innovativer Fachkräfte

— „Siemens Cup" China Intelligent Manufacturing Challenge

Um die deutsch-chinesische Zusammenarbeit weiter zu vertiefen und die Errungenschaften der Zusammenarbeit zu festigen, haben das chinesische Bildungsministerium (MoE) und die Firma Siemens im Rahmen der deutsch-chinesischen Zusammenarbeit, insbesondere im Hinblick auf die nationale Strategie „Made in China 2025", ein Memorandum of Understanding zur Bildungskooperation unterzeichnet und organisieren gemeinsam den „Siemens Cup", ein Wettbewerb für Intelligente Fertigung in China (China Intelligent Manufacturing Challenge – CIMC). Durch die Zusammenarbeit mit führenden internationalen Unternehmen wie Siemens zielt der CIMC-Wettbewerb darauf ab, das deutsche Konzept der Ingenieursausbildung und die deutsche Industrietechnik einzuführen und den Austausch in der Fachkräfteausbildung zu intensivieren. Zudem bemüht man sich, eine große Anzahl von qualitativ hochwertigen technischen Fachkräften aller Art mit starker Innovationsfähigkeit und internationalem Blickfeld auszubilden, die den Bedürfnissen der wirtschaftlichen und gesellschaftlichen Entwicklung gerecht werden. Das soll dazu dienen, dass China den innovativen Entwicklungsweg einschlägt, ein innovatives Land aufbaut und die Qualität der technischen Arbeit umfassend verbessert. Mit dem CIMC-Wettbewerb konnten wir nicht nur fortschrittliche Industrietechnologien an chinesischen technischen Hochschulen und Universitäten einführen, sondern auch die deutsche Ingenieurskultur in China vorstellen sowie den Studierenden den Geist der handwerklichen Exzellenz beibringen. Damit setzen wir aktiv die Strategie der „dualen Ausbildung" des Bildungsministeriums um. Unter Einbeziehung der ausgereiften Methodik der dualen Berufsausbildung in Deutschland werden der intensive Austausch und die umfassende Zusammenarbeit zwischen Unternehmen der intelligenten Fertigung und den teilnehmenden technisch orientierten Hochschulen und Universitäten in China eifrig gefördert. Der Wettbewerb ist auch bestrebt, Möglichkeiten für den Austausch zwischen chinesischen und deutschen Lehrenden und Studierenden, Ingenieuren und Unternehmern auf unterschiedlichen Ebenen zu ermöglichen und das umfassende Kompetenzniveau der Teilnehmer kontinuierlich zu verbessern. Außerdem werden im Rahmen des Wettbewerbs die Ergebnisse der Ingenieursausbildung in China vorgestellt.

I. Hintergrund

Der „Siemens Cup" ist ein nationaler A-Klasse-Wettbewerb im Rahmen der strategischen Kooperation zwischen dem Bildungsministerium und Siemens. Der Wettbewerb richtet sich vor allem an Master- und Bachelorstudierende der verwandten Fachrichtungen wie Steuerungswissenschaft und -technik, Elektrotechnik, Maschinenbau, Messwissenschaft und -technik, Informations- bzw. Kommunikationstechnik und Informatik an chinesischen Universitäten sowie an Studierende der verwandten Fachrichtungen Automatisierungstechnik, Mechatronik, mechanische Konstruktion und Fertigung, Elektronik und Informationstechnik, Computertechnik und Kommunikationstechnik an chinesischen beruflichen Hochschulen.

Mit der Unterstützung von fast 800 Hochschulen landesweit hat sich der CIMC zu einem der größten und einflussreichsten studentischen Wettbewerben im Bereich der intelligenten Fertigung in China entwickelt. Im Jahr 2010 wurde der Wettbewerb in das Förderprogramm des Bildungsministeriums (damals unter dem Titel „Control Simulation Challenge") aufgenommen. 2012 wurde er der einzige Studentenwettbewerb, der vom China-EU Forum für Ingenieursausbildung unterstützt wurde. 2016 wurde er in das Deutsch-Chinesische Jahr des Schüler- und Jugendaustauschs eingebunden. 2017 floss der CIMC in die Ergebnisse des hochrangigen Deutsch-Chinesischen Dialogs für den gesellschaftlich-kulturellen Austausch ein. Im Jahr 2019 wurde der Wettbewerb von der Chinesischen Gesellschaft für Hochschulbildung (China Association of Higher Education – CAHE) bei der Aufstellung des „Nationalen Rankings der Fachwettbewerbe in allgemeinen Hochschulen" berücksichtigt. Im selben Jahr fand die Wettbewerbskategorie Robotik Einzug in den „Robotik-Wettbewerbsindex der chinesischen Hochschulen" der CAHE.

II. Highlights

Mit dem CIMC wurde ein neues Wettbewerbsmodell geschaffen. Für die Kategorien „technische Anwendung" sowie „Engineering und Entwicklung" wird ein praxisbasiertes Engineering-Projekt als Aufgabe gestellt. Das Organisationskomitee spielt die Rolle des Auftraggebers, während die teilnehmenden Mannschaften die Rolle des Auftragnehmers übernehmen. Diese müssen den ganzen Prozess von Analyse, Entwurf, über Bewerbung, Umsetzung, Fehlerbehebung, bis hin zur Optimierung und Übergabe durchlaufen. Die Mannschaften sollen auf der Grundlage der eingehenden Analyse ein Automatisierungssystem entwerfen und die Umsetzung und Inbetriebnahme mit einer realen industriellen Steuerung und dem simulierten industriellen Objekt abschließen. Gleichzeitig sollen Optimierungsziele wie Energieeinsparung und Effizienz durch Anwendung intelligenter Technologien berücksichtigt werden. Die Projektergebnisse bestimmen die Rangfolge im Wettbewerb.

In der Kategorie „innovative Forschung und Entwicklung" wird verlangt, dass die Mannschaften die Rolle eines Innovations- und Existenzgründungsteams übernehmen. Sie können ihr eigenes Thema innerhalb des vom Wettbewerb vorgegebenen Themenbereichs wählen und die F&E eines Produkts bzw. eines Systems von der Ideenentwicklung, Analyse, über Entwurf, Entwicklung, Test des Prototyps bis hin zur Serienproduktion durchführen. Die Bewertung basiert auf der Innovation, der technischen Schwierigkeit, der Genauigkeit des Prozesses und der Vermarktbarkeit der Arbeitsergebnisse.

III. Aufbauorganisation

Das Organisationskomitee für den nationalen Wettbewerb ist das höchste Entscheidungsorgan vom CIMC, das aus Vertretern des Veranstalters, der Expertengruppen und des Sekretariats für den nationalen Wettbewerb, der Wettbewerbsveranstalter auf allen Ebenen und weiterer relevanter Institutionen besteht. Das Sekretariat für den nationalen Wettbewerb ist das ständige Organ für Organisation und Betrieb und besteht u. a. aus einem Team für Konferenzangelegenheiten, der technischen Fachgruppe und einem Team für Öffentlichkeitsarbeit. Die Expertengruppe für den nationalen Wettbewerb ist zuständig für die Gestaltung, Überprüfung und endgültige Freigabe der Wettbewerbsaufgaben, die Überprüfung der Bewertungskriterien und des Wettbewerbsprozesses sowie die Mitwirkung an der Bewertung der Endergebnisse.

IV. Umsetzung

Im CIMC gibt es insgesamt acht Disziplinen in zwei Kategorien, nämlich innovative Forschung und Entwicklung, technisches Engineering und Anwendung für intelligente Fertigung.

1. Disziplinen in der Kategorie „Innovative Forschung und Entwicklung für intelligente Fertigung"

Die Kategorie „Innovative Forschung und Entwicklung für intelligente Fertigung" fördert die Kreativität und F&E-Fähigkeiten der Teilnehmer und zielt auf die Ausbildung von Produktmanagern und F&E-Ingenieuren. Dabei handelt es sich insbesondere um die Forschung und Entwicklung von intelligenten Hardwares und Softwares, digitale Modellierung und Simulation, künstliche Intelligenz, intelligente Produktionslinien und die Forschung und Entwicklung von intelligenten Robotern. Die Kategorie „Innovative Forschung und Entwicklung für intelligente Fertigung" umfasst zwei Disziplinen:

(1) Innovative Forschung und Entwicklung für intelligente Fertigung: freie Erforschung. Entsprechend der nationalen Entwicklungsstrategie, der Marktnachfrage und der Entwicklungsrichtung der Fertigungsindustrie legt die Expertengruppe die Richtung und den Rahmen für die innovative Forschung und Entwicklung fest. In diesem Rahmen bestimmen die Teilnehmer das F&E-Projekt, führen die Produktmarktforschung, das kreative Design, das Produktdesign, die Produktentwicklung und die Herstellung des Prototyps durch. Der Wettbewerbsprozess umfasst u.a. Darstellung und Test des Prototyps, einen interaktiven Wettkampf und dieVerteidigung des Konzepts.

(2) Innovative Forschung und Entwicklung für intelligente Fertigung: von Unternehmen vorgegebene Aufgaben. Die Aufgaben leiten sich von den realen Problemen ab, mit denen Fertigungsunternehmen bei der Modernisierung und Umgestaltung konfrontiert sind. Die Probleme stammen direkt von den Unternehmen. Die Unternehmen stellen anhand einer Vorlage ihre Aufgaben, die nach Überprüfung durch die Expertengruppe dann offiziell als Aufgaben im Wettbewerb eingesetzt werden. Die Teilnehmer wählen als Auftragnehmer das zu bearbeitende Projekt (Aufgabe)

frei aus, führen die Bedarfsanalyse, das Testfalldesign, den Konzeptentwurf, die Produktmodellierung und -simulation, die Prototypentwicklung und den Prototyptest durch. Der Wettbewerbsprozess umfasst u.a. Darstellung und Test des Prototyps, einen interaktiven Wettkampf und dieVerteidigung des Konzepts.

2. Disziplinen in der Kategorie „Technisches Engineering und Anwendung für intelligente Fertigung"

Die Kategorie „Technisches Engineering und Anwendung für intelligente Fertigung" umfasst sechs Disziplinen, die jeweils in die Bachelorgruppe und Berufshochschulgruppe unterteilt sind. Der Wettbewerb für die Bachelorgruppe konzentriert sich auf die Entwicklung der Designfähigkeiten der Teilnehmer, insbesondere im Hinblick auf Steuerungsalgorithmen, Produktionsplanung, intelligentes Gateway, Prozessoptimierung, technisches Engineering und Umsetzung technischer Lösungen. Der Wettbewerb für die Berufshochschulgruppe konzentriert sich auf die Entwicklung der Fähigkeiten von Teilnehmern zur Anwendung und Umsetzung, insbesondere hinsichtlich des Entwurfs von Steuerungsplänen, der technischen Implementierung, der Fehleridentifizierung usw. Im Einzelnen geht es um:

(1) Technisches Engineering und Anwendung für intelligente Fertigung: Automatisierung in der Prozessindustrie. Den Hintergrund für diese Disziplin bilden die Modernisierung eines kontinuierlichen Produktionsprozesses in einer intelligenten Fabrik, einer intelligenten Werkhalle oder einer intelligenten Produktionslinie. Die teilnehmenden Mannschaften arbeiten als Auftragnehmer an der Modernisierung des kontinuierlichen Produktionsprozesses mit. Der Schwerpunkt liegt auf der Prüfung der Fähigkeiten von Teilnehmern zur Prozessanalyse, der Produktionsoptimierung, der Entwicklung intelligenter Algorithmen, dem Entwurf bzw. der Umsetzung von Steuerungssystemen und der Behandlung von Anomalien. Anforderungen an den Entwurf und die Entwicklung kontinuierlichen Prozesses: Nach dem vorgegebenen Verfahren werden der Prozessablauf und die Objekteigenschaften analysiert. Daraufhin wird der Produktionsprozess optimiert, die Vorgehensweise der Inbetriebnahme entworfen, intelligente Algorithmen entwickelt, das Steuerungssystem entworfen und umgesetzt sowie Anomalien behandelt.

(2) Technisches Engineering und Anwendung für intelligente Fertigung: Automatisierung in der diskreten Industrie. Den Hintergrund für die Anwendung

in dieser Disziplin bildet eine diskrete Industrie in einer intelligenten Fabrik, einer intelligenten Werkhalle oder einer intelligenten Produktionslinie. Die teilnehmenden Mannschaften arbeiten als Auftragnehmer an der Produktion der diskreten Industrie mit. Der Schwerpunkt liegt auf der Prüfung der Fähigkeiten zur umfassenden Analyse solcher diskreten Systeme, der Produktionsoptimierung, der Entwicklung intelligenter Algorithmen für Planung, dem Entwurf bzw. der Umsetzung von Steuerungssystemen und der Behandlung von Anomalien. Dabei werden die Genauigkeit der Engineering-Methoden und die Integrität der Steuerungssystemanwendungen hervorgehoben. Innovationen in der Steuerungsoptimierung und -planung werden gefördert. Der Anwendungshintergrund für den Wettbewerb ist die Aufzugsbranche (Teildisziplin). Die Mannschaften müssen entsprechend den Anforderungen der Aufgabe das System analysieren, entwerfen, optimieren, Algorithmen entwickeln, das Steuerungssystem entwerfen und umsetzen sowie Anomalien behandeln.

(3) Technisches Engineering und Anwendung für intelligente Fertigung: Bewegungssteuerung in der diskreten Industrie. Den Hintergrund für die Anwendung in dieser Disziplin bildet ein Bewegungssystem in einer intelligenten Fabrik, einer intelligenten Werkhalle oder einer intelligenten Produktionslinie. Die teilnehmenden Mannschaften nehmen als Auftragnehmer am Wettbewerb teil. Der Schwerpunkt liegt auf der Prüfung der Fähigkeiten der Teilnehmer zur umfassenden Analyse des Bewegungssystems, der Entwicklung intelligenter Algorithmen, dem Entwurf bzw. der Umsetzung von Steuerungsplänen, der Modulentwicklung und der Behandlung von Anomalien. Innovationen in der Steuerungsoptimierung und -planung werden gefördert. In zwei Unterdisziplinen werden jeweils abstrakte Versuchsobjekte und tatsächliche Produktionsobjekte behandelt, die beide reale Gegenstände sind. Bei dem abstrakten Objekt (Synchronisation von Scheiben) geht es um die Prüfung der Fähigkeiten der Teilnehmer zur Entwicklung einer grundlegenden Bewegungssteuerung. Das tatsächliche Produktionsobjekt wird vom Materialwickelsystem abgeleitet, das u. a. in der Papier- und Druckindustrie weit verbreitet ist. Die Mannschaften müssen u. a. die Objekteigenschaften und den Steuerungsbedarf analysieren, Steuerungsalgorithmen entwerfen, optimieren, das Steuerungssystem entwerfen, Typen auswählen und anpassen, Module entwickeln, das Steuerungssystem umsetzen und Anomalien behandeln.

(4) Technisches Engineering und Anwendung für intelligente Fertigung: Informatisierung und Vernetzung. Den Hintergrund für die Anwendung in dieser Disziplin bildet das tatsächliche industrielle Kommunikationsnetzwerk in einer intelligenten Fabrik, einer intelligenten Werkhalle oder einer intelligenten Produktionslinie. Der Schwerpunkt liegt auf der Prüfung der Fähigkeiten der Teilnehmer zur Bedarfsanalyse, der Entwicklung von Kommunikationsalgorithmen, dem Entwurf, Optimierung bzw. der Umsetzung der Netzwerkstruktur und der Behandlung von Störungen. Innovationen in Bezug auf den Entwurf der Netzwerkstruktur und der Umsetzung von Netzwerkfunktionen unter der Voraussetzung, den Kommunikationsbedarf zu erfüllen, werden gefördert. Die Wettbewerbsausrüstungen basieren auf dem Anwendungshintergrund des Hauptnetzwerks der digitalen Fabrik der Industrie 4.0 und sind Ausdruck der Anforderungen an Hochgeschwindigkeits-Echtzeit-Netzwerk in der industriellen Produktion. Dabei geht es um die in der Industrie üblichen Funktionen, wie z.B. das virtuelle Netzwerk VLAN, Routing, Echtzeitkommunikation, drahtlose Kommunikation und redundantes Netzwerk.

(5) Technisches Engineering und Anwendung für intelligente Fertigung: CNC digitaler Zwilling-virtuelle Einstellung. Den Hintergrund für die Anwendung in dieser Disziplin bilden die Entwicklung und Einstellung von CNC-Werkzeugmaschinen in der Fertigungsindustrie. Die teilnehmenden Mannschaften arbeiten als Auftragnehmer am Projekt mit. Als Projektnehmer führen sie im Wettbewerb anhand des Auftrags der Unternehmen zum Entwurf und der Inbetriebnahme des Prototyps von virtuellen Werkzeugmaschinen in Kombination mit der Technologie des digitalen Zwillings den Entwurf, die Forschung und Entwicklung, die Einstellung und die Verifizierung des Prototyps der virtuellen Werkzeugmaschine durch. Es sollen erstklassige Fachkräfte für Entwurf und Entwicklung mit umfassenden Kompetenzen in digitalen „Entwerfen + Einstellen + Programmieren“ ausgebildet werden.

(6) Innovative Forschung und Entwicklung für intelligente Fertigung: Intelligente Produktionslinie und kollaborativer Roboter. Den Hintergrund in dieser Disziplin bilden die typischen intelligenten Produktionslinien in der Fertigungsindustrie, die Mensch-Maschine-Interaktion bzw. Mensch-Roboter-Kooperation erfordern. Die teilnehmenden Mannschaften entwerfen eigenständig oder nach Vorgaben ein Konzept für Produktion mit Mensch-Maschine-Interaktion bzw. Mensch-

Maschine-Kollaboration und führen die Anwendung, Umsetzung und Evaluierung vor Ort durch. Im Einzelnen: die Bedarfsanalyse, das Testfalldesign, der Konzeptentwurf, der Konzepttest, die Vor-Ort-Umsetzung und -evaluierung sowie die Verteidigung des Konzepts.

Im Jahr 2019 organisierten insgesamt 25 Hochschulen und Universitäten in 17 Regionen die Vorrunde des nationalen Wettbewerbs, während im Jahr 2021 mehr als 40 Hochschulen und Universitäten die Vorrunde veranstalten werden. Das nationale Finale findet jedes Jahr im August statt. Renommierte Professoren der Universitäten aus ganz China, darunter der Tsinghua University und der University of Science and Technology Beijing, sowie erfahrende technische Experten der Unternehmen wie z. B. Beijing Sevenstar Electronics Co., Ltd. und Beijing Blue Industry bilden die Jury des nationalen Finales, die die Konzepte der Mannschaften genau sichtet und bewertet.

2019 年八大赛项全国总决赛最佳队伍代表合影
Gruppenfoto der Vertreter der besten Mannschaften in allen acht Disziplinen auf dem nationalen Finale 2019

Im Rahmen des CIMC-Wettbewerbs werden außerdem zahlreiche Veranstaltungen zur wissenschaftlichen Vermittlung, Verbreitung und Schulung rund um Simulationstechnologie, intelligente Fertigung, Industrie 4.0, Robotik und die Ausbildung technischer Fachkräfte durchgeführt, was gute Ergebnisse erzielt hat. Dazu gehören insbesondere wissenschaftliche Vorträge, technische Schulungen,

Workshops usw. Anhand des aktiven Austausches über die Technologien und die Praxis bezüglich intelligenter Fertigung werden die Förderung und Umsetzung der Integration von Wettbewerb und Ausbildung durch Dialoge und Zusammenarbeit zwischen Bildungseinrichtungen und Betrieben energisch vorangetrieben. Im engen Anschluss an die Technologien der intelligenten Fertigung und die Herausforderungen der chinesischen Fertigungsindustrie befasst sich CIMC mit dem Thema, wie die Technologien als Wettbewerbsergebnisse und die Wettbewerbsform in den Unterricht eingebaut werden können. Der Wettbewerb funktioniert als Plattform, die die Technologien und Ideen der intelligenten Fertigung immer weiter fördert bzw. verbreitet.

V. Ergebnisse

Seit 2006 sind insgesamt mehr als 60.000 Absolvent/innen durch den CIMC-Wettbewerb ausgebildet worden. 2019 meldeten sich mehr als 4.300 Mannschaften mit über 16.000 Lehrenden und Studierenden aus rund 580 Hochschulen und Universitäten in 28 Provinzen zur Vorrunde an. 378 Mannschaften von über 1.400 Lehrenden und Studierenden aus 198 Hochschulen und Universitäten konnten die Vorrunde schaffen und das nationale Finale absolvieren. Im Rahmen des Wettbewerbs fanden parallel praktische und innovative Aktivitäten statt: mehr als 20 Offline-Schulungen, mehrere Online-Schulungen, 3 Unternehmensbesuche bzw. Online-Schulungen durch Unternehmen, Live-Übertragung von Wettbewerbsaktivitäten mit Fotos und Forum zum technischen Austausch. Die Veranstaltungen wurden von Lehrenden und Studierenden, Gastjuroren, Partnerunternehmen und der breiten Öffentlichkeit gelobt.

VI. Presseechos

Jedes Jahr erlangt der CIMC-Wettbewerb die Aufmerksamkeit von mehr als 100 Massen- und Fachmedien in China und eine umfangreiche Berichterstattung. Während des Wettbewerbs werden Medien aus allen Fachbereichen zu Pressekonferenzen oder Interviews eingeladen. Die teilnehmenden Hochschulen und Universitäten in ganz China führen jedes Jahr ebenfalls Öffentlichkeitsarbeit und Berichterstattungen innerhalb und außerhalb des Campus durch.

VII. Plan und Ausblick

Mit dem Leitgedanken „Ausbildung im Mittelpunkt, aktive Teilnahme, technische Orientierung und Streben nach Exzellenz“ bemüht der CIMC-Wettbewerb sich, die Ausbildung der praktisch orientierten technischen Kompetenzen an den Hochschulen zu fördern, das Interesse der Studierenden an den Ingenieurswissenschaften, ihre technische Qualifikation, ihre Fähigkeiten zum Engineering, zur praktischen Handhabung, zur technischen Innovation sowie zur Forschung und Entwicklung zu verbessern. In Zukunft werden wir im Sinne des Memorandum of Understanding zur Bildungskooperation zwischen dem Bildungsministerium und Siemens den „Siemens Cup“ fortsetzen, um die Entwicklung der Ingenieursausbildung in China voranzutreiben. Außerdem werden wir im Rahmen des Deutsch-Chinesischen Dialogs für den gesellschaftlich-kulturellen Austausch weiterhin den Austausch zwischen chinesischen und deutschen technischen Hochschulen, Berufshochschulen und Industrieunternehmen fördern.

Text und Bild: GAO Dong
Secretariat des China Intelligent Manufacturing Challenge (CIMC)
Beijing University of Chemical Technology

架起中德高等教育的“连心桥”

——合肥学院

案例简介

中西合璧，共建合肥学院；皖德交流，合写友谊华章。1985 年，基于安徽省和德国下萨克森州间中德首个省州合作关系框架，合肥学院开启了对德教育交流合作的篇章。2015 年，学校喜迎李克强总理与时任德国总理默克尔（Angela Merkel）视察，共同见证中德合作共建合肥学院 30 年的风雨历程。

一、牵手三十余年，共建中德示范合作伙伴

1985 年，合肥学院开启了对德教育交流合作。36 年来，合肥学院与德国 19 所应用科学大学建立了友好合作关系，在德国施特拉尔松德共建了孔子学院，在国内首次实践了中德跨国校企合作基础上的双元制本科层次人才培养“大陆班”及双元制硕士人才培养“欧绿保班”。学校至今共派出赴德留学生 2256 名、访学进修教师 520 余名；德方共派遣 580 人次教授和专家来校工作，共有 970 余名德国学生来校留学、实习和研习。此外，先后有超过 610 个来自德国政府、社会团体、友好学校及企业代表团来校访问。

合肥学院凭借在与德国应用科学大学合作过程中积累的丰富经验和深度思考，结合国内教育环境和人才培养需求，早在 2003 年就明确了“地方性、应用型、国际化”的办学定位。学校在借鉴德国应用科学大学办学经验的基础上，围绕应用型人才培养关键要素，探索实施模块化教学改革，根据国情和校情，持续不断地进行本土化的教学改革，坚持改“知识输入导向”为“知识输出导向”，改“学科逻辑体系”为“技术逻辑体系”，突破学科定势打造模块化课程，构建了具有鲜明特色的应用型人才培养体系，为区域发展培养了大批高素质应用型人才，并因此连续两次获

得国家级教学成果一等奖，两次获得国家级教学成果二等奖。

30 余年来，近 60 位德国教授活跃于合肥学院的校园，其中 3 人获得“中国政府友谊奖”，并先后参加李克强总理与外国专家新春座谈会，为我国应用型高等教育的发展及中德合作建言献策。学校正在实施的中德教学与科研共建平台共有 14 个，涉及智能制造与物流、环境保护、新型材料、工业设计、信息处理与大数据等众多新兴产业领域。

2015 年，恰逢中德共建合肥学院三十周年，李克强总理与时任德国总理默克尔共同视察合肥学院，并宣布在合肥学院设立“中德教育合作示范基地”。目前，合肥学院正积极落实由教育部与安徽省人民政府共同牵头的“中德教育合作示范基地”建设方案，完善中德应用型高校教师能力发展中心、中德青年学生创业孵化中心、中德人才交流中心、中德应用科学学院、中德校企协同创新中心、中德应用型高等教育研究与交流中心六大平台建设。

2017 年，合肥学院积极发挥引领示范作用，牵头组织成立了“中国教育国际交流协会应用型高校国际交流分会”，连续 13 年组织举办“中德应用型高等教育研讨会”，迄今共有来自 5 个国家的近 600 所应用型高校、约 4800 余人次专家代表参会，就应用型人才培养的理念、模式、课程体系、社会支撑体系等进行了深入系统的交流，取得了丰硕的学术成果和良好的国际声誉。此外，合肥学院积极利用国际合作资源，基于分会平台先后打造了中荷、中瑞（士）、中奥、中法、中意等双边及多边应用型高等教育学术交流会议平台，并以中文和德文出版发行全球唯一聚焦该领域的学术期刊——《应用型高等教育研究》。

二、携手向明天，同心育英才

（一）中德共建双元制大陆班，培养创新卓越工程师

2016 年 9 月 7 日，正在德国汉诺威访问的合肥学院代表团在参加中德（安徽）经贸合作推介会期间，与德国埃姆登/里尔应用科学大学、德国大陆集团轮胎事业部就合作设置中国国内首个“双元制”本科层次高等教育专业签署合作框架协议。合肥学院联合在德友好学校——埃姆登/里尔应用科学大学、合肥学院友好合作企业——德国大陆马牌轮胎有限公司，共同于合肥学院设立“大陆班”，开设“双元制”高等教育课程，这是我国境内双元制高等教育的首次尝试。在这种教育教学模式中，校企深化合作，企业全流程参与应用型本科人才高质量培养，通过院系融合交叉改革，打破学科壁垒，培养学生创新能力与精神。

自 2016 年 12 月起，“大陆班”学生面向全校双向遴选，主要以当年入学的机械、电子等专业的学生为主。“国际视野”“高素质”“应用型”，是大陆班最核心的 3 个关键词。大一、大二期间，“大陆班”学生在校学习机械设计制造及其自动化基础课程和德语课程。大三、大四阶段，一部分通过德语考试和埃姆登/里尔应用科学大学考核的学生，将前往该校学习一年，并在寒暑假期间前往德国汉诺威大陆集团总部实训中心实践培训。其余学生则分成不同小组同步进入大陆集团合肥工厂进行为期一年的企业实训，每半年轮岗一次。

合肥学院 2020 届双元制大陆班毕业典礼暨学位授予仪式
Abschlussfeier und Verleihung der akademischen Grade des dualen Studiengangs „Conti-Class“ des Jahrgangs 2020 an der Universität Hefei (HFU)

2020 年 6 月，在疫情后的艰难就业季，合肥学院 2016 级首届大陆班毕业生徐超拿到了全球 500 强、知名轮胎制造企业德国大陆集团合肥工厂的录用通知书，进入核心制造部门。7 月，“大陆班”21 名学生全部顺利毕业，就业率达到了百分之百。本科毕业即进入全球 500 强公司，实现了高质量就业，究竟为何？合肥学院的解答是：引入德国王牌制造企业，全流程参与应用型本科人才高质量培养。

从引入双元制教育到双元制教育开始细分深化，从高校主动转型到企业真正成为培养主体，这种探索与国家高等教育创新发展需求实现了同频共振。

（二）共同发展中德合作物流管理项目，培养“高层次、应用型、国际化”的现代物流人才

2011 年，合肥学院与德国奥斯纳布吕克应用科学大学合作共建的中德合作物流管理专业开始招生。该专业是教育部批准的安徽省第一个对外合作办学项目，也受到德国学术交流中心的支持。自 1985 年起，德方合作院校奥斯纳布吕克应用科学大学与我校经济管理专业合作，我校先后派遣近 20 名教师到该校留学进修、百名学生到该校留学，奥斯纳布吕克应用科学大学教师也有 10 多人在我校担任客座教授。

2019 年 5 月，为了向德国介绍中国“一带一路”倡议和具体实践，向更多中德企业推介合肥－汉堡中欧班列，吸引沿线国家相关企业关注和参与中国的“一带一路”项目，合肥学院与奥斯纳布吕克应用科学大学合作开展了“一带一路”中欧班列实践调研项目，并沿途拍摄了纪录片。该项目主要是对中欧班列沿路的货运情况、沿线国家的经济影响以及其实际运营情况进行调研分析；12 名来自合肥学院和奥斯纳布吕克应用科学大学的学生参与了这一关于国际贸易与竞争的国际交流。

此次调研组成员共分三路，第一调研组和第二调研组各由 3 个德国学生和 3 个中国学生、1 个摄影专家和 3 个来自奥斯纳布吕克应用科学大学和合肥学院的陪同老师组成。一队从合肥出发，一队从德国汉堡出发，沿着合肥－汉堡中欧班列访问位于中国、哈萨克斯坦、俄罗斯、波兰和德国的 9 个货物枢纽及贸易中心。第三调研组由 4 名德国学生组成，直接去哈萨克斯坦的阿拉木图进行宣传会前期准备活动。三支队伍最终于哈萨克斯坦阿拉木图市成功汇合。调研组成员花费共 18 天的时

调研组成员相聚阿拉木图，参加“一带一路”研讨会
Die Angehörigen der Forschergruppe trafen sich in Almaty, um an dem Seminar zum Thema „One Belt One Road“ teilzunehmen

间，用车轮和双脚丈量了 12000 公里的新丝路，横跨欧亚五国，交通工具仅依靠汽车和火车。他们去过西安、兰州探索古丝绸之路起点，访问古丝绸的历史渊源以及今“一带一路”政策的契合点和差异点；他们的脚步踏上过霍尔果斯，领略“一带一路”上的人文风情；他们途径阿拉山口岸，去实地观察货物过境运输流程及火车换轨情况；他们最终到达哈萨克斯坦的阿拉木图市，于哈萨克斯坦德哈学院进行成果汇报。各调研组学生成员以合肥－汉堡线路为例，探讨了“一带一路”中欧班列项目对于沿线经济、文化的影响，特别是对沿线物流产业发展的影响。该项目东至上海，西至哈萨克斯坦阿拉木图，跨越 1 万多公里，筹备时间达 1 年之久，历时 18 天，访谈 20 多次，调研队伍成员由 3 所学校师生组成，人员众多。合肥国际内陆港集团、奇瑞集团及西安博物院等多家企业、单位对此次调研予以积极支持，有效架设了不同文明互学互鉴的桥梁，有力推动了地方对“一带一路”倡议的理解，更促进了企业倡导绿色物流的发展理念。

2019 年 11 月 15 日，中德共建的物流 4.0 实验室顺利启用。物流 4.0 实验室由合肥学院、德国奥斯纳布吕克应用科学大学及德国博格集团合作共建，旨在进一步拓展校企合作领域，增强专业学生实践能力，积极迎接德国“中国制造 2025”与“工业 4.0”的合作发展。实验室引入博格公司“工业 4.0”现代化企业物流体系，有利于应用型人才培养和企业产业服务升级，标志着中国与德国之间、高校与高校之间、企业与高校之间的深度融合与创新。

2021 年 2 月 1 日，合肥学院与德国奥斯纳布吕克应用科学大学在线签订关于全面开展经济与管理类专业人才联合培养的协议。本次协议的签署将扩大两校在经管领域的人才联合培养，有力推动两校合作。

结语

30 多年来，合肥学院与德方合作院校共同实践“应用型高等教育”的崭新理念，共同探索应用型大学的发展之路，在中国地方本科高校向应用型转变的过程中发挥了重要的引领和示范作用。

供稿：合肥学院，方宗保、吴亚男、何晓娅

Eine „Brücke“ zwischen chinesischer und deutscher Hochschulbildung

— Universität Hefei

Einführung

Die Universität Hefei entwickelt sich in der chinesisch-europäischen Zusammenarbeit, und die Freundschaft vertieft sich durch Austausch zwischen der Provinz Anhui und Deutschland. Im Jahr 1985 begann die Universität Hefei (HFU) im Rahmen der partnerschaftlichen Zusammenarbeit zwischen der Provinz Anhui und dem Bundesland Niedersachsen – die erste Partnerschaft eines deutschen Bundeslandes mit einer Provinz der Volksrepublik China – mit der Zusammenarbeit und dem Austausch mit Deutschland im Bildungsbereich. 2015 freute sich die Universität über den Besuch des Premierministers LI Keqiang und der deutschen Bundeskanzlerin Angela Merkel, die die 30-jährige Geschichte des deutsch-chinesischen gemeinsamen Aufbaus der Universität Hefei miterleben durften. Bisher pflegt die HFU freundschaftliche Partnerschaften mit 19 deutschen Fachhochschulen. In Stralsund wurde gemeinsam ein Konfuzius-Institut gegründet. Und zum ersten Mal wurde in China das duale System auf der Bachelor- bzw. Master-Ebene praktiziert, indem der Studiengang „Conti-Class“ und der „ALBA-Studiengang“ im Kontext der internationalen Kooperationen zwischen der chinesischen Hochschule und der deutschen Wirtschaft eingerichtet wurden.

I. Vorbild der deutsch-chinesischen Partnerschaft, die sich aus der Zusammenarbeit von über drei Jahrzehnten ergibt

Im Jahr 1985 startete die HFU die Zusammenarbeit und den Austausch mit Deutschland im Bildungsbereich. Seit 36 Jahren pflegt die HFU freundschaftliche

Partnerschaften mit 19 deutschen Fachhochschulen. In Stralsund wurde gemeinsam das Konfuzius-Institut gegründet. Und zum ersten Mal wurde in China das duale System auf der Bachelor- bzw. Master-Ebene praktiziert, indem jeweils der Studiengang „Conti-Class“ und der „ALBA-Studiengang“ auf der Basis der internationalen Kooperationen zwischen der chinesischen Hochschule und der deutschen Wirtschaft eingerichtet wurden. Bisher hat die Universität insgesamt 2.256 Studierende und 520 Gastdozenten nach Deutschland geschickt. Aus Deutschland statteten Professoren und Experten insgesamt 580 Besuche an der Hochschule ab. Mehr als 970 deutsche Studierende sind zum Studium, für Praktika und Workshops an die HFU gekommen. Darüber hinaus haben mehr als 610 Delegationen der Regierung, gesellschaftlicher Organisationen, der Partnerhochschulen oder Unternehmen aus Deutschland die HFU besucht.

Im Zuge der Zusammenarbeit mit deutschen Fachhochschulen konnte die HFU viele Erfahrungen sammeln. Damit hat die Universität unter Berücksichtigung der Bildungslandschaft und des Bedarfs an Fachkräfteausbildung in China bereits 2003 die „lokale, anwendungsorientierte und internationale“ Ausrichtung für die eigene Entwicklung festgelegt. Auf Basis der Erfahrungen deutscher Fachhochschulen erforscht die Universität modularisierte Umstrukturierung im Hinblick auf die Schlüsselelemente der anwendungsorientierten Fachkräfteausbildung. Dabei führt sie nach den Ortsgegebenheiten an der Hochschule lokalisierte Bildungsreformen durch und wandelt die „Wissenseingabeorientierung“ zur „Wissensausgabeorientierung“ und das „Logiksystem der Wissenschaftsdisziplinen“ zum „Logiksystem der Technologie“ um. Anstatt festgelegter Disziplinen werden modulare Curricula geschaffen. So wird ein System der anwendungsorientierten Fachkräfteausbildung mit unverwechselbarem Profil aufgebaut und eine große Anzahl von hochqualifizierten anwendungsorientierten Fachkräften für die regionale Entwicklung ausgebildet. Daraufhin hat die HFU zweimal hintereinander landesweit den ersten Preis und zweimal den zweiten Preis für herausragende Lehre gewonnen.

In den letzten drei Jahrzehnten waren beinahe 60 deutsche Professoren auf dem Campus der HFU tätig. Drei von ihnen wurden mit dem „Freundschaftspreis der chinesischen Regierung“ ausgezeichnet und durften am jeweiligen Neujahrssymposium vom Premierminister LI Keqiang für ausländische Experten teilnehmen, um Ratschläge und Anregungen für die Entwicklung der anwendungsorientierten Hochschulbildung in China und für die deutsch-chinesische

Zusammenarbeit vorzubringen. Die Universität ist derzeit damit beschäftigt, 14 deutsch-chinesische Plattformen für Lehre und Forschung in den Zukunftsbranchen wie intelligente Fertigung und Logistik, Umweltschutz, neue Materialien, Industriedesign, Informationsverarbeitung und Big Data aufzubauen.

Im Jahr 2015 besuchten Premierminister LI Keqiang und Bundeskanzlerin Angela Merkel die HFU anlässlich des 30. Jubiläums zum deutsch-chinesischen gemeinsamen Aufbau der Universität Hefei und verkündeten die Etablierung der „Modelleinrichtung für chinesisch-deutsche Bildungskooperation" an der HFU. Zurzeit setzt die HFU aktiv den Bauplan der „Modelleinrichtung für chinesisch-deutsche Bildungskooperation" um, der vom Bildungsministerium und der Provinzregierung Anhui vorgelegt und vom Staatsrat genehmigt wurde. Die Universität setzt sich für den Aufbau von sechs Plattformen ein: Das Chinesisch-Deutsche Kompetenzzentrum für Lehrkraft zur anwendungsorientierten Hochschulausbildung, das Existenzgründungszentrum für chinesische und deutsche Jugendliche, das Chinesisch-Deutsche Zentrum für Personalaustausch, das Chinesisch-Deutsche Institut Hefei, das Chinesisch-Deutsche Zentrum für koordinierte Innovation von Hochschulen und Betrieben sowie das Chinesisch-Deutsche Zentrum für Forschung und Kooperation der anwendungsorientierten Hochschulausbildung.

2017 hat die HFU an der Gründung des „Unterausschusses für internationalen Austausch von anwendungsorientierten Hochschulen der Chinesischen Bildungsvereinigung für internationalen Austausch" (China Education Association for International Exchange – CEAIE) mitgewirkt. Zudem hat die HFU das „Deutsch-Chinesische Symposium zur Anwendungsorientierten Hochschulausbildung" in 13 aufeinanderfolgenden Jahren organisiert. Bisher haben mehr als 4.800 Experten und Vertreter von fast 600 anwendungsorientierten Hochschulen und Universitäten aus fünf Ländern am Symposium teilgenommen und sich eingehend über die Idee, das Format, das Curricula-System und den möglichen Mechanismus der gesellschaftlichen Unterstützung für anwendungsorientierte Fachkräfteausbildung ausgetauscht. Darüber hinaus hat die HFU ihre Ressourcen für die internationale Zusammenarbeit genutzt und Konferenzen zum bilateralen bzw. multilateralen akademischen Austausch für die anwendungsorientierte Hochschulbildung institutionalisiert, wie z. B. zwischen China und den Niederlanden, China und der Schweiz, China und Österreich, China und Frankreich sowie China und Italien. Die weltweit einzige akademische Zeitschrift auf diesem Gebiet, Applied Higher Education

Research, auf Chinesisch und Deutsch wurde ins Leben gerufen. Die Universität gibt auch die Fachzeitschrift „Forschung zur anwendungsorientierten Hochschulbildung" (Application-Oriented Higher Education Research) auf Chinesisch und auf Deutsch (Jahrbuch Angewandte Hochschulbildung) heraus.

II. Gemeinsame Ausbildung gut qualifizierter Fachkräfte für die Zukunft

(1) Deutsch-chinesischer dualer Studiengang „Conti-Class" zur Ausbildung innovationsorientierter exzellenter Ingenieure

Am 07. September 2016 unterzeichnete die Delegation der Universität Hefei (HFU) in Hannover einen Kooperationsrahmenvertrag mit der deutschen Hochschule Emden/Leer und der Reifendivision der Continental AG über die gemeinsame Einrichtung des ersten „dualen" Studiengangs mit Bachelorabschluss in China. Das Curriculum des dualen Studiengangs „Conti-Class" an der HFU wurde nach dem Modell des „dualen Systems" aufgebaut. Das ist der erste Versuch einer dualen Hochschulausbildung in China. Das Unternehmen wird in den gesamten Prozess der Ausbildung einbezogen. Durch die integrative und interdisziplinäre Fakultäten-Reform sind die disziplinären Schranken überwunden, damit die Innovationsfähigkeit und der Innovationsgeist der Studierenden gefördert werden können.

Die Kandidaten für die „Conti-Class" lassen sich seit Dezember 2016 aus Anmeldungen der ganzen Universität auswählen. Studierende der Fächer Maschinenbau und Elektronik werden besonders berücksichtigt. „Internationale Perspektive", „hohe Qualifikation" und „Anwendungsorientierung" sind die drei Kernbegriffe für die „Conti-Class". Während des ersten und zweiten Studienjahres belegen die Studierenden der „Conti-Class" Grundkurse in Maschinenkonstruktion und -bau bzw. Automatisierung sowie Deutschkurse. Im dritten Studienjahr dürfen die Studierenden, die die deutsche Sprachprüfung und die Prüfung der Hochschule Emden/Leer bestanden haben, für ein Jahr an der Hochschule Emden/Leer studieren und in den Sommer- bzw. Winterferien die praktische Ausbildung im Praktikumszentrum am Hauptsitz der Continental AG in Hannover absolvieren. Die üblichen Studierenden werden in verschiedene Gruppen aufgeteilt, um eine einjährige betriebliche praktische Ausbildung am Continental-Standort Hefei zu absolvieren, wobei alle sechs Monate eine Rotation stattfindet.

Im Juni 2020 wurde XU Chao, ein Absolvent der ersten „Conti-Class" des Jahrgangs 2016, trotz der schwierigen Situation auf dem Arbeitsmarkt während der Pandemie von Continental Hefei angestellt. Der Arbeitgeber ist ein weltweit führendes Reifenunternehmen. Xu wird sich in einer der wichtigsten Produktionsabteilung des Werks, der Werkstatt für selbstreparierende lärmreduzierende Reifen mit der Verfahrens- und Qualitätsprüfung von Reifen beschäftigen. Im Juli schlossen alle 21 Studierenden der „Conti-Class" erfolgreich ab und stiegen sämtlich ins Berufsleben ein. Das Erfolgsrezept für die 100%-Beschäftigung von Absolventen lautet: Einbeziehung des deutschen Top-Fertigungsunternehmens in den gesamten Prozess einer qualitativ hochwertigen Ausbildung von anwendungsorientierten Fachkräften mit Bachelorabschluss.

Von der Einführung der dualen Ausbildung bis zur differenzierten Anpassung der dualen Ausbildung handelt die Universität Hefei stets selbstbewusst. Man nahm Abschied von der universitätsdominanten Transformation und bindet die Wirtschaft als Träger der Ausbildung ein. Die Umwandlung stimmt mit dem Innovations- und Entwicklungsbedarf der chinesischen Hochschulbildung überein.

(2) Gemeinsame Entwicklung des deutsch-chinesischen Programms „Internationales Logistikmanagement in China" zur Ausbildung von „hochqualifizierten, anwendungsorientierten, internationalen" Fachkräften für moderne Logistik

Im Jahr 2011 begann der chinesisch-deutsche Kooperationsstudiengang „Internationales Logistikmanagement in China" (LOGinCHINA) als Zusammenarbeitsprojekt der Universität Hefei (HFU) und der Hochschule Osnabrück (HS Osnabrück), mit der Studentenaufnahme. Der Studiengang ist der erste chinesisch-ausländische Doppelstudiengang in der Provinz Anhui, der vom chinesischen Bildungsministerium genehmigt wurde. Das Projekt wird ebenfalls vom Deutschen Akademischen Austauschdienst (DAAD) unterstützt. Die deutsche Partnerinstitution Hochschule Osnabrück arbeitet seit 1985 mit dem Fachbereich Wirtschaftsmanagement der HFU eng zusammen. Von der HFU wurden insgesamt 20 Lehrkräfte zur Weiterbildung und rund 100 Studierende zum Studium an die HS Osnabrück geschickt. Umgekehrt sind mehr als 10 Lehrende der HS Osnabrück als Gastprofessoren an der HFU tätig.

Um Chinas Initiative „One Belt One Road" nach Deutschland zu vermitteln, chinesischen und deutschen Unternehmen mit dem China Railway Express von

Hefei nach Hamburg vertraut zu machen und die Wirtschaft in den Ländern entlang der neuen Seidenstraße zu gewinnen, führte die HFU in Zusammenarbeit mit der HS Osnabrück im Mai 2019 ein Feldforschungsprojekt zum China Railway Express im Rahmen der BRI durch und drehte dabei einen Dokumentarfilm. Im Projekt ging es vor allem um die Untersuchung und Analyse des Güterverkehrs entlang der Bahnlinie, die ökonomischen Auswirkungen auf die Länder entlang der Strecke und den Betriebszustand der Güterzüge. 12 Studierende der HFU und der HS Osnabrück haben sich durch das Projekt über internationalen Handel und Wettbewerb miteinander ausgetauscht.

Das Forschungsteam wurde in drei Gruppen aufgeteilt. Die erste und die zweite Gruppe bestanden jeweils aus drei deutschen und drei chinesischen Studierenden, einem Fotografen und drei Betreuern von der HS Osnabrück bzw. der HFU. Eine Gruppe davon fuhr in Hefei ab und die andere in Hamburg. Sie besuchten neun Frachtknotenpunkte bzw. Handelszentren entlang der Bahnstrecke in China, Kasachstan, Russland, Polen und Deutschland. Die dritte Gruppe bestand aus vier deutschen Studierenden und reiste direkt nach Almaty, Kasachstan, um die Informationsveranstaltung dort vorzubereiten. Die drei Gruppen trafen sich schließlich in Almaty, Kasachstan. Sie haben für die Reise insgesamt 18 Tage gebraucht, um mit Fahrzeugen und zu Fuß eine Strecke von 12.000 km auf der neuen Seidenstraße zurückzulegen. Dabei durchquerten sie fünf Länder in Europa bzw. Asien und nutzten dabei das Auto und den Zug als Verkehrsmittel. Sie besuchten Xi'an und Lanzhou, um den Anfang der alten Seidenstraße zu erkunden, ihre historischen Ursprünge zurückzuverfolgen und Unterschiede zu der jetzigen „One Belt One Road"-Politik zu erkennen. Sie gingen nach Korgas, um die Kultur entlang der Seidenstraße zu erleben; als sie über den Alashankou-Pass fuhren, beobachteten sie vor Ort den Ablauf des grenzüberschreitenden Gütertransports und den Gleiswechsel der Züge; zum Schluss kamen sie in Almaty, Kasachstan, an und berichteten über ihre Erlebnisse an der Deutsch-Kasachischen Universität (DKU) in Almaty. Am Beispiel der Strecke Hefei-Hamburg diskutierten die Studierenden der Forschungsgruppen die Auswirkungen des China Railway Express im Rahmen der BRI auf die Wirtschaft und Kultur, insbesondere auf die Entwicklung der Logistikbranche. Die Route erstreckte sich über mehr als 10.000 Kilometer von Shanghai, China, im Osten bis Almaty, Kasachstan, im Westen. Mit einer Vorbereitungszeit von einem Jahr dauerte die Reise an sich 18 Tage. Dabei wurden mehr als 20 Interviews durchgeführt. Das große Forschungsteam bestand aus Lehrkräften und Studierenden aus drei

Hochschulen. Unterstützungen kamen von mehreren Unternehmen, darunter Hefei International Land Port Development Co., Ltd., Chery Automobile Co., Ltd. und Xi'an Museum. Das Projekt hat das Voneinanderlernen verschiedener Kulturen ermöglicht, das Verständnis für die BRI gefördert und Unternehmen dazu gebracht, sich für das Entwicklungskonzept der grünen Logistik einzusetzen.

Am 15. November 2019 wurde das deutsch-chinesische LOGinCHINA-Logistik 4.0-Labor erfolgreich eröffnet. Das Logistik-4.0-Labor wurde von der HFU, der HS Osnabrück und der deutschen Firma BOGE Rubber & Plastics gemeinsam aufgebaut. Es dient dazu, die Zusammenarbeit zwischen Hochschule und Unternehmen weiter auszubauen, die praktischen Fähigkeiten der Studierenden zu verbessern und die kollaborative Entwicklung von Chinas „Made in China 2025" und Deutschlands „Industrie 4.0" zu unterstützen. Das Labor führt das moderne „Industrie 4.0"-Logistiksystem von BOGE ein und trägt zur Ausbildung von anwendungsorientierten Fachkräften und zur Aufwertung der industriellen Dienstleistungen von Unternehmen bei. Es stellt ein Kennzeichen für die Integration und Innovation zwischen China und Deutschland, unter Hochschulen sowie zwischen Hochschulen und Wirtschaft dar.

中德共建物流 4.0 实验室建成启用

Feierliche Eröffnung des LOGinCHINA-Logistik 4.0-Labors

Am 01. Februar 2021 unterzeichneten die Universität Hefei und die Hochschule Osnabrück online die Vereinbarung über umfassende gemeinsame Ausbildung von Fachkräften im Bereich Wirtschaft und Management. Mit der Unterzeichnung wird die gemeinsame Fachkräfteausbildung im Bereich Wirtschaft und Management zwischen den beiden Hochschulen ausgebaut und die Zusammenarbeit stark gefördert.

III. Zusammenfassung

Seit über drei Jahrzehnten setzt die Universität Hefei mit ihren deutschen Partnerhochschulen gemeinsam das neue Konzept der „anwendungsorientierten Hochschulbildung" in die Praxis um und erkundet den Entwicklungsweg der anwendungsorientierten Hochschule. Sie spielt eine führende und vorbildliche Rolle im Prozess der anwendungsorientierten Umstrukturierung lokaler Hochschulen in China.

Text und Bild: FANG Zongbao, WU Yanan, HE Xiaoya, Universität Hefei

中德科技创新合作与交流的重要桥梁

——太库德国创新中心

成立于 2015 年的太库德国创新中心（www.techcode-germany.com）是德国境内第一家来自中国的专业孵化器，也是目前唯一一家取得德国联邦科技创新中心 BVIZ 质量认证的中资创新服务机构。太库德国是柏林州官方合作伙伴、勃兰登堡州创新战略合作伙伴、Start Alliance 全球创业联盟发起成员、中国驻德使馆科技处指导下的德国中国研发创新联盟发起成员，同时也是中关村全球第一家挂牌的海外孵化器、中关村驻德国柏林联络处所在地。

太库德国创新中心地处有“欧洲创业圣地”之称的德国首都柏林市中心黄金位置——卡尔·李卜克内西大街 5 号（Karl-Liebknecht-Str.5），占地共 1400 平方米，拥有 20 间独立办公室、大型开放式共享办公区域、会议室、咖啡室、休闲区等全套公共设施，可容纳 100 名创业者同时办公，并设有大型开放路演空间用于举办各类活动。依托专业的创业平台和经验丰富的本地团队，太库德国创新中心持续为初创企业及隐形冠军企业提供“一站式”的全方位创新服务，重点孵化加速人工智能、区块链、开源互联网技术、金融科技、未来出行、大健康等前沿领域的项目。截至 2020 年底，太库德国已累计孵化并支持超过 100 余家高科技创新企业，拥有超过 2000 名在线会员。其中，除了一批计划拓展中国市场的德国明星初创企业如开源技术项目 OpenProject、金融科技项目 YukkaLab、脑神经科技项目 Neurosphere 等之外，也包括一批优秀留德华人所创办的创业项目，如自动驾驶项目亮道智能、人工智能项目 Jina AI、智慧城市项目 MatchX 等等。与此同时，摩拜单车、小蚁科技、7 天酒店等来自中国的高成长型“独角兽”企业，也纷纷依托太库德国的本地平台优势进入德国，拓展欧洲市场。

在服务创业企业与中小企业的同时，太库德国也与保时捷、汉莎、拜耳、沃达丰等世界 500 强公司建立了紧密的中国市场创新合作关系，并持续向华为公司、阿里巴巴集团、一汽集团、京东集团、铂涛集团等中国龙头企业输送德国创新理念。

通过将德国工匠精神与中国创新活力的完美结合，太库德国致力于实现“全球技术，太库加速，中国创造”的企业愿景。

太库德国创新中心实景
Innovationszentrum TechCode Germany

作为中德科技创新合作与交流的重要桥梁，太库德国在为企业提供服务的工作过程中，深刻体会到德国年轻一代创业者对于中国依然缺乏了解。很多创业者在成长过程中只是通过德国主流电视、报纸和杂志，并受到西方主流媒体的影响，对中国有一个刻板的印象，对中国日新月异的发展、尤其是在科技领域的进步，并没有直接了解。而在文化方面，德国年轻一代对于博大精深的中国文化缺乏深入学习理解的兴趣，反而对西方一批所谓“中国专家”做出的片面结论深信不疑：比如“中国商人做生意往往签了合同以后才开始讨价还价”，“中国企业只会偷学复制西方企业的技术”等等。为了改变德国创业者对中国的固有印象，展示一个更真实的中国，太库于 2016 年起启动了 Path to China 项目，通过多种形式，拉近德国创业者与中国的距离。该项目具体包括以下方面：

日常社区活动。利用太库德国在柏林市中心的便利位置，每周三晚上定期在创新中心内举办各类中国主题的社区活动，内容包括中国传统文化与民俗介绍、中文基础入门课程、“老外”们在中国生活工作的经验分享、和德国朋友一起过春节等等。以轻松、互动、有趣的方式，与创新中心内的入孵德国企业以及对中国感兴趣的德国创业者们分享，以生动的方式拉近德国年轻人与中国的距离，激发他们对中国文化进一步学习了解的兴趣。

教德国朋友包包子
Deutschen Freunden beibringen, Baozi (Teigtaschen) zu machen

中国商务讲座。针对众多德国创业者对中国市场虽然充满兴趣，但又因为缺乏了解无从开展工作的困境，太库德国定期举办免费中国商务讲座，从中国的基本商业文化、社会经济发展、市场概况，到具体行业分析，为德国创业者进行深入浅出的讲解，并现场解答听众的各种问题。为了覆盖更多不同行业和商业角度，除了创新中心员工轮流主讲外，也经常性邀请来自外部的行业专家与创业导师，共同为创业者们答疑解惑。

向德国创业者介绍抖音带来的新机会
Vorstellung der Geschäftschancen für deutsche Unternehmer, die TikTok bringt

中德明星 CEO 对话沙龙。真实的创业故事永远是最有说服力的。为了用真实的中德创业案例打消德国创业者们对中国市场的疑虑，太库德国定期举办名为 East Meets West 的系列沙龙活动，每次邀请一位中国创业公司 CEO 和一位德国创业公司 CEO 进行对话，分享彼此的创业心路历程，以及在中德不同文化和市场之中创业、合作、发展的真实故事，并与听众进行互动。这一系列活动收到了非常好的反响，对参加分享的创始人来说，也从侧面对自己的企业进行了宣传，可谓一举多得。

东西相遇：中德明星 CEO 对话沙龙
Ost trifft West: Salondialog mit Star-CEOs aus China und Deutschland

创业大赛。为了进一步激发创业者对进入中国市场的兴趣，并与其他创业者们进行经验的切磋与分享，太库德国创新中心每季度举办一场以中国为主题的创业大赛。通过预选的 10 支德国优秀创业团队将进行 3 分钟的项目现场路演 PK，由专业的中国专家评委团进行现场答辩打分，最终获胜的团队将会赢得奖品：或是由大企业赞助商提供的免费产品和服务，或是与知名投资人进行当面洽谈的机会，或是一张去中国实地考察的机票……每次大赛都能够吸引来自不同行业、不同背景的德国创业者、留德华人，其中亦不乏从外地赶来柏林参赛的创始人。通过现场的自我挑战与展示，与其他创业项目学习交流，和评委、观众进行直接互动，创业者们通过大赛这样一个平台经常可以收获到大量的实用信息并拓展自己的人脉，至于最终是谁赢得了冠军，已经不再那么重要。很多创业者通过大赛相互认识，取长补短交流各自对中国市场的看法与资源，并达成日后合作的基础。而专家评委们针对每个项目提出的点评和建议，令所有在场的创业者获益。通过创业大赛这一形式，德国创业者们更清晰地认识到了自己的项目在进入中国市场时将会遇到的具体问题与挑战，并能够通过与评委、其他选手的交流，初步明确了未来需要改进的方向，提高了自己的项目在中国取得成功的可能性。

在创业大赛中取得名次的德国创业者
Deutsche Gründer, die bei einem Gründungswettbewerb einen Preis gewonnen haben

德国创业者中国行。对于以严谨著称的德国人来说，和一个没有亲身去过的国家做生意，是完全无法想象的事情。每年，太库德国创新中心都会组织入孵企业的德国创始人，实地前往中国进行考察与交流活动。每期考察团一般都会由 10 名左右第一次来到中国的创业者组成，在中国一共停留两周左右时间，行程包括在北京、上海、深圳等地进行实地考察、参加峰会展会等大型活动、进行投资人路演、对接潜在客户与合作伙伴等等。太库德国创新中心的工作人员每次都会为参加考察团的德国朋友策划、执行全部行程，从签证申请、交通食宿、翻译交流，到处理行程中可能发生的各种突发事件。每期考察团结束，领队工作人员往往都是体力透支，恨不得睡上个三天三夜，彼此开玩笑说：“真是比当导游还累。”但是每当看到参加考察团的德国创业者们对中国发展速度的由衷惊叹，在行程当中收获到大量的中国合作伙伴与客户资源，并收到创业者们对自己细致而专业的工作的一致称赞与感谢后，又觉得这些辛苦都是值得的，都是有意义的。就像考察团里一位德国创业者说的：“只有这次和你们一起真正来过一次中国，我才看到了真实的中国！”

德国创业者参加上海自贸区创业大会
Deutsche Gründer auf der Shanghai FTZ-Gründungskonferenz

在过去的五年时间里，通过 Path to China 项目的实施，太库德国创新中心成功地树立了在本地科创行业内的品牌知名度，并做为柏林首屈一指的中国创新元素，获得了人民日报、36 氪、德国“创业圈”门户网站等多家主流中德媒体的报道。更重要的是，通过中德之间的频繁互动，太库德国创新中心取得了德国创业者们的信

人民日报 2017年1月8日 星期日 3 要闻

两年间每20分钟成立一家与技术相关的创业企业

柏林打造欧洲“创业之都”

1/10城市人口从事文化艺术相关职业

“中国是未来最重要的创新市场和创新力量”

枪击案再揭美国公共安全漏洞

《人民日报》对太库德国创新中心的报道
Bericht von People's Daily über TechCode Germany

任与口碑，逐渐成为一个链接中国与德国科技创业圈的重要平台。

在 2020—2021 年德国新冠肺炎疫情爆发期间，因联邦与柏林州政府的各项防疫封锁措施，太库德国无法再像往常一样举办线下社区活动与跨国考察。但在入孵企业、广大会员的强烈要求下，太库德国将以往在空间内举办的 Path to China 线下活动全部转移到了线上，利用视频会议平台进行直播。不但取得了良好的效果，并且还扩大了受众群体，覆盖了柏林市之外德国其他地区的科技创业者、高校学生与中小企业。在疫情过去之后，太库德国计划继续以“线上 + 线下”融合的方式，继续实施 Path to China 项目，继续作为中德创业者之间的重要桥梁，为两国年轻一代的科创交流与合作贡献力量。

供稿：太库德国创新中心，Emon Wang

Eine wichtige Brücke für die deutsch-chinesische Kooperation und Kommunikation in wissenschaftlicher und technologischer Innovation

— Innovationszentrum TechCode Germany

Das 2015 gegründete TechCode Germany Innovationszentrum (www.techcode-germany.com) ist der erste professionelle Inkubator aus China in der Bundesrepublik Deutschland und der einzige Innovationsdienstleister mit chinesischem Kapital, der das BVIZ-Qualitätsprädikat des Bundesverbands Deutscher Innovations-, Technologie- und Gründerzentren (BVIZ) erhalten hat. TechCode Germany ist offizieller Partner des Bundeslandes Berlin, strategischer Innovationspartner des Bundeslandes Brandenburg, Gründungsmitglied des weltweiten Zusammenschlusses der Existenzgründer Start Alliance, Gründungsmitglied der Chinesischen F&E Innovationsunion in Deutschland (CFEID), die von der Abteilung für Wissenschaft und Technik der chinesischen Botschaft in Deutschland unterstützt wird, und der erste Inkubator außerhalb von China, der den Titel Zhongguancun, „Silicon Valley von China", tragen darf, sowie der Standort des Zhongguancun-Verbindungsbüros in Berlin.

TechCode Germany befindet sich in der Karl-Liebknecht-Str. 5, im Herzen der deutschen Hauptstadt Berlin. Der Standort hat eine Fläche von 1.400 m^2 mit 20 Büroräumen sowie große öffentliche Büroräume, Sitzungsräume, einen Kaffeeraum und Erholungszonen. Darin können bis zu 100 Existenzgründer in Büros arbeiten. Außerdem gibt es eine große offene Fläche für Veranstaltungen. Gestützt auf eine professionelle Plattform für Existenzgründung und durch ein erfahrenes lokales Team bietet TechCode Germany umfassende Innovationsdienstleistungen für Startups und „Hidden Champions" aus einer Hand an und legt dabei den Schwerpunkt auf die Inkubation und Beschleunigung von Projekten in zukunftsweisenden Bereichen wie künstlicher Intelligenz, Blockchain, Open-Source-Internet-Technologie, Finanztechnologie, Mobilität der Zukunft und umfassende Gesundheitswirtschaft. Bis Ende 2020 hat TechCode Germany insgesamt mehr als 100 innovative Hightech-Unternehmen auf den Weg gebracht und besaß über 2.000 Online-Mitglieder. Dazu gehören neben einer Reihe deutscher Star-Startups, die die Erschließung des chinesischen Marktes planen, wie z. B. das Open-Sourceprojekt OpenProject, das Finanztechnologieprojekt YukkaLab und das neurotechnologische Projekt Neurosphere, auch eine Reihe Startups, die von Chinesen in Deutschland gegründet wurden. Hierzu gehören das das Projekt für autonomes Fahren LiangDao Intelligence, das Projekt für künstliche Intelligenz Jina AI, das Projekt für Smart City MatchX usw. Gleichzeitig sind auch wachstumsstarke Firmen aus China, wie z. B. Mobike, Yi-Technologies und 7 Days Inn, über die Plattform von TechCode Germany, nach Deutschland gekommen, um den europäischen Markt zu erschließen.

Neben der Betreuung von Startups und KMUs hat TechCode Germany mit weltweit führenden Top 500 Unternehmen wie Porsche, Lufthansa, Bayer und Vodafone enge Innovationspartnerschaften hinsichtlich des chinesischen Marktes aufgebaut und liefert weiterhin deutsche Innovationsideen an führende chinesische Unternehmen wie Huawei, Alibaba Group, FAW Group, JD.com und Plateno Group. Durch die

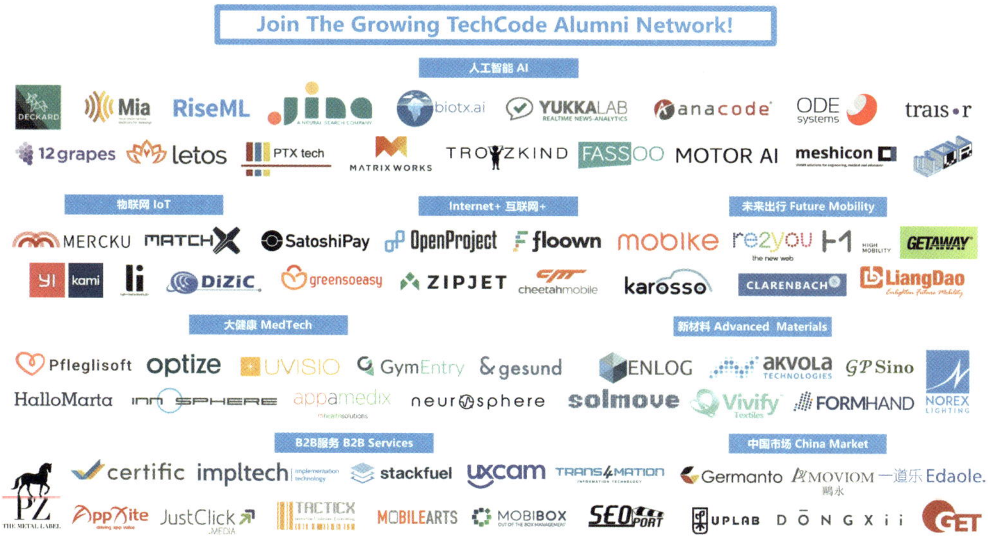

从太库德国创新中心毕业的科创企业
Technologische Innovationsunternehmen, die den Anfang im Innovationszentrum TechCode Germany gemacht haben

Kombination vom deutschen Handwerkergeist und chinesischer Innovationskraft setzt sich TechCode Germany dafür ein, seine Unternehmensvision „Globale Technologie, beschleunigt durch TechCode, Ziel China" zu verwirklichen.

Als wichtige Brücke für die deutsch-chinesische Kooperation und Kommunikation im Bereich der wissenschaftlichen und technologischen Innovation hat TechCode Germany erkannt, dass es der jüngeren Generation deutscher Gründer immer noch an Kenntnissen über China mangelt. Viele Gründer wachsen mit einem stereotypen Bild von China auf, das sie vom deutschen Fernsehen, von den Zeitungen und Zeitschriften her kennen. Unter dem Einfluss der westlichen Mainstream-Medien sind sie nicht informiert über das sich ständig verändernde China, insbesondere im Bereich der Technologie. Was die Kultur betrifft, so ist die jüngere Generation in Deutschland vielfach nicht daran interessiert, sich selber eingehender mit der chinesischen Kultur zu beschäftigen. Vielmehr verlässt man sich gerne auf die einseitigen Schlussfolgerungen sogenannter westlicher „China-Experten". Das führt zu Vorurteilen und Klischees. Verbreitete Stereotypen sind z. B. die Annahme, dasschinesische Geschäftsleute erst nach Vertragsunterzeichnung mit der Verhandlung anfangen oder dasschinesische Unternehmen von der Technologie westlicher Unternehmen abhängig sind. bzw. gezwungen sind sie zu kopieren. Um die Stereotypen deutscher Unternehmer bezüglich Chinas zu beseitigen und ein wirklichkeitsnahes China zu zeigen, hat TechCode 2016 das Programm „Path2China" gestartet, das durch verschiedene Aktivitäten deutschen Unternehmern China näherbringen soll. Das Programm umfasst insbesondere:

Tägliche Community-Aktivitäten. Dank der günstigen Lage von TechCode Germany im Zentrum Berlins finden jeden Mittwochabend im Innovationszentrum verschiedene Community-Aktivitäten zu China-Themen statt, wie z. B. Einführung in die traditionelle chinesische Kultur und chinesische Bräuche, Einführungskurse in die chinesische Sprache, Erfahrungsaustausch unter Ausländern, die in China leben und arbeiten, und Feier zum chinesischen Frühlingsfest mit deutschen Freunden. Auf lockere, interaktive und unterhaltsame Art und Weise tauschen sich die Teilnehmer mit den im Innovationszentrum angesiedelten deutschen Unternehmen und an China interessierten deutschen Gründern aus und bringen auf lebendige Art und Weise jungen Deutschen China näher.

Vorträge zum Geschäftsfeld in China. Da viele deutsche Unternehmer sich zwar

中文基础入门课
Einführungskurs in Chinesisch

für den chinesischen Markt interessieren, aber sich mit ersten Schritten schwer tun, organisiert TechCode Germany regelmäßig kostenlose Vorträge zu Wirtschafts- und Technologieentwicklungen in China. Dadurch werden deutschen Gründern u. a. die grundlegende Geschäftskultur, die wirtschaftliche Entwicklung, der Einblick in den Markt und die branchenspezifische Analyse verständlich erläutert und dabei Fragen aus dem Publikum beantwortet. Um möglichst viele unterschiedliche Branchen und Geschäftsperspektiven abzudecken, lädt TechCode auch externe Branchenexperten und Gründungsberater ein, die den Unternehmern für Fragen zur Verfügung stehen.

中国市场营销战略讲座
Vortrag zur Marketingstrategie in China

东西相遇：中德明星 CEO 对话沙龙
Ost trifft West: Salondialog mit Star-CEOs aus China und Deutschland

Veranstaltungen mit chinesischen und deutschen Star-CEOs. Reale Gründungsgeschichten sind immer am überzeugendsten. Um den deutschen Gründern den chinesischen Markt mit realen Startup-Case-Studies in China und Deutschland näher zu bringen, organisiert TechCode Germany regelmäßig die Veranstaltungsreihe „Ost trifft West". Bei jedem Event werden ein chinesischer und ein deutscher Startup-CEO zum Dialog eingeladen, um sich zu ihren Unternehmensgründungen auszutauschen und Ihre Erfahrungen in den unterschiedlichen kulturellen Kontext zu teilen.Diese Veranstaltungsreihe ist sehr erfolgreich. Für die Gründer, die den Dialog führten, stellt sie auch eine Werbemöglichkeit für ihre Unternehmen dar.

Gründungswettbewerb. Um das Interesse von Gründern am chinesischen Markt weiter zu fördern und ihre Erfahrungen mit anderen zu teilen, organisiert das Innovationszentrum TechCode Germany vierteljährlich einen Startup-Wettbewerb zum Thema China. Zehn vorausgewählte deutsche Startup-Teams präsentieren ihre Projekte in einem dreiminütigen Pitch, der durch eine professionelle Jury bewertet wird. Die Gewinnerteams erhalten einen Preis: Das können kostenlose Produkte oder Dienstleistungen von Sponsoren sein oder persönliches Treffen mit namhaften Investoren, oder einen Flug nach China. Die Wettbewerbe ziehen nicht nur deutsche Unternehmer, sondern auch in Deutschland lebende Chinesen aus verschiedenen Branchen an. Nicht selten kommen Gründer aus anderen Orten zum Wettbewerb nach Berlin. Der Pitch der Unternehmer muss gut aufgebaut sein und gut präsentiert werden. Die Wettbewerbe bieten den Gründern auch die Chance von anderen Gründern zu lernen. Sie stehen auch im direkten Kontakt mit den Juroren und dem Publikum. Dabei können sie viele Informationen gewinnen und ihre Kontakte ausbauen. Wer am Ende den ersten Preis gewinnt, ist daher nicht das Entscheidende. Durch die Wettbewerbe konnten sich schon viele Gründer kennenlernenund ihre Ansichten über den chinesischen Markt austauschen. So schufen sie eine solide Basis für zukünftige Zusammenarbeit. Die Kommentare und Anregungen der Jury kommen allen anwesenden Gründern zugute. Durch die Wettbewerbe können die deutschen Existenzgründer Erkenntnisse über die spezifischen Probleme und Herausforderungen beim Einstieg in den chinesischen Markt bekommen, und dadurch erste Verbesserungsmöglichkeiten für die Zukunft identifizieren bzw. die Erfolgschance ihrer Projekte in China erhöhen.

太库德国创新中心创业大赛现场
Gründungswettbewerb im Innovationszentrum TechCode Germany

Delegationsreise von deutschen Gründern nach China. Für Deutsche ist es völlig undenkbar, mit einem Land, das sie nicht persönlich besucht haben, Geschäfte zu machen. Jedes Jahr organisiert TechCode Germany eine Reise nach China für deutsche Unternehmer im Inkubator. Die Delegation besteht in der Regel aus ca. 10 Gründern, die zum ersten Mal China besuchen. Während des zweiwöchigen Aufenthalts besuchen sie u. a. Peking, Shanghai und Shenzhen, nehmen an Veranstaltungen sowie Konferenzen und Messen teil. Zudem führen sie Investoren-Roadshows durch und nehmen Kontakte zu potenziellen Kunden und Partnern auf.

太库德国孵化项目亮相深圳 CE China 电子展
Deutsche Inkubationsprojekte von TechCode auf CE China in Shenzhen

德国创业者考察北京首钢冬奥园区
Besuch deutscher Gründer beim Shougang Park für Olympische Winterspiele in Peking

Die Mitarbeiter von TechCode Germany planen die gesamte Reise und unterstützen die Teilnehmer bei der Visumsbeantragung, dem Transport, der Verpflegung und der Unterkunft bis hin zu Übersetzung und Kommunikation bis hin zur Bewältigung aller möglichen Vorfälle während der Reise. Am Ende der Reise Delegationsreise sind die Mitarbeiter, die die Delegation führten, meistens so erschöpft, dass sie drei Tage Schlaf brauchten. Aber die Mühen lohnen sich jedes Mal. Den deutschen Teilnehmer die Augen bezüglich Chinas Dynamik geöffnet zu haben ist eine große Belohnung für das TechCode Team. Wie ein Delegationsmitglied es so schön sagte: „Als ich diesmal mit euch nach China kam, habe ich das wahre China erst kennengelernt!"

In den vergangenen fünf Jahren hat das Innovationszentrum TechCode Germany das Programm „Path to China" (Path2China) als Marke erfolgreich etabliert und gilt bereits als eine Institution im Bereich China und Innovation. Über TechCode Germany wurde in mehreren chinesischen und deutschen Medien darüber berichtet, darunter „People's Daily", „36 Kr" in China und „Gründerszene" in Deutschland. Noch wichtiger

///GRÜNDERSZENE MAGAZIN PLUS PODCAST JOBBÖRSE EVENTS

HOME » GRÜNDERSZENE » ALLGEMEIN » EIN HAUCH VON CHINA IN BERLIN MITTE

Ein Hauch von China in Berlin Mitte

Ein chinesischer Inkubator mit mehr als 15 Standorten weltweit hilft nun auch deutschen Gründern bei ihrem Eintritt in den chinesischen Markt.

Ein chinesischer Inkubator mit mehr als 15 Standorten weltweit hilft nun auch deutschen Gründern bei ihrem Eintritt in den chinesischen Markt. Dabei bilden Produktlokalisierung, Partner- und Kundensuche nur einen kleinen Teil – Techcode hilft auch bei der Finanzierung.

Startup-Business von Peking nach Berlin

Es ist Freitagabend, 19 Uhr in Peking. Genauer: in Zhongguancun, dem High-Tech-Mekka Asiens. Auch die fleißigsten Unternehmer im Silicon Valley Chinas, wie das Viertel im Pekinger Stadtteil Haidian oft genannt wird, freuen sich auf das bevorstehende Wochenende und auf ein wenig Abstand von der Arbeit. Zumindest auf den räumlichen Switch in die eigenen vier Wände und das heimische Sofa.

德国“创业圈”门户网站对太库德国创新中心的报道
Bericht von „Gründerszene" über TechCode Germany

ist, dass TechCode Germany das Vertrauen von deutschen Gründern gewonnen hat und sich zu einer wichtigen Plattform entwickelt hat, die China und die deutsche technologische Gründerszene miteinander verbindet.

Während der Pandemie in Deutschland 2020–2021 konnte TechCode aufgrund der Präventionsmaßnahmen des Bundes und des Landes Berlin keine Offline-Community-Veranstaltungen oder grenzüberschreitenden Reisen durchführen. Auf Anforderungen von Unternehmen im Inkubator und Mitgliedern hat TechCode Germany sämtliche Offline-Veranstaltungen von „Path to China“ ins Internet verlagert und die Zoom-Plattform für das Live-Streaming genutzt. Das hat gute Ergebnisse erzielt und dazu gefügrt ein größeres Publikum zu erreichen, nämlich Technologiegründer, Hochschulstudierende und KMU in anderen Teilen Deutschlands außerhalb von Berlin. TechCode Germany beabsichtigt, nach der Pandemie das Programm „Path to China“ in einer online + offline hybriden Form weiterzuführen und weiterhin als wichtige Brücke zwischen chinesischen und deutschen Gründern zu dienen, um zum Austausch und zur Kooperation in den Bereichen Technologie und Innovation beizutragen.

Text und Bild: Emon Wang, TechCode Accelerator Germany

雅俗共赏、平等开放的展示平台

——柏林中德文化节

一、案例简介

柏林中国文化节（2018 年更名为“柏林中德文化节”）是柏林竹苑德中文化交流促进会发起并组织的一个大型海外文化节。自 2013 年来，文化节以专业的组织安排、丰厚的人文关怀、深厚的文化积淀，在德国的首都柏林呈现着一台高水准的中德文化全景艺术节。2022 年将在柏林举办第八届。活动一经确立就获得了中德两国政府的大力支持，德国外交部、中国驻德国大使馆、柏林市政府、柏林中国文化中心的官员曾先后对活动给予了高度的肯定。

主办方柏林竹苑德中文化交流促进会于 2012 年 11 月在德国首都柏林成立。“竹”在中国和其他东方文化中是友谊、长寿和君子的美好象征。协会成员是一群对彼此文化充满了无限兴趣的中国人和德国人。理事会成员中，有德国政府文化机构工作人员、德国城市退休市长以及常年从事文化交流工作的专业人士。2013 年起，竹苑举办柏林中德文化节、中德青少年盛夏艺术节等多项大型文化艺术活动，保持着与德国市政府、德国外交部以及德国各个文化、教育机构的良好合作，是中德文化交流界的权威知名机构。

协会旨在搭建平等、开放、友好的平台，在展示中华悠久文化历史的同时，彰显时尚文化风貌，将高雅艺术与民俗风尚真实和真切地展示在德国观众面前。从更深远、长远的意义上来讲，能够加强中德两国文化艺术界的沟通交流，促进双方的理解，创建合作的机会，实现两国多方位、多元化的文化繁荣。

二、案例举措

八年来，柏林中德文化节不断丰富活动内容：从北京曲剧的经典唱腔到实验话剧的推陈出新，从刚劲有力的功夫表演到精彩绝伦的歌舞演出，从丝竹相伴的茶艺展示到世界音乐的全新试听，为德国观众提供了一个更全面了解中国文化的机会。我们把水墨山水展示在了柏林市中心的宫殿级展厅内，我们让中华旗袍之美游走在了百年风云酒店之中，德国著名艺术家用他们的方式演绎了国画艺术，中国的纪录片大师记录下了他镜头下的中德故事。50 余场形式各异的活动，吸引了超过万名德国观众的直接参与。

在不断丰富内容的同时，柏林竹苑也尝试着在形式上实现突破。从 2014 年开始，我们将中德两国关心的社会话题选定为活动主题，并以此为主线安排具体活动。每一次主题的确认，都引起德国媒体的广泛关注。中德两国主流媒体的倾力报道，使文化节成为德国观众期待的中国文化盛事。

文化节历届主题海报
Plakate der bisherigen Festivals

从 2016 年开始，柏林竹苑引入了一系列的公益捐助活动。我们希望通过尝试使更多人加入到慈善活动中来，跨越国界奉献爱心，传递正能量。

2017 年，柏林中国文化节与柏林市政府官方活动“柏林亚太周”结成战略伙伴关系，成为柏林亚太周文化活动协办方。2018 年，柏林中国文化节正式更名为“柏林中德文化节”。柏林竹苑将进一步加深与德国专业及学术机构的合作，将单方向的文化展示扩充为双方向的互动，更大力度地推进中德两国在文化、艺术、教育领域的对话。

三、案例展望

2022 年，在中德两国建交 50 周年之际，柏林竹苑德中文化交流促进会将与中德两国的合作伙伴共同举办一系列文化艺术活动，活动以“跨越”为主题，展示文化促进人们跨越心中成见的伟大魅力。活动将向德国民众介绍中国的传统文化和多元的当代艺术，为两国文化艺术交流注入新的活力，促进双方艺术家、学者、知识分子在文化领域的对话和理解。目前的新冠疫情给文化交流活动提出了新的挑战，我们将提升活动的技术平台，坚持进行和发展文化交流事业。

供稿：柏林竹苑德中文化交流促进会，刘悦

Eine gleichberechtigte, offene Präsentationsplattform für alle

— Das Deutsch-Chinesische Kulturfestival Berlin

I. Einführung

Das Deutsch-Chinesische Kulturfestival Berlin (DCKFB) ist ein großes Kulturfestival außerhalb von China, initiiert und organisiert von der Bambuspforte Gesellschaft für Deutsch-Chinesischen Kulturaustausch Berlin e.V. (Bambuspforte e.V.). Seit 2013 stellt das Kulturfestival in der deutschen Hauptstadt Berlin ein deutsch-chinesisches panoramaartiges Kunstfestival in hohem Niveau dar. 2022 wird das achte DCKFB in Berlin stattfinden. Gleich nach seiner Etablierung erhielt das DCKFB starke Unterstützung von der chinesischen und der deutschen Regierung und hat bei dem deutschen Außenministerium, der chinesischen Botschaft in Deutschland, der Berliner Stadtregierung und dem Chinesischen Kulturzentrum in Berlin hohe Anerkennung gefunden.

Der Veranstalter, Bambuspforte e.V., wurde im November 2012 in der deutschen Hauptstadt Berlin gegründet. Bambus ist in China und in weiteren östlichen Kulturen ein Glückssymbol, das für Freundschaft, langes Leben und Anständigkeit steht. Die Vereinsmitglieder sind eine Gruppe von Deutschen und Chinesen, die sich mit Interesse an der jeweils anderen Kultur zusammengefunden haben. Im Vorstand saßen bzw. sitzen Mitarbeiter der Kulturinstitution der deutschen Regierung, ehemalige Bürgermeister und Fachleute, die sich jahrelang mit dem Kulturaustausch beschäftigt haben. Seit 2013 organisiert Bambuspforte e.V. eine Reihe großer Kultur- bzw. Kunstveranstaltungen wie das Deutsch-Chinesische Kulturfestival Berlin und das Deutsch-Chinesische Sommerfest für Jugendliche. Dabei pflegt sie eine gute Zusammenarbeit mit deutschen Stadtverwaltungen, dem Auswärtigen Amt und verschiedenen Kultur- und Bildungseinrichtungen in Deutschland, und gilt damit als eine führende und renommierte Institution im Bereich des Kulturaustausches zwischen Deutschland und China.

Der Verein hat sich zum Ziel gesetzt, eine gleichberechtigte, offene und freundschaftliche Plattform aufzubauen, die lange Geschichte der chinesischen Kultur zu präsentieren und zugleich die Trends in der Kultur aufzuzeigen. Dazu sollen dem deutschen Publikum sowohl hohe Kunst als auch Volksbräuche und Mode auf authentische Weise vorgeführt werden. Der Verein will den Austausch zwischen den Kultur- und Kunstszenen in China und in Deutschland langfristig intensivieren, die gegenseitige Verständigung fördern und Möglichkeiten zur Zusammenarbeit schaffen.

II. Maßnahmen

Seit acht Jahren hat das Deutsch-Chinesische Kulturfestival Berlin ein immer reichhaltigeres Veranstaltungsangebot: vom klassischen Gesang der Pekinger Qu-Oper bis zum neuen experimentellen Theater, von der spektakulären Kung-Fu-Aufführung bis zum schönen Gesang und Tanz, von der Teezeremonie in Begleitung klassischer chinesischer Musik bis zum neuen Vorspiel der Weltmusik. All dies bietet dem deutschen Publikum die Möglichkeit, umfassende Kenntnisse über die chinesische Kultur zu erlangen. Chinesische Tuschmalerei wurde in einer palastartigen Ausstellungshalle im Berliner Stadtzentrum ausgestellt, berühmte deutsche Künstler/innen interpretierten die chinesische Malerei auf ihre eigenartige Weise, und ein chinesischer Dokumentarfilmer hielt die Geschichte Chinas und Deutschlands mit seiner Kamera fest. Mehr als 50 Veranstaltungen in unterschiedlichen Formen zogen über 10.000 deutsche Zuschauer und Besucher an.

Neben dem inhaltlich immer reichhaltigeren Angebot versucht Bambuspforte e.V. auch einen Durchbruch in Bezug auf das Format zu erzielen. Seit 2014 haben wir jeweils ein gesellschaftliches Thema, das für China und Deutschland von Belang ist, als das Leitthema ausgewählt und die Konzeption für Aktivitäten entsprechend erstellt. Die ausgewählten Themen erregten in den deutschen Medien breite Aufmerksamkeit. Die begeisterte Berichterstattung durch die Medien in China und Deutschland hat das DCKFB zu einem jährlichen chinesischen Kulturereignis gemacht, worauf sich das deutsche Publikum freut.

活动精选照片
Fotos der Veranstaltungen

Seit 2016 hat Bambuspforte e.V. eine Reihe von wohltätigen Spenden-Aktionen eingeführt, in der Hoffnung, mehr Menschen für wohltätige Zwecke zu gewinnen und positive Einstellungen über die Grenzen hinweg zu vermitteln.

2017 ging das DCKFB eine strategische Partnerschaft mit der Asien-Pazifik-Woche Berlin, einer Veranstaltung der Berliner Stadt, ein und wurde Mitveranstalter der Kulturveranstaltungen im Rahmen der Asien-Pazifik-Woche. 2018 wurde das Chinesische Kulturfestival Berlin in das „Deutsch-Chinesische Kulturfestival Berlin" umbenannt. Damit hat Bambuspforte e.V. die Zusammenarbeit mit deutschen fachlichen und wissenschaftlichen Institutionen weiter vertieft, die einseitige Präsentation der chinesischen Kultur zu einer Kommunikation in beide Richtungen entwickelt und den Dialog zwischen China und Deutschland in den Bereichen Kultur, Kunst und Bildung gefördert.

III. Ausblick

Im Jahr 2022 wird Bambuspforte e.V. anlässlich des 50-jährigen Jubiläums der diplomatischen Beziehungen zwischen Deutschland und China gemeinsam mit Partnern aus China und Deutschland eine Reihe von Kultur- und Kunstveranstaltungen unter dem Motto „Überwinden" organisieren. Thematisiert wird der Zauber, den die Kultur besitzt, beim Überwinden von Vorurteilen. Die Veranstaltungen sollen dem deutschen Publikum die traditionelle chinesische Kultur und die vielfältige zeitgenössische Kunst in China vorstellen, um dem kulturellen und künstlerischen Austausch zwischen beiden Ländern neue Impulse zu geben und den Dialog zwischen Künstlern, Wissenschaftlern und Intellektuellen zu ermöglichen. Die Pandemie hat den Kulturaustausch zwar vor neue Herausforderungen gestellt. Aber wir werden technische Möglichkeiten finden und uns weiterhin für den Kulturaustausch einsetzen.

Text und Bild: LIU Yue

Bambuspforte e.V. Gesellschaft für Deutsch-Chinesischen Kulturaustausch

在中德文化交融中培养国际情怀与视野

——上海市曹杨二中对德交流

一、案例简介

2009年6月，上海市曹杨第二中学（下简称“曹杨二中”）正式成为中德两国合作框架下的德语语言证书（Deutsches Sprachdiplom，简称DSD项目）学校。本着“助工薪子弟，登国际舞台”的愿景，十余年来，从最初的1名德语教师和24名学生，到如今的20名中德籍教师和每届近百名的德语学习者，曹杨二中已稳步发展成为我国大陆地区德语学科师生规模最大、项目成就最为卓越的DSD学校。

十余年间，曹杨二中先后与多所德国中学建立了合作交流关系。2014年，曹杨二中与德国埃森伯乐高级文理中学（Burggymnasium Essen，下简称“伯乐中学”）签署友好合作备忘录，由此开展了多项教育教学交流。同年，学校与德国洪堡大学进行战略合作，成为洪堡大学教育实习海外基地，与华东师范大学教育学院共同培养德国教育学硕士研究生。2015年10月，曹杨二中与德国戴特默德Leopoldinum文理高中签订合作备忘录，两校多次开展互访活动。

目前，已有约460名曹杨二中毕业生凭借DSD证书顺利就读于德国各大知名高校。这与曹杨二中多年来与德国多所大学及预科开展的合作密不可分：2014年学校与德国汉诺威大学预科签订合作备忘录；2015年与德国法兰克福大学、柏林工业大学等诸多预科开展合作项目；2015年开始与德国亚琛工业大学开展本科直通车FTBA项目；2017年与德国美因茨大学、莱比锡大学签署合作备忘录。与德国各大院校的合作项目为德语理工实验班的同学提供了更多的深造机会，也提供了更为广阔的发展空间，为培养优秀人才奠定了更为优质的基础。

此外，在两年半的DSD课程中，曹杨二中为德语理工班的学生设置了为期三周的暑期德国游学活动，另有“德国月”、德语配音大赛、中德国情知识大赛、“欧洲文化在上海”主题探寻等一系列活动贯穿校园生活始终，让同学们在学习语言的同时，感受历史和文化，激发学生兴趣，为中德交流建立起一座坚实的桥梁。

二、亮点工作

案例一：德国柏林洪堡大学教育硕士生实习项目

（一）项目背景简介

德国洪堡大学在欧洲乃至全世界，都具有深远影响，该校在化学、医学、物理和文学等领域已培养了 29 位诺贝尔奖获得者。2012 年 6 月入选为 11 所德国“精英大学”之一。2014 年起，曹杨二中成为洪堡大学教育实习海外基地。教育实习项目是华东师范大学与洪堡大学框架性协议的一部分，曹杨二中作为高中实习基地，为德国洪堡大学教育学硕士研究生提供实习岗位，与华东师范大学教育学院共同培养德国教育学硕士研究生。

（二）项目参与人员与内容

自 2014 年至 2019 年，共计 19 名德国洪堡大学的教育硕士生参与了该项目。洪堡大学的教育专业硕士生每个人同时学习两门专业，硕士学习期间申请该项目，经过选拔后加入到该项目中。项目实习期为 6 周。实习期间，实习生可根据自己的主修专业进行相应科目的教学活动、辅导学生、与学校管理者访谈对话，同时可参与曹杨二中各类文化活动，如“德国月”、南京户外素质拓展训练、扎染、书法等。2014 年 3 月，4 名分别主修德语、物理、英语、数学学科的实习生参与了德语 DSD 考试的辅导、学校的南京生存训练项目、“德国月”（诗歌朗诵和歌曲比赛）、“德国早餐”活动；2015 年 9 月，3 名分别主修意大利语、德语、数学学科的实习生帮助学生进行德语角口语练习以及意大利语的辅导；2016 年 9 月，3 名项目实习生分别主修数学、德语、物理和体育学科，其中 Thomas Grell 在高二年级给学生们开设了德语体育课，德语数学课等，Robin 为高三德语班级学生辅导数学和物理，帮助他们准备亚琛工业大学的 Test AS 德适考试；2017 年 3 月，德国洪堡大学两位女士来访，就该项目进行调研。同年 9 月，3 名实习生负责为高三德语班学生上德语数学课，为高二年级上德语课，同时帮助高二年级排演德语话剧等等。

实习期结束后，项目参与人员须完成实习报告以及文化研究报告。

（三）项目评价

该教育实习项目对于曹杨二中 DSD 项目发展具有重要的意义。它为学校德语教学提供了有力的支持，德语班的学生们获得了更多与母语者交流的机会，同时，德语教学的体育课、数学课等别样的课堂让学生们感受到多样的的课堂形式，也为

2014 年参与该实习项目的洪堡大学教育学硕士
M.Ed.-Studierende der HU Berlin, die 2014 am Praktikumsprogramm teilnahmen

德国硕士生跟随高一德语班参加南京户外素质拓展训练
Die deutsche Masterstudierende beim Outdoor-Training in Nanjing für die DSD-Klasse der 10. Jahrgangsstufe

学生将来的大学学习奠定了一定的基础。

另一方面，该项目也为德国大学生提供了宝贵的机会，能够近距离接触中国文化，观察和了解中国教育，特别是上海高中教育。“能够以如此近距离亲身体验中国教育真是一次十分难得的机会，”Nora Sophie Siebert（2014 年实习生）说，“我们去观察、去感受中德两国教育之间的差异，这是了解中国教育最好的方式。”

“很难比较出两国的教育模式哪种更好，”Clemens Lukas Kruse（2014 年实习生）说，“两者都有各自的优势，但是有一点令人印象深刻。当我询问中国学生去德国留学之后是否愿意留在德国工作生活时，所有人的回答都是学成之后要回到中国，要为建设祖国尽一份力。教育的最终目的还是教会学生做人，中国教育这方面值得称赞！”

2018 年在曹杨二中的实习生 Nick Oelrichs 在中德人文交流公众号“曹二德缘”专栏发表文章《从柏林洪堡大学到上海曹杨二中》，此文正是讲述了他在曹杨二中实习期内的见闻与感悟，表达了他对这段时光的珍惜与怀念。

案例二：与德国伯乐高级文理中学的友好学校伙伴项目

（一）项目背景和概况

在使馆教育处的积极促成下，伯乐中学和上海曹杨二中于 2014 年 7 月在上海签署了合作备忘录，结成友好学校，同年德方即派学生到上海进行为期一年的学习。2016 年 2 月，王洋校长和伯乐中学的前任校长司空佩岩（Petra Schnell-Klöppel）女士在巴黎联合国教科文组织总部参加 2016 年中欧知名高中校长论坛时就进一步合作进行了深入的建设性会谈。

（二）项目参与人员与内容

2016 年 9 月 25 日至 10 月 3 日，高三德语班的 13 名同学在曹杨二中侯文英书记等 5 名教师的带队下，来到德国埃森伯乐高级文理中学进行为期 8 天的交流学习。8 天的访学之旅，同学们住寄宿家庭，跟班听课，积极参与学校的各种课外兴趣小组及课外活动，并参加了伯乐中学一年一度的高二年级秋季培训班（Herbstakademie）：或与知名音乐人一起创作乐曲，或到星级酒店学习餐桌交际礼仪，或到大学学习沟通及交流技巧等等。带队的 5 名教师也通过和德方教师的交流座谈深入了解了德国学校的教育体制，双方互相探讨了各自体制的优缺点并分享经验。

曹杨二中侯文英书记与当时的伯乐中学校长会面
Treffen von HOU Wenying, Sekretärin des Parteikomitees der Cao Yang No. 2 High School mit der damaligen Leiterin des Burggymnasiums Essen

2018 年 5 月 21 日至 27 日、2019 年 4 月 13 日至 23 日，伯乐中学两度访问曹杨二中，开展为期两周的交流活动。除了每天常规的中文课外，伯乐中学的师生还参与了曹杨二中举办的武术、茶艺、越剧、制作香包等中国传统文化活动中。课余时间，德国的师生们参观了学校附近的菜市场，体验了中国人的柴米油盐酱醋茶，并前往中国古砖博物馆明止堂和上海中医药大学，感受了中国悠久的历史和文化。

（三）项目评价

曹杨二中和伯乐中学的友好伙伴关系是中德中学交流的典范，吸引了德国当地媒体的关注：2016 年 10 月 5 日，德国《西部日报》在“埃森市”版面刊文，对曹杨二中学子的伯乐访学之旅进行了回顾报道。

2016 年前往伯乐中学访学的曹杨二中学生王逸唯在中德人文交流公众号“曹二德缘”专栏文章《繁忙学业的一抹明亮——赴德交流记》中感激地回忆起这次人生经历，他总结道：“德国的生活也只不过是繁忙的学业中的一抹明亮，回了国后我又沉浸于高三的学习中，但这一周的经历令人难忘，也成为我赴德深造的一大动力。”

2019 年，伯乐中学学生到访曹杨二中，参加各种文化活动
Besuch der Schüler/innen des Burggymnasiums bei der Cao Yang No. 2 High School und ihre Teilnahme an verschiedenen kulturellen Aktivitäten im Jahr 2019

2018 年接待伯乐中学访沪学生的曹杨二中学生徐睿棋在专栏文章《“伯乐”访沪记》中写道：“我们从这次活动中真的收获了很多很多，从语言交流的进步到各种美好的回忆，更重要的是，我们收获了彼此——相隔万里但却最真切的友情。”

三、总结

十余年间，曹杨二中的对德合作交流不断拓宽、深化。不管是从学校层面，还是到教师群体，学生个人，均实现了互通共赢的局面。合作交流带来的语言和文化碰撞也让参与交流的双方更加珍惜这一次次宝贵的交流机会。2020 年，由于疫情，一些交流活动未能成行，一些交流项目改为线上进行，如汉诺威实习生为曹二德语班学生学生线上授课等。相信在中德双方的共同努力之下，未来的合作之路必将不断向前，一代又一代的学子将在中德文化的交融中成长为有国际情怀与视野的人。

供稿：上海市曹杨第二中学，吴静娴、罗珏

Internationale Perspektive dank deutsch-chinesischen Kulturkontakten

— Austausch der Shanghai Cao Yang No. 2 High School mit Deutschland

I. Einführung

Im Juni 2009 wurde die Shanghai Cao Yang No. 2 High School im Rahmen der deutsch-chinesischen Zusammenarbeit als DSD-Schule (DSD: Deutsches Sprachdiplom) anerkannt. Mit der Vision, „Kindern aus durchschnittlichen Familienverhältnissen zur internationalen Bildung zu verhelfen", ist die Cao Yang No. 2 High School im letzten Jahrzehnt stetig gewachsen – von einer Deutschlehrkraft und 24 Schüler/innen auf 20 Deutschlehrkräfte und fast 100 Deutschlernerde in jedem Jahrgang. Damit hat die DSD-Schule die größte Anzahl von Lehrkräften und Schüler/innen im Fach Deutsch unter allen DSD-Schulen in Festlandchina und hat auch die herausragendsten Programmergebnisse erzielt.

Seit einem Jahrzehnt hat die Cao Yang No. 2 High School Kooperations- und Austauschbeziehungen mit mehreren deutschen Gymnasien aufgebaut. Im Jahr 2014 unterzeichnete die Cao Yang No. 2 High School das Memorandum der Freundschaft und Zusammenarbeit mit dem Burggymnasium Essen, was zu einer Reihe von Bildungs- und Lehraustauschaktivitäten geführt hat. Im selben Jahr wurde die strategische Kooperation mit der Humboldt-Universität zu Berlin geschlossen, sodass die Schule ein Praktikumsstandort für Studierende der Humboldt-Universität wurde. Gemeinsam mit der Fakultät für Pädagogik der East China Normal University werden Studierende im Studiengang Master of Education an der Schule ausgebildet. Im Oktober 2015 unterzeichnete die Cao Yang No. 2 High School das Memorandum zur Zusammenarbeit mit dem Gymnasium Leopoldinum in Detmold. Seitdem haben die beiden Schulen sich mehrmals gegenseitig besucht.

Derzeit haben sich etwa 460 Absolvent/innen der Cao Yang No. 2 High School mit dem DSD-Diplom erfolgreich an renommierten deutschen Universitäten eingeschrieben. Dies hängt untrennbar mit der langjährigen Zusammenarbeit zwischen der Cao Yang No. 2 High School und mehreren deutschen Universitäten und Studienkollegs zusammen: Abschluss des Memorandums zur Zusammenarbeit mit der Universität Hannover im Jahr 2014; Kooperationsprojekte mit den Studienkollegs der Universität Frankfurt, der Technischen Universität Berlin usw. im Jahr 2015; FTBA-Programm mit direktem Zugang zum Studium an der RWTH Aachen im Jahr 2015; Abschluss des Memorandums zur Zusammenarbeit mit der Universität Mainz und der Universität Leipzig im Jahr 2017. Die Kooperationsprojekte mit deutschen Hochschulen und Universitäten bieten den Schüler/innen der polytechnischen DSD-Klasse mehr Möglichkeiten fürs Studium und einen größeren Entfaltungsraum, wodurch eine bessere Grundlage für die Ausbildung herausragender Fachkräfte geschaffen wird.

Zudem hat die Cao Yang No. 2 High School eine dreiwöchige Sommer-Sprachreise nach Deutschland ins zweieinhalbjährige DSD-Programm für die Schüler/innen der DSD-Klasse eingebaut. Darüber hinaus wird das Schulleben durch eine Reihe von bunten Aktivitäten begleitet, wie z. B. dem „deutschen Monat", Wettbewerb für Filmsynchronisation auf Deutsch, Wettbewerb zur chinesischen und deutschen Landeskunde und der Erkundungstour „Spuren der europäischen Kultur in Shanghai", die es den Schüler/innen ermöglichen, die Sprache zu lernen und gleichzeitig die Geschichte und Kultur zu erleben. Dadurch wird das Interesse der Schüler/innen geweckt und eine Brücke für den deutsch-chinesischen Austausch gebaut. Im Folgenden wird die Zusammenarbeit mit Universitäten und mit Schulen jeweils am Beispiel der Zusammenarbeit mit der Humboldt-Universität zu Berlin und mit dem Burggymnasium Essen vorgestellt.

II. Highlights

Beispiel 1: Praktikumsprogramm für Studierende im Studiengang Master of Education an der Humboldt-Universität zu Berlin

1. Programmhintergrund

Die Humboldt-Universität zu Berlin (HU Berlin) ist eine Hochschule mit weitreichendem

Einfluss innerhalb Europas und auf der Welt. Inzwischen hat sie 29 Nobelpreisträger/innen in den Bereichen Chemie, Medizin, Physik und Literatur hervorgebracht. Im Juni 2012 wurde die HU Berlin als eine der 11 „Exzellenzuniversitäten" in Deutschland ausgewählt. Seit 2014 ist die Cao Yang No. 2 High School eine Praktikumsschule der HU Berlin außerhalb von Deutschland. Das ist Teil der Rahmenvereinbarung zwischen der East China Normal University (ECNU) und der HU Berlin. Die Cao Yang No. 2 High School bietet als Praktikumsschule der Sekundarstufe II den deutschen Studierenden der HU Berlin im Studiengang Master of Education (M.Ed) Praktikumsstellen an und bildet sie in Zusammenarbeit mit der Fakultät für Pädagogik der ECNU aus.

2. Teilnehmer/innen und Inhalt des Programms

Von 2014 bis 2019 haben insgesamt 19 M. Ed.-Studierende der HU Berlin an dem Programm teilgenommen. Die M. Ed.-Studierenden der HU Berlin studieren jeweils zwei Fächer und können sich während ihres Masterstudiums um das Programm bewerben. Nach einem Auswahlverfahren können die Teilnehmer/innen im Rahmen des Programms ein sechswöchiges Praktikum absolvieren. Während des Praktikums dürfen die Programmteilnehmer/innen Lehrtätigkeiten in ihrem Hauptfach ausüben, Schüler/innen betreuen, Interviews mit der Schulverwaltung führen und an verschiedenen kulturellen Aktivitäten, wie z. B. dem „deutschen Monat", Outdoor-Training in Nanjing, Knüpfbatik und Kalligraphie, an der Cao Yang No. 2 High School teilnehmen. Zum Beispiel: Im März 2014 kamen vier Programmteilnehmer/innen mit den Hauptfächern Deutsch, Physik, Englisch und Mathematik. Sie nahmen während des Praktikums u. a. an der Vorbereitung auf die DSD-Prüfung, dem Überlebenstraining in Nanjing, dem „deutschen Monat" (Gedichtvortrag, Gesangwettbewerb) und dem „deutschen Frühstück" teil. Im September 2015 machten drei Programmteilnehmer/innen mit den Hauptfächern Italienisch, Deutsch und Mathematik das Praktikum. Sie halfen den Schülern bei der Aussprache-Übung in der „deutschen Ecke" bzw. beim Lernen des Italienischen. Im September 2016 kamen drei Projektteilnehmer/innen mit den Hauptfächern Mathematik, Deutsch, Physik und Sport. Thomas Grell gab beispielsweise der 11. Jahrgangsstufe Sport- und Mathematikunterricht auf Deutsch; Robin half den Schüler/innen der DSD-Klasse der 12. Jahrgangsstufe bei Mathematik und Physik und bereitete sie auf den TestAS für das Studium an der RWTH Aachen vor. Im März 2017 waren zwei Gutachterinnen der HU Berlin zu Besuch, um das Programm zu evaluieren. Im September 2017 gab es drei Praktikant/innen. Sie waren u. a. für den Mathematikunterricht der DSD-Klasse der 12. Jahrgangsstufe und den Deutschunterricht der DSD-Klasse der 11.

Jahrgangsstufe zuständig und halfen den 11. Klässler/innen beim Einstudieren eines deutschen Theaterstücks.

Am Ende des Praktikums mussten die Projektteilnehmer/innen jeweils einen Praktikumsbericht und einen Kulturforschungsbericht anfertigen.

3. Bewertung

Dieses Praktikumsprogramm ist für die Entwicklung des DSD-Programms an der Cao Yang No. 2 High School von großer Bedeutung. Dadurch wird der Deutschunterricht an der Schule tatkräftig unterstützt. Die DSD-Schüler/innen bekommen mehr Möglichkeiten, mit Muttersprachlern zu kommunizieren. Zugleich können die Schüler/innen durch den auf Deutsch stattfindenden Sport- und Mathematikunterricht abwechslungsreiche Unterrichtsformen erleben und gewissermaßen die Grundlage für ihr späteres Studium schaffen.

Auf der anderen Seite bietet das Programm deutschen Studierenden eine wertvolle Gelegenheit, die chinesische Kultur hautnah zu erleben und die Bildung in China, insbesondere die der Sekundarstufe II in Shanghai, zu beobachten und kennenzulernen: „Es war eine seltene Gelegenheit, die Bildung in China so hautnah erleben zu können", sagt Nora Sophie Siebert (Teilnehmerin 2014). „Wir haben die Unterschiede zwischen der Bildung in China und in Deutschland beobachtet und erlebt, was der beste Weg ist, die chinesische Bildung zu verstehen."

„Es ist schwer zu sagen, welches Bildungsmodell der beiden Länder das bessere ist", sagte Clemens Lukas Kruse (Teilnehmer 2014). „Beide haben ihre Vorteile. Aber eins war beeindruckend: Wenn ich chinesische Schüler fragte, ob sie nach dem Studium in Deutschland auch dortbleiben, also in Deutschland leben und arbeiten wollen, antworteten alle, dass sie nach ihrem Studium nach China zurückkehren und zur Entwicklung ihrer Heimat beitragen wollen. Das ultimative Ziel der Bildung ist es, die Persönlichkeit der Schüler/innen entwickeln zu lassen. In dieser Hinsicht ist die chinesische Bildung lobenswert!"

Nick Oelrichs, Praktikant im Jahr 2018, veröffentlichte einen Artikel mit dem Titel „Von der Humboldt-Universität zu Berlin an die Cao Yang No. 2 High School" in der Kolumne „Deutschlandbeziehung von Cao 2" auf dem Portal „Chinesisch-Deutscher Gesellschaftlich-Kultureller Austausch". Darin erzählte er, was er während

四名硕士生跟随高一德语班参加南京户外素质拓展训练
Vier Masterstudierende beim Outdoor-Training in Nanjing für die DSD-Klasse der 10. Jahrgangsstufe

曹杨二中学生参观团合影
Foto der Besichtigungsgruppe von Schüler/innen der Cao Yang No. 2 High School

Johannes Meister 在德语班讲授数学
Johannes Meister im deutschsprachigen Mathematikunterricht

des Praktikums an der Cao Yang No. 2 High School gesehen und erlebt hatte, und schrieb seine Erinnerung an diese Zeit auf.

Beispiel 2: Partnerschaft mit dem Burggymnasium Essen

1. Hintergrund und Überblick

Durch die Unterstützung der Bildungsabteilung der Botschaft wurde im Juli 2014 das Memorandum zur Zusammenarbeit zwischen dem Burggymnasium Essen und der Cao Yang No. 2 High School in Shanghai unterzeichnet. Damit gingen beide Schulen eine Partnerschaft ein und die deutsche Schule schickte noch im selben Jahr Schüler/innen für ein Jahr nach Shanghai. Im Februar 2016 führten Herr WANG Yang, Schulleiter der Cao Yang No. 2 High School, und Frau Petra Schnell-Klöppel, ehemalige Schulleiterin des Burggymnasiums, intensive und konstruktive Gespräche über die Zusammenarbeit in der Zukunft, als sie am Chinesisch-Europäischen Forum von Schulleitern renommierter Schulen der Sekundarstufe II 2016 am UNESCO-Hauptquartier in Paris teilnahmen.

2. Teilnehmer/innen und Inhalt des Projekts

Vom 25. September bis zum 3. Oktober 2016 waren 13 Schüler/innen der DSD-Klasse der Jahrgangsstufe 12 unter der Leitung von fünf Lehrkräften, darunter HOU Wenying, Sekretärin des Parteikomitees der Cao Yang No. 2 High School, für acht Tage zum Austausch am Burggymnasium Essen zu Besuch. Während des achttägigen Aufenthalts wohnten die Schüler/innen in Gastfamilien, besuchten den Unterricht und nahmen aktiv an verschiedenen außerschulischen Schülergruppen und Aktivitäten teil. Insbesondere beteiligten sie sich an der alljährlichen Herbstakademie des Burggymnasiums für die Jahrgangsstufe 11: Sie musizierten mit berühmten Musikern, lernten Tischmanieren im Sterne-Hotel und Kommunikationsfähigkeiten an der Universität. Die fünf Lehrkräfte, die die Schüler/innen begleiteten, lernten durch den Austausch und Diskussionen auch das deutsche Schulsystem besser kennen. Beide Seiten diskutierten über die Stärken und Schwächen der jeweiligen Schulsysteme und teilten ihre Erfahrungen.

Vom 21. bis 27. Mai 2018 und vom 13. bis 23. April 2019 besuchten Schüler/innen und Lehrkräfte des Burggymnasiums zweimal die Cao Yang No. 2 High School für jeweils zwei Wochen. Zusätzlich zum regulären Chinesischunterricht konnten die Gäste vom Burggymnasium an Kulturaktivitäten wie Kung-Fu, Teezeremonie, Yue-Oper und Duftbeutelherstellung teilnehmen, die an der Cao Yang No. 2 High School angeboten werden. Nach der Schule besuchten die Gäste den Markt in der Nähe und erlebte das Alltagsleben der Chinesen rund um das Essen und Trinken. Zudem besuchten sie das „Ming Zhi Tang"—Museum für alte chinesische Ziegelsteine und die Shanghai University of Traditional Chinese Medicine, um die lange Geschichte und Kultur Chinas zu erleben.

3. Bewertung

Die Partnerschaft zwischen der Cao Yang No. 2 High School und dem Burggymnasium Essen ist ein Vorbild für die Schulkooperation zwischen China und Deutschland und hat die Aufmerksamkeit der lokalen Medien auf sich gezogen: Am 5. Oktober 2016 stand ein Bericht unter der Rubrik „Essen" der Westdeutschen Allgemeinen Zeitung (WAZ), der auf den Besuch der Schüler/innen der Cao Yang No. 2 High School beim Burggymnasium zurückblickt.

WANG Yiwei, Schüler der Cao Yang No. 2 High School, besuchte 2016 das Burggymnasium und erinnerte sich in seinem Artikel „Erhellung des hektischen Schulalltags – Über den Austausch in Deutschland" in der Kolumne „Deutschlandbeziehung von Cao 2" auf dem Portal „Chinesisch-Deutscher

曹杨二中学生参观团合影

Foto der Besichtigungsgruppe von Schüler/innen der Cao Yang No. 2 High School

Gesellschaftlich-Kultureller Austausch" an sein Erlebnis mit dem Fazit: „Das Leben in Deutschland war nur eine kurze Erhellung des hektischen Schulalltags. Nach der Rückkehr nach China bin ich schon wieder in den Alltag meines letzten Schuljahrs versunken. Doch die Woche war ein unvergessliches Erlebnis und auch eine wichtige Motivation für mich, in Deutschland zu studieren."

XU Ruiqi, Schülerin der Cao Yang No. 2 High School, empfing 2018 die Delegation des Burggymnasiums in Shanghai und schrieb in ihrem Artikel „Burggymnasium in Shanghai": „Wir haben wirklich sehr, sehr viel aus dieser Veranstaltung gewonnen, die Sprachkenntnisse verbessert und schöne Erinnerungen gehabt. Noch wichtiger ist, dass wir trotz der Entfernung von Tausenden von Meilen tiefe Freundschaften geschlossen haben."

III. Fazit

Im letzten Jahrzehnt haben sich die Zusammenarbeit und der Austausch der Cao Yang No. 2 High School mit Deutschland immer erweitert und vertieft. Die Begegnung von Sprachen und Kulturen, die die Zusammenarbeit und der Austausch mit sich gebracht haben, war den Beteiligten wertvoll und unvergesslich. Im Jahr 2020 konnten einige Austauschaktivitäten aufgrund der COVID-Pandemie nicht stattfinden. Ein Teil der Austauschprogramme wurde online durchgeführt, z. B. haben die Praktikant/

Austausch

Deutscher Alltag für Schüler aus China am Gymnasium

05.10.2016 | 12:00 Uhr

Simon Kühbacher (Mitte) mit seinen chinesischen Austauschschülern Yiwei Wang (Timo) rechts und links Qi An (Andreas)
Foto: Kerstin Kokoska

Zum ersten Mal kamen Schüler einer Partnerschule in Schanghai ans Burggymnasium – und lernten den deutschen Alltag kennen, mit Nutella und Mario Kart.

Zur Begrüßung gibt es ein „White Rabbit", ein süßes in buntes Papier eingewickeltes Milchbonbon. „Das kennen alle Kinder in China", erklärt Yungang Zhang, Chinesischlehrer am Burggymnasium. Für die dreizehn Austauschschüler aus Schanghai ist die Süßigkeit ein kleines Stück Heimat in der Fremde. Zusammen mit fünf Lehrern sind sie für acht Tage nach Essen gekommen, haben den deutschen Schulalltag aus nächster Nähe erlebt.

„Vielen Dank für eine schöne Zeit", sagt der 17-jährige Timo als er sein Teilnahmezertifikat von Schulrektorin Petra Schnell-Klöppel überreicht bekommt. Timo heißt eigentlich gar nicht so, sondern Yiwei Wang. Seine Deutschlehrerin Yun Wang hat ihm den Namen gegeben. „In meinem Unterricht dürfen sich die Schüler einen deutschen Namen aussuchen, damit sie sich auch wie Deutsche fühlen", sagt Yun Wang. Für Simon Kühbacher und seine Eltern, die Timo aufgenommen haben, ist der Name eine Erleichterung. Der 14-Jährige sprüht vor Begeisterung, wenn er über die Woche mit Timo und Andreas, seinen beiden Austauschschülern, spricht. „Wir sind Freunde geworden", sagt der Gymnasiast.

Nutella und Brot zum Frühstück

Schnell waren Gemeinsamkeiten gefunden. Nach der Schule haben die Jungs zusammen Karten gespielt und an der Wii „Mario Kart" gezockt. Zu Beginn waren Simons Eltern nervös, waren unsicher, wie das mit den chinesischen Essgewohnheiten ist. „Ich hatte tausend Fragen", erzählt Frank Kühbacher. Mit einer E-Mail hatte Yungang Zhang die Eltern auf das Eintreffen der Austauschschüler vorbereitet. Zum Beispiel wies er darauf hin, dass in China drei Mal täglich warm gegessen wird und Chinesen abends duschen und nicht morgens. „Das war alles kein Problem. Die Austauschschüler waren sehr höflich und aufgeschlossen", sagt der deutsche Gastvater. Nutella und Brot zum Frühstück wurden gern angenommen.

Und sprachlich? „Erst habe ich Englisch gesprochen, aber das war gar nicht nötig. Die beiden sprechen sehr gut Deutsch", erzählt Simon Kühbacher. Yiwei Wang und die anderen Austauschschüler lernen seit zwei Jahren zehn Stunden pro Woche Deutsch. Nach seinem Abschluss in China möchte der 17-Jährige in Deutschland studieren. Diesen Wunsch haben auch seine Mitschüler. Bei Wenqi Zhou soll es Maschinenbau werden und deshalb hat er in den Mathe- und Physikunterricht am Burggymnasium geschnuppert. „Leichter ist der Unterricht hier nicht", sagt Wenqi Zhou. Doch die Klassen seien hier viel kleiner, überhaupt habe seine chinesische Schule viel mehr Schüler. Dort tragen die Schüler auch eine Uniform. In Deutschland müsste Wenqi Zhou das nicht, macht es aber trotzdem.

Messer und Gabel statt Essstäbchen

„Das ist Tradition", sagt er schlicht. Mit seinem Gastbruder Joshua Hähnel war er bei Joshuas Handballtraining. Am Wochenende wollen sie Geschenke für Wenqis Familie kaufen. Bei der Frage nach kulturellen Missverständnissen schütteln beide den Kopf. „Mir ist nur aufgefallen, dass Wenqi nicht so gut mit Messer und Gabel essen kann", wundert sich der 13-jährige Joshua. In China werden die meisten Mahlzeiten mit Essstäbchen gegessen.

„Beide Seiten haben viel über einander gelernt. Das Feedback ist sehr positiv", resümiert Yungang Zhang. Simon Kühbacher und Joshua Hähnel wollen nach dieser Erfahrung im nächsten Jahr, wenn sie in die zehnte Klasse kommen, Chinesisch lernen. Schulleiterin Schnell-Klöppel plant, den Austausch fortzuführen. Erstmal geht es für 35 deutsche Schüler nach China. Mal sehen, wie gut sie mit den Essstäbchen zurecht kommen.

Karolina Warkentin

德国《西部日报》在“埃森市”版面刊文报道曹杨二中学生的访学之旅

Bericht unter der Rubrik „Essen" der Westdeutschen Allgemeinen Zeitung über den Besuch der Schüler/innen der Cao Yang No. 2 High School beim Burggymnasium

2019 年，伯乐文理中学学生到访曹杨二中，参加各种文化活动
Besuch der Schüler/innen des Burggymnasiums bei der Cao Yang No. 2 High School und ihre Teilnahme an verschiedenen kulturellen Aktivitäten im Jahr 2019

innen im Rahmen der Kooperation Online-Unterricht für DSD-Klassen der Cao Yang No. 2 High School gegeben. Wir sind davon überzeugt, dass mit den gemeinsamen Bemühungen der chinesischen und deutschen Partner die künftige Zusammenarbeit voranschreiten wird. Im Kulturaustausch zwischen China und Deutschland werden Schüler/innen zu Weltbürger/innen mit internationaler Perspektive ausgebildet.

Text und Bild: WU Jingxian, LUO Jue，Shanghai Cao Yang No. 2 High School

搭建语言学习平台，促进中德青少年交流

——外研社青少年德语教材建设案例

为搭建国内青少年德语语言学习平台，促进两国青少年交流，外研社与德国柯莱特出版社（Klett Verlag）合作出版了《开心学德语（青少版）》系列教材。同时，为了服务全国中学德语教学，提供优质资源及服务，外研社与歌德学院（中国）倾力合作，以该套教材为基础，围绕着“学”“训”“赛”三个核心概念，通过形式多样的教师培训、线上教研室、教学大赛等方式，帮助中学德语教师拓展教学思路，扩宽教学视野，提升教学水平。这些举措为中德两国青少年交流奠定了良好的语言平台基础。

2018 年，教育部发布了普通高中德语、法语和西班牙语的课程标准，高考的语种也扩展到英、俄、日、德、法、西这六种语言。目前在中国境内共有 120 余所中学开设德语课程，选择在中学阶段学习德语并且用德语参加高考的学生也越来越多，此外，很多中国中学也开设了德语二外课程或兴趣课程。快速发展的中学德语教学带来了对中学德语教材的需求。同时，随着中德人文交流的深入开展，两国青少年交流的规模和范围也日益扩大，为中国的青少年提供一套合适的德语学习教材已成为当务之急。

在这一背景之下，经过对多所国内中学德语教师的调研，外研社决定与德国柯莱特出版社合作出版一套适合中国中学生使用的德语教材——《开心学德语（青少版）》系列教材。并与歌德学院（中国）一起，以这套教材为基石，发起了针对中学

德语教师的教师培训及教学评比等一系列活动。

《开心学德语（青少版）》是一套适合 11 岁以上年龄段青少年的中学生德语教材，教材内容新颖、语言地道，结构编排合理，配套学习资源丰富，符合青少年外语学习习惯及成长期心理和情感特点。为了更符合中国青少年外语学习者的学习习惯，外研社还邀请了国内资深德语教师对教材内容进行了适当的改编。教材出版以后，获得了良好的反响。

为了帮助中学德语教师更好地了解和使用这套教材，2020 年 8 月，外研社与歌德学院（中国）联合举办了“全国中学德语教师教学能力提升研习班”。本次教师培训吸引了全国 40 余所中学共计 160 余名德语教师参加。外研社邀请了《开心学德语（青少版）》的德方编者 Sarah Fleer 女士专门为本次培训录制了培训视频，为教师提供教学理念、教学法的培训。本次培训专家包括英语、德语的教学法专家、中学一线教师，培训师们为参与培训的教师提供了教学法理论与实践范例、示范课堂、专项课程的课程设计等培训项目，同时也为中国德语教师搭建了一个探讨、学习、提升课堂教学水平及效率的平台。

2020 年 9 月至 2021 年 1 月，外研社在线上举办了中学德语组“教学之星”大赛，共有来自全国 41 所初高中的 62 位德语教师参加了此次比赛。此次中学德语“教学之星”大赛对教师的教学设计能力、教学实践水平、课堂教学能力等综合素质进行了全面考查。在总决赛上，27 位参赛教师将培养学生“语言能力”“文化意

中学德语组“教学之星”大赛兴趣组一等奖 高海燕 教学视频
Erster Preis der Kategorie Wahlkurs GAO Haiyan, Unterrichtsvideo

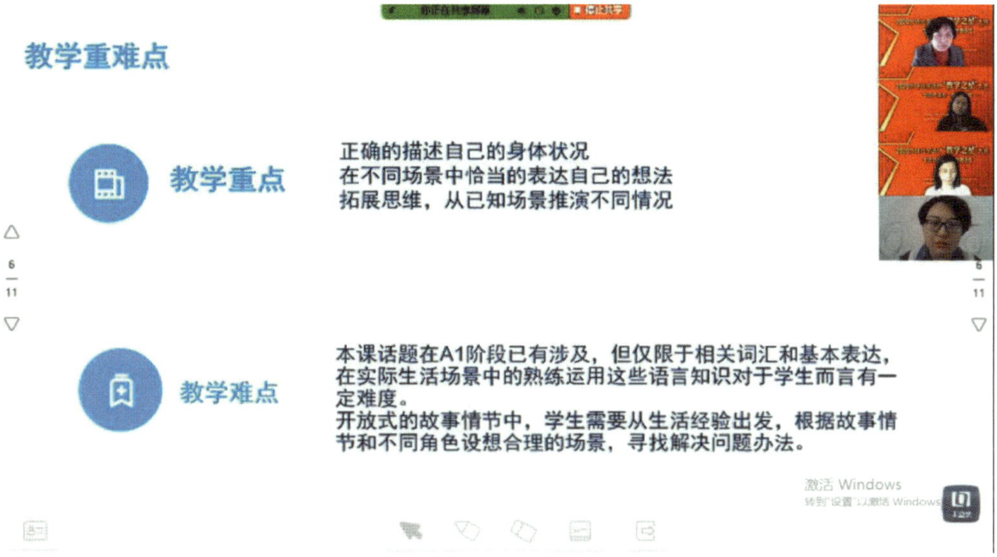

中学德语组“教学之星”大赛一外组一等奖 张玮 说课
Erster Preis der Kategorie „Deutsch als erste Fremdsprache“, ZHANG Wei, Unterrichtspräsentation

识”“思维品质”和“学习能力”等核心素养贯穿于教学设计和实践当中，以精彩的表现呈上一场教学盛宴。

2020 年 12 月 10 日至 17 日，外研社举办了两期“浅谈中学德语教学方法和实践心得——以《开心学德语》为例”的线上教研室活动，共有 300 余人报名参加此次虚拟教研室培训。在虚拟教研室中，授课教师与学习者交流了中学德语的教学方法、教学心得、如何针对教材的特点进行备课，并与参加研讨的教师进行线上沟通交流。

在以上各类教学培训活动中，外研社与歌德学院（中国）保持了良好的合作及互动关系。双方在赛事组织评审、教学调研、教师培训等方面都充分调动了各自的资源。在系列活动中，外研社秉承提升中学德语教师教学水平、搭建中德交流沟通桥梁的主旨，为中国德语教师服务，为中国德语学习者提供优质教材及教学资源，增进青少年交流水平。

作为一家以外语教育出版为特色，国内领先、国际知名的综合性文化教育出版机构，外研社以“记载人类文明，沟通世界文化”为使命，是中外人文交流的参与者、服务者和推动者。未来，外研社会继续加强与德国各出版机构及歌德学院等的合作，为中学德语教学水平的提升提供优质资源及服务，围绕着“学”“训”“赛”三个核心概念，通过形式多样的教师培训、线上教研室、教学大赛帮助中学德语教师拓展教学思路，扩大教学视野，提升教学水平。

青少年是国家的未来，语言是文化交流沟通的桥梁。青少年通过德语语言学习进而了解德国的文化、国情。未来中德两国的交流需要这些青年人来充实、完善。中德两国的青少年学习对方的语言对于中德两国长远的交流与合作都是非常重要的一环。中学德语教师教学能力的提升能够帮助青少年德语学习者打下坚实的德语基础，而掌握德语语言、了解中国和德国文化的中国青少年今后也将在中德人文交流中写下属于自己的精彩篇章！

供稿：外语教学与研究出版社德语部

Aufbau einer Sprachlernplattform zur Förderung des Austauschs zwischen chinesischen und deutschen Jugendlichen

— Am Beispiel des Deutschlehrwerks von FLTRP für Jugendliche

Um eine Lernplattform für die deutsche Sprache für Jugendliche in China aufzubauen und den Jugendaustausch zwischen China und Deutschland zu fördern, hat der chinesische Verlag Foreign Language Teaching and Research Press (FLTRP) in Zusammenarbeit mit dem deutschen Ernst Klett Verlag die Lehrwerksreihe „Logisch! neu. Deutsch für Jugendliche" herausgegeben, die für den DaF-Unterricht für Jugendliche geeignet ist. Außerdem hat der FLTRP-Verlag mit dem Goethe-Institut China zusammengearbeitet, um dem Deutschunterricht an chinesischen Mittelschulen zu dienen und qualitativ hochwertige Ressourcen bzw. Dienstleistungen bereitzustellen. Auf der Grundlage des Lehrwerks werden vielfältige Veranstaltungen für Lehrkräfte wie Lehrerfortbildungen, Online-Workshops und Unterrichtswettbewerbe veranstaltet. „Lernen", „Fortbilden" und „Wettbewerb" bilden die drei Säulen. Dadurch sollen die DaF-Lehrkräfte an Mittelschulen unterstützt werden, Unterrichtsideen zu entwickeln, das Blickfeld zu erweitern und die Unterrichtsqualität zu verbessern. Die Maßnahmen schaffen eine Sprachplattform für den Jugendaustausch zwischen China und Deutschland.

Im Jahr 2018 veröffentlichte das chinesische Bildungsministerium die curricularen Standards für Deutsch, Französisch und Spanisch. Die Prüfungsfächer für die Hochschulaufnahmeprüfung in China wurden auf sechs Fremdsprachen erweitert, nämlich Englisch, Russisch, Japanisch, Deutsch, Französisch und Spanisch. Mit mehr als 120 Schulen in China, die Deutschkurse anbieten, nimmt die Anzahl von Schüler/innen an Mittelschulen immer mehr zu, die sich für Deutsch als die erste

Fremdsprache entschieden und in der Hochschulaufnahmeprüfung Deutsch als Prüfungsfach ausgewählt haben. Hinzu kommen viele chinesische Schulen, die Deutsch als zweite Fremdsprache oder als Wahlkurs anbieten. Damit entwickelt sich der DaF-Unterricht in der Sekundarstufe in China schnell. Der rasante Zuwachs an Deutschlernenden hat auch die Nachfrage der Schulen nach geeigneten Lehrwerken angeregt. Andererseits hat sich der deutsch-chinesische Kulturaustausch intensiviert. Der Jugendaustausch zwischen China und Deutschland wird immer weiter ausgebaut. Daraufhin ist es dringend notwendig, geeignete Lehrwerke für den DaF-Unterricht in China zu verfassen.

In diesem Zusammenhang beschloss der FLTRP-Verlag nach einer Studie unter DaF-Lehrkräften an mehreren chinesischen Schulen in Zusammenarbeit mit dem Klett Verlag eine DaF-Lehrwerksreihe für chinesische Schüler/innen an Mittelschulen – „Logisch! neu. Deutsch für Jugendliche“ herauszugeben. Zusammen mit dem Goethe-Institut China werden auf der Grundlage des Lehrwerks Veranstaltungen wie Lehrerfortbildungen und Unterrichtswettbewerbe für Lehrkräfte initiiert.

„Logisch! neu. Deutsch für Jugendliche“ ist ein DaF-Lehrwerk für Jugendliche ab 11 Jahren, also Schüler/innen der Sekundarstufe. Mit neuem Inhalt, authentischer Sprache und sinnvoller Strukturierung passt es besser zu jungen Sprachenlernern und wird den psychologischen und emotionalen Besonderheiten der Heranwachsenden gerecht. Dazu sind begleitende Lernressourcen reichlich vorhanden. Um den Lerngewohnheiten der Jugendlichen in China besser gerecht zu werden, lud der FLTRP-Verlag erfahrene Deutschlehrkräfte aus China ein, den Inhalt des Lehrwerks in angemessener Weise zu überarbeiten. Das Lehrwerk ist auf dem Markt gut angekommen.

Um den DaF-Lehrkräften der Sekundarstufe dabei zu helfen, dieses Lehrwerk besser zu verstehen und zu verwenden, veranstaltete der FLTRP-Verlag im August 2020 gemeinsam mit dem Goethe-Institut China den „Workshop zur Verbesserung des DaF-Unterrichts in der Sekundarstufe in China“. An dieser Lehrerfortbildung nahmen über 160 DaF-Lehrkräfte von mehr als 40 Schulen in ganz China teil. Der FLTRP-Verlag lud Sarah Fleer, deutsche Autorin von „Logisch! neu. Deutsch für Jugendliche“, ein, für diesen Workshop ein Video aufzuzeichnen, und bot den Lehrkräften eine Fortbildung zu Unterrichtskonzepten und Didaktik an. Zu den Fortbildungsexperten gehören Experten für Didaktik in Englisch bzw. Deutsch sowie weitere erfahrene Lehrkräfte. Die Fortbildung umfasste u. a. didaktische Theorien und praktische Beispiele, Demonstrationsunterricht und Unterrichtsgestaltung für Spezialisierungskurse. Zudem stellt der Workshop für DaF-Lehrkräfte in China eine Plattform zur Diskussion, zum Lernen und zur Verbesserung der Effizienz dar.

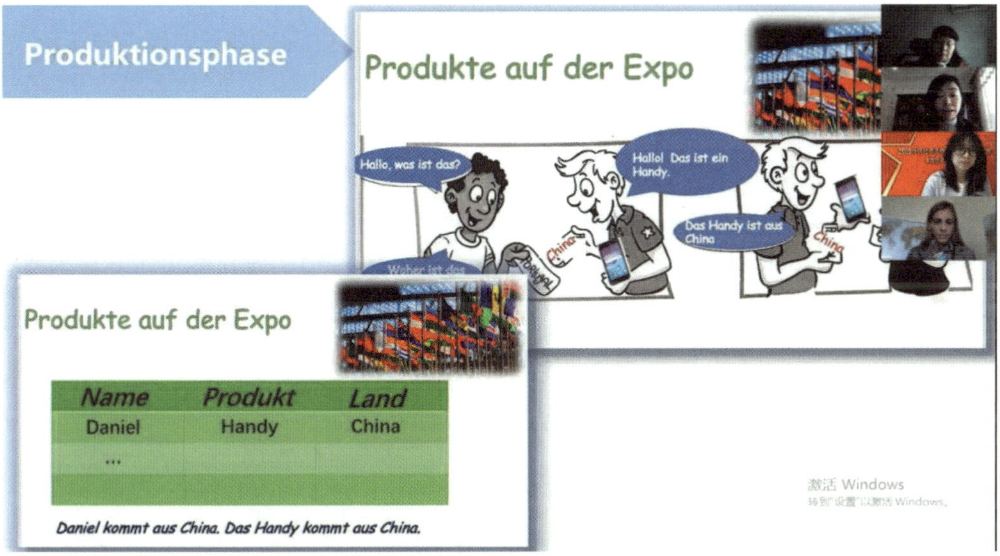

中学德语组“教学之星”大赛兴趣组一等奖 高海燕 说课
Der Erste Preis der Kategorie Wahlkurs, GAO Haiyan, Unterrichtspräsentation

中学德语组“教学之星”大赛一外组一等奖 张玮 教学视频
Erster Preis der Kategorie „Deutsch als erste Fremdsprache“, ZHANG Wei, Unterrichtsaufzeichnung

Von September 2020 bis Januar 2021 organisierte der FLTRP-Verlag den Online-Wettbewerb „Starteacher“ für Deutschlehrer/innen der Sekundarstufe. Insgesamt nahmen 62 Deutschlehrkräfte von 41 Schulen der Sekundarstufe I und II aus ganz China an dem Wettbewerb teil. Im Wettbewerb wurde die Qualität der Lehrtätigkeiten hinsichtlich der Unterrichtsgestaltung, der Unterrichtspraxis und der Unterrichtskompetenz umfassend geprüft. Im Finale demonstrierten die 27 Teilnehmender/innen, wie man die Schlüsselkompetenzen der Schüler/innen in Bezug auf „Sprachkenntnisse", „kulturelles Bewusstsein", „Denkfähigkeit" und „Lernfähigkeit" in der Unterrichtsgestaltung und -praxis umsetzt.

Vom 10. bis 17. Dezember 2020 veranstaltete der FLTRP-Verlag zwei Online-Workshop zum Thema „Über Unterrichtsmethoden und Praxiserfahrungen im Fach Deutsch in der Sekundarstufe – am Beispiel von ‚Logisch! neu' ", zu dem sich mehr als 300 Personen angemeldet hatten. Im virtuellen Besprechungsraum tauschte sich die Lehrkraft mit den Teilnehmer/innen über ihre Lehrmethoden, Unterrichtserfahrungen und die Unterrichtsvorbereitung entsprechend den Besonderheiten des Lehrwerks aus.

Bei den oben erwähnten Veranstaltungen und Fortbildungen haben FLTRP-Verlag und das Goethe-Institut China umfassend zusammengearbeitet und eine gute Kooperation gepflegt. Beide Institutionen haben bei der Organisation und Evaluierung des Wettbewerbs, Lehrforschung und Lehrerfortbildung ihre Ressourcen hinreichend mobilisiert. Bei der Veranstaltungsreihe hat sich der FLTRP-Verlag stets dafür eingesetzt, die Qualität des DaF-Unterrichts zu verbessern und eine Brücke zwischen China und Deutschland zu bauen. Der Verlag hat sich das Ziel gesetzt, den Deutschlehrkräften in China zu dienen, qualitativ hochwertige Lehrwerke und Lehrressourcen für chinesische Deutschlernende bereitzustellen und den Austausch unter Jugendlichen zu verbessern.

Als ein Verlag für Bildung und Kultur mit der Fremdsprachenerwerb als Schwerpunkt, der in China führend und international bekannt ist, hat der FLTRP-Verlag die Aufgabe, „die Zivilisation zu dokumentieren und die Weltkultur zu vermitteln". Er versteht sich als Teilnehmer, Dienstleister und Förderer des kulturellen Austauschs zwischen China und anderen Ländern. In Zukunft wird der FLTRP-Verlag die Zusammenarbeit mit deutschen Verlagen und dem Goethe-Institut weiter verstärken und stellt qualitativ hochwertige Ressourcen und Dienstleistungen zur Verbesserung des Deutschunterrichts an chinesischen Schulen bereit. Es werden vielfältige Veranstaltungen wie Lehrerfortbildungen, Online-Workshops und Unterrichtswettbewerbe für Lehrkräfte veranstaltet. Dadurch sollen DaF-Lehrkräfte der

Sekundarstufe unterstützt werden, Unterrichtsideen zu entwickeln, das Blickfeld zu erweitern und ihren Unterricht zu verbessern.

Jugendliche sind die Zukunft des Landes und die Sprache ist die Brücke des kulturellen Austausches. Durch den Erwerb der deutschen Sprache lernen junge Menschen die Kultur, das Land, die Leute kennen. Diese jungen Menschen werden für den zukünftigen Austausch zwischen Deutschland und China gebraucht. Das Sprachlernen von Jugendlichen ist wichtig für die langfristige Kommunikation und Kooperation zwischen Deutschland und China. Die Verbesserung der Lehrkompetenzen der DaF-Lehrkräfte an Mittelschulen wird den jungen Deutschlernenden helfen, fundierte Deutschkenntnisse zu erwerben. Die junge Generation in China, die die deutsche Sprache beherrscht und die chinesische und deutsche Kultur versteht, wird in Zukunft eine tragende Rolle im deutsch-chinesischen Kulturaustausch spielen!

Text und Bild: Foreign Language Teaching and Research Press German Department

中德交流的“画面之声”

——特罗辛根国立音乐学院

一、案例简介

“画面之声”项目旨在促进中德学生、教师和友好高校之间加深了解。自 2018 年以来，两国的团队每年制作一到两部长约 13 分钟的创意影片。影片以“画面之声”为总标题，分别聚焦一个基本的文化主题，并对其进行艺术诠释。

该项目主要由巴登－符腾堡州基金会的资助，目前已拍摄五部影片，第六部影片已获得前期资助，计划待形势允许即在中国开拍。这些影片作为专题活动的一部分，定期在高校放映并展开讨论。巴登－符腾堡州基金会还表示，希望这些影片能在网络平台上得到更广泛的传播。

影片的拍摄在中德两国交替进行，第一部在德国拍摄。由于新冠疫情的影响，第五部影片的一些补拍镜头只能通过网络进行。期望疫情结束后，第六部电影的拍摄工作能很快在中国顺利展开。

特罗辛根国立音乐学院的副校长 Wolfgang Wagenhäuser 教授是该项目的总负责人，他也是德国音乐委员会音乐信息中心的成员，代表德国所有的音乐学院。同济大学解路军教授作为该项目的中方负责人，以及特罗辛根音乐学院校方代表万捷旎、媒体能力部摄制和剪辑专家 Dagmar Vinzenz、“音乐－设计－表演”国家中心的师生们也为该项目提供了宝贵支持。

影片多次获得“最佳实践”奖。德国全国性专业媒体《新音乐报》(NMZ) 也对项目进行了报道。

“画面之声”影片摄制
Produktion des Films „Vom Klang der Bilder"

二、案例举措与成效

1. 五部项目影片介绍

第一部影片是对老子“有无相生”的艺术反思，这句名言与西方的“生存或是毁灭”形成对比。两国文化中的声音和思想在无词之歌中融为一体。聚焦这一主题的拍摄在德国多个地方进行。

第二部影片的所有视听创作围绕“生于火中——瓷器与剑”这一主题展开。影片展现了同行的学生与一位中国瓷器艺术耆老相处的经历。学生在非常特殊的氛围中进行即兴创作，例如让中德两国的传统假声歌唱碰出火花。

第三部作品又一次在德国摄制。影片着眼于“以时间化平面为空间”这一主题来解释中德书法艺术中的感受、操控和品鉴。影片试图将书写动作转换为声响以及广义上的舞蹈动作。

第四部影片的主题为“收拢断奏，熔化线条，运动 & 静止”，诗意地聚焦中德文化中的声响和动作体验。我们首选传统乐器，并与中国音乐家一起即兴演奏，也即兴进行音乐无声诠释的实验。当然特别而典型的中国广场舞也是我们记录的内容，并且德国的学生们也欢乐地参与其中。

第五部影片即将完成，主题为“龙的结合——中国龙和德国怪兽”。我们特意选取了龙这种在两国都蕴含强烈情感的意象，这一意象在两国文化中最初是相反的：在中国蕴意积极，在德国则形象负面。在拍摄中我们发现，最近的几十年里，龙的消极面正在渐渐消解。在中国音乐人和舞者访德期间，爵士乐和中国传统民乐同台奏响，气氛热烈。

2. 学生交流与语言课程

我们还开展了丰富的学生交流活动，其中一些活动也服务于电影拍摄的准备。参与活动的学生专业不同，包括音乐设计、建筑、舞蹈、器乐等。各专业之间的交流非常有趣。虽然要适应一个陌生的社会环境并不容易，但所有学生在中国之行后都非常兴奋，纷纷表示这种异国文化体验不仅极大地丰富了自我，也加深了他们对中国的理解。

2020 年夏天的交流计划因为疫情而搁置，一下次赴中国交流的很可能已经是下一届的学生了。

项目配套的中文课程引起了特罗辛根音乐学院师生和管理人员的极大兴趣，受到了他们的欢迎。很多人通过汉语学习增长了中国文化知识。目前由于疫情限制，中文课程暂停。

“画面之声”影片摄制
Produktion des Films „Vom Klang der Bilder“

3. 案例影响

通过精神碰撞和思想交流，师生们认识到双方在图像世界、声音诠释以及审美期望等方面的异同，大家在讨论中，在互学互鉴中获益匪浅。在影片中加入的评论内容（计划外的）也得到了各方的高度认可。虽然图像和声音总能令人兴奋，但仅以纯艺术视听形式对某个主题进行诠释，未免失之抽象。为了充分发扬优秀传统，我们来回奔走于中德两国间，同济大学也为我们在中国的艺术合作提供了许多支持。

三、案例反思

项目的总体目标是借助视听这一特殊的美学形式不断促进各国人民之间广泛深入的相互了解。不断有新的伙伴加入我们，追随这一目标。

我们相信，这些影片将为中国“一带一路”倡议的实现作出宝贵贡献，并期待延续现有的学生交流，加深两国合作，建设合作网络。

作为一种独特的项目，聚焦声音、动作和文化邂逅的视听制作（影片）在高校交流中获得了成功。在一个日益以视觉为导向的社会中，它是拉近不同文化主题的绝佳方式。几年来我们积累了很多此类文化主题，希望将来能获得资助，让更多的文化主题以影片的形式呈现。

同时我们也希望在双学位设置上取得进展。项目中的一些影片呈现了融合不同民族风格和音乐风格的即兴创作，为“世界音乐”添上重重一笔。共同创作音乐的过程也凸显了在大学课程中设置室内乐和歌曲专业的必要性。这些方向都非常有价值，将有助于培养学生的社会能力，增进民族间的理解，让他们不再“单打独斗”。而这一系列的影片也证明了音乐设计专业的价值，并已在同济大学引起了广泛关注。

供稿：德国特罗辛根国立音乐学院，沃尔夫冈 · 瓦根豪塞教授

„Vom Klang der Bilder“ Austausch zwischen China und Deutschland

— Staatliche Hochschule für Musik Trossingen

Überblick über das Projekt — Hauptaussage und Vorbildhaftigkeit

Das Projekt „Vom Klang der Bilder“ zielt auf ein tieferes gegenseitiges Verständnis von chinesischen und deutschen Studierenden, Lehrkräften und Partnerhochschulen. Hierzu werden die Möglichkeiten audiovisueller künstlerischer Gestaltung genutzt.

Teams aus beiden Ländern tauchen gemeinsam in einen kreativen Gestaltungsprozess ein und produzieren seit 2018 ein bis zwei jeweils ca. 13-minütige Filme pro Jahr. Unter dem Übertitel „Vom Klang der Bilder“ fokussieren sich alle Produktionen auf jeweils ein essenzielles kulturelles Thema, um es künstlerisch auszudeuten. „Vom Klang der Bilder“ ist ein Projekt im Rahmen des Baden-Württemberg-STIPENDIUMs für Studierende – BWS plus“, einem Programm der Baden-Württemberg Stiftung.

- So war es bei dem ersten Film ein künstlerisches Nachsinnen über Laotses Ausspruch: **„Sein und Nichtsein verbinden einander“**, der im Gegensatz zu dem westlichen „Sein oder Nichtsein“ steht. In einer Vokalise (Arie ohne Text) vereinen sich Klänge und Ideen beider Kulturen. In Blitzlichtern werden Motive an verschiedene Lokalitäten in Deutschland versetzt.

- **„Im Feuer geboren – Porzellan und Schwert“** — um dieses kulturelle Thema kreisten die audiovisuellen Schöpfungen des zweiten Filmes. Die Erlebnisse mit einem alten chinesischen Meister für Porzellankunst waren unglaublich beeindruckend. Unsere mitreisenden Studierenden durften in ganz besonderer Atmosphäre improvisieren. Dabei kam es zum Beispiel auch zu einer Gegenüberstellung von historischem Falsettgesang in China und in Deutschland.

- Die 3. Produktion tastete sich (wiederum in Deutschland) **„aus Fläche in Raum durch Zeit“** um die unterschiedlichen Gefühle, Handhabungen und Wertschätzungen der **Kalligraphie** in beiden Ländern auszudeuten. Es ging uns um eine Umsetzung der Schreibbewegung in Klang und Tanzbewegung im weitesten Sinne.

- **„Staccati verketteln, Linien zerschmelzen, Bewegung und Stillstand“** war beim 4.Film der poetisch künstlerisch anregende Fokus für Klang- und Bewegungserlebnisse in beiden Kulturen. Wir befassten uns vor allem mit traditionellem Instrumentarium und haben gemeinsam mit chinesischen Musikern improvisiert. Auch Experimente mit einer Taubstummen-Ausdeutung von Musik entstanden spontan. Und natürlich wurde der so besondere und typisch chinesische Tanz im öffentlichen Raum, an dem auch unsere deutschen Studierenden mit Freude teilnahmen, dokumentiert.

- Der 5. Film greift auf starke Empfindungen in unseren beiden Ländern zu: **„Drachenvermählung — der chinesische Long & der deutsche Lindwurm“.** Wir spielen mit dem ursprünglichen Gegensatz des in China grundsätzlich positiven Drachenbildes und dem negativen Bild in Deutschland. Dabei konnten wir feststellen, wie sich in den letzten Jahrzehnten die negative Seite in vielen Darstellungen verliert. Beim Besuch der chinesischen Musiker und Tänzer in Deutschland verbanden sich klanglich Jazzmusiker mit den Musizierenden traditioneller chinesischer Instrumente zu mit Begeisterung aufgenommenen Auftritten.

Gemeinsames und Verschiedenes in den Bilderwelten, in der klanglichen Ausdeutung und vor allem auch in den Erwartungen an die Ästhetik wurden bei den Zusammenkünften entdeckt und diskutiert. Alle Beteiligten haben dabei schon viel Staunenswertes voneinander gelernt.

Wie sich immer wieder herausstellte und von allen Seiten bestätigt wurde, sind die (ursprünglich nicht geplanten) eingefügten Kommentare in den Filmen als sehr wertvoll empfunden worden. Die allein künstlerisch audiovisuelle Ausdeutung eines Themas wäre wohl zu abstrakt gewesen, wenngleich die Bilder und Klänge immer als sehr anregend empfunden wurden.

“画面之声”影片摄制
Produktion des Films „Vom Klang der Bilder“

Um die Traditionen umfassender ausschöpfen zu können, sind wir in beiden Ländern immer wieder gereist und haben zum Beispiel in China das Netzwerk der Tongji-Universität für künstlerische Zusammenarbeit nutzen dürfen.

Studierendenaustausche

Flankierend zu diesen aufwändigen Produktionen fanden auch Studierendenaustausche statt, die u.a. auch der Vorbereitung der Filmarbeiten dienten. Studierende unterschiedlicher Fächer wie Musik-Design, Architektur und Tanz aber auch Instrumentalisten von Klassik bis Jazz nahmen teil. Der Austausch zwischen den Disziplinen war faszinierend.

Das Einfühlen in die jeweils andere Gesellschaft stellte sich durchaus nicht immer so einfach da. Doch waren alle Studierenden nach ihren Aufenthalten sehr begeistert und berichteten, wie sehr sie das Erleben in der anderen Kultur bereichert hat. Alle berichten von einem vertieften Verständnis.

Sprachkurs

Ein parallel gestarteter Kurs für die chinesische Sprache hat in Trossingen großes Interesse bei Studierenden, Lehrenden und Verwaltung gebracht. Über das Eindringen in die Sprache wuchs bereits bei Vielen das Verständnis für die chinesische Kultur. Leider pausiert dieser Kurs momentan wegen der Einschränkungen für Zusammenkünfte.

- **derzeitiger Zustand des Projektes**

Das Gesamtprojekt ist zum größten Teil von der Baden-Württemberg Stiftung finanziert. Leider ist nur noch ein sechster Film vorfinanziert, der, sobald die internationale Situation es erlaubt, in China gedreht werden soll.

Alle Filme werden regelmäßig innerhalb der Unis im Rahmen besonderer Veranstaltungen vorgeführt und auch diskutiert. Die Baden-Württemberg Stiftung wünscht ausdrücklich eine möglichst weite Verbreitung auch auf Online-Plattformen.

- **relevante Personen des Projektes**

Prof. Wolfgang Wagenhäuser hat die Gesamtleitung des Projektes. Er ist Vizepräsident der Staatlichen Hochschule für Musik Trossingen und Vertreter aller deutscher Musikhochschulen im Musikinformationszentrum des Deutschen Musikrates.

Seine Kollegin Jieni Wan unterstützt ihn tatkräftig als Beauftragte der Trossinger Hochschule für die Kooperation mit China.

Weitere wertvolle Unterstützung verdankt das Projekt der Spezialistin für Kamera und Schnitt Dagmar Vinzenz aus der Abteilung Medienkompetenz sowie weiteren Lehrenden und Studierenden des Landeszentrums Musik-Design-Performance.

Auf chinesischer Seite liegt die Projektleitung bei Prof. XIE Lujun an der Tongji-Universität. Wie auch Prof. Wagenhäuser stellt er zu den jeweiligen Filmen das passende Team in Rücksprache zusammen.

- **Durchführungsprozess und -form**

Die Filme werden abwechselnd in China und Deutschland gedreht. Der erste Dreh war in Deutschland. Coronabedingt mussten etliche Nachaufnahmen des nunmehr 5. Films via Internet abgesprochen und übermittelt werden. Zwar ist das Internet eine Riesenhilfe, doch kann es die persönliche Begegnung und die gemeinsame Hervorbringung von Ideen im direkten Kontakt nicht ersetzen! Der noch ausstehende 6. Film wird hoffentlich in nicht allzu ferner Zukunft dann in China gedreht werden.

Ebenso sitzen die Studierenden für den bereits im vergangenen Sommer geplanten Austausch in den Startlöchern. Durch die in Deutschland noch nicht gezügelte Pandemie kann die große Verzögerung wahrscheinlich nur mit anderen Studierenden geplant werden, in deren Studienverlauf ein solcher Austausch passt.

Der begleitend laufende Chinesischkurs in Deutschland muss aufgrund der Pandemie leider pausieren.

第六届同济大学德国音乐周

6. Deutsche Woche der Musik der Tongji-Universität

Auswirkungen des Projektes

Das übergeordnete Projektziel eines vertieften und facettenreichen gegenseitigen Völkerverständnisses wird immer wieder mit neu hinzugezogenen zusätzlichen Partnern verfolgt und ausgebaut. Über die audiovisuelle ästhetische Betrachtung und

Gestaltung gelingt die Verständigung in diesem ganz besonderen Format. Ergänzend zur internationalen Sprache der Musik beobachten wir viele Parallelen in der visuellen Wahrnehmung von Bildern, Bewegung und Gestik.

Nach bisheriger Erfahrung können die Filme einen wertvollen Beitrag beim langjährigen übergeordneten chinesischen Projekt der neuen Seidenstraße einbringen.

Der angelaufene Studierendenaustausch soll auf jeden Fall weiterverfolgt werden.

Eine erweiterte Nutzung der Netzwerke in beiden Ländern wird die Beziehungen verstärken und immer besser verwurzeln.

Verliehene Preise, Medienberichte und Stakeholder-Bewertung

Unsere Filme bekamen mehrfach die Auszeichnung „best practice".

Presseartikel bis auf Bundesebene (NMZ) berichteten bereits über dieses außergewöhnliche Projekt.

Erfahrungen, weitere Arbeitsschritte und mögliche Zukunftsperspektiven

Das Format der audiovisuellen Produktion (Film) mit Fokus auf Sound, Bewegung und die kulturelle Begegnung hat sich als ein ungewöhnliches Projekt für den Austausch zwischen Hochschulen bewährt.

Für eine zunehmend visuell orientierte Gesellschaft ist es das perfekte Mittel, um unterschiedliche kulturelle Themen näher zu bringen. Zahlreiche Materialien wurden bereits gesammelt, um entsprechende Pläne in Zukunft zu verwirklichen.

Wir würden uns sehr wünschen, finanzielle Mittel zu finden, um zumindest einen Teil der noch ausstehenden Themen filmisch zu verwirklichen.

Außerdem hoffen wir auf weitere Schritte bei der Errichtung von Doppelstudiengängen.

Die gemeinsamen Völker- und Musikstil verbindenden Improvisationen in einzelnen Filmen mögen hier Stakeholder für „Weltmusik“ sein.

Im Sinne des aufgezeigten gemeinsamen Musizierens sehen wir auch die Notwendigkeit von Kammermusik- und Liedstudiengängen. Diese besonders wertvollen Sparten innerhalb der Genres entwickeln darüber hinaus die sozialen und völkerverständigenden Kompetenzen der sonst eher als Einzelkämpfer agierenden Studierenden.

Musik-Design hat durch die Filmreihe seinen besonderen Wert herausgestellt und hat bereits großes Interesse bei der Tongji-Universität hervorgerufen.

Text und Bild: Prof. Wolfgang Wagenhäuser
Staatliche Hochschule für Musik Trossingen

国际化视野下的中德合作办学
——青岛科技大学中德科技学院

一、走向世界，中德科技学院应运而生

青岛科技大学与帕德博恩大学的合作始于 1995 年。这一年，帕德博恩大学机械系的曼弗雷德 · 帕尔教授 (Prof. Manfred Pahl) 第一次来青岛科技大学（当时的青岛化工学院）进行交流访问。自此，在帕尔教授的“穿针引线”下，双方开启了交流合作之路，并不断深化。首先启动的是“联合培养硕士项目”，每年约 20 名中国学生到德国攻读硕士学位。

2001 年 5 月，德国联邦教研部代表德国政府发布了“对未来投资项目（ZIP）”，该项目的部分内容是希望德国高校代表政府与发展中国家开展不同层次的

青岛科技大学中德科技学院
Chinesisch-Deutsche Technische Fakultät der Qingdao University of Science and Technology

合作。拿到该计划的帕尔教授，找到了当时正在该校访学的青岛科技大学李庆领教授，希望双方以此为契机在青岛合作办学。

机不可失，青岛科技大学当机立断，决定与帕德博恩大学共同申请合作办学。申办的过程是艰难的。一所名不见经传的中国普通高校要想从 120 多家竞争者中胜出（最终获批 21 项），难度可想而知。双方为此组建了专门的答辩团队，并终于获得了认可。联合办学项目在当年获得了德国学术交流中心（DAAD）的批准。2002 年，经山东省教育厅及德国联邦教研部批准，青岛科技大学成立中外合作办学机构——中德科技学院。

2003 年 5 月，经山东省人民政府正式批准并报教育部备案，中德科技学院被纳入全国统一招生计划，实行正规的全日制本科学历教育。

2003 年 10 月中德科技学院大楼揭牌典礼隆重举行
Einweihung des Gebäudes der CDTF im Oktober 2003

2005 年 11 月，中德科技学院作为德国"对未来投资项目（ZIP）"的重点合作项目，被正式纳入中德两国政府间教育合作框架，得到了德国联邦教研部（BMBF）及德意志学术交流中心（DAAD）的重点资助。

2005 年和 2010 年，中德科技学院两次通过德意志学术交流中心（DAAD）专家组的合作办学评估，并获得高度评价："在德意志学术交流中心资助的众多德国在海外办学的高校中，青岛科技大学和帕德博恩大学之间的合作是一个特别有抱负的项目，是中德合作办学的成功范例。”

2006 年，中德科技学院以优秀成绩通过教育部专家组评估和复核验收，2014 年又以优异成绩通过教育部组织的中外合作办学机构评估。

2012 年开始，青岛科技大学与帕德博恩大学开展“机械工程在中国（MB-CN）”来华硕士项目，联合培养来自德国的硕士在读留学生，开辟了合作办学的“双车道”。

经过 20 年的不断发展，中德科技学院与帕德博恩大学（Universität Paderborn）、锡根大学（Universität Siegen）、伊尔梅瑙工业大学（TU Ilmenau）、卡塞尔大学（Universität Kassel）、科布伦茨应用科技大学（Hochschule Koblenz）、西鲁尔应用科技大学（Hochschule Ruhr West）、耶拿应用科技大学（Ernst-Abbe-Hochschule Jena）等德国综合性大学和应用科技大学开展本科生、研究生联合培养及科研项目合作。目前，中德科技学院已发展成为一个拥有机械工程、自动化及应用化学 3 个本科专业、17 个合作项目，在国内外有较高知名度的中外合作办学机构，被誉为中外合作办学的典范。

二、顺应时代，中德合作办学正当其时

中德科技学院以融汇东西方文化精髓，培养世界一流人才为宗旨，坚持引进、融合、创新、提高的办学理念，培养具有中德两国文化背景、中德两种语言能力的国际化高级工程技术与管理人才，为中德两国的科技经贸与文化交流合作提供人力资源。

2014 年以来，各专业先后有 240 余名德籍教授及助手来学院授课，学院每年有 3 名老师受到德国学术交流中心（DAAD）资助前往德国进行一个月的师资培训。

截至目前，中德科技学院已培养近 2800 名本科生，先后有 1300 余名学生赴德学习。在德国本科毕业的学生中，90% 以上继续在慕尼黑工业大学、亚琛工业大学、卡尔斯鲁厄理工学院等多所德国精英大学攻读硕士、博士学位，在读和毕业博士已达 46 人。海外优秀学子层出不穷，目前仅在慕尼黑工业大学攻读硕士、博士的学生就达 100 余人，并且慕尼黑地区学生学者联谊会主席及秘书长多年来几乎均由中德科技学院毕业生担任。仅 2019 年，学院优秀校友、教师就荣获了“德国政府创业基金最高奖项”“2019 年度帕德博恩大学青年教师教学效果优胜奖”、德意志学术交流中心“优秀外国留学生奖”等诸多奖项。20 年来，学院毕业生被中国电力传

“七秩科大正青春，奋斗中德正当时”喜迎 2020 级新生
Willkommenszeremonie für die Studienanfänger/innen 2020

媒集团、中国铁道科学研究院、德国大众、菲尼克斯电气中国公司、巴斯夫中国有限公司、青岛安德烈斯蒂尔动力工具有限公司等 400 余家中资德资企业以及政府机构和单位录用。

中德科技学院每年有 20 名优秀学生获得德国学术交流中心（DAAD）人均 1500 欧元资助赴德短期学习，历届优秀毕业生获得 DAAD 奖学金总额达 70 余万欧元。此外，先后有 130 余名德国学生到中德科技学院学习，加强了中德两国高校的学生互动交流。中德企业在中德科技学院设立了多项企业奖学金，每年奖励 200 余名优秀学生，同时与学院共建实验室，提升学生科技创新能力。近年来，共有 260 余名学生参加国际、国家级、省级创新创业赛事并获奖，学生获得国际奖 2 项、国家级 21 项、省部级 58 项、市厅级奖 5 项。其中包括 2 项国家级大学生创新创业训练计划项目、中国“互联网 +”大学生创新创业大赛全国总决赛铜奖 1 项、Xplore 菲尼克斯电气全球自动化大奖赛中国赛区一等奖 1 项，并应邀赴德国参赛，参赛作品获实用新型专利 2 项、申请发明专利 1 项。人才培养形成了校企互动的良性循环。

中德科技学院的办学成效以及在国际交流中的影响获得了极高的社会美誉度，办学模式被人民日报海外版、光明日报、中国教育报、德国电视三台等国内外媒体广泛报道。2012 年起，青岛科技大学连续 8 年被新华网、新浪网等媒体评为“十大品牌影响力中外合作院校”“中外合作办学十大院校”“最具综合实力中外合作院校”

2019 年，青岛科技大学中德科技学院获评央广网“品牌实力中外合作院校”
Auszeichnung der CDTF „eine starke Marke chinesischer und ausländischer Kooperation im Hochschulbetrieb“, vom CNR 2019

2020 世界工业互联网产业大会——中德工业互联网国际合作论坛与广东金宝力化工科技装备股份有限公司共建中德金宝力粉体输送智慧实验室揭牌
Einweihungsfeier zur Gründung des chinesisch-deutschen Smart Lab für das Pulverfördersystem in Zusammenarbeit mit der Firma Guangdong Jinbaoli Chemical Technology Equipment 2020

等，2019 年获央广网“品牌实力中外合作院校”。2015 年 10 月，德国联邦教育与研究部公布了《中国战略（2015—2020）》，其中收录了青岛科技大学与德国帕德博恩大学、锡根大学和科布伦茨应用科技大学在中德科技学院合作办学方面的成功案例，这既是德国政府部门对青岛科技大学中德合作办学成就的充分肯定与褒奖，又凸显出中德科技学院在中德两国教育合作领域的引领地位。

三、亮点工作：师生情深，共筑中德高校合作辉煌

改革开放四十多年来，我国各项事业飞速发展。青岛科技大学同样发生了翻天覆地的变化，对外合作办学更是独树一帜，硕果累累，这其中凝聚着在中德高校密切合作中起着主体作用的教授、学者们多年来辛勤耕耘的汗水与心血。对于务实严谨、思维缜密、深思熟虑、计划周全，以及前瞻性强的德国高校教授、学者而言，中德两国教授、学者之间亦师亦友的互信基础与密切联系无疑是保证青岛科技大学中德合作项目长盛不衰的源泉所在。

作为青岛科技大学中德科技学院德方创始人的曼弗雷德 · 帕尔教授和中方创始人的李庆领教授，自 20 世纪九十年代就致力于德国帕德博恩大学和青岛科技大学在教学与科研方面的友好合作，为两校教授、学者和学生交流做了开拓性的尝试。为了进一步加强两校间在教学、科研、师生交流与合作方面的深入合作，1994 年至 1995 年，正在帕德博恩大学访学的李庆领教授向他的导师帕尔教授表达了两校在青岛科技大学共同开设机械工程硕士班的基础上，进一步共同组建一所中德科技学院的设想，得到了帕尔教授的积极响应。为了实现这一抱负与理想，在后来的几年中，李庆领教授曾多次邀请帕尔教授到青岛科技大学讲学，与学校领导及教授学者交流沟通，并实地考察青岛科技大学的教学与科研成果。

在双方共同努力下，中德机械工程硕士班于 1997 年开始招生，一年学习期满后陆续派往帕德博恩大学继续攻读硕士学位。然而，青岛科技大学筹建中德科技学院过程却并非一帆风顺。

首先，帕尔教授与李庆领教授在为筹建中德科技学院而共同申请德国政府“对未来投资项目（ZIP）”的资助时遭到了德国官员、学者和专家的质疑。当时德方的普遍认知是，青岛化工学院（青岛科技大学的前身）是一所名不见经传的专业性大学，其教学及科研成果、社会声誉与帕德博恩大学难以比肩。面对这些质疑，帕尔教授在多个场合“舌战群儒”、据理力争，历数当时的青岛化工学院作为中国“橡胶工业黄埔”的教学效果与科研成就，以及在中国石油化工领域，特别是橡胶工业中

青岛科技大学中德科技学院创始人李庆领教授应邀率团访问德国帕德伯恩大学帕尔教授
Prof. LI Qingling, Mitgründer der CDTF, zu Besuch bei Prof. Pahl an der UPB

的重要地位，用不争的事实答疑解惑，最终获得了德方专家的赞赏与支持。

其次，在面临中方各级行政主管部门的疑问时，帕尔教授与李庆领教授并肩协同，一起到济南和北京拜访相关部门领导和主管人员，陈述双方共建中德科技学院将对中德两国在教学科研合作以及人文交流等方面的积极意义，从而赢得了中方教育行政主管部门领导和专家的认同与肯定。

在师生二人的密切配合下，青岛科技大学中德科技学院得以在 2001 年年初筹建，并于同年 8 月开始招收机械工程专业本科生。该项目随后得到了德国联邦教研部（BMBF）和德意志学术交流中心（DAAD）的重点资助，成为德国政府“对未来投资项目（ZIP）”的组成部分。伴随着中德双方合作的不断深入，青岛科技大学于 2007 年 7 月与德国科布伦茨应用科技大学，2008 年 4 月与德国锡根大学，2010 年 7 月与西鲁尔应用科技大学，2011 年 3 月与伊尔梅瑙工业大学等高校陆续签署合作协议，合作办学领域从单一的机械工程专业拓展到化学化工、自动化工程和经济工程等专业。

鉴于其多年来在中德高等教育领域合作中所作出的巨大贡献，帕尔教授于 2009 年荣膺德国一级十字勋章。时任北莱茵－威斯特法伦州州长约根 · 吕格斯（Jürgen Rüttgers）先生亲自为其颁奖，以表彰其在教学科研、校企合作以及高等教育国际合作等方面所取得的卓越成就。在授勋仪式的致辞中，约根 · 吕格斯州长讲道：“帕

时任中国驻德国大使馆公使衔参赞刘京辉博士莅临中德科技学院
Dr. LIU Jinghui, die damalige Gesandte-Botschaftsrätin der chinesischen Botschaft in Deutschland, besuchte die CDTF.

尔教授在所从事的教育、科研和对外合作中克服了重重困难与阻力，取得了令人瞩目的成就。”为表彰帕尔教授对青岛经济社会发展以及中德高校交流所做的贡献，2010 年 6 月，时任山东省副省长夏耕为他颁发“国际合作贡献”奖牌，帕尔教授也成为青岛市获得此项殊荣的两位外国专家之一。同年，他又荣获“青岛市友好合作奖”。2011 年 10 月，帕尔教授被山东省人民政府授予“齐鲁友谊奖”。2012 年 4 月，在青岛市召开的全市科学技术奖励暨科技创新大会上，帕尔教授荣获“国际科技合作奖”。2019 年 9 月底，帕尔教授获得“山东省荣誉公民”称号。

供稿：青岛科技大学，任允晓、李庆党、罗毅

Deutsch-chinesische Hochschulzusammenarbeit

— Chinesisch-Deutsche Technische Fakultät der Qingdao University of Science and Technology

I. Gründung der Chinesisch-Deutschen Technischen Fakultät (CDTF)

Im Jahre 1995 begann die Zusammenarbeit zwischen der Qingdao University of Science and Technology (QUST, damals Qingdao Institute of Chemical Industry) und der Universität Paderborn (UPB). In diesem Jahr war Prof. Pahl von der Fakultät für Maschinenbau der UPB zum ersten Mal an der QUST. Seitdem tauschen die beiden Seiten sich mit der Unterstützung von Prof. Pahl ständig aus und kooperieren eng miteinander. Die Zusammenarbeit ist vertieft worden. Zunächst wurde das Doppelmasterprogramm aufgebaut, über welches jedes Jahr etwa 20 chinesische Studierende zum Masterstudium nach Deutschland geschickt werden.

Im Mai 2001 rief das Bundesministerium für Bildung und Forschung (BMBF) im Auftrag der Bundesregierung das „Zukunftsinvestitionsprogramm (ZIP)“ ins Leben. In diesem Programm wurden die deutschen Hochschulen aufgefordert, im Auftrag der Bundesregierung auf verschiedenen Ebenen mit Entwicklungsländern zu kooperieren. Prof. Pahl empfahl Prof. LI Qingling von der QUST, der zu Besuch an der UPB war, die Gelegenheit für den Ausbau der Bildungskooperation wahrzunehmen.

Sofort entschied das Parteikomitee der QUST, sich um eine Kooperation mit der UPB zu bewerben. Der Bewerbungsprozess war alles andere als einfach, da es einer weniger bekannten chinesischen Hochschule schwerfiel, sich unter mehr als 120 Mitbewerbern (21 davon wurden genehmigt) durchzusetzen. Ein Team wurde für diese Aufgabe zusammengestellt. Letztendlich gelang es der QUST dennoch, die

Zustimmung des Deutschen Akademischen Austauschdienstes (DAAD) zu erhalten. Mit der Genehmigung des Bildungsministeriums der Provinz Shandong und des deutschen Bundesministeriums für Bildung und Forschung wurde im Jahr 2002 die Chinesisch-Deutsche Technische Fakultät (CDTF) der Qingdao University of Science and Technology gegründet.

2001 年 5 月，筹建中德科技学院，同年 9 月开始招生
Gründung der CDTF im Mai 2001, Immatrikulation der ersten Studierenden im September 2001

Die Regierung der Provinz Shandong erteilte im Mai 2003 der CDTF die offizielle Gründungsgenehmigung und die Erlaubnis, Bachelorstudiengänge anzubieten. Die Studentenaufnahme erfolgt seitdem gemäß dem landesweit gültigen Hochschulaufnahmeplan.

Im November 2005 wurde die CDTF als wichtiges Projekt des deutschen „Zukunftsinvestitionsprogramms (ZIP)“ in das Bildungskooperationsprogramm zwischen den beiden Regierungen aufgenommen und vom BMBF und DAAD gefördert.

2005 und 2010 wurde die CDTF zweimal vom DAAD evaluiert. Die Auswertung lautete: Unter den zahlreichen vom DAAD geförderten Kooperationsprojekten im Ausland gilt die CDTF, die Kooperation zwischen der QUST und der UPB, als ein ehrgeiziges Projekt und ein erfolgreiches Beispiel für die chinesisch-deutsche Kooperation im Hochschulbetrieb.

Im Jahr 2006 bestand die CDTF die Evaluierung und die Akkreditierung des chinesischen Bildungsministeriums mit ausgezeichneten Ergebnissen. Im Jahr 2014 bestand sie die vom chinesischen Bildungsministerium organisierte Evaluierung bezüglich internationaler Kooperation im Hochschulbetrieb.

Seit 2012 existiert das Masterprogramm „Maschinenbau in China (MB-CN)“, ein gemeinsames Projekt der QUST und UPB, in dem die Studierenden aus Deutschland an beiden Hochschulen gemeinsam ausgebildet werden.

2012 年 2 月，与帕德博恩大学签署联合培养德国研究生合作协议
Unterzeichnung des Kooperationsvertrags mit der UPB für das Doppelmasterprogramm für deutsche Studierende im Februar 2012

Innerhalb der vergangenen 20 Jahre hat die CDTF mit den Universitäten Paderborn, Siegen, Kassel, den Hochschulen Koblenz, Ruhr West, Jena, der TU Ilmenau sowie anderen deutschen Universitäten und Fachhochschulen verschiedene Kooperationen für Bachelor- und Masterprogramme und Forschungsprojekte angestoßen. Inzwischen gilt die CDTF mit 17 Kooperationsprojekten und 3 Bachelorstudiengängen

– Maschinenbau, Elektrotechnik und angewandte Chemie – als ein Vorzeigeprojekt für die internationale Bildungskooperation. Im In- und Ausland genießt die CDTF ein hohes Ansehen.

II. Chinesisch-deutsche Kooperation im Hochschulbetrieb

Die CDTF zielt darauf ab, den chinesisch-deutschen Kulturaustausch zu fördern und erstklassige Talente auszubilden. Sie arbeitet daran, qualifizierte, innovationsfreudige Ingenieure und Führungskräfte auszubilden, die sowohl interkulturell als auch sprachlich fähig sind. Dadurch stellt die CDTF Personal für den wissenschaftlichen, technologischen und kulturellen Austausch bzw. für die Zusammenarbeit zwischen Deutschland und China zur Verfügung.

Seit 2014 haben mehr als 240 deutsche Professor/innen und Mitarbeiter/innen aus verschiedenen Fachrichtungen an der CDTF unterrichtet. Gleichzeitig werden jedes Jahr drei Lehrkräfte der CDTF vom DAAD für einen einmonatigen Fortbildungskurs in Deutschland finanziert.

Bis heute hat die CDTF knapp 2.800 Bachelor-Studierende ausgebildet. Mehr als 1.300 Studierende haben in Deutschland studiert oder studieren derzeit dort. Mehr als 90% der Studierenden, die ihr Bachelor-Studium in Deutschland absolviert haben, entschieden sich für ein Masterstudium oder eine Promotion an deutschen Universitäten (z.B. TU München, TU Aachen, Karlsruher Institut für Technologie). Die Zahl der laufenden und abgeschlossenen Dissertationen beträgt 46. Allein an der TU München studieren und promovieren derzeit mehr als 100 Absolventen. Außerdem sind der Präsident und der Generalsekretär des Vereins der chinesischen Studierenden und Wissenschaftler in München seit vielen Jahren fast ausschließlich Absolventen der CDTF. Im Jahr 2019 wurden Absolventen und Lehrende der CDTF mit dem „Spitzenpreis des Start-up-Fonds der Bundesregierung“, dem „Preis für exzellente Lehrleistung junger Lehrender an der UPB“, dem „DAAD-Preis für hervorragende Leistungen ausländischer Studierender“ usw. ausgezeichnet. In den letzten 20 Jahren wurden die Absolventen der CDTF von mehr als 400 chinesischen und deutschen Unternehmen bzw. öffentlichen Einrichtungen angestellt, wie z.B. China Power Media Group, China Academy of Railway Sciences, Volkswagen Group, Phoenix Contact China, BASF China und ANDREAS STIHL Power Tools (Qingdao).

2019 年学院校友获德国学术交流中心（DAAD）"优秀外国留学生奖"
„DAAD-Preis für hervorragende Leistungen ausländischer Studierender" an einen Absolventen der CDTF 2019

Jedes Jahr werden 20 CDTF-Studierende mit hervorragenden Leistungen mit 1.500 Euro pro Person für einen kurzen Studienaufenthalt in Deutschland vom DAAD gefördert. In den vergangenen Jahren erhielten die ausgezeichneten Absolventen vom DAAD Stipendien im Wert von mehr als 700.000 Euro. Darüber hinaus haben mehr als 130 deutsche Studierende an der CDTF studiert, was den Austausch zwischen den Studierenden der beiden Universitäten verstärkt hat. Chinesische und deutsche Unternehmen unterstützen die CDTF mit Stipendien, mit denen jedes Jahr mehr als 200 Studierende gefördert werden. Die Unternehmen haben gemeinsam mit der CDTF Labore aufgebaut, und dabei ihre technologische Innovationsfähigkeit verbessert. In den letzten Jahren haben mehr als 260 Studierende an internationalen, nationalen und provinziellen Wettbewerben zum Thema Innovation & Gründung teilgenommen und Preise gewonnen. Insgesamt wurden 2 internationale Preise, 21 nationale Preise, 58 Preise auf der Provinz- und Ministeriumsebene und 5 Preise auf der kommunalen Ebene errungen. Zu den Auszeichnungen gehören zwei Trainingsprogramme für Innovation & Gründung auf der nationalen Ebene, eine Bronzemedaille im nationalen Finale des Wettbewerbs „Internet+" für Innovation & Gründung sowie ein erster Preis beim internationalen Technologie- und Bildungswettbewerb von Phoenix Contact in China. Bei dem letzteren wurden die Studierenden zum Wettbewerb nach Deutschland eingeladen. Zwei Gebrauchsmusterpatente wurden erteilt und ein Erfindungspatent wurde angemeldet. Für die Talentausbildung wurde damit ein Modell aufgebaut, in dem die CDTF mit den Unternehmen zusammenarbeitet.

Die CDTF genießt durch ihre Leistungen sowie ihren Einfluss auf den internationalen Austausch ein hohes Ansehen. Über ihr Modell für die chinesisch-deutsche Bildungskooperation wurde von in- und ausländischen Medien wie z.B. People's Daily (Overseas), Guangming Daily, China Education Daily, 3sat usw. berichtet. Die QUST wurde von Xinhuanet, Sina und weiteren Medien als „eine der zehn einflussreichsten Hochschulen für internationale Bildungskooperation Chinas", „eine der zehn besten Hochschulen für internationale Bildungskooperation", „das beste internationale Hochschulkooperationsprojekt", usw. bezeichnet. Im Jahr 2019 wurde sie vom CNR als „eine starke Marke chinesischer und ausländischer Kooperation im Hochschulbetrieb" bezeichnet. Im Oktober 2015 veröffentlichte das BMBF die „China-Strategie (2015–2020)". Zugleich wurde die Zusammenarbeit der QUST mit den Universitäten Paderborn, Siegen und der Hochschule Koblenz als Vorzeigeprojekte für chinesisch-deutsche Bildungskooperation vorgestellt. Dies gilt einerseits als

2015 年 10 月，德国联邦教育与研究部公布了《中国战略（2015—2020）》
Veröffentlichung der „China-Strategie des BMBF (2015–2020)" durch das Bundesministerium für Bildung und Forschung der Bundesrepublik Deutschland im Oktober 2015

Anerkennung bzw. Würdigung der Leistungen der QUST in der chinesisch-deutschen Zusammenarbeit. Andererseits zeigt sich die führende Rolle der CDTF im Bereich der Bildungszusammenarbeit zwischen China und Deutschland.

III. Aufbau der Kooperationsplattform für chinesisch-deutsche Zusammenarbeit

Neben der Förderung der Zusammenarbeit mit deutschen Universitäten legt die CDTF auch großen Wert auf den Austausch mit bekannten chinesischen Hochschulen. 2018 gründete die CDTF den Verband für chinesisch-deutsche Hochschulkooperationen. Bis jetzt gibt es 13 Mitglieder im Verband. Jedes Jahr organisiert der Verband regelmäßige Treffen, um über die Zusammenarbeit mit Deutschland zu diskutieren und sich über die Erfahrungen auszutauschen.

Im September 2020 veranstaltete die CDTF das chinesisch-deutsche Forum zur internationalen Zusammenarbeit im Bereich industrielles Internet als Bestandteil der World Industrial Internet Conference. Im Rahmen dieses Forums schloss die CDTF Kooperationsrahmenverträge mit der chinesischen Firma Guangdong Jinbaoli Chemical Technology Equipment, dem deutschen Unternehmen Claas sowie dem Qingdao Institute of Socialism ab. Gleichzeitig fand auch die Einweihungsfeier zur Gründung des chinesisch-deutschen Smart Lab für das Pulverfördersystem in Zusammenarbeit mit der Firma Guangdong Jinbaoli Chemical Technology Equipment statt.

Im September 2020 nahm die CDTF an der China Robot Industry Development Conference teil, gehalten wurde dabei ein Vortrag zum Thema „Entwicklung der Robotik-Industrie im Kontext der Industrie 4.0 in Deutschland und industriellem Internet". Die CDTF wurde als erster Vorsitz des Verbandes für Robotik-Industrie in Qingdao gewählt. Das Lehrbuch „Qingdao, the Industrial Internet Capital of the World" und das erste übersetzte Lehrwerk „Industrie 4.0 im internationalen Kontext", die von der CDTF herausgegeben wurden, setzen sich mit der Geschichte des industriellen Internets, ihrem Entwicklungsstand in der Welt, Chinas Strategie für das industrielle Internet usw. auseinander. Dadurch werden die Entwicklung des industriellen Internets in Qingdao sowie der Plan, die internationale Zusammenarbeit, die Ausbildung und das Praxismodell im Bereich des industriellen Internets in Qingdao systematisch vorgestellt. Mit den Veröffentlichungen wurde die Strategie des industriellen Internets

《世界工业互联网之都——青岛》
Lehrbuch „Qingdao, the Industrial Internet Capital of the World"

von Qingdao angekündigt. Qingdao ist bereit, im nationalen und internationalen Kontext eine offene Plattform anzubieten, damit alle die Entwicklung vorantreiben können.

IV. Kooperation zwischen chinesischen und deutschen Lehrkräften

Seit der Reform- und Öffnungspolitik hat China sich rasant entwickelt und große Leistungen im Bereich der Wirtschaft, Wissenschaft, Technik, Kultur, Bildung und Gesellschaft erbracht. Was die internationale Kooperation im Hochschulbetrieb betrifft, hat die QUST fruchtbare Ergebnisse erzielt. Dies ist der langjährigen Bemühung der Professor/innen bzw. Wissenschaftler/innen der beiden Partneruniversitäten zu verdanken. Das gegenseitige Vertrauen und der enge Kontakt unter den Kollegen der beiden Universitäten sind wichtige Voraussetzungen für die nachhaltige Entwicklung der chinesisch-deutschen Zusammenarbeit.

Prof. Manfred Pahl und Prof. LI Qingling, die Gründer der CDTF, engagieren sich seit den 1990er Jahren für die Zusammenarbeit zwischen der UPB und der QUST im Bereich der Lehre und der Forschung. Sie haben Pionierarbeit für den Austausch von Wissenschaftler/innen und Studierenden geleistet. Während seines Gastaufenthaltes an der UPB in den Jahren 1994 und 1995 äußerte Prof. LI Qingling gegenüber seinem Betreuer, Prof. Pahl, den Wunsch, dass die beiden Bildungsinstitutionen ein Doppelmasterprogramm in der Fachrichtung Maschinenbau initiieren, und eine chinesisch-deutsche technische Fakultät gründen. Prof. Pahl war damit einverstanden. Um das Ziel zu verwirklichen, lud Prof. LI Qingling den deutschen Professor in den darauffolgenden Jahren mehrmals nach Qingdao ein. Prof. Pahl hat an der QUST Vorträge gehalten, sich mit den Universitätsleitern und Professoren ausgetauscht und über die Lehr- und Forschungsleistungen der QUST informiert.

Dank der guten Zusammenarbeit lief das Doppelmasterprogramm schon im Jahr 1997. Nach einem einjährigen Studium an der QUST wurden Studenten dann an die UPB geschickt, um ihr Masterstudium fortzusetzen. Die Gründung der CDTF an der QUST war jedoch nicht ohne Schwierigkeiten.

Für die Gründung der CDTF bewarben sich Prof. Pahl und Prof. LI Qingling zuerst gemeinsam um das „Zukunftsinvestitionsprogramm (ZIP)“ der Bundesregierung. Dies wurde aber von der deutschen Seite in Frage gestellt. Generell war die deutsche Seite der Meinung, das Qingdao Institute of Chemical Industry (Vorgänger der QUST) sei eine eher unbekannte Fachhochschule und deren Lehr- und Forschungsleistungen sowie gesellschaftliches Ansehen nicht mit denen der UPB vergleichbar. Dagegen argumentierte Prof. Pahl mehrmals, indem er auf die Lehr- und Forschungsleistungen verwies, und die Bedeutung des ehemaligen Qingdao Institute of Chemical Industry für die chinesische Kautschukindustrie und Petrochemie hervorhob. Er lieferte Daten und Fakten und überzeugte schließlich die deutschen Experten.

Prof. Pahl und Prof. LI Qingling besuchten daraufhin die zuständigen Behörden in Jinan und Peking persönlich und führten mit ihnen Gespräche. Dabei erläuterten sie die Bedeutung der gemeinsamen Gründung der CDTF für die chinesisch-deutsche Zusammenarbeit im Bereich der Lehre und Forschung sowie des gesellschaftlich-kulturellen Austauschs. Das Projekt fand Anerkennung und Zustimmung in der chinesischen Bildungsverwaltung. Die enge Zusammenarbeit ermöglichte Anfang 2001 die Gründung der CDTF an der QUST. Im August 2001 begann die CDTF, Bachelor-Studierende im Studiengang Maschinenbau zu immatrikulieren. Das

Programm wurde dann vom BMBF und DAAD gefördert. Zudem wurde das Programm ein Teil des Zukunftsinvestitionsprogramms (ZIP) der Bundesregierung. Die QUST hat in den darauffolgenden Jahren mit mehreren deutschen Hochschulen Kooperationsverträge abgeschlossen, z.B. mit der Hochschule Koblenz (Juli 2007), der Universität Siegen (April 2008), der Hochschule Ruhr West (Juli 2010), der TU Ilmenau (März 2011) usw. Die Kooperation beschränkt sich nicht auf den Fachbereich Maschinenbau, sondern hat sich auf Chemieingenieurwesen, Automatisierungstechnik und Wirtschaftsingenieurwesen usw. ausgedehnt.

青岛科技大学党委书记马连湘赴德看望留学生
MA Lianxiang, Parteivorsitzender der QUST, begrüßte die Austauschstudierenden in Deutschland

In Anerkennung seiner langjährigen Verdienste um die deutsch-chinesische Zusammenarbeit im Hochschulbereich wurde Prof. Pahl 2009 vom Ministerpräsidenten des Landes Nordrhein-Westfalen, Herrn Jürgen Rüttgers, mit dem Verdienstkreuz 1. Klasse der Bundesrepublik Deutschland ausgezeichnet. Damit wurden seine herausragenden Leistungen in den Bereichen von Lehre und Forschung, der Zusammenarbeit zwischen Universitäten sowie bei internationalen Hochschul- und Wirtschaftskooperationen gewürdigt. In seiner Rede bei der Preisverleihung sagte Jürgen Rüttgers: „Für seinen Einsatz für Forschung, Wirtschaft, Nachwuchs, Umwelt und die Gesellschaft danken wir ihm und ehren seine besonderen Verdienste.“. In Anerkennung seines Beitrags zur wirtschaftlichen und sozialen Entwicklung von Qingdao und zum Austausch zwischen chinesischen und deutschen Universitäten wurde Prof. Pahl im Juni 2010 von Herrn XIA Geng, dem stellvertretenden Minister der Provinz Shandong, mit der Medaille „Beitrag zur internationalen Zusammenarbeit“ ausgezeichnet. Damit war er einer von zwei ausländischen Experten in Qingdao, die

青岛科技大学党委书记马连湘与帕德博恩市长德莱尔（Dreir）先生亲切会谈
Herr MA Lianxiang, Parteivorsitzender der QUST, traf sich mit Herrn Dreier, Bürgermeister in Paderborn

diese Auszeichnung erhielten. In demselben Jahr wurde er mit dem „Preis für enge Zusammenarbeit mit der Stadt Qingdao“ ausgezeichnet. Im Oktober 2011 bekam Prof. Pahl den „Qilu-Freundschaftspreis“ von der Provinz Shandong verliehen. Im April 2012 erhielt er den „Preis für internationale wissenschaftliche und technologische Kooperation“ auf der Konferenz der Wissenschafts- und Technologieinnovation in Qingdao. Ende September 2019 feierte die Provinz Shandong das 70. Jubiläum der Gründung der Volksrepublik China. Gleichzeitig fand die Auszeichnungsfeier für „Ehrenbürger der Provinz Shandong“ und „Botschafter der Freundschaft der Provinz Shandong“ statt. Prof. Manfred Pahl, Gründer der CDTF auf der deutschen Seite, wurde mit dem Titel „Ehrenbürger der Provinz Shandong“ ausgezeichnet.

Text und Bild: REN Yunxiao, LI Qingdang, LUO Yi,
Qingdao University of Science and technology

人文情，融民间

——德中文化交流基金会力推民间人文交流

一、案例概况

德中文化交流基金会（Gesellschaft für Deutsch-Chinesischen kulturellen Austausch）于2008年在德国首都柏林创办，由德国民众熟识的旅德华人企业家张彧女士发起并担任会长。多年来，张彧女士不忘初心，根系祖国，情融民间，引领着德中文化交流基金会通过内容多样、形式创新、质量高精的文化艺术项目不断拓宽文化认同和人文交流路径，促进德国社会主流以及广大民众了解和认知中国文化，为加深中德人民友谊作出贡献。

二、不忘初心，筑建民间人文交流桥梁

德中文化交流基金会以助力中德民心相通为宗旨，筑建民间人文交流桥梁，在传统文化、艺术、设计、文学、社会、青年、媒体、体育等不同领域发起、主办或赞助了数百个交流与合作项目与活动。如2008年携手柏林奥林匹克中心共同发起柏林驻北京奥运会冠军俱乐部项目，落地北京东城区具有500多年历史的南新仓（原皇家粮仓），引领德国媒体和奥运体育精英深入体验中国传统文化；2010年出资赞助柏林环球电影节中国电影版块放映；2011年为中国艺术家们在德国外交部大厅内组织举办了“不寻常的中国印象——中国当代艺术展”，将中国文化元素展示于德国外交圈。时任中国驻德大使吴红波先生与德国外交部国务部长科尔内利娅·皮珀尔（Cornelia Pieper）女士致开幕辞，共同强调文化交流的重要性；2014年发起“柏林－北京欧亚新丝路友好老爷车接力赛”，同年举办至今为止在德规模最大的、有23名中国艺术家参与的大型当代艺术展“八种可能路径：艺术北京”，以实际行动助力北京－柏林友好城市20周年纪念活动。

3000 平方米的中国当代艺术大展“八种可能路径：艺术北京”展场实况
GeKAs große Gruppenausstellung „8 der Wege: Kunst aus Beijing“ in Berlin

张彧女士在总统府内受德国总统和第一夫人接见
ZHANG Yu wurde vom Bundespräsidenten Steinmeier und First Lady empfangen

2015 年，基金会启动为期 10 年的“中国青年艺术家发展驻留艺术项目”，旨在帮助中国青年艺术家与国际接轨，提升中国艺术家的国际对话能力；同年，赞助奥斯卡奖得主让-雅克·阿诺（Jean-Jacques Annaud）导演的中国影片《狼图腾》德国首映式；2016—2017 年发起并举办德中经济对话交流系列活动；2018 年应德国联邦总统府邀请作为正式伙伴身份参与公民庆典活动，高起点、全方位地在总统府内展示中国传统文化精髓；2019—2020 年，基金会携手德国艺术最高权威机构德国国立美术馆、德国柏林国家博物馆（Nataionalgalerie/Staatliche Museen zu Berlin）举办“微纪元”中国新媒体艺术展览等大型交流活动。

德中文化交流基金会的每场大型活动都被德国和德语国家多家主流报纸，如《法兰克福汇报》(FAZ)、《南德意志报》(Süddeutsche Zeitung)、《每日镜报》(Tagesspiegel)、《世界报》(Die Welt)、《柏林日报》(TAZ)、《新苏黎世报》(NZZ)等，以及文化类专业杂志《art》杂志、《Monopol》杂志、《Sleek》杂志等竞相报道。收获了“内容新颖”“社会影响力度大”“民众接受度高”等好评。

案例一　高视角传播文化故事：德中文化交流基金会带中国文化走进德国总统府

2018年9月7日至8日，德中文化交流基金会受德国总统施泰因迈尔（Frank-Walter Steinmeier）及其夫人邀请，以伙伴身份参加了2018年德国总统府开放日庆典活动。

在两天的活动期间，德中文化交流基金会在总统府“望景宫”内向数千位嘉宾和数万名当地民众展示了博大精深的中华文化。历史悠久的茶艺、景德镇的瓷器、中西结合的创意设计、中医奥秘展示、传统民族器乐演出、京剧表演和中国当代艺术等精心准备的内容吸引了诸多参观者在展台前驻足。除了来自国内和德国本地的中国艺术家们呈现的精彩节目之外，现场的华裔孩子们还带来了活泼可爱的舞蹈。

德国民众积极踊跃参与关于中国小知识有奖问答，人们在欢快友好的互动中加深了对中国的了解。赢取的奖品同样让大家爱不释手，包括景德镇的艺术瓷、瓷配件、茶叶、艺术作品等极富中国特色的礼物。其中，中国驻德使馆为此次活动特别赞助的熊猫公仔和狗年公仔尤其受到了小朋友们的欢迎。张彧女士表示，此次总统府活动的成功举办是“中国文化走出来”的成功，离不开各方合作伙伴对活动重大意义的认同和当地华人华侨及留学生的积极参与和支持。

案例二　“结伴创造艺术！”德中大型青年艺术家驻留交流项目

在“2016年中德青少年交流年”的框架下，德中文化交流基金会于当年8月举办的“结伴创造艺术！”德中大型艺术家驻留交流项目，是中德近年来规模最大的艺术家驻留项目。该项目由张彧女士倡议并携手德国联邦议会德中议会友好小组

主席达格玛 · 施密特（Dagmar Schmidt）女士共同发起，获得德国外交部、德国联邦议会德中议会友好小组、柏林市政府、北京市东城区人民政府、歌德学院、Ströer 媒体广告集团、墨卡托基金会、华为以及柏林文化项目组织等机构的鼎力支持。项目跨度近两年，分为柏林和北京两个阶段。

传统的艺术家跨国驻留项目仅在一个国家单向驻留，而该项目为艺术家们提供两国双向驻留的机会，突出两国人文交流领域的互动，为不同文化背景青年艺术家创造零距离的交流机会。他们先后在柏林和北京共同生活和工作一段时间，对双方的文化背景和创作理念产生更直观感性的认识，进而激发创作灵感。

2016 年 9 月，该项目在柏林的红色市政厅（Rotes Rathaus）举办盛大开幕仪式，项目主办方、合作方代表、艺术家、评审团代表等众多德中嘉宾出席开幕活动。张彧女士和达格玛 · 施密特女士，德国外交部国务部长米歇尔 · 罗斯（Michael Roth）先生，时任中国驻德国大使馆文化参赞陈平先生，柏林市副市长赫拉 · 邓格 – 洛佩尔（Hella Dunger-Löper）女士，评审团代表、柏林设计艺术大学校长莱奥尼 · 鲍曼（Leonie Baumann）教授以及合作方代表北京德国文化中心 · 歌德学院（中国）院长柯理博士（Dr. Clemens Treter）均在开幕式上积极支持并参与“结伴创造艺术！”项目。参与此项目的 16 位中德优秀青年艺术家由 22 位中德艺术

“结伴创造艺术”项目发起人张彧和达格玛 · 施密特把艺术带入东城胡同
Initiatorin Zhang und Dagmar Schmidt brachten Kunst in Dongcheng Hutong

"结伴创造艺术"艺术家们和主办方在驻留地原柏林皇家女子监狱合影
Zhang mit Künstlern am Residenzort in Berlin — dem ehemaligen Frauengefängnis mit besonderem Flair

界权威人士组成的评审团提名并选出，年龄不超过 40 岁，分别来自绘画、装置、摄影、影像和数字艺术等不同创作领域。在柏林和北京两地，青年艺术家们在权威学者、策展人、美术馆馆长等艺术专家团队的支持下进行交流和创作工作。

2016 年 8 月到 10 月份，16 位艺术家入驻柏林里希特菲尔德区（Lichterfelde）的文化集散地——曾经的一座皇家女子监狱。堡垒式的建筑已逐渐转变成为一座创意工厂，铁栅栏已被拆除，曾经的监室被改造成为工作室和居住空间非同寻常的独特空间让艺术家们迸发灵感与非凡创意。结束为期两个月的德国驻留之后，2017 年 3 月，中德青年艺术家重聚北京东城区草厂四条的三个大四合院落，开始两个月的中国驻留。前门草厂地区 2009 年被列入北京老城 25 片历史文化保护区之一，经过治理改造，恢复了老北京胡同历史风貌，让德国青年艺术家耳目一新，亲身体会到了中国首都北京的传统文化的震撼力和纯正的老北京文化。

项目一览：

"结伴创造艺术！"项目艺术家

来自德国：Banz&Bowinkel，Melanie Bisping，Markus Hoffmann，Michael Just，Christin Kaiser，Katharina Lüdicke，Bettina Marx，Andreas Mühe，

Julia Weißenberg

来自中国：耿雪，龚剑，宋琨，谭天，杨心广，徐升，叶甫纳，郑菁

评审团委员

来自德国：Udo Kittelmann（柏林国家博物馆，国立美术馆馆长），Gabriele Horn（柏林双年展总监），Hans-Jürgen Lechtreck（埃森弗柯望美术馆副馆长），Söke Dinkla（杜伊斯堡 Lehmbruck 雕塑美术馆馆长），Leonie Baumann（柏林设计艺术大学校长），Michelle Cotton（波恩美术协会会长），Heiner Wemhöner（收藏家，玛尔塔黑尔福德博物馆），Ludger Derenthal（柏林国家摄影美术馆总策展人），Susanne Weirich（杜伊斯堡－埃森大学艺术学院教授），Wolf Lieser（数字艺术博物馆馆长），Werner Tammen（德国柏林画廊联合会会长）

来自中国：吴为山（中国国家美术馆馆长），王璜生（中央美术学院美术馆馆长），高鹏（今日美术馆馆长），郭晓彦（北京民生现代美术馆副馆长），赵力（“艺术北京”发起人）等

案例三　柏林－北京友好欧亚新丝路老爷车拉力赛

“2014 柏林－北京友好欧亚新丝路老爷车拉力赛”由德中文化交流基金会发起，旨在纪念柏林与北京缔结友好城市 20 周年，并同时推进柏林夏洛滕堡－威墨尔斯多夫区（简称夏区）与北京东城区之间的友好关系。

在拉力赛车队出发之前，时任柏林市市长沃尔沃莱特（Klaus Wowereit）先生携手时任中国驻德大使史明德先生作为本次活动的见证人，把柏林皇家瓷器专门定制的柏林吉祥物友谊小熊递交给活动发起人张彧女士，并委托她和赛车队代表柏林将这个承载着厚厚祝福的吉祥物捎带到北京。

2014 年 8 月 31 日，15 辆老爷车、近 30 位车手从德国首都柏林著名的选帝侯大街出发。许多柏林市民们都聚集在此，共同为车队送行。时任中国驻德公使衔参赞韩光明先生、夏洛滕堡－威默尔斯多夫区区长瑙曼 (Reinhard Naumann) 先生、张彧女士分别致辞。车队历时 44 天，横跨欧亚大陆 8 个国家，长驱 13000 多公里，沿着承载着久远历史、灿烂文化的古老丝绸之路为基础的“新丝绸之路”，途径波兰、乌克兰、俄罗斯、哈萨克斯坦、乌兹别克斯坦、吉尔吉斯斯坦，最后到达中国首都的王府井大街。闭幕式上，时任北京市东城区副区长许汇、时任德国驻华大使馆文化处处长郝志强（Enrico Brandt）先生、张彧女士等分别致辞，并向车手们颁奖。郝志强先生在致辞时说：“拉力赛的路线让人们联想到彼时东西方沟通的

中央电视台中文国际频道报道老爷车拉力赛活动。时任中国驻德国大使史明德、张彧会长、时任柏林市市长克劳斯·沃尔沃莱特共同为活动助力

CCTV-4 berichtet über die Raylle und die Unterstützer: Der damalige chinesische Botschafter in Deutschland, Herr SHI Mingde, Präsidentin Frau ZHANG Yu und der damalige Regierende Bürgermeister von Berlin, Herr Klaus Wowereit

桥梁——古老的丝绸之路。正是借由这条路，当时的人们得以认识其他国家的文化。这些车手们传承了他们前辈——马可·波罗对未知事物的好奇以及探险精神，凭借顽强的意志和坚定的信念通过了旅途中的多重考验来到这里，一睹中国的风采。”郝志强说，这些参赛者在留下诸多难忘回忆的同时，更是在柏林与北京之间架起了一座新的友谊桥梁。北京王府井大街很容易勾起赛车手们对故乡柏林选帝侯大街的回忆，他希望能够有更多的德国人和中国人走上这座友谊之桥，增进对彼此首都城市的了解。

在张彧女士看来，拉力赛亮点在于起点和终点分别为两国的首都，更确切地说，是各自的地标——选帝侯大街和王府井大街。王府井大街位于北京市中心，因此这次活动也可以进一步解读为车手们把自己的热忱与激情带到了中国的心里。对她来说，这些参赛者已不再是老爷车车迷或是自驾游的爱好者，而是中德文化交流的使者，一路将德国的文化带到了中国。此拉力赛成功举办为中德两国的伙伴关系，尤其是柏林与北京的城市友好添上浓墨重彩的一笔。“今年正值柏林与北京建立友好城市关系 20 周年，而丝绸之路将德国乃至欧洲与中国连接起来，正是东西方世代友好结晶的直接见证者。因此，以沿新丝绸之路的拉力赛作为中德两国紧密联系的象征，再合适不过。新丝绸之路是传统丝绸之路的延长线，从德国一直延伸到北京。它不同于搭载飞机倏忽即至，而是用自己的车轮来丈量 13000 公里的距离，一路奔波、一路感悟，从而对两座城市间的友谊纽带有了切身体会，因此就格外有意义。”

抵达北京的当夜，参赛者们流着泪互相拥抱，问及原因，有顺利且安全驶完全程的宽心，亦有可以回家与亲人重聚的期待，有通过艰难险阻考验的成就感，还有完成使命的荣誉感，以及太多太多无法用语言表达的复杂情绪。车手汉斯 · 纳格怀特（Hans Nagerwetter）说：“这是一次振奋人心的冒险。我们的准备非常充分，经历了 44 天 13000 公里的跋涉后安全抵达了北京。这种难得的人生体验不可错过。一路上我遇见很多人，语言的障碍并没有阻挡彼此之间善意的传递，我依旧能够感受到对方的宽容与尊重。人与人之间的接触在我看来是最重要的，尤其在中国，我一直能看到人们嘴角的笑容。同时，年轻一代人所展现的活力与热情也让我印象深刻。”

对车手们而言，这次拉力赛充满挑战且意义非凡。自驾游的乐趣和沿途的壮丽景色固然令人难忘，但更难能可贵的是沿途亲身体会到的风土人情。有些成员之前就曾来华一游，但这次他们仍然惊讶于中国各方面的飞速发展，纷纷表示以后一定还要再来。

这一形式特别的交流活动也吸引了两国包括中央电视台以及中国国际广播电台在内的多个媒体的跟踪报道。

三、德中文化交流基金会创始人、会长张彧女士展望中德（民间）人文交流

张彧女士 1992 年赴德留学，毕业后成功创业，至今已在德国生活了近 30 年。从 2005 年起，她就产生了推动民间文化交流的想法。她曾告诉媒体，由于部分德国媒体对中国的报道不客观不全面，以致当地民众难以真正地了解中国，而推动两国的人文交流就是一个重要的突破点。日耳曼民族是一个严谨的民族，华人可以尝试主动让对方认知中国的传统与文化。2005 年底，张彧在柏林市中心发起并主办了一次大型德中春节联欢晚会，邀请 500 多名德国各界精英人物以及来自各联邦州的华人华侨代表欢聚一堂，共迎新年。时任中国驻德大使马灿荣先生携夫人出席并致辞。时任德国联邦议会中德事务小组主席福鲁克（Johannes Pflug）先生也在发言中表示，出席此次活动感到非常荣幸，更为难得的是，能在活动中同时遇到这么多来德国各地的华人代表和侨领，可以更好地了解到在德华人华侨的生活状态。这是一场真正意义上的德中友好民间交流。“一次交流晚会足以看出德国民众对中国文化的认知空白和好奇。”张彧女士深深地体会到了这一点。之后她不断在德国宣传和推

张彧会长带领华裔孩子们拜访柏林议长先生
Auf Zhangs Initiative tauschen chinesische Kinder und Jugendliche mit dem Präsidenten des Abgeordnetenhaus Berlin aus

广中国传统和文化。2008 年，她成立了德中文化交流基金会 GeKA，希望把这个有意义的事业可持续性地推进下去。

如今，德中文化交流基金会在德国民间和文化界都拥有一定的号召力和影响力，“GeKA”也成为了一个德国民众熟悉和信任的品牌。2015 年，张彧女士因其为柏林和北京民间文化交流作出的贡献，而得到德国柏林议会邀请，作为社会融入的亮点人物，在移民庆典上作主旨发言。张彧女士还曾先后两次受前任德国总统高克（Gauck）先生及现任德国总统施泰因迈尔先生邀请，出席德国总统府为中国国家主席习近平及夫人举办的小型欢迎晚宴。

德中文化交流基金会创办至今 14 年，通过品质高、内容新、形式丰富多彩的文化交流活动，切实地以民间力量推动两国人文交流。基金会除了每年举办各类不同主题的项目，持续不断助力中德两国人文交流，还积极支持华人华侨融入社会，并时常参与德国当地社会公益活动，为德国学校、弱势群体筹捐善款等，提升华人华侨在德的社会形象。10 余年来，基金会受到德国联邦议会、德国总统府、德国外交部、柏林市政府以及重要本土媒体等机构的持续关注和支持，张彧女士被民间誉称为

“德中民间大使”。

展望未来，张彧女士提出三点建议：第一，只有不断加强两国人民相互了解，才能为真正的民心融合做好铺垫。民间人文交流的确是很好的切入口，但需要极大的耐心和坚持，长期投入才能真正达到两国民心相通。短、平、快不是最好的方法。因此，德中文化交流基金会将继续发扬十几年如一日的精神，持之以恒地配合祖国和驻地国大环境的需求，为两国民间人文交流探索更多渠道，拓宽交流领域，深化合作内容，从不同角度为两国人文交流奉献杯水之力。第二，成功的人文交流需要在展现形式和内容上都有所创新，只有这样，人文交流才会得到社会各界的更多重视。在以往实践中，传统和现代的结合以及中西对话的模式在德国得到关注，认可度极高。同时，基金会还将继续在实践中不断摸索，分析与总结成功经验，优化创新模式，助力中德人文交流更上一层楼。第三，张彧女士表示，民间机构有自己的优势，比如灵活性强，民众“关注点”找得既快且准，民间组织在德国认可度高等，和官方渠道互补性强。她希望能把这个承载民间使命的公益机构继续做好、做大、做稳，让它成为两国间的一座“百年桥梁”。同时她也希望这个事业能够传承下去，希望在德华人华侨的下一代能继续掌舵，接着踏踏实实地坚持做好民间文化交流，这也是她这代华人的赤子初心。为此，基金会定期举办为当地华人华侨第二、三代子女专门打造的交流项目，让孩子们在不忘根本的同时，尽早接触社会，融入德国社会，早日挑起重任，成为两国间交流的桥梁。

供稿：德中文化交流基金会

Kulturaustausch zwischen den Völkern

— Gesellschaft für Deutsch-Chinesischen kulturellen Austausch (GeKA) fördert zivilgesellschaftlichen Kulturaustausch

I. Fallübersicht

Die Gesellschaft für Deutsch-Chinesischen kulturellen Austausch (GeKA) wurde 2008 in Berlin von der in der deutschen Öffentlichkeit bekannten Deutsch-Chinesin und Unternehmerin Frau ZHANG Yu gegründet. Seit über einem Jahrzehnt fördert die GeKA unter der Federführung von deren Präsidentin Frau ZHANG Yu den kulturellen und zwischenmenschlichen Austausch durch Projekte mit vielfältigen Inhalten, innovativen Formen und hoher Qualität. Dies trägt nicht nur zum besseren gegenseitigen Verständnis in der Gesellschaft und Öffentlichkeit bei, sondern auch zur Vertiefung der Freundschaft zwischen dem deutschen und chinesischen Volk.

II. Brücken für zivilgesellschaftlichen Kulturaustausch bauen, ohne den Ursprung zu vergessen

Die GeKA setzt bei ihrer Arbeit stets auf das Ziel, Menschen in Deutschland und China zusammenzubringen und Brücken für den zivilgesellschaftlichen Kulturaustausch zu bauen. Dafür hat sie bereits Hunderte von Austausch- und Kooperationsprojekten sowie -aktivitäten in verschiedenen Bereichen wie z.B. traditionelle Kultur, zeitgenössische Kunst, Design, Literatur, Gesellschaft, Jugend, Medien, Sport etc. initiiert, veranstaltet oder unterstützt. So wurde 2008 der Berliner Olympischer Champions-Club in Peking ins Leben gerufen, der auf Initiative von Frau Zhang im mehr als 500 Jahre alten Nanxincang (dem ehemaligen kaiserlichen Getreidespeicher) im Dongcheng-Bezirk von Peking untergebracht war. Die deutschen Medien und die olympischen Sporteliten erhielten auf diese Weise einen tiefen Einblick in die traditionelle chinesische Kulturessenz. Im Jahre 2010 förderte die GeKA die Vorführung chinesischer Filme im Rahmen der Internationalen Babylon Filmfestspiele Berlin „Around the World". Ein Jahr später, 2011, veranstaltete die GeKA die Ausstellung „Eccentric Expressions China" mit chinesischen Künstlerinnen und Künstlern im Lichthof des Auswärtigen Amtes. Auf diese Weise wurde chinesische Kunst innerhalb der deutschen Diplomatenkreise ein Stückchen bekannt gemacht. Herr WU Hongbo, der damalige chinesische Botschafter in Deutschland, und Frau Cornelia Pieper, Staatsministerin des Auswärtigen Amts, wiesen jeweils in ihren Eröffnungsreden auf die Bedeutung des kulturellen Austausches hin. Im Jahr 2014 rief die GeKA die Oldtimer-Rallye Berlin-Beijing entlang der Neuen Seidenstraße ins Leben und organisierte im selben Jahr ebenfalls die bis dahin größte Gruppenausstellung chinesischer zeitgenössischer Kunst in Deutschland „8 der Wege: Kunst aus Beijing" mit der Beteiligung von 23 chinesischen Künstlern, um einen Beitrag zum 20-jährigen Jubiläum der Städtepartnerschaft Peking-Berlin zu leisten. 2015 startete die GeKA das 10-Jahres-Programm „China Young Artists Development Residency Project" mit dem Ziel, junge chinesische Künstler mit der internationalen Gemeinschaft in Kontakt zu bringen und die internationale Dialogfähigkeit chinesischer Künstler zu verbessern. Im selben Jahr förderte die GeKA die deutsche Erstaufführung von „Der letzte Wolf " unter der Regie des Oscar-gekrönten Regisseurs Jean-Jacques Annaud.

Von 2016 bis 2017 initiierte und organisierte die GeKA eine Reihe von Aktivitäten für den deutsch-chinesischen Wirtschaftsdialog und -austausch. 2018 beteiligte sich die GeKA auf Einladung der deutschen Bundespräsidentschaft als offizieller kleiner Partner am Bürgerfest und präsentierte im Schloss Bellevue die Essenz chinesischer Kultur. Von 2019 bis 2020 veranstaltete die GeKA in Zusammenarbeit mit der Nationalgalerie bzw. den Staatlichen Museen zu Berlin — die höchste Instanz für deutsche Kunst - Ausstellungen über chinesische Fotografie sowie zuletzt die große Medienkunstausstellung „Micro Era — Medienkunst aus China".

Seit mehr als 10 Jahren organisiert die GeKA jährlich verschiedene kulturelle Austauschprogramme und trägt damit kontinuierlich zum Austausch zwischen Deutschland und China bei.

Über jede größere Veranstaltung der GeKA wurde in der meinungsführenden Presse Deutschlands und den deutschsprachigen Ländern gern berichtet, u.a. in der FAZ,

赞助电影《狼图腾》德国首映式，张彧与奥斯卡奖得主、著名导演让-雅克·阿诺合影
ZHANG Yu unterstützt die Deutschlandspremiere des Films „Der letzte Wolf" mit Oscar-Regisseur Jean-Jacques Annaud

时任柏林市长克劳斯·沃尔沃莱特和时任中国驻德国大使史明德向张彧和老爷车队交接幸运物
Damaliger Berliner Regierender Bürgermeister Klaus Wowereit und der damalige Botschafter SHI Mingde übergeben das KPM-Bärchen an Zhang und ihre Oldtimer-Raylle

Süddeutsche Zeitung, Tagesspiegel, Die Welt, TAZ, Neue Zürcher Zeitung (NZZ) usw. Dazu kommen entsprechende Berichterstattungen in Kulturmagazinen sowie in Fachzeitschriften wie art, Monopol und Sleek. Das Echo in den Medien über die Projekte in der Öffentlichkeit war groß und positiv.

Fall 1 Ein Beispiel zur perspektivreichen Vermittlung der Kultur: Die GeKA bringt chinesische Kultur ins Bundespräsidialamt

Vom 7. bis 8. September 2018 wurde die GeKA von Bundespräsident Steinmeier und der First Lady eingeladen, als offizieller kleiner Partner am Bürgerfest 2018 im Schloss Bellevue mitzuwirken. Während der zweitägigen Veranstaltung präsentierte die GeKA tausenden von Gästen und zehntausenden von Einheimischen im Schloss Bellevue die chinesische Kultur. Teezeremonie mit langer Geschichte, Porzellan aus Jingdezhen, kreatives Design, das Ost und West verbindet, Einführung in die Magie der chinesischen Medizin, traditionelle Musikinstrumente, Peking-Oper, aber auch zeitgenössische chinesische Kunst lockten viele Besucher an den Stand. Neben den spannenden Programmen, die von chinesischen Künstlern aus China und in

德国总统府内在 GeKA 基金会的展台上德国嘉宾和中国艺术家互动
Deutsche Gäste interagieren mit chinesischen Künstlern am Stand der GeKA im Schloss Bellevue

Deutschland lebenden chinesischstämmigen Künstlern präsentiert wurden, boten auch Kinder und Jugendliche der zweiten Generation vor Ort schwungvolle schöne Tänze.

Die langen Schlangen vor dem Stand der GeKA zeigten eine aktive Beteiligung des deutschen Publikums und ein großes Interesse am Quiz mit 100 Fragen über China. Die Menschen vertieften ihr Verständnis für China in einem fröhlichen und freundschaftlichen Miteinander. Die verteilten Preise waren ebenso beliebt, darunter Porzellan-Accessoires aus Jingdezhen, chinesischer Tee, Kunstwerke und andere Geschenke mit einem starken chinesischen Charakter. Die von der chinesischen Botschaft in Deutschland gesponserten Panda- und Hundejahr-Figuren waren besonders bei den Kindern beliebt. ZHANG Yu sagte, dass das Interesse an der Veranstaltung im Schloss Bellevue die Bedeutung des Kulturaustauschs sowie der Kulturdiplomatie zeigte. Ohne die aktive Teilnahme und Unterstützung der lokalen chinesischen MitbürgerInnen sowie chinesischen und deutschen Studenten hätte es nicht erreicht werden können.

Fall 2 „Kunst Gemeinsam Gestalten!" — Groß angelegtes deutsch-chinesisches Austauschprogramm für junge Künstler und Künstlerinnen

Im Rahmen des „Jahres des Jugendaustauschs zwischen Deutschland und China 2016" organisierte die GeKA das Austauch- und Residenzprogramm „Kunst Gemeinsam Gestalten!". Es handelte sich um das größte Künstleraufenthaltsprogramm der letzten Jahre zwischen China und Deutschland. Das Projekt wurde von der GeKA-Präsidentin Frau ZHANG Yu und von Frau Dagmar Schmidt, der Vorsitzenden der Deutsch-Chinesischen Parlamentarischen Gruppe des Deutschen Bundestages gemeinsam initiiert. Das Projekt gewann Unterstützung u.a. vom Auswärtigen Amt, von der Berliner Senatskanzlei, vom Deutschen Bundestag, vom Goethe-Institut in Peking und vom Dongcheng-Bezirk in Peking, von der Ströer Mediengruppe, der Stiftung Mercator, Huawei und der Berliner Kulturprojektgesellschaft. Das Projekt erstreckte sich fast über zwei Jahre und war in zwei Phasen unterteilt: Berlin und Peking.

Während herkömmliche internationale Artist-in-Residence-Programme nur einen einseitigen Aufenthalt in einem Land bieten, besteht der innovative Charakter dieses Austauschprojektes darin, dass es deutschen und chinesischen Künstlern je einen

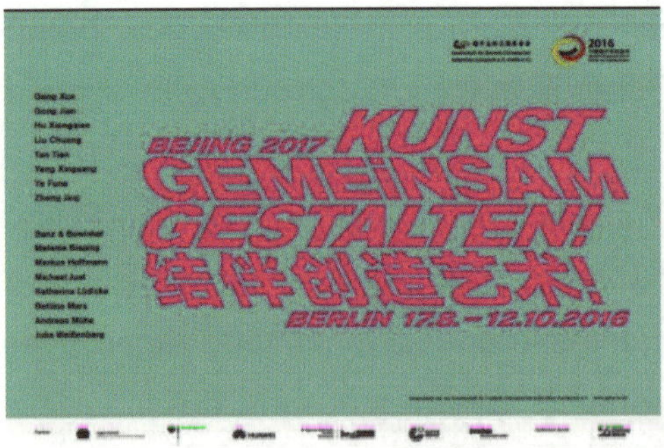

左图："结伴创造艺术！"项目海报

Links: „Kunst Gemeinsam Gestalten!" Projekt-Poster

右图："结伴创造艺术！"在柏林市政大厅内召开新闻发布会。从左至右：柏林艺术设计大学校长Leonie Baumann，德国联邦议会德中事务小组主席Dagmar Schmidt，张彧会长，北京歌德学院院长Clemens Treter，华为德国负责人Thorsten Küpper

Rechts: „Kunst Gemeinsam Gestalten!"—Pressekonferenz im Berliner Rathaus. Von links nach rechts: Leonie Baumann, Rektorin der Weißensee Kunsthochschule Berlin; Dagmar Schmidt, Vorsitzende der Deutsch-Chinesischen Parlamentariergruppe des Deutschen Bundestages, GeKA-Präsidentin ZHANG Yu; Clemens Treter, Leiter des Goethe-Instituts Peking; Thorsten Küpper, Leiter Huawei Deutschland

Aufenthalt hintereinander in beiden Ländern anbietet. Dadurch wird die Interaktion im Kulturaustausch hervorgehoben und die Möglichkeit geschaffen, dass sich junge Künstler sich mit ihrem unterschiedlichen kulturellen Hintergrund hautnah miteinander austauschen können. Indem sie eine Zeit lang in Berlin und Peking zusammenleben und arbeiten, haben sie ein intuitiv-reales und besseres Verständnis für den kulturellen Hintergrund des jeweils anderen und entwickeln kreative Ideen, die ihre späteren Arbeiten inspirieren.

Die große Eröffnungsfeier in der Projektphase Berlin fand im September 2016 im Berliner Roten Rathaus statt. Viele deutsche und chinesische Gäste kamen zusammen, u.a. die GeKA und ihre Mitglieder, Vertreter der Projektpartner, Künstler und Jury. Beide Initiatorinnen Frau ZHANG Yu und Frau Dagmar Schmidt, Herr Michael Roth, Staatsminister im Auswärtigen Amt, Herr CHEN Ping, Botschaftsrat und Leiter der Kulturabteilung der Chinesischen Botschaft in Deutschland, Frau Dunger-Löper, stellvertretende Bürgermeisterin von Berlin, Prof. Leonie Baumann, Rektorin der Weißensee Kunsthochschule Berlin und Juryvertreterin und Dr. Clemens Treter, Leiter des Goethe-Instituts Peking, sprachen bei der Eröffnungsfeier zur Unterstützung des Projekts „Kunst Gemeinsam Gestalten!“. Die 16 herausragenden jungen chinesischen und deutschen Künstler, die an dem Projekt teilnahmen, wurden von der 22-köpfigen Jury aus chinesischen und deutschen Museumsdirektoren sowie Kunstexperten nominiert und ausgewählt. Die auserwählten Künstler sind bis zu 40 Jahre alt und kommen aus verschiedenen Genres wie Malerei, Installation, Fotografie, Videokunst oder Digitale Kunst. Sowohl in der Berliner als auch in der Pekinger Projektphase arbeiteten die jungen Künstler mit Unterstützung eines kompetenten Expertenteams, darunter maßgebliche Kunstexperten u.a. Museumsdirektoren, Kuratoren und Kunstprofessoren.

Von August bis Oktober 2016 waren 16 Künstler auf Einladung von GeKA in einem ehemaligen Frauengefängnis in Lichterfelde in Berlin zu Gast. Das ehemalige Frauengefängnis ist ein besonderer Ort und gilt heute als kultureller Schauplatz für Berlin. Das festungsähnliche Gebäude hat sich nach und nach zu einer kreativen Fabrik entwickelt, in der teils Eisengitter entfernt und die ehemaligen Gefängniszellen in Ateliers und Wohnräume umgewandelt worden sind, mit hohen Fenstern, die die Räume mit Licht durchfluten. Eine solch außergewöhnliche und einzigartige

张彧和联邦议会德中事务小组负责人达格玛·施密特同台谈文化交流重要性
Podiumsdiskussion über die Bedeutung des Kulturaustauschs mit Dagmar Schmidt, Vorsitzender der Deutsch-Chinesischen Parlementariergruppe im Bundestag

Umgebung ermöglicht es den teilnehmenden Künstler, inspiriert und kreativ zu sein. Nach dem Ende eines zweimonatigen Aufenthalts in Deutschland trafen sich im März 2017 diese jungen chinesischen und deutschen Künstler in drei großen traditionellen Hutongs (Caochang Sitiao des Dongcheng-Bezirks) im Herzen Pekings wieder, um einen zweimonatigen Aufenthalt in China zu starten. Das gesamte Gebiet war 2009 als eines der 25 historischen und kulturellen Gelände in der Altstadt Pekings ausgewählt und unter Denkmalschutz gestellt worden. Die umfassende Sanierung war mit dem Ziel verbunden, das historische Aussehen der alten Pekinger Hutongs wiederherzustellen und zu erhalten. Der Ort der Residenz konnte den jungen deutschen KünstlerInnen ein erfrischendes Erlebnis der atemberaubenden traditionellen Kultur der chinesischen Hauptstadt Peking aus erster Hand vermitteln.

Das Projekt im Überblick: „Kunst Gemeinsam Gestalten!"

Teilnehmende Künstler:

Aus Deutschland: Banz&Bowinkel, Melanie Bisping, Markus Hoffmann, Michael Just, Christin Kaiser, Katharina Lüdicke, Bettina Marx, Andreas Mühe, Julia Weißenberg.

Aus China: GENG Xue, GONG Jian, SONG Kun, TAN Tian, YANG Xinguang, XU Sheng, YE Funa, ZHENG Jing

Jurymitglieder:

Aus Deutschland: Udo Kittelmann (Direktor Nationalgalerie, Staatliche Museen zu Berlin), Gabriele Horn (Direktorin Berlin Biennale), Hans-Jürgen Lechtreck (stellvertretender Direktor Museum Folkwang, Essen), Söke Dinkla (Direktorin Lehmbruck Skulpturenmuseum, Duisburg), Leonie Baumann (Rektorin Weißensee Kunsthochschule Berlin), Michelle Cotton (Präsidentin Kunstverein Bonn), Heiner Wemhöner (Sammler, Kuratorium Marta Herford Museum), Ludger Derenthal (Chefkurator Staatliches Museum für Fotografie, Berlin), Susanne Weirich (Professor an der Fakultät für Kunst, Universität Duisburg-Essen), Wolf Lieser (Direktor Museum für Digitale Kunst), Werner Tammen (Präsident Verband der Berliner Galerien).

Aus China: WU Weishan (Direktor National Art Museum of China), WANG Huangsheng (Direktor Art Museum of China Central Academy of Fine Arts), GAO Peng (Direktor Today Art Museum, Beijing), GUO Xiaoyan (stellvertretender Direktor Beijing Minsheng Art Museum), ZHAO Li (Gründer von Art Beijing), etc.

Fall 3 Die Oldtimer-Freundschaftsrallye Berlin-Beijing Eurasische Neue Seidenstraße

Die „Oldtimer-Freundschaftsrallye Berlin-Beijing Eurasische Neue Seidenstraße" war eine kreative Veranstaltung, die von der GeKA initiiert wurde, um das 20. Jubiläum der Partnerschaft zwischen Berlin und Peking in 2014 zu feiern. Gleichzeitig unterstützt dieses besondere Projekt die freundschaftlichen Beziehungen zwischen dem Berliner Bezirk Charlottenburg-Wilmersdorf und Pekings Dongcheng-Bezirk.

Vor der Abfahrt der Oldtimer-Rallye in Berlin überreichte der damalige Regierende Bürgermeister von Berlin, Herr Klaus Wowereit, gemeinsam mit dem damaligen chinesischen Botschafter in Deutschland, Herrn SHI Mingde, einen besonderen Freundschaftsbär aus den Berliner Königlichen Porzellan Manufakturen an die Initiatorin und GeKA-Präsidentin Frau ZHANG Yu, und beauftragte sie und die Teilnehmer der Rallye, das segensreich wirkende Maskottchen mit einem herzlichen Gruß im Auftrag Berlins nach Peking zu bringen.

老爷车柏林欢送仪式
Verabschiedung der Freundschaftsrallye in Berlin

Am 31. August 2014 starteten 15 Oldtimer mit fast 30 Fahrern von dem bekannten Kurfürstendamm in der deutschen Hauptstadt Berlin. Hier versammelten sich viele Berliner, um die Rallyeteilnehmer gemeinsam zu verabschieden. Herr HAN

Guangming, chinesischer Gesandter in Deutschland, Herr Reinhard Naumann, Bürgermeister des Bezirks Charlottenburg-Wilmersdorf und GeKA-Präsidentin Frau ZHANG Yu gaben den Startschuss. In 44 Tagen durchquerten die Teilnehmer acht Länder Eurasiens und legten mehr als 13.000 Kilometer entlang der „Neuen Seidenstraße" zurück, die sich an der alten Seidenstraße mit ihrer langen Geschichte und prächtigen Kultur orientiert. Es ging durch Polen, die Ukraine, Russland, Kasachstan, Usbekistan, Kirgisistan, bis die Gruppe schließlich an der bekannten Wangfujing-Straße im Zentrum der chinesischen Hauptstadt am Ziel ankam. Bei der Abschlusszeremonie hielten Herr XU Hui, Vize-Bürgermeister des Dongcheng-Bezirks von Peking, Herr Enrico Brandt, Leiter der Kulturabteilung der Deutschen Botschaft in China, und GeKA-Präsidentin Frau ZHANG Yu Reden und überreichten den Fahrern die Auszeichnungen. In seiner Rede sagte Herr Brandt, dass die Route der Rallye die Menschen an die alte Seidenstraße erinnert, die einst eine Brücke zwischen Ost und West gewesen war. Über die Seidenstraße gelang es den Menschen der damaligen Zeit, die Kulturen anderer Länder kennenzulernen. Die Rallyeteilnehmer hatten die Neugier auf das Unbekannte und den Abenteuergeist von ihren Vorgängern – Menschen wie Marco Polo — geerbt und die vielfältigen Herausforderungen der Reise mit Ausdauer und Entschlossenheit bestanden, um hierher zu kommen und einen Blick auf China zu werfen. Die Teilnehmer hätten nicht nur viele unvergessliche Erinnerungen mitgebracht, sondern auch eine neue Brücke der Freundschaft zwischen Berlin und Peking errichtet, so Herr Brandt. Pekings Wangfujing-Straße weckte schnell Erinnerungen an die Heimatstadt der Rennfahrer, den Berliner Kurfürstendamm. Sie hofften, dass mehr Deutsche und Chinesen diese Brücke der Freundschaft nutzen würden, um das Verständnis für das jeweils andere Land zu verbessern.

Der Höhepunkt der Rallye war laut GeKA-Präsidentin Zhang, dass Start und Ziel in den Hauptstädten beider Länder lagen, genauer gesagt an ihren jeweiligen Wahrzeichen, dem Kurfürstendamm und der Wangfujing-Straße. Die Wangfujing-Straße befindet sich im Herzen Pekings, so dass die Veranstaltung auch so interpretiert werden kann, dass die Teilnehmer ihre Begeisterung und Leidenschaft in das Herz Chinas bringen. Die Teilnehmer der Rallye waren demnach nicht einfach nur Oldtimer-Fans oder Autoliebhaber, sondern ehrenamtliche Botschafter des kulturellen Austauschs zwischen China und Deutschland, die ein Stückchen deutsche Kultur bis nach China brachten. Im Hinblick auf diese besondere Symbolik war die Rallye kein touristisches Projekt, sondern ein kulturelles Ereignis mit einer reicheren Konnotation.

Ihr Erfolg, so Frau ZHANG Yu, würde zweifellos zur Freundschaft zwischen beiden Ländern und insbesondere zur Städtepartnerschaft zwischen Berlin und Peking beitragen. Weiter sagte sie: „In diesem Jahr jährt sich die Städtepartnerschaft zwischen Berlin und Peking zum zwanzigsten Mal, und die Seidenstraße, die sogar Europa mit China verbindet, ist ein direkter Zeuge für die Kristallisation von Generationen der Freundschaft zwischen Ost und West. Daher ist es nur passend, dass die Rallye entlang der Neuen Seidenstraße als Symbol für die enge Verbundenheit zwischen China und Deutschland gesehen wird. Die Fahrt über die Seidenstraße ist etwas anderes als die Reise mit einem Flugzeug. Sie ist vor allem deshalb besonders aussagekräftig, weil man über diese enorme Strecke von mehr als 13.000 Kilometern die zurückgelegte Distanz viel intensiver wahrnimmt und aus erster Hand ein Verständnis für das Verhältnis gewinnt. Die Freundschaft zwischen den Menschen ist das Nachhaltigste."

Am Abend ihrer Ankunft in Peking umarmten sich die Teilnehmer mit Tränen in den Augen. Ein Grund war sicherlich die Erleichterung, die Reise sicher und erfolgreich überstanden zu haben, hinzu kamen die Freude auf das Wiedersehen mit den Familien daheim, das Gefühl der Erfüllung, das Gefühl der Ehre, die Mission abgeschlossen zu haben und viele weitere Gefühle, die sich kaum in Worte fassen lassen. „Es war ein berauschendes Abenteuer", sagte der Fahrer Hans Nagerwetter. „Wir waren sehr gut vorbereitet und kamen nach 44 Tagen und 13.000 Kilometern sicher in Peking an. Dies ist eine seltene Lebenserfahrung, die man nicht verpassen darf. Ich habe unterwegs viele Menschen kennengelernt und die Sprachbarriere hat nicht verhindert, dass man sich gegenseitig mit Wohlwollen begegnete. Ich konnte überall Toleranz und Respekt spüren. Der Kontakt zwischen den Menschen ist für mich das Wichtigste: In China konnte ich immer das Lächeln auf den Lippen der Menschen sehen. Gleichzeitig bin ich beeindruckt von der Energie und dem Enthusiasmus, den die junge Generation an den Tag legt."

Für die Fahrer war die Rallye anspruchsvoll. Der Spaß an der Fahrt und die atemberaubende Landschaft entlang der Reise waren unvergesslich, aber was noch wertvoller war, waren die persönlichen Erfahrungen mit den Menschen entlang des Weges. Einige der Teilnehmer waren schon einmal in China gewesen, aber dieses Mal waren sie immer noch erstaunt über die rasante Entwicklung Chinas in allen Aspekten und sagten, dass sie auf jeden Fall in naher Zukunft wiederkommen würden.

Diese einzigartige Austauschveranstaltung war Gegenstand in vielen Medienberichten beider Länder, darunter etwa in einer Fernsehsendung bei CCTV 4 bzw. im Bericht der Radio China International.

III. Gründerin und Präsidentin der GeKA ZHANG Yu blickt auf den künftigen Kulturaustausch zwischen China und Deutschland

Frau ZHANG Yu kam 1992 zum Studium nach Deutschland und lebt seit fast 30 Jahren in Deutschland, wo sie nach ihrem Abschluss zunächst erfolgreich Karriere gemacht hat. Seit 2005 hat sie die Idee, den zivilgesellschaftlichen Kulturaustausch zu fördern. Sie hat im Medieninterview den Beweggrund wie folgt dargelegt: Der Kulturaustausch ist für die Menschen vor Ort wichtig, um das vielfältige China durch Kulturereignisse besser zu verstehen. Gerade weil einige deutsche Medienberichte über China unvollständig sind, kommt der Förderung des Kulturaustausches zwischen den beiden Ländern eine noch wichtigere Bedeutung zu. Bereits Ende 2005 initiierte und lud ZHANG Yu zu einem großen deutsch-chinesischen Frühlingsfest-Empfang im China Gate Berlin ein, zu dem mehr als 500 deutsche bekannte Persönlichkeiten sowie chinesische Vertreter aus der Botschaft und verschiedenen Bundesländern eingeladen wurden, um gemeinsam das neue Jahr zu feiern. Der damalige chinesische Botschafter in Deutschland, Herr MA Canrong, nahm mit seiner Frau teil und betonte in seiner Eröffnungsrede die Bedeutung des Kulturaustauschs. In seiner Rede sagte Herr Johannes Pflug, damaliger Vorsitzender der Deutsch-Chinesischen Parlamentariergruppe im Deutschen Bundestag, dass es eine große Ehre sei, an dieser Veranstaltung teilzunehmen, und dass es noch seltener sei, so viele chinesische Vertreter und Entscheidungsträger aus verschiedenen Regionen gleichzeitig zu treffen, so dass man ein besseres Verständnis für das Leben von Chinesen und Deutsch-Chinesen in Deutschland bekommen könne. Es war ein wahrhaft deutsch-chinesischer freundschaftlicher Bürgeraustausch. „Ein Neujahrsempfang reichte aus, um die Wissenslücken und die Neugierde der Deutschen auf die chinesische Kultur zu erkennen." Frau ZHANG Yu gelang diese Erkenntnis und so setzt sie sich seitdem ehrenamtlich für die Förderung des Austauschs beider Länder ein und gründete 2008 die GeKA in der Hoffnung, dieses Anliegen nachhaltig zu fördern.

Heute hat die GeKA durch ihre vielfältigen Aktivitäten einen guten Ruf in der deutschen Zivil- und Kulturgemeinschaft. „GeKA" ist zu einer Marke geworden, die der deutschen Öffentlichkeit bekannt und vertraut ist. Im Jahr 2015 wurde Frau ZHANG Yu als gelungenes Integrationsvorbild vom Abgeordnetenhaus Berlin eingeladen, um die Festrede anlässlich der offiziellen Einbürgerungsfeier zu halten sie wurde auch zweimal vom ehemaligen Bundespräsidenten Gauck und dem amtierenden Bundespräsidenten Steinmeier zu einem staatsbankett für den chinesischen Präsidenten XI Jinping und seine Frau ins Schloss Bellevue eingeladen und persönlich empfangen.

Seit nunmehr 14 Jahren fördert die GeKA den Kulturaustausch zwischen beiden Ländern durch hochqualitative, innovative und vielfältige kulturelle Austauschaktivitäten. Außerdem beteiligt sich die GeKA sich aktiv an lokalen sozialen Aktivitäten in Deutschland, sammelt z. B. Spenden für deutsche Schulen und sozial benachteiligte Gruppen und trägt tatkräftig zum engagierten Image der Chinesen in Deutschland bei.

在柏林纪念大教堂联合发起抗疫慈善音乐会
GeKAs Co-Initiatorin des Benefizkonzertes für Corona-Opfer in der Gedächtniskirche in Berlin

Die GeKA erfährt kontinuierliche Aufmerksamkeit und Unterstützung durch viele Institutionen, u.a. die Deutsch-Chinesische Parlamentariergruppe im Deutschen Bundestag, das Bundespräsidium, das Auswärtige Amt, den Bundesrat und die Berliner Abgeordnetenhaus. Somit ist die GeKA als zivilgesellschaftliche Brücke und

Botschafterin zwischen Deutschland und China bekannt geworden.

Mit Blick auf die Zukunft machte GeKA-Präsidentin ZHANG Yu drei Vorschläge: Erstens, nur durch die Stärkung des gegenseitigen Verständnisses zwischen den Völkern beider Länder lasse sich der Boden für einen echten vorurteilsfreien Austausch bereiten. Dann wüchsen auch die Herzen und Seelen zusammen. Der zivile Kulturaustausch sei damit ein guter Einstieg, aber es erfordere viel Geduld und Ausdauer sowie ein langfristiges Engagement, um eine echte zwischenmenschliche Begegnung zwischen den beiden Ländern zu erreichen. Kurzfristiger und schneller Aktionismus sei nicht der beste Weg, um dieses Ziel zu erreichen. Daher werde die GeKA weiterhin alles unter dem Aspekt Nachhaltigkeit vorantreiben, beharrlich die Bedürfnisse Chinas und Deutschlands abgleichen, mehr Kanäle für den zivilen Kulturaustausch zwischen den beiden Ländern erkunden, den Weg des Austausches erweitern, den Inhalt der Zusammenarbeit vertiefen und versuchen, noch mehr Aufmerksamkeit für den Kulturaustausch zwischen den beiden Ländern aus verschiedenen Perspektiven zu erlangen.

Zweitens müsse erfolgreicher Kulturaustausch sowohl in der Form als auch im Inhalt innovativ sein, nur so werde er mehr Aufmerksamkeit und Interesse aus der Gesellschaft gewinnen. In der Vergangenheit setzte die GeKA auf die Verbindung von Tradition und Moderne sowie den Dialog zwischen Ost und West, und stieß dabei auf großes Interesse in der jeweiligen Gesellschaft und wurde gut wahrgenommen. Gleichzeitig wird die GeKA weiterhin aus den Erfahrungen lernen und reflektieren, um innovative Modelle zu optimieren und weiterhin interessante Projekte zu entwickeln. Somit möchte die GeKA dazu beitragen, den deutsch-chinesischen zivilgesellschaftlichen Austausch auf ein noch höheres Niveau zu bringen.

Drittens, so Frau Zhang, sei der zivilgesellschaftiche Kulturaustausch sehr flexibel, was seine Stärke sei. Sie hoffe, die GeKA als gemeinnützige Organisation mit eigener Mission noch besser, größer und professioneller zu machen, so dass sie zu einer zivilgesellschaftlichen „Jahrhundertbrücke" zwischen den beiden Ländern werden könne. Gleichzeitig hoffe sie, dass die nächste Generation von Chinesen in Deutschland das Ruder in die Hand nehmen und daran partizipieren wird, was auch die ursprüngliche Absicht der ersten Generation der Chinesen in Deutschland war. Zu diesem Zweck organisiere die GeKA regelmäßig Projekte, die speziell für die zweite und dritte Generation der chinesischen Kinder kreiert wurden, damit sich die

Jugendlichen, ohne ihre Wurzeln zu vergessen, so früh wie möglich in die deutsche Gesellschaft integrieren und Verantwortung übernehmen können, um eine künftige Brücke zwischen den beiden Ländern zu werden.

Text und Bild: Gesellschaft für Deutsch-Chinesischen kulturellen Austausch (GeKA)

多维并举，共塑创新

——同济大学德文图书馆

一、案例简介

1. 案例背景

2016 年 1 月，同济大学德文图书馆正式开馆。秉承“交流、融合、创新”的理念，拓展国际文化交流服务，以丰富的文化活动、创新的交流模式、鲜活的学生力量、富有激情的馆员队伍，搭建起一座促进国际文化、学术交流合作不断深化之桥。

中德两国深邃的思想哲理、丰富的文学艺术，是双方互学互鉴、交流合作取之不尽、用之不竭的智慧源泉。同济大学与德国的合作源远流长、成果丰硕，新世纪以来，更是在已有良好合作基础上进一步开拓进取，成绩斐然。作为同济大学中德人文交流的重要平台，德文图书馆融合先进服务理念，多维并举、传承创新，凸显“同心同德同舟楫，济人济事济天下”的同济精神内涵，提供高质量的文化育人服务，培养学生核心素养和国际视野，全方位增进中德人文交流。

2. 案例内容和亮点

德文图书馆创建以德国文化为特色的国际文化交流和展示平台，打造国际文化交流服务品牌。服务工作主要围绕“一条主线”“两个抓手”“四个系列”来推进，内容丰富，特色鲜明，整个工作以国际文化传播为主线，利用图书、访谈、音像、影视、展览等媒介开展各类主题活动，创建国际文化教育第二课堂，拓展学生国际视野，提升学生文化素养。

3. 所获奖项和社会影响

德文图书馆开馆以来，中德两国政要、教育文化、企业界的嘉宾及学者来访者众多，包括德国前总统高克（Joachim Gauck）、德国联邦前教研部部长万卡（Dr. Johanna Wanka）、时任德国驻沪总领事欧珍（Dr. Christine D. Althauser）、德国工程院院长卡尔·海因茨（Karl-Heinz Streibich）等，他们对德文图书馆的服务作出高度评价，这也吸引了国内多家媒体的关注。上海市人民政府网、上海热线教育频道、同济大学官方微博等媒体都对德文图书馆进行了宣传报道。德国哥廷根大学、卡尔斯鲁厄理工学院、柏林国家图书馆、复旦大学、南开大学、华南师范大学、新疆大学、湖南大学等国内外图书馆界同仁纷纷前来交流。

二、案例举措

德文图书馆坚持文化育人与服务育人相结合，突出培养学生国际视野。文化活动包含了中德人文交流的优良底蕴，即一方面体现了“与祖国同行，以科教济世”的同济文化传承，另一方面包含了“拓展学生知识视野、国际视野、历史视野”的文化内涵。重点打造三大活动体系、一项重点资源建设和一个学生实践平台。

1. 三大活动体系

体系一：促进中德人文交流内涵发展。以德国文化为特色，立足校园，与众多机构开展各种形式的项目合作，通过讲座、沙龙、研讨会、展览、音乐会、主题文化活动等形式，创建国际文化教育第二课堂。开展了凝固的时间——德籍“同济人”史图博（Hans Stübel）教授展、德国能源转型巡回展览、上海市德语电影配音大赛、中德校友论坛等活动，为广大师生提供互动、交流、展示的国际文化交流平台，拓展学生国际视野，提升学生文化素养。

体系二：以国际视野讲好中国故事。从拓宽学生国际视野和引导学生讲好中国故事两方面展开。依托人文漫谈、德语朗读大赛、英语演讲比赛、国际学生中国传统文化体验等活动加强国际文化的交流互鉴。用英语、德语来表述中国文化的内涵，既能锻炼学生的外语表达能力，也促进他们更好地学习中国的传统文化、先进社会主义文化内涵。

体系三：传承创新优秀文化。以传承同济精神内涵和“工匠精神”等创新优秀文化为主线，开展“同济与德国百年故事”“行走阅读”系列活动。“同济与德国的百年故事”系列活动，包括“中德合作 共塑未来——同济大学与德国的合作交流展览”“早期同济大学历史与德国的渊源”“德国历史漫谈”“德国学者在同济”等主题系列讲座与沙龙六场，向广大同济师生介绍同济大学与德国之间深厚的文化交流渊源，讲述同济人在百年合作交流中的故事，凸显“同心同德同舟楫，济人济事济天下”的同济精神内涵，得到了师生的热烈反响。“工匠精神”系列活动，分为“匠心技艺”“匠心制造”“匠心励志”三个板块，全面深化传承“工匠精神”，把思想价值

国际学生传统扎染技艺制作体验
Tie-dyeing-Kunst

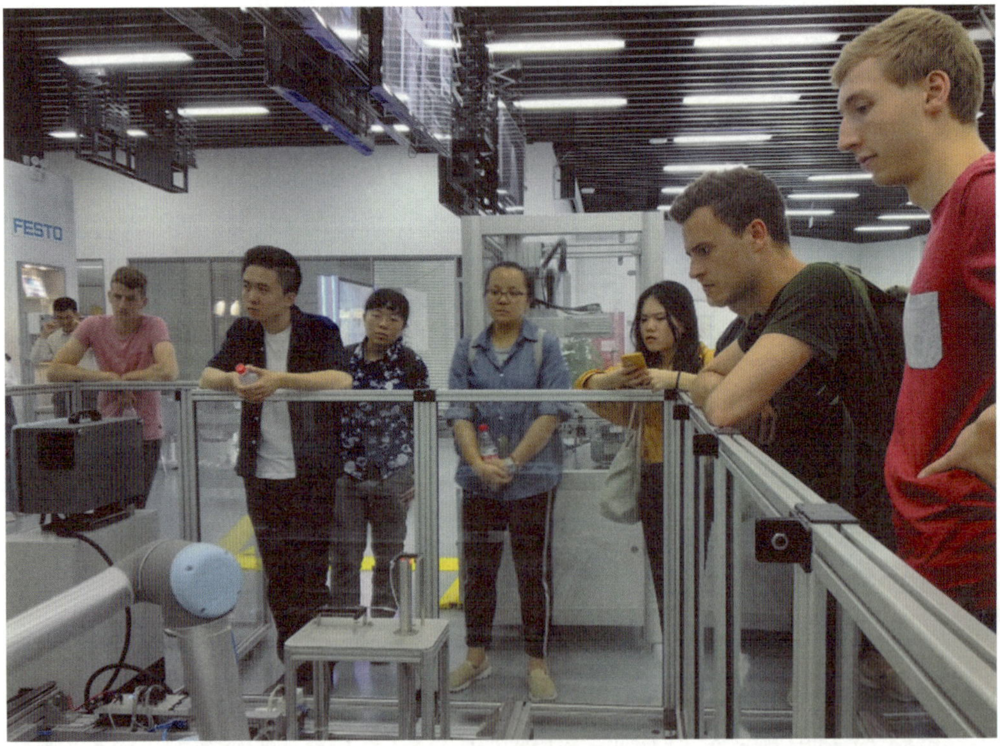

行走阅读活动参观 FESTO
Lesen mit Erleben FESTO

"德国学者在同济"讲座
Vortrag „Deutsche Wissenschaftler an der Tongji-Universität"

引领贯穿到了文化知识教育、社会实践教育环节。

2. 一项重点资源建设

德文图书馆拥有较丰富的德文馆藏资源，涉及哲学、社会科学、政治、经济、语言、文学、自然科学、工业技术等学科，现有共计 1.5 万余册纸质图书、期刊及音像资料，以及 Felix Meiner、德古意特、Springer 出版社的逾 4300 种电子书刊资源。这些文献资源对研究者深入研究德国政治、文化、工业、交通等领域的成果有重要支撑作用，帮助研究者从历史视野了解德国文化、传播现代创新优秀文化。

3. 一个学生实践平台

德文图书馆围绕"立德树人"根本任务，注重培养学生社会服务能力、社会责任感及助人为乐的奉献精神，主动育人和学生参与育人相结合，组织学生参与图书馆管理。在一些重大活动中，给予了学生充分锻炼和展示自己才能的舞台，如在德语配音大赛、德语朗读大赛的活动实施中，锻炼了学生的德语语言表达能力、活动组织能力、团队协作能力、计算机能力、视频采集制作等多项能力。在此过程中，图书馆指导老师言传身教，让学生在享受服务的同时，感受到教师的关怀，从而达到育人目的。

三、案例成效和经验

总体而言，德文图书馆的案例有三大成效。

第一,五位一体空间布局打造校园“第三空间”。

德文图书馆努力打造同济大学国际文化交流和展示的“第三空间”，空间的多样化和个性化布局满足了读者的不同需求。自开馆以来，入馆人数保持了持续稳定的增长，以 2018 年入馆数据为例：正常开放期间，每月平均入馆 18000 人次以上，每天入馆人次都在 800 人以上，其中留学生读者年度入馆人次达到了 8714 次。德文图书馆提供的场地服务次数，也呈稳定增长的趋势：2018 年，报告厅使用 93 次，共 9270 人次；展览区使用 12 次，共 987 人次；影音室使用 17 次，共 495 人次。这与德文图书馆良好的空间环境及举办德国文化相关的活动有关。目前，德文图书馆受到校内读者的青睐，已逐渐成为他们进行学习、研究、文化活动的重要场所。

第二，国际文化精品活动吸引读者广泛参与。

德文图书馆开馆以来，围绕中德人文交流，以主办、合办、承办等方式，开展了一系列的文化交流和展示活动，广泛与校内外对德机构合作，推动文化活动的实施成效和影响力。已开展的文化活动系列包括：德意志文化之旅、A Meeting Across Cultures、中外文化之桥系列等。每年组织活动 50 余场，以 2018 年活动数据统计为例，有 2880 名师生参与到各类活动中。活动的举办，促进了中德优秀文化的交流与传播，让同济师生能够在多样的文化活动中，拓宽国际视野，提高自身文化素养。

第三，实践育人平台提升学生核心素养。

德文图书馆提供学生实践的平台，安排学生团队参与管理，包括勤工助学团队、志愿者团队、学生社团等。由专门的老师负责学生管理、工作指导和任务分配，学生主要负责活动策划、微信内容编辑、德语文案翻译、新闻撰写、活动服务等工作。在活动实施过程中锻炼了学生的德语语言表达能力、活动组织能力、团队协作能力、计算机设备操作能力等多项能力。2016 年至 2020 年，德文图书馆有 32 名志愿者获得“图书馆优秀志愿者”称号，3 名获得“同济大学优秀志愿者”称号。截至 2020 年，已有 277 名志愿者曾在德文图书馆提供志愿服务。

德文图书馆已成为同济大学国际文化交流和展示的重要平台，接待了众多国内外来访者，很多图书馆业界同仁也纷纷来访交流。基于空间的创新服务是德文图书馆服务的重要内容之一，文化育人服务的内容设计以读者需求为核心，探索虚实结合、多方协作、开放共享的综合性服务体系。

四、总结

案例实施中的经验包括：

优化空间布局和功能吸引读者。德文图书馆建立了五位一体空间布局，拓展多元服务，创新交流方式。

坚持以用户为核心的服务理念。德文图书馆的服务体现了个性化、多元化、特色化，注重用户体验和使用的便捷性，推进个性服务升级。

探索创新服务模式。德文图书馆制定相关的自助管理、空间预约、志愿者服务管理等制度，探索以“读者自导式”为主的服务模式，构建虚实结合的开放性、一站式服务体系。

挖掘特色文化服务功能。德文图书馆依托同济大学的对德学科，构建集学科文献阅览、科研交流、教学培训、成果展示、文化交流于一体的服务体系。

供稿：同济大学图书馆，史艳芬、杨毅、华之颖

Innovation gemeinsam gestalten

— Die Deutsche Bibliothek der Tongji-Universität

I. Einführung

1. Hintergrund

Im Januar 2016 wurde die Deutsche Bibliothek der Tongji-Universität offiziell eröffnet. Mit dem Konzept „Kommunikation, Integration und Innovation" fördert die Bibliothek den internationalen Kulturaustausch und schlägt eine Brücke zur kontinuierlichen Vertiefung des kulturellen und akademischen Austauschs sowie zur Förderung der Zusammenarbeit.

Die Philosophie, Literatur und Kunst Chinas und Deutschlands sind unerschöpfliche Quellen des gegenseitigen Lernens, Austauschs und der Zusammenarbeit. Die Tongji-Universität hat eine lange und fruchtbare Kooperationsgeschichte mit Deutschland. Im neuen Jahrhundert hat sie sich aufgrund der bereits bestehenden guten Zusammenarbeit weiterentwickelt und hervorragende Ergebnisse erzielt. Als wichtige Plattform für den chinesisch-deutschen Kulturaustausch bietet die Deutsche Bibliothek vielfältige Dienstleistungen und betreibt stets Innovation. Sie fördert die Kernkompetenz, erweitert den internationalen Horizont der Studierenden und unterstützt den kulturellen Austausch zwischen China und Deutschland in allen Aspekten.

2. Inhalte und Highlights

Die Deutsche Bibliothek der Tongji-Universität organisiert Kulturveranstaltungen in verschiedenen Formaten (Bücher, Interviews, audiovisuelle Medien, Film und Fernsehen, Ausstellungen und weitere Medien) aus unterschiedlichen Perspektiven. Sie gilt als ein zweites Klassenzimmer für internationale Kulturpädagogik, erweitert dadurch den internationalen Blickwinkel der Studierenden und verbessert ihre kulturelle Kompetenz.

3. Auszeichnungen und soziale Auswirkungen

Seit der Einweihung der Deutschen Bibliothek waren zahlreiche Besucher aus Politik, Bildung, Kultur, Wirtschaft und Wissenschaft aus China und Deutschland zu Gast, darunter der ehemalige Bundespräsident Joachim Gauck, die Bundesministerin für Bildung und Forschung Prof. Dr. Johanna Wanka, die Generalkonsulin Deutschlands in Shanghai Dr. Christine D. Althauser und der Präsident der Deutschen Akademie der Technikwissenschaften Karl-Heinz Streibich. Sie schätzten alle die Dienste der Deutschen Bibliothek hoch. Das Engagement der Bibliothek hat auch die Aufmerksamkeit mehrerer inländischer Medien auf sich gezogen. Die offizielle Website der Stadt Shanghai, edu.online.sh.cn, der offizielle Mikroblog der Tongji-Universität und weitere Medien berichteten darüber. Bibliothekare der Universität Göttingen, des Karlsruher Institutes für Technologie, der Nationalbibliothek Berlin, der Fudan-Universität, der Nankai-Universität, der Pädagogischen Universität Südchinas, der Xinjiang-Universität, der Hunan-Universität und weiteren in- und ausländischen Unis kamen zum Austausch.

II. Maßnahmen und Auswirkungen

Mit Schwerpunkt auf die deutsche Kultur bietet die deutsche Bibliothek den Studierenden einen internationalen Horizont. Die zahlreichen kulturellen Veranstaltungen pflegen den traditionellen Geist der Tongji-Universität undverfügen über multikulturelle Inhalte, die die Studierenden wissenschaftlich und interkulturell bereichern können. Die Bibliothek ist bestrebt, drei Säulen, einen Pool für wichtige Ressourcen und eine Plattform für studentische Praxis aufzubauen.

1. Drei Säulen

Säule 1: Förderung des kulturellen Austausches

Die Bibliothek ist geprägt durch deutsche Kultur und kooperiert mit vielen Institutionen in verschiedenen Formen. Sie führt verschiedene thematische Aktivitäten durch, es werden Bücher herausgebracht, Interviews gegeben und man setzt audiovisuelle Medien, Film und Fernsehen ein, veranstaltet Ausstellungen usw. und schafft damit ein zweites Klassenzimmer für internationale Kulturpädagogik. In der Deutschen Bibliothek fanden Ausstellungen statt wie „In Gedanken an vergangene Zeiten — Ausstellung über den Chinaaufenthalt des deutschen Tongji-Professors

Hans Stübel", es gab die Wanderausstellung „Energiewende in Deutschland" und den Synchronisationswettbewerb und Alumni-Salon des Chinesisch-Deutschen Hochschulkollegs sowie weitere Aktivitäten. Die Veranstaltungen bieten Lehrkräften und Studierenden eine internationale Plattform für Präsentation und Kulturaustausch, erweitern den internationalen Horizont der Studierenden und verbessern ihre interkulturelle Kompetenz.

Säule 2: Die chinesische Geschichte aus internationaler Sicht erzählen

Die Bibliothek ist bestrebt, den internationalen Horizont der Studierenden zu erweitern und sie zu befähigen, sich über China realitätsnah zu informieren. Durch Kulturveranstaltungen wie der Vortragsreihe zur Philosophie und Kultur, den Deutschen Vorlesewettbewerb, den englischsprachigen Vortragswettbewerb, das Erleben der chinesischen Kultur für Auslandsstudierende usw. wurde der Kulturaustausch zwischen China und Deutschland gefördert. Die chinesische Kultur auf Englisch und Deutsch zu erzählen, kann nicht nur die Ausdrucksfähigkeit der Studierenden in Fremdsprachen trainieren, sondern sie auch dazu ermutigen, sich intensiver mit der chinesischen Tradition und der modernen chinesischen Gesellschaft zu beschäftigen.

Säule 3: Kulturerbe und Innovation

Um den Tongji-Geist und Handwerkergeist zu fördern, wurde eine Reihe von Veranstaltungen zum Thema „100 Jahre Tongji und Deutschland" organisiert. Dazu gehörten die Ausstellung „China und Deutschland gestalten gemeinsam die Zukunft – Eine beständige Zusammenarbeit zwischen der Tongji-Universität und Deutschland", 6 Vorträge zu „Geschichte der Tongji-Universität und ihre Verbindung mit Deutschland", „Deutsche Geschichte" und „Deutsche Wissenschaftler an der Tongji-Universität". Die Vorträge zeigten die Errungenschaft der langfristigen Zusammenarbeit der Tongji-Universität mit Deutschland und haben Studierende und Lehrkräfte tief beeindruckt. Die Reihe „Handwerkergeist" zielte darauf ab, das Erbe des Handwerkergeistes in der Bildung und Praxis zu fördern.

2. Pool für wichtige Ressourcen

Die Bibliothek verfügt über mehr als 15.000 Bücher, Zeitschriften und audiovisuellen Materialien aus Bereichen der Geistes- und Sozialwissenschaft, über den Spracherwerb und aus den Feldern derNaturwissenschaft und Technik sowie mehr als 4.300 E-Bücher der Verlage Felix Meiner, DeGruyter sowie Springer. Die Ressourcen helfen Forschern, die Entwicklungen in den Bereichen Politik, Kultur, Industrie, Verkehr

国际学生制作中国结活动
China-Knoten basteln mit ausländischen Studierenden

上海市德语朗读比赛
Vorlesewettbewerb in Shanghai

“匠心技艺”智能制造讲座
Vortrag „Interkulturelle Markenführung“

usw. eingehend zu untersuchen, und die deutsche Kultur aus historischer Perspektive zu verstehen sowie moderne, innovative Kultur zu verbreiten.

3. Plattform für studentische Praxis

Der Schwerpunkt der deutschen Bibliothek besteht in der Kompetenzentwicklung und der Entwicklung des Verantwortungsbewusstseins und der Einsatzbereitschaft. Studierende werden ermutigt, in der Bibliotheksverwaltung mitzumachen. Durch die Teilnahme und die Organisation wichtiger Veranstaltungen wie des deutschen Synchronwettbewerbs und des deutschen Vorlesewettbewerbs haben die Studierenden ihre Ausdrucks-, Organisations-, IT-Fähigkeiten trainiert. Die Bibliothekare setzen sich dafür ein, die studentische Aushilfe zu befähigen, Wissen und Fähigkeiten zu vermitteln.

III. Auswirkung und Erfahrung

Insgesamt hat die Deutsche Bibliothek drei große Errungenschaften erzielt:

1. Sie gilt als der „dritte Raum“ auf dem Campus

Die Deutsche Bibliothek ist bestrebt, einen „dritten Raum“ für den internationalen

Kulturaustausch und für die Präsentation an der Tongji-Universität zu schaffen. Die abwechslungsreiche und personalisierte Raumaufteilung entspricht den unterschiedlichen Bedürfnissen der Leserschaft. Seit ihrer Eröffnung ist die Zahl der Besuche stetig gewachsen. Nehmen wir die Daten im Jahr 2018 als Beispiel: Während des normalen Eröffnungstermins betrug die durchschnittliche Anzahl der Eintritte pro Monat mehr als 18.000 und die Anzahl der Eintritte pro Tag mehr als 800. Die jährliche Anzahl Eintritte von internationalen Studierenden erreichte 8.714 Male. Auch die Benutzungsfrequenz der Räumlichkeiten der Deutschen Bibliothek hat einen stetigen Wachstumstrend gezeigt: 2018 wurde der Hörsaal 93-mal von 9.270 Besuchern benutzt, wobei die Ausstellungsräume 12-mal von 987 Besuchern und der Medienraum 17-mal von 495 Besuchern verwendet wurde. Die hohe Besucherzahl und Nutzungsquote sind der guten Atmosphäre der Deutschen Bibliothek und der Organisation von deutschen Kulturveranstaltungen zu verdanken. Derzeit wird die Deutsche Bibliothek auf dem Campus gefragt und hat sich allmählich zu einem wichtigen Ort für Lernen, Forschung und Kulturaktivitäten entwickelt.

2. Anziehen eines breiten Publikums durch internationale Kulturveranstaltungen

Seit der Eröffnung der Deutschen Bibliothek wurde eine Reihe von Kulturaustausch- und Ausstellungsaktivitäten rund um den chinesisch-deutschen geisteswissenschaftlichen Austausch durchgeführt, und die umfassende Zusammenarbeit mit deutschen Institutionen innerhalb und außerhalb der Uni hat ihre Reichweite ausgebaut. Besonders erwähnenswert sind Veranstaltungen zur deutschen Kultur, A Meeting Across Cultures, Kulturbrücke zwischen China und dem Ausland usw. Im Jahr 2008 wurden insgesamt 50 Veranstaltungen von ca. 2.880 Studierenden und Mitarbeitern der Universität besucht. Die Veranstaltungen fördern den Austausch und die Verbreitung chinesischer und deutscher Kultur, so dass Lehrende und Studierende ihren internationalen Horizont erweitern und ihre eigene interkulturelle Kompetenz verbessern können.

3. Förderung der Kernkompetenzen von Studierenden

Die Deutsche Bibliothek bietet eine Plattform für die Studierenden. Dazu gehören auch Werkstudenten, Freiwillige und Mitglieder der Studierendenverbände. Engagierte Lehrer sind für das Studentenmanagement, die Karriereentwicklung und die Aufgabenverteilung verantwortlich. Die Studierenden werden hauptsächlich mit der Organisation und dem Service während den Veranstaltungen, der Bearbeitung von offiziellen WeChat-Nachrichten, der Übersetzung deutscher Texte, der Anfertigung des Newsletters usw. beauftragt. In diesem Prozess haben die Studierenden ihre Deutschkenntnisse, ihre Organisationskompetenz, den Teamgeist und ihre IT-Fähigkeiten verbessert. In den Jahren 2016–2020 wurden 32 Freiwillige der Deutschen Bibliothek mit dem Titel „Ausgezeichneter Freiwilliger der Bibliothek" und 3 mit dem Titel „Ausgezeichneter Freiwilliger der Tongji-Universität" ausgezeichnet. Bis 2020 haben 277 Freiwillige in der Deutschen Bibliothek gearbeitet.

Die Deutsche Bibliothek hat sich zu einer wichtigen Plattform für internationalen Kulturaustausch an der Tongji-Universität entwickelt. Viele nationale und internationale Besucher kamen hierher und zahlreiche Bibliothekare kamen zum Austausch. Die Deutsche Bibliothek orientiert sich am Bedarf von Lesern und Studierenden.

IV. Zusammenfassung

Die Erfolgsfaktoren bestehen darin:
Das Raumlayout und die Funktionen sind optimiert worden, um Leser anzulocken. Die Bibliothek bietet vielfältige Service-Angebote und spricht sich für die studentische Selbstverwaltung aus.

Die Bibliothek bemüht sich, den Studierenden besser zu dienen und achtet auf die Benutzerfreundlichkeit.

Innovation wird großgeschrieben. One-Stop-Service-Systeme sind aufgebaut worden, Systeme für Selbsthilfemanagement, Raumreservierung und Volunteer-Service-Management wurden entwickelt.

Die Angebote der deutschen Bibliothek sind vielfältig und bieten mehrere Optionen. Sie verfügt über Räumlichkeiten für Literaturrecherche und Programme zum Austausch wissenschaftlicher Ergebnisse, betreibt Lehre und Ausbildung, und versteht sich als Ort der Leistungsanzeige und des Kulturaustausches.

Text und Bild: SHI Yanfen, YANG Yi, HUA Zhiying
Die Deutsche Bibliothek der Tongji-Universität

架起沟通桥梁，推动持续合作

——德国弗莱堡市经济－旅游－会展促进署中国事务部

一、案例简介

被誉为“绿色之都”的德国弗莱堡市四十年来致力于打造现代生态之都，实现环境、社会和经济领域的三赢。在2010年上海世博会上，弗莱堡是参展城市中唯一从整体角度介绍其可持续发展理念的案例；2012年，弗莱堡市在119座参赛城市中脱颖而出，荣获德国“可持续发展城市大奖”并被誉为“德国最具可持续发展能力的城市”。2050年弗莱堡将致力于达到“碳中和城市”目标，为此制定了具体的纲领和行动路线。实际上，“绿色之都”还意味着日益显著的经济效应：环境和可持续发展的措施塑造了城市的品质，吸引了各类人才，创造了就业岗位，从而也带来经济增长。

弗莱堡地区的重要产业除了绿色环保产业之外，还包括健康医疗、教育科研、生物医药、纳米和微技术以及高品质旅游业，它们互相联系，缺一不可，为地区发展提供强大的助力。弗莱堡所在的上莱茵河地区汇聚了健康、医疗、特色旅游及健康培训领域内的诸多顶级机构，德国排名前三的弗莱堡大学附属医院、欧洲规模最大的心脏治疗中心、德国品质最佳的温泉疗养院群等均落户于此。

为推动本地与中国的持续合作，弗莱堡市经济－旅游－会展促进署于2004年初成立中国事务部，目的在于架设弗莱堡经济区与中国各地的沟通桥梁，在平等、互利、合作的原则下，积极推广本地区各类优势项目并促成双方合作关系。

二、代表性项目简介

1. 中德地方政府间交流与合作

弗莱堡2010年入选上海世博会最佳城市实践区，从多方面介绍弗莱堡作为

"绿色之都"的经验，在国内获得很好的反响。世博会后，每年都有不少于一百团次的国内政府和专业团队前往弗莱堡参观、交流、培训、考察，双方的绿色理念得到很好的传播和融合。同时，弗莱堡也积极参与国内绿色城市和绿色建筑领域的各类专业活动，在国内也收获了珍贵的经验和友谊。

2016 年，弗莱堡市获得中欧绿色和智慧城市奖（右一为弗莱堡市代表陈炼先生）
Freiburg erhält den Preis für Euro-China Green & Smart City 2016. (rechts: CHEN Lian, Vertreter der Stadt Freiburg)

国家能源局前副局长刘琦考察弗莱堡可再生能源应用
LIU Qi, der ehemalige stellvertretende Direktor der Nationalen Energieagentur Chinas, informiert sich über die erneuerbaren Energien in Freiburg.

在中国事务部的经营和安排下，弗莱堡与国内一些市区建立起持久的合作关系。弗莱堡于 2012 年与青岛市南区建立了友好城区的合作关系，为青岛历史城区的更新与健康产业的发展提供了自己的经验与思路。弗莱堡市经济 - 旅游 - 会展促进署还先后与江苏太仓、扬州，广东韶关，青海玉树、德令哈，山西长治，湖北荆门等城市建立了合作关系并形成具体项目，与中节能、深圳建科院等央企国企保持很好的合作关系。

2. 中德企业咨询服务

依托弗莱堡及其所在上莱茵河谷地区的绿色环保、健康医疗、教育科研、生物医药、纳米和微技术等特色产业集群，中国事务部致力于为中德企业间的经济合作开辟渠道，为有意向进入弗莱堡经济区或其他德国市场的中国企业提供咨询服务。同时，在公共咨询的框架下为德国和欧洲企业进入中国相应的地方城镇牵线搭桥。代表性项目包括“走进德国——太仓日”活动、拉尔机场合作项目等。

3. 中德青少年研学

为促进中德学生在研学上更好地实现优势互补和合作交流，作为德国弗莱堡市政府对华合作交流的指定政府单位，弗莱堡市经济 - 旅游 - 会展促进署中国事务部自 2004 年起，每年举办针对国内不同年龄段青少年的各类主题研学冬夏令营，并统筹管理弗莱堡所在的德法瑞三国交界的上莱茵河谷地区的研学项目。依托与国际

国内环保企业代表团考察弗莱堡污水处理情况
Delegation chinesischer Umweltunternehmen besucht eine Kläranlage in Freiburg.

青岛中德生态园代表团与弗莱堡经济促进署洽谈项目合作
Delegation des Deutsch-Chinesischen Ökoparks Qingdao spricht mit der Freiburg Wirtschaft Touristik und Messe (FWTM) über die Projektzusammenarbeit.

弗莱堡传感器世界知名企业西克集团为新东方科技夏令营提供机器人教学课程
SICK, ein weltweit führender Hersteller von intelligenten Sensoren in Region Freiburg, bietet Robotikkurse für die Sommerschule von New Oriental Education & Technology Group.

青岛市江苏路小学管乐团做客弗莱堡的公开演出
Aufführung der Jinagsu Lu Grundschule Qingdao in Freiburg.

机构和德国城市的长期良好合作关系，以及弗莱堡所在的上莱茵河谷和黑森林地区的丰富的教育研学资源，事务部已相继成功开发出外交外事能力培养、国际机构项目助力、科技探索、自然教育、语言培训、艺术交流、民俗体验、健康运动、亲子互动等各类研学主题鲜明、研学要素丰富、研学成果突出的研学线路，每年平均到访弗莱堡及上莱茵河谷地区开展研学的中国师生达数千人。

4. 中德地方文化交流：崂山茶 & 葡萄酒

弗莱堡市与青岛市市南区于 2012 年建立友好城市伙伴关系。为促进两个城市之间的交流，中国事务部于 2014 年专门策划了“崂山茶 & 葡萄酒”主题文化交流项目。在该项目中，青岛向弗莱堡赠送了 75 公斤崂山茶种，而弗莱堡则将当地特有的酿酒葡萄种带到了青岛。

虽然由于气候、土质等原因，崂山茶在德国的种植并非一帆风顺，但在青岛市农业科学研究院茶叶种植专家的悉心指导下，弗莱堡最终探索出了因地制宜的种植办法。弗莱堡也因此成为德国第一个茶叶种植区。现今，弗莱堡酿酒葡萄种和崂山茶种在中德两地茁壮成长。“崂山茶 & 葡萄酒”文化项目一方面加深了青岛与弗莱堡的友谊，另一方面也增强了德国公众对中国茶的兴趣以及中国公众对德国葡萄酒的关注。

位于青岛的弗莱堡酿酒葡萄种植园（来源：青岛市农业科学研究院）
Badische Weinreben in Qingdao (Bild: Akademie für Agrarwissenschaften in Qingdao)

位于弗莱堡 Opfingen 的青岛崂山茶种植园
Teeplantage in Freiburg - Opfingen

5. 微信公众平台：“绿色之都德国弗莱堡”

为持续促进中德交流与合作，及时有效地为中国地方政府及公共机构提供以弗莱堡地区为代表的德国城镇发展方面的最新资讯，弗莱堡市经济－旅游－会展促进署中国事务部于 2017 年建立了微信公众平台“绿色之都德国弗莱堡”。自平台建立以来，已策划撰写诸如“弗莱堡市可持续发展”“弗莱堡社会城市项目”“德国特色小镇”“黑森林地区旅游发展”“德国乡村的历史与现状”“德国产业集群”“德国地方经济促进”“欧洲城镇可持续发展重要政策选编”等多个主题系列文章近 50 篇。

6. 图书编著及译介

基于多年来在开展中德地方政府间交流与合作方面的丰富经验，弗莱堡市经

弗莱堡相关书籍的出版
Veröffentlichung von Büchern über Freiburg auf Chinesisch

济－旅游－会展促进署中国事务部先后编著和译介出版图书《绿色之都德国弗莱堡：一项城市可持续发展的范例》(2013)和《经济促进和发展纲要：德国城镇和区域经济促进实践导引》(2019)，旨在向中国城镇管理者、城乡发展领域专业人士及感兴趣的公众系统地介绍德国城镇发展方面的知识与经验。

《绿色之都德国弗莱堡：一项城市可持续发展的范例》一书旨在为读者提供有关弗莱堡市环境政策发展与现状的全面概览以及介绍该政策在城市总体规划中所扮演的角色。《经济促进和发展纲要：德国城镇和区域经济促进实践导引》一书则是立足于探讨和介绍德国如何在常态发展阶段下运行地方经济促进和发展的工具书。该书详细阐述德国经济促进工作中的分析和决策程序，并结合诸多国际经济区位的实践案例，对区位如何通过积极的经济促进措施实现更好的发展做了科学的阐释。

三、所获奖项和荣誉、媒体报道、利益相关方的评价

- 受邀参加 2010 年上海世博会城市最佳实践区展示
- 入选 2012 年央视系列纪录片《环球同此凉热》
- 荣获 2016 年中欧绿色和智慧城市奖
- 中央电视台国际频道《城市 1 对 1》专题介绍弗莱堡
- 青岛电视台《今日丝路行》专题节目“走进黑森林之都弗莱堡”

四、经验总结与未来规划

弗莱堡市经济－旅游－会展促进署中国事务部 18 年来，始终致力于促进并开拓中德地方间的交流与合作。虽然中德两国地方政府在发展阶段、组织架构、运作机制等方面存在差异，但在发展目标方面存在高度的一致性。中德之间优秀经验的相互交流一直都在不断为双方的发展与合作助力。未来，中国事务部将继续整合德国优质资源，深入推动中德互鉴，为两国地方政府、公共机构及企业的发展贡献力量。

供稿：德国弗莱堡市经济－旅游－会展促进署中国事务部，钱玲燕

Brücken schlagen und Zusammenarbeit fördern

— China-Projekt der Freiburg Wirtschaft Touristik und Messe (FWTM)

I. Einführung

Als „Green City" arbeitet Freiburg im Breisgau seit 40 Jahren daran, eine moderne Ökostadt zu gestalten und dabei die Integration der sozialen, ökologischen und wirtschaftlichen Dimension zu verwirklichen. Auf der Expo 2010 in Shanghai war Freiburg die einzige Stadt, die ihr Konzept für nachhaltige Stadtentwicklung aus der ganzheitlichen Perspektive präsentiert hat. 2012 wurde die Stadt Freiburg mit dem ersten Platz beim deutschen Nachhaltigkeitspreis 2012 für Großstädte ausgezeichnet und als „Deutschlands nachhaltigste Großstadt" bezeichnet. Freiburg will bis 2050 klimaneutral sein. Dafür hat die Stadt konkrete Leitlinien und Programme entwickelt. Bei der „Green City" geht es auch um wirtschaftliche Leistungen. Die Konzepte für den Umweltschutz und die Nachhaltigkeit gewährleisten die Qualität der Stadt, ziehen Talente an und schaffen Arbeitsplätze, die wiederum das wirtschaftliche Wachstum vorantreiben.

Zu den Schlüsselbranchen in Freiburg gehören neben Energie- und Umwelttechnik das Gesundheitswesen, die Bildung und Forschung, Biotechnologie und Pharmazie, Nano- und Mikrotechnik sowie der hochwertige Tourismus, die alle miteinander vernetzt sind und einen starken Beitrag zur Entwicklung der Region leisten. In der Region Oberrhein, in der die Stadt Freiburg liegt, sind viele erstklassige Einrichtungen in den Bereichen Gesundheit, Medizin, Tourismus und Gesundheitsmanagement angesiedelt. Darunter sind z.B. das Universitätsklinikum Freiburg, eine der drei besten Universitätskliniken Deutschlands, das größte Herzzentrum Europas und zahlreiche

Kuranlagen mit der besten Qualität.

Um die Zusammenarbeit zwischen Freiburg und China zu fördern, hat die Freiburg Wirtschaft Touristik und Messe (FWTM) 2004 das China-Project ins Leben gerufen. Das Ziel ist es, Brücken zwischen der Wirtschaftsregion Freiburg und China zu schlagen und gemäß den Grundsätzen der Gleichheit, des gegenseitigen Nutzens und der Kooperation vielfältige Ressourcen in Freiburg zu schaffen und damit die Zusammenarbeit zwischen den beiden Seiten zu fördern.

II. Vorzeigeprojekte

1. Austausch und Zusammenarbeit der chinesisch-deutschen Kommunalregierungen

Im Rahmen der Expo 2010 in Shanghai wurde die Stadt Freiburg in die Urban Best Practices aufgenommen. Als „Green City" hat Freiburg seine vielfältigen Erfahrungen im Bereich der nachhaltigen Stadtentwicklung präsentiert. Dies hat positive Resonanz in China hervorgerufen und damit eine Brücke zwischen der Region Freiburg und China geschlagen. Nach der Expo 2010 kommen jährlich mehr als 100 Regierungsdelegationen bzw. Gruppen von Fachleuten nach Freiburg, um sich über die nachhaltige Stadtentwicklung zu informieren. Gleichzeitig beteiligt sich die Stadt Freiburg aktiv an verschiedenen fachlichen Veranstaltungen im Bereich Ökostadt bzw. Green Buildings in China und hat dabei wertvolle Partnerschaften aufgebaut.

Das Team für China-Project der FWTM hat Initiativen ergriffen und Freiburg geholfen, Partnerschaften mit mehreren chinesischen Städten aufzubauen. 2012 hat Freiburg z.B. eine Städtepartnerschaft mit dem Stadtteil Shinan in der chinesischen Stadt Qingdao geschlossen und in diesem Rahmen die freundliche Zusammenarbeit mit China weiter vorangetrieben. Außerdem hat die FWTM Kontakte mit mehreren chinesischen Städten hergestellt, wie z.B. Shenzhen (Provinz Guangdong), Taicang (Provinz Jiangsu), Yangzhou (Provinz Jiangsu), Shaoguan (Provinz Guangdong), Yushu (Provinz Qinghai), Delingha (Provinz Qinghai), Changzhi (Provinz Shanxi) und Jingmen (Provinz Hubei).

2. Beratungen für chinesische und deutsche Unternehmen

Die Stadt Freiburg und die Region Oberrhein gelten als wichtige Wirtschaftsstandorte in Südwestdeutschland. Verschiedene Firmen in Bereichen wie. z.B. Energie- und Umwelttechnik, Gesundheit, Bildung und Forschung, Biotechnologie und Pharmazie,

德国前总理施罗德访问弗莱堡市友好城区青岛市南区
Der ehemalige Bundeskanzler Gerhard Schröder besucht den Stadtteil Shinan in Qingdao, der Freundschaft mit Freiburg hat

住建部代表团参观弗莱堡生态城区里瑟菲尔德，左一为吴志强院士
Delegation des chinesischen Ministeriums für Wohnungswesen und Stadt-Land-Entwicklung besucht den Öko-Stadtteil Rieselfeld in Freiburg. (links: Prof. Dr. WU Zhiqiang, Mitglied der Chinesischen Akademie der Ingenieurwissenschaften)

第四届太仓日活动在弗莱堡举办
Der vierte „Taicang-Tag“ findet in Freiburg statt

企业代表团在弗莱堡的培训活动
Fortbildung für chinesische Unternehmensdelegation in Freiburg

Nano- und Mikrotechnik sind hier angesiedelt. Das Team für China-Project der FWTM berät chinesischen Unternehmen, die sich in der Wirtschaftsregion Freiburg oder an weiteren deutschen Wirtschaftsstandorten niederlassen wollen. Gleichzeitig werden deutsche und europäische Unternehmen, die Interesse an Kooperationen mit China haben, durch das China-Team unterstützt. In den letzten Jahren wurden Projekte wie z.B. der „Taicang Tag“ und die Kooperation mit dem Flughafen in Lahr erfolgreich durchgeführt.

3. Studienreisen für chinesische und deutsche Jugendliche

Zur Förderung des Jugendustauschs zwischen China und Deutschland organisiert das Team für China-Project der FWTM seit 2004 jährlich Studienreisen zu verschiedenen Themen. Die Zielgruppen sind vor allem chinesische Jugendliche in unterschiedlichen Altersgruppen. Aufgrund der langjährigen Zusammenarbeit mit mehreren internationalen Einrichtungen und deutschen Städten hat das Team qualitätsvolle Programme gestalten können. Zu den interessanten Themen gehören diplomatische und außenpolitische Ausbildung, Wissenschaft und Technologie, Naturbildung, Sprachtraining, Kulturaustausch, Sport und Eltern-Kind-Interaktion. Jedes Jahr kommen tausende chinesische Schüler/innen, Lehrer/innen und Eltern im Durchschnitt auf Studienreisen nach Freiburg und in die Region Oberrhein.

4. Chinesisch-deutscher Kulturaustausch: Laoshan-Tee & Wein

Seit 2012 pflegt Freiburg eine Städtepartnerschaft mit dem Stadtteil Shinan in Qingdao. Um den Austausch zu fördern, hat das Team für China-Project der FWTM 2014 ein Kulturprojekt zum Thema „Laoshan-Tee & Wein“ initiiert. In diesem Projekt wurden der Stadt Freiburg 75 kg chinesischer Laoshan-Teesamen aus der Region Qingdao geschenkt. Im Gegenzug hat Freiburg badische Weinreben nach Qingdao geschickt.

Obwohl der Teeanbau aufgrund der Klima- und Bodenbeschaffenheit nicht einfach war, hat Freiburg in Zusammenarbeit mit der Akademie für Agrarwissenschaften in Qingdao entsprechende Verfahren entwickelt. Mit diesen Teeplantagen ist Freiburg die erste und einzige teeanbauende Stadt Deutschlands. Heute gedeihen der Laoshan-Tee und die badischen Weinreben jeweils bestens in Freiburg und Qingdao. Das Projekt hat zum einen die Freundschaft zwischen den beiden Standorten vertieft. Zum anderen hat es das öffentliche Interesse der Deutschen am chinesischen Tee und das Interesse der chinesischen Öffentlichkeit am deutschen Wein verstärkt.

德国《世界报》(Die Welt) 网站对弗莱堡种植青岛崂山茶的报道
Bericht über den Teeanbau in Freiburg auf der website der deutschen Tageszeitung „Die Welt“

5. Öffentliche WeChat-Plattform „Green City Freiburg in Deutschland“

Um den deutsch-chinesischen Austausch weiter zu fördern und die chinesischen Kommunen bzw. öffentlichen Einrichtungen zeitnah über die Entwicklung der Städte und Gemeinden in Deutschland zu informieren, hat das Team für China-Project der FWTM im Jahr 2017 die öffentliche WeChat-Plattform „Green City Freiburg in Deutschland“ eingerichtet. Seit der Gründung der Plattform hat das Team bisher knapp 50 Artikel zu unterschiedlichen Themen veröffentlicht, wie z.B. „Nachhaltige Stadtentwicklung in Freiburg“, „Soziale Stadt in Freiburg“, „Entwicklung von kleineren Städten und Gemeinden in Deutschland“, „Tourismusentwicklung im Schwarzwald“, „Geschichte und Gegenwart des ländlichen Raums“, „Clusterentwicklung“, „kommunale Wirtschaftsförderung“ und „Politik der nachhaltigen Stadtentwicklung in Europa“.

6. Herausgabe und Übersetzung von Büchern

Ausgehend von den langjährigen Erfahrungen in der chinesisch-deutschen kommunalen Zusammenarbeit hat das Team für China-Project der FWTM 2013 das chinesische Buch „Green City Freiburg. Ein Beispiel für nachhaltige Stadtentwicklung“ herausgegeben und 2019 das deutsche Buch „Handbuch der Wirtschaftsförderung:

Praxisleitfaden zur kommunalen und regionalen Standortentwicklung“ ins Chinesische übersetzt. Das Ziel ist, chinesischen Mitarbeiter/innen in der Kommunalverwaltung, Fachleuten im Bereich der Stadt- und Landentwicklung sowie weiteren Interessierten das Wissen und die Erfahrungen der deutschen Kommunalentwicklung systematisch nahezubringen.

Das Buch „Green City Freiburg. Ein Beispiel für nachhaltige Stadtentwicklung“ soll einen Überblick über die Entwicklung der Umweltpolitik in der Stadt Freiburg geben und ihre Rolle im städtischen Masterplan erläutern. Mit dem „Handbuch der Wirtschaftsförderung: Praxisleitfaden zur kommunalen und regionalen Standortentwicklung“ werden Grundlagen und Know-how aus über zwei Jahrzehnten erfolgreicher Wirtschaftsförderung in Deutschland vermittelt. Die Autoren beschreiben im Buch die Faktoren, die bei einer Standortanalyse berücksichtigt werden müssen. Gezeigt wird auch, wie ein individuelles Zielsystem für die Kommunen und die Region zu entwickeln ist. Anhand von Beispielen aus der Praxis wird erläutert, mit welchen Maßnahmen diese Ziele erreicht werden können.

III. Auszeichnungen, Medienberichte, Bewertungen von Akteuren

- Auszeichnung mit dem „Qindao Preis“ durch die Stadt Qingdao (Provinz Shandong)
- Bericht über Freiburg in der Fernsehsendung „City to City“ von China Central Television (CCTV)
- Bericht über Freiburg als Hauptstadt im Schwarzwald in der Fernsehsendung „Seidenstraße von heute“ von Qingdao-TV

IV. Fazit und Ausblick

Seit 18 Jahren engagiert sich das Team für China-Project der FWTM für den Austausch und die Zusammenarbeit auf der kommunalen Ebene zwischen China und Deutschland. Trotz der Unterschiede in den Entwicklungsphasen, Organisationsstrukturen und Betriebsmodellen der Kommunalverwaltungen beider Länder sind doch Gemeinsamkeiten in den Zielsetzungen zu finden. Der Austausch leistet immer wieder einen wichtigen Beitrag zur Entwicklung und Kooperation. In Zukunft wird das Team für China-Project der FWTM weiter daran arbeiten, hochwertige deutsche Ressourcen zu vermitteln und das gegenseitige Verständnis zu vertiefen. Das Ziel ist, zur Entwicklung der Kommunalverwaltungen, der öffentlichen Einrichtungen sowie der Wirtschaft in beiden Ländern beizutragen.

Text und Bild: Dr. QIAN Lingyan
Freiburg Wirtschaft Touristik und Messe (FWTM)
EPACC GmbH

发扬传统国粹，提升文化理解

——成都市棕北中学与德国学校共建川剧特色课程

一、案例简介

作为中外人文交流教育实验区项目院校，成都市棕北中学与德国阿尔伯特–爱因斯坦文理学校于 2009 年签订友好交流合作协议，双方在国际理解教育、课程共建、中德校际连线空中课堂、定期交流互访等方面取得了较好的成果。特别是 2012 年 5 月，在棕北中学举办了“武侯区中德文化活动交流月暨国际理解教育进课堂”启动仪式，得到了省、市、区相关领导的高度评价。

根据交流协议，中德师生互访交流及中德课程合作交流文化活动一共进行了十次，先后有 140 人次参与互访交流。其中，川剧共建交流课程是中德交流课程共建中最具特色和亮点的案例。

二、案例建设情况

川剧是国家级非物质文化遗产，是我国戏曲宝库中的一颗璀璨的明珠。对于每个来自川剧之乡的四川人，传承与发展川剧艺术，是时代赋予的责任。成都市棕北中学把传承川剧文化和学校人文教育有机结合起来，深入推动川剧在学校的传播，打造具有地方优秀传统文化特色的校园文化，引导青少年接受优秀民族文化的熏陶。成都市棕北中学与德国阿尔伯特–爱因斯坦文理学校是友好交流课程共建学校，将川剧作为两校课程共建的特色课程，将有助于深化德国师生对中国传统文化、特别是对川剧文化的了解。德国师生表现出对川剧极大的兴趣和好奇，也有助于我们学校在中外人文交流过程中，传播优秀的祖国传统文化，彰显文化自信。

三、案例的主要措施与效果

（一）抓好组织管理落实，保障川剧教育发展，促进中德交流课程共建

1. 构建领导机构，提供组织保障

以川剧特色作为艺术教育的突破口，全面推进素质教育工作，已在我校形成共识。学校首先成立了艺术教育领导小组，丁世明校长亲任组长，分管德育的副校长直接领导川剧教育管理工作，教务处主任具体落实川剧学科教学，德育处主任落实川剧活动及素质选修课管理，艺体教研组负责具体实施，由中外人文交流办公室负责中德沟通、联系。学校将川剧教育纳入学校目标和教学计划，进行统筹安排；纳入中外人文交流课程，特别是中德课程共建项目，保证协调发展，充分体现全员性。从时间和空间上确保全校师生都能参与传承活动，确保德国师生加入课程的学习。

2. 抓好队伍建设，提供质量保障

建设一支高素质的艺术教师队伍是提高艺术教育质量的关键。我们以“师德高尚、精诚团结、业务精湛、勇于创新”为目标，着力建设一支不一样的音美体教师队伍。学校现有音乐老师 2 人，美术 1 人，体育 8 人，均为大学本科学历。学校加大艺术教师川剧素养培训力度，外聘川剧院老师到校指导，鼓励我校艺术教师在川剧艺术老师的指导下，提高川剧教学的知识和能力。人文交流办公室与德国建立联系，确保德国教师通过交流项目和在线课程方式与棕北中学相关项目课程教师一起进行研究和实施。

3. 抓好制度建设，提供规范保障

学校已建立起一套较为完整的川剧艺术教育教学、师资、课外活动、场地器材的制度。学校还制定了《棕北中学艺体奖励津贴办法》专项奖励制度，对组织学生川剧活动有突出贡献的教师、集体予以专项奖励津贴；同时设立“川剧艺术棕北之星”，鼓励既有川剧艺术特长又乐于参加集体活动的艺体新苗。

4. 抓好资金投入，提供物质保障

学校为川剧艺术教育投入充足资金，用以聘请专业教师辅导，组织大型艺术活动，为教学和演出配备川剧训练专用教室、器材及服装用品等，充分体现了学校对川剧艺术教育的大力支持。利用中外人文交流资金预算，保证课程共建有充足的实施经费。同时，学校采取“以奖代拔”的形式，对川剧艺术教育成效显著的老师给予奖励，进一步促进了艺术教育水平的整体提高。另外，学校优化校园文化环境，在教学楼、综艺楼、食堂、校园橱窗等场所，选取川剧图案、悬挂特长学生作品及名人名言等，创造了浓厚的校园文化氛围，让师生感受艺术的熏陶。

（二）注重课内课外结合，拓展川剧教育舞台，促进在中德交流课程共建中搭建互动川剧平台

课堂是提高学生艺术素养，培养学生艺术鉴赏力的主渠道。丰富多彩的课外、校外艺术活动，是课堂教学的有效延伸和补充，是学生个性、特长培养和发展的摇篮。棕北中学根据新课标、新理念，强调“保底”抓常规，在学生中普及川剧基础教育。同时鼓励教师注重学生个性培养，努力拓展教学空间，使学生在“会演唱、会表现、会鉴赏”中得到艺术素养的积淀与发展。我们着力于“普及、深入、提高”六字方针，以“课内打基础，课外搞拓宽，潜能大开发”为宗旨，强化了川剧艺术教育活动，将教师的专长结合本校实际研发艺术校本课程，组建川剧特色活动队，拓展川剧艺术教育舞台。

舞台之一：课堂教学研究

学校依托川剧教材《走近川剧》，利用音乐课课堂教学，在七、八年级开设川剧唱腔、川剧身段、川剧脸谱、川剧剧本等课程，一周 0.5 课时，由朱云、郑义老师担任授课教师。利用在线方式，保证中德课程共建项目的在线学习和研究，保证德方学生积极参与课程学习。学校建立专家与学校的联系机制，聘请川剧团老师担任指导老师，为师生们讲解川剧知识、教授川剧技巧以及在线讲授课程。

舞台之二：组建川剧社团

学校根据学生个人特长和爱好，成立了课外川剧活动社团，学生自愿参加。学校邀请专业川剧院演员到校编排川剧节目，参加汇演活动。同时，组建德方远程川剧活动社团，通过网络在线参与学校的社团活动。

舞台之三：上好川剧素质选修课

学校每周五下午开设 1 课时素质选修课。川剧选修课内容为川剧欣赏、川剧演唱、川剧身段训练、川剧绘画等。德方的川剧课由德方组织听课，并参与中方的互动活动，由中方

中德线上线下川剧课堂
Online- und Offline-Unterricht für die Sichuan-Oper

“蜀色川韵”川剧社团
Verein der Sichuan-Oper

川剧素质选修课
Wahlkurs der Sichuan-Oper

川剧广播操

Gymnastik mit Körperbewegungen der Sichuan-Oper

川剧展演

Sichuan-Oper-Aufführungen

提供在线教学和在线互动活动。

舞台之四：做好戏曲广播操

学校整合艺术和体育老师资源，利用大课间做好戏曲广播操，使戏曲与体育相融合，搭建了“人人参与，班班发动”的平台。在运动会开幕式上开展戏曲团体操表演。通过互动在线和微视频、微课的方式为德方提供并示范戏曲广播操，由德方教师组织落实。

舞台之五：在川剧艺术舞台上精彩展演

棕北中学川剧舞蹈社团精心编排的《扇韵》《蜀色川韵》等节目精彩亮相成都市电视台、成都市中小学川剧艺术进校园展演，获得高度好评。同学们裙角飞扬，扇影翩翩，俊秀俏丽，展示了川剧舞蹈婉约深沉的无穷韵味。德国的师生可通过网络进行欣赏。

供稿：中外人文交流教育实验区项目学校——成都市棕北中学
丁世明、邹燕、王华龙、董萍

Förderung der traditionellen chinesischen Kultur

— Kursangebote für Sichuan-Oper an der Zongbei-Mittelschule in Chengdu als Kooperationsprojekt

I. Einleitung

Als Pilotprojekt des kulturellen Austauschs und der Bildungskooperation zwischen China und dem Ausland haben die Chengdu Zongbei-Mittelschule und das Albert-Einstein-Gymnasium 2009 ein Kooperationsabkommen unterzeichnet. Beide Seiten haben sich gemeinsam für die Kulturverständigung eingesetzt, konzeptionell am Kursangebot zusammengearbeitet, regelmäßige Austausche und Besuche ermöglicht. Im Mai 2012 fand in der Zongbei-Mittelschule die Eröffnungszeremonie des „Monat des kulturellen Austausches zwischen China und Deutschland im Unterricht" im Bezirk Wuhou statt, die von den zuständigen Führungskräften auf Bezirk-, Stadt- und Provinzebene hoch anerkannt wurde.

Es gab seit der Abkommen-Unterzeichnung insgesamt zehn Delegationsbesuche sowie gemeinsam durchgeführte Veranstaltungen zur Bildungskooperation, an denen 140 Personen teilnahmen. Dazu gehört das Projekt mit der Sichuan-Oper.

II. Hintergrund

Die Sichuan-Oper ist ein nationales geistiges Kulturerbe und einer der herausragenden Vertreter der chinesischen Opern. Die Einwohner in der Sichuan-Provinz schätzen die Kunst und setzen sich dafür ein, die Kunstform als Kulturerbe zu überliefern und weiterzuentwickeln. Die Chengdu Zongbei-Mittelschule fördert die Verbreitung der Sichuan-Oper auf dem Campus, schafft eine traditionsorientierte Campus-Kultur und ermutigt junge Menschen dazu, die nationale Kultur zu schätzen und zu respektieren. Die Chengdu Zongbei-Mittelschule und das Albert-Einstein-Gymnasium pflegen eine jahrelange Partnerschaft. Die Einführung der Sichuan-Oper in den Unterricht trägt dazu bei, dem deutschen Publikum die traditionelle chinesische Kultur näher zu bringen, insbesondere die Opernkultur in Sichuan. Deutsche Lehrkräfte und Schüler zeigten hingegen großes Interesse und Neugierde an der Sichuan-Oper.

III. Umsetzung und Auswirkung

Günstige Rahmenbedingungen wurden für die Realisierung des Projektes geschaffen:

1. Organisatorische Unterstützung

Die Schule hat eine Arbeitsgruppe für Kunsterziehung eingerichtet, die für die Umsetzung der Sichuan-Opernausbildung und des chinesisch-deutschen Austauschs verantwortlich ist. Die Schule nimmt die Sichuan-Opernausbildung in den Unterrichtsplan auf, um sicherzustellen, dass sowohl chinesische als auch deutsche Lehrer und Schüler die benötigte Zeit bereitstellen.

2. Personelle Unterstützung

Die chinesische Schule strengt sich an, qualifizierte Kunstlehrkräfte auszubilden. Derzeit verfügt die Schule über 2 Musiklehrer/innen, 1 Lehrkraft für bildende Kunst und 8 Sportlehrer/innen, die alle einen Universitätsabschluss haben. Darüber hinaus stellte die Schule Schauspieler des Sichuan-Opernhauses an, um das Lehrerteam fachlich zu stärken. Die chinesische Seite steht im regelmäßigen Austausch mit den deutschen Partnerschulen, um sicherzustellen, dass die Lehrkräfte in Deutschland gemeinsam über Online-Kurse mitmachen und gemeinsam das Projekt umsetzen.

3. Institutionelle Unterstützung

Die Schule hat ein vollständiges System der Sichuan-Opernkunstausbildung eingerichtet. Auszeichnungen werden an Schüler, Lehrer und Ensembles verliehen, die herausragende Beiträge zur Verbreitung der Sichuan-Oper geleistet haben, und ergreift Maßnahmen, um chinesische und deutsche Lehrkräfte und Schüler zum Mitmachen zu ermutigen.

4. Finanzielle Unterstützung

Die Zongbei-Mittelschule investiert genügend finanzielle Mittel in die Ausbildung der Sichuan-Oper. Die Mittel werden vor allem für die Einstellung professioneller Operndarsteller, die Organisation umfangreicher Kunstaktivitäten, die Anmietung von Räumlichkeiten, die Ausrüstung und Kleidung für Unterricht und Aufführungen sowie in den Kulturaustausch ausgegeben. Gleichzeitig werden die Lehrkräfte extra belohnt, die in der Sichuan-Opernkunstausbildung herausragende Leistungen erbracht haben. Bilder der Sichuan-Oper, spezielle Schülerarbeiten und berühmte Zitate schmücken die öffentlichen Räume in der Schule, wodurch eine besondere Atmosphäre auf dem Campus geschaffen wurde.

Die Schule hat mehrere Maßnahmen ergriffen, um die Sichuan-Oper in- und außerhalb des Unterrichts zu fördern. Einerseits werden Lehrkräfte ermutigt, Kunstkurse nach den Gegebenheiten der Schüler zu entwickeln, um ihre künstlerische Kompetenz zu verbessern. Andererseits gibt es ein vielseitiges Angebot an kulturellen Veranstaltungen, damit Lehrer und Schüler ihr Können auch präsentieren können.

Maßnahme 1: Erstellung und Forschung am Unterrichtsplan

Mit dem Lehrbuch „Einführung in die Sichuan-Oper" wird in der siebten und achten Klasse die Sichuan-Oper jede Woche 0,5 Unterrichtsstunde im Musikunterricht unterrichtet. Der Unterrichtsinhalt umfasst Gesang, Körpersprache, Oper-Gesichtsbemalung und Kanon der Sichuan-Oper. Deutsche Schüler/innen können durch Online-Lernplattform an Kursen teilnehmen. Die Schule hat Darsteller des Sichuan-Opernhauses als Ausbilder eingestellt, um Lehrern und Schülern die Kenntnisse und Fähigkeiten zu vermitteln. Deutschen Lehrern und Schülern ist die

中德线上线下川剧课堂

Online- und Offline-Unterricht für die Sichuan-Oper

Ausbildung zugänglich.

Maßnahme 2: Gründung von studentischen Vereinen für die Sichuan-Oper

Die chinesischen Schüler/innen haben freiwillig einen Verein für die Sichuan-Oper gegründet. Auf Einladung der Schule entwarfen die Trainer des Sichuan-Opernhauses Theaterstücke und nahmen als Darsteller daran teil. Auf der deutschen Seite wurde ebenfalls ein Verein für die Sichuan-Oper gegründet. Die Vereinsmitglieder waren per Video-Zuschaltung an den Veranstaltungen beteiligt.

Maßnahme 3: Wahlkurs der Sichuan-Oper

Der Wahlkurs der Sichuan-Oper findet jeden Freitagnachmittag für eine Stunde statt. Der Kursinhalt umfasst Rezeptionstheorie, Gesang, Körperbewegung und Gesichtsbemalung der Sichuan-Oper. Entsprechende Räumlichkeiten sind für den Unterricht bereitgestellt, die eine Teilnahme auf der deutschen Seite per Online-Zuschaltung ebenfalls ermöglichen.

Maßnahme 4: Gymnastik mit Körperbewegungen der Sichuan-Oper

Die Zongbei-Mittelschule hat ein besonderes Gymnastik-Setting mit Körperbewegungen der Sichuan-Oper entworfen und dabei die Sichuan-Oper in den Sportunterricht integriert. Die Aufführung wurde die Auftaktperformance auf der Eröffnungsfeier des schulischen Sportfestes. Das Online-Angebot wurde durch die chinesische Seite konzeptionell bereitgestellt. Für die Implementierung sind die deutschen Lehrkräfte zuständig. Die deutschen Schüler/innen haben die Möglichkeit, online am Kurs teilzunehmen.

Maßnahme 5: Aufführungen der Sichuan-Oper

Die Aufführungen „Fächer-Charme“ und „Sichuan-Charme“ des Vereins für die Sichuan-Oper an der Zongbei-Mittelschule wurden in der lokalen Fernsehsendung von Chengdu und im Rahmen der Sichuan-Oper Campus Show von Grund- und Mittelschülern gezeigt. Die Performance präsentiert den anmutigen Charme der Sichuan-Oper und ist beim Publikum gut angekommen. Die deutschen Lehrer und Schüler haben online die Möglichkeit, sich die Aufführungen anzuschauen.

Text und Bild: DING Shiming, ZOU Yan, WANG Hualong, DONG Ping,
Chengdu Zongbei-Mittelschule – Ausgewählte Schule für Pilotprojekte
des Kulturaustausches und der internationalen Bildungskooperation

架起中德精英交流的桥梁

——“对话德国”交流平台

一、案例简介

“对话德国”作为中德精英交流平台，通过深度访谈与线上线下主题活动的形式分享中德精英们的行业见解与人生经验，秉承“汇聚中德精英、促进中德合作”的愿景与“共同成长、目光长远、真诚、开放、合作”的价值观，旨在促进中德深度合作，并通过榜样的力量带动更多人共同成长。

“对话德国”微信公众号由两名清华大学与德国亚琛工业大学校友于 2016 年 4 月 16 日在德国创办。创办该公众号的初衷是希望将德国先进领域的行业知识介绍到国内，同时也学习与传播优秀前辈的人生经验，增强德国华人的凝聚力，发挥榜样的力量。从创立早期起，团队便逐渐吸引了一群在德工作或留学的有想法、有激情的年轻人，他们多就职于戴姆勒、费斯托、舍弗勒等德国一流企业或作为博士后、博士等就读于德国顶尖高校。五年来，利用自己的业余时间、精力不计回报地为中德合作添砖加瓦，贡献自己的力量。2019 年 9 月，“对话德国”在斯图加特法院注册成为非盈利协会，为进一步推进中德合作奠定了基础。截至 2021 年 2 月，“对话德国”团队共有 13 名正式成员与 43 名候选成员。

自成立以来，“对话德国”在各位嘉宾和广大读者的支持下，获得了稳健的发展。至今，“对话德国”微信公众号共有 17000 余位关注者，已经访谈 38 位中德精英嘉宾，发表 64 篇原创深度访谈，在德国主办 5 场线下活动，5 场线上活动，参与活动观众逾 4000 人次。与此同时，对话德国协会也作为合作伙伴或协办单位协助清华大学工业工程系、德国华人教授学会、德国清华校友会、全德华人机电工程学会、浙江清华长三角研究院、腾讯青腾大学等组织或企业举办了各项活动，起到了中德桥梁的作用。

二、案例的实施过程与开展形式

接下来将分别从深度访谈与线下主题活动两个方面来详细介绍“对话德国”在中德交流中的具体贡献与一些相关案例。

（一）深度访谈

“对话德国”通过深度访谈分享了38位中德精英嘉宾的行业见解与人生经验。嘉宾包括4位高校教授、24位企业高管、7位行业专家与3位创业领袖，在此分别选择四类嘉宾中的一位代表，简要介绍他们分享的内容及对团队和读者的启发。

德国精英大学首位华裔副校长、慕尼黑工大地图学教授孟立秋女士解答了德国高校为何能成为隐形冠军的摇篮这一问题，也带领读者一探德国各个行业与各大企业中的标准化；她提出“慕尼黑工大的使命不是培养就业人才，而是培养创业人才。创业人才可以预见和创造市场，为别人提供就业机会”，也提到“一流大学的标志是其优质的校园文化，学生受其熏陶并乐意反哺”，为中国一流大学的建设提供了她独到的思考。

博世中国执行副总裁、博世全球前高级副总裁李晓红女士讲述了自己如何与拥有百年历史的企业共同突破，如何引领变革，也回答了华人在德国职场如何成长为一名“Glocal Leader”（国际本土化人才）；她从自身经验出发提出“东西方文化都有各自的精华，我们要能做到取长补短”，也提出了“总部的领导者需要有前瞻性、开放性特别是全球观，而本地管理者不要只把自己的想法及实践局限于本地，要抬头看天，不能只是低头干活”的国际化管理理念。

拥有300多项发明专利的汽车研发专家、德国大陆集团高管张宏博士深入剖析了汽车行业的现状与未来。作为汽车行业专家，张宏博士认为汽车领域的“电气化肯定是大方向，但即使到了2030年，至少还会有50%以上的车都还有传统内燃机”。他也从公司管理的更高角度提出“所有公司都是从两点出发，一方面是如何改进现有的产品和技术；另一方面是如何获得新的机会，但又要考虑如何把控风险”。

极纳人工智能创始人、腾讯AI Lab前负责人肖涵博士分享了他在中德两国的创业经历，也探讨了人工智能行业的未来以及他对于开源的信仰。肖涵博士提出“中国拥有着规模巨大的单一市场，这为商业创新、民用AI提供了高速发展的土壤。德国的AI，则是由车企和传统制造业牵头引领的，为升级工业制造而服务”，他也提出在德国职场“最需要具备的特质就是做什么东西就要信什么”。

除此以外，“对话德国”也推出了包括“德国人怎么看待‘996’”“对话德国足球”等贴近热点话题的栏目，促进中国民众对德国社会理念与文化的深入了解。

（二）线上线下主题活动

在主题活动中，对话德国协会共主办了三届全德精英交流年会、若干场职场沙龙及“我们在德国当教授”科研教育主题活动，活动举办城市包括法兰克福、斯图加特、曼海姆、哥廷根等重要德国城市，吸引了千余位来自德国及欧洲其他国家华人的参与。在新冠肺炎疫情蔓延的 2020 年，“对话德国”也将活动移至线上，在 2020 年底举办了“对话德国”的首届线上年会，分为“科技互联之拥抱数字”“汽车制造之工匠精神”“科研教育之定义未来”与“职业生涯之职场转型”四场分论坛，邀请来自中德两国的 18 位重量级嘉宾，吸引了来自中国与欧洲的 1000 余人次的线上参与，在特殊时期继续承担着促进中德交流、推动中德合作的重要角色。

“对话德国”2019 年年会，法兰克福
DialogDE-Jahrestreffen 2019 in Frankfurt am Main

三、案例评价与贡献

如今，“对话德国”已成为中德交流的重要平台之一，在德国华人圈已经具有较大的影响力，其案例也已得到人民日报、德国开元网及人民日报海外网德国频道、

"对话德国"2019 年中德教授交流，哥廷根
DialogDE 2019, Professoren chinesischer Herkunft in Deutschland, Göttingen

欧洲时报等多个媒体的宣传报道。正如在留德华人中备受尊崇的前辈、法兰克福能源控股有限公司总裁冯建民先生所说："'对话德国'开启了留德华人集体自觉的时代。过去二三十年，留德华人基本是处在不自觉时代，即不与（或太少与）德国对话、不与华人社会对话、不与中国对话，各自为战，默然独木桥。这样一个集体自觉的华人群体出现，理所当然将缩短成才成功之距离、创造再造化平凡为神奇。很高兴与大家分享这个奋斗着且快乐着的时代！感谢'对话德国'的应运而生、杰出表现和优秀贡献！""对话德国"也将继续为中德交流添砖加瓦，为中国企业、高校及政府机构深入了解德国重点行业提供一扇窗口，为中德各行业之间的深入合作搭建桥梁，继续做一个具有德国工匠精神的高质量人才平台，未来可期。

供稿：对话德国协会

Plattform für chinesisch-deutsche Eliten

— DialogDE

I. Einführung

DialogDE ist eine Austauschplattform für chinesische und deutsche Hochqualifizierte. Durch Interviews sowie Online- und Offline-Themenaktivitäten werden fachliche Erkenntnisse und Lebenserfahrungen chinesischer und deutscher Hochqualifizierten ausgetauscht. Das Programm folgt dem Ziel, deutsche und chinesische Leitfiguren in diversen Fachgebieten einzubinden, um die bilaterale Zusammenarbeit zu fördern. Ein gemeinsames Wachstum wird durch aufrichtige und offene Zusammenarbeit mit langfristiger Perspektive angestrebt. Die Erfolgsgeschichten der Prominenten dienen als gute Beispieleund jeder kann davon etwas lernen.

Das WeChat-Abo DialogDE wurde am 16. April 2016 in Deutschland von zwei Alumni der Tsinghua-Universität und der Rheinisch-Westfälische Technische Hochschule Aachen (RWTH Aachen) in Deutschland eingerichtet. Damit sollen das Branchenwissen der fortschrittlichen Bereichen Deutschlands nach China vermittelt und die Laufbahn sowie Lebenserfahrungen der chinesischen Prominenten vorgestellt werden. Ferner sieht der DialogDE sich dazu verpflichtet, den Zusammenhalt von Chinesen zu stärken. Seit der Gründung der Dialogplattform arbeitet ein Team aus jungen engagierten Intellektuellen leidenschaftlich bei allen Aktivitäten mit. Die Meisten von ihnen sind Angestellte bei renommierten deutschen Unternehmen wie Daimler, Festo und Schaeffler oder sie studieren als Postdoktoranden oder schreiben Dissertationen an deutschen Universitäten. Seit fünf Jahren arbeitet das Team in der Freizeit ehrenamtlich für DialogDE. Im September 2019 wurde DialogDE als gemeinnütziger Verein in Stuttgart eingetragen und legte damit den Grundstein für die fortdauernde Förderung der deutsch-chinesischen Zusammenarbeit. Bis Februar 2021 hatte DialogDE e.V. insgesamt 13 offizielle Teammitglieder und 43

Kandidatenmitglieder.

Der DialogDE hat sich seit der Gründung 2016 mit Unterstützung von seiner Leserschaft sowie vielen chinesischen und deutschen Prominenten als Referenten stets weiterentwickelt. Das WeChat-Abo freut sich zur Zeit über mehr als 17.000 Abonnenten. 38 chinesische und deutsche Prominente nahmen am Interview teil. 64 original verfasste Artikel wurden veröffentlicht, die die Interviews mit Text und Bild dokumentierten. 5 Offline-Events und 5 Online-Events wurden in Deutschland erfolgreich veranstaltet, an denen mehr als 4.000 Besucher beteiligt waren. Der Verein agierte als Mitveranstalter bzw. Organisator für diverse Veranstaltungen im Auftrag von unzähligen Institutionen, zu denen das Institut für Wirtschaftsingenieurwesen der Universität Tsinghua, die Gesellschaft für deutsche Professoren chinesischer Herkunft e.V. (GDPCH), der Tsinghua Alumni-Verein in Deutschland, die chinesische Gesellschaft für Maschinenwesen und Elektrotechnik in Deutschland e.V., das Yangtze Delta Region Institute of Tsinghua University Zhejiang, die Akademie TENCENTX von Tencent sowie weitere Unternehmen gehören.

II. Umsetzung und Formate

Im Folgenden werden Beispiele von Interviews und Offline-Themenveranstaltungen eingehend erläutert, um zu demonstrieren, welche Rolle der DialogDE in der internationalen Verständigung spielt.

1. Interviews

Der DialogDE hat bisher 38 chinesische und deutsche Prominenten befragt, die im jeweiligen Fachbereich als Leitfiguren gelten. Sie wurden gebeten, branchenbezogene Erkenntnisse sowie ihren eigenen Werdegang mit der Leserschaft zu teilen. Zu den Interviewgästen gehören 4 Universitätsprofessoren, 24 Führungskräfte, 7 Branchenexperten und 3 Unternehmer. Der vorliegende Beitrag hat für jede der oben genannten Kategorien einen Vertreter ausgewählt bzw. den Inhalt des Interviews näher beschrieben.

Die erste Vizepräsidentin chinesischer Herkunft an einer deutschen Universität und Professor für Kartographie an der Technischen Universität München, Professor MENG Liqiu, beantwortete die Frage, warum deutsche Hochschulen zur Wiege von „Hidden Champions" werden können. Die Standardisierung in der Industrie sowie in Großunternehmen wurde ebenfalls zum Thema gebracht. Prof. Meng sah die Mission der TU München nicht in der Ausbildung von Talenten für den Arbeitsmarkt, sondern in der Kultivierung von Talenten, die auf eine unabhängige Existenzgründung abzielen. Talente mit unternehmerischem Geist sind in der Lage, Trends auf dem Markt vorherzusehen und neue Märkte zu generieren. Somit werden auch Beschäftigungsmöglichkeiten für andere angeboten. Das Markenzeichen einer erstklassigen Universität besteht in der hochwertigen Campus-Kultur, die die Studierenden beeinflusst und wozu die Studierenden im Gegenzug auch einen Beitrag leisten. Die Aussagen von Prof. Meng waren aufschlussreich für chinesische Hochschulen auf ihrem Weg zu den weltweit Spitzenuniversitäten.

Frau LI Xiaohong(Rosa Lee), geschäftsführende stellvertretende Präsidentin von Bosch China und ehemals Senior Vice President von Bosch Global, sprach darüber, wie das jahrhundertealte Unternehmen Durchbrüche erzielt und Veränderungen anführt und wie sie sich dabei selbst mitentwickelt hat. Sie hat der Leserschaft die Erfolgsrezepte anvertraut, wie man als Chinese/Chinesin in Deutschland beruflich ein „Glocal Leader“ (lokales Führungspersonal mit internationaler Perspektive) werden könnte. Frau Li stellte durch eigene Erfahrung fest, dass sowohl die chinesische als auch westliche Kulturen wertvoll sind. Es geht darum, aus den Stärken des anderen zu lernen. Es wurde im Interview darauf hingewiesen, dass das Führungspersonal in der Unternehmenszentrale vorausschauend, offen und international eingestellt sein muss. Ein „Glocal Leader“ darf nicht in seinen eigenen Gedanken gefangen sein oder sich auf die lokale Sichtweise beschränken. Er muss global strategisch langfristig denken, anstatt sich nur auf die gegenwärtigen Aufgaben zu konzentrieren.

Dr. ZHANG Hong, ein bekannter Forscher in der Automobilindustrie, unter dessen Namen mehr als 300 Patente angemeldet wurden, war Bereichsleiter des deutschen Unternehmens Continental AG. Er analysierte im Interview eingehend die aktuelle Situation und warf einen Ausblick auf die Zukunft der Automobilindustrie. Dr. Zhang ist davon überzeugt, dass die Automobilentwicklung nach der Elektrifizierung tendiert, aber trotzdem der Anteil von Verbrennungsmotoren bis zum Jahr 2030 immer noch bei mindestens 50% liegen würde. Aus der Perspektive des Unternehmensmanagements gab er an, dass sämtliche Unternehmen zwei Schwerpunkte gesetzt haben. Einerseits geht es um die Verbesserung vorhandener Technologien sowie Produkte. Andererseits wird überlegt, wie man neue Entwicklungschancen wahrnimmt und parallel die Risiken minimiert.

Dr. XIAO Han, Gründer von Jina AI und ehemaliger Leiter des Tencent AI Lab, berichtete über seine Existenzgründungserfahrungen in China und Deutschland. Im Interview beschrieb er seine Vorstellung über die Zukunft der Künstlichen Intelligenz und bekannte sich zu Open Source. Dr. Xiao betonte, dass der riesige Single-Markt Chinas den Nährboden für eine rasche Entwicklung kommerzieller Innovationen und zivile Anwendungen der Künstlichen Intelligenz bietet. Die Entwicklung der Künstlichen Intelligenz in Deutschland wird vor allem durch automobile OEMs und traditionsreiche Fertigungsindustrien angeführt, so dass die Anwendungen der Künstlichen Intelligenz sich in erster Linie auf die industrielle Modernisierung konzentrieren. Dr. Xiao hielt den Glauben für ein erfolgreiches Berufsleben in Deutschland für notwendig, welcher für ihn darin besteht, dass man daran glaubt, womit man sich beschäftigt.

Der DialogDE hat weitere Beiträge zu aktuellen Themen veröffentlicht, z.B. „Was halten die Deutschen von 996 (9–21 Uhr am Tage und sechs Tage in der Woche arbeiten), „im Dialog mit deutschem Fußball", die einen tieferen Einblick in die deutsche Gesellschaft und Kultur ermöglicht haben.

2. Online- und Offline-Themenveranstaltungen

Der DialogDE hat bisher drei Jahrestreffen von Hochqualifizierten in Deutschland, mehrere Salons zum Berufsleben und die Veranstaltungsreihe „Wir sind Professoren in Deutschland" organisiert. Zu den Veranstaltungsorten zählen Frankfurt a.M., Stuttgart, Mannheim, Göttingen usw. Mehr als tausend Zuschauer chinesischer Herkunft in Deutschland bzw. aus weiteren europäischen Ländern waren daran beteiligt. Aufgrund der Corona-Pandemie wurden die Aktivitäten von DialogDE ins Netz verlagert. Ende 2020 fand das erste Online-Jahrestreffen statt, welches in vier Unterforen unterteilt wurde: Technologievernetzung und Digitalisierung, Handwerkskunst in der Automobilherstellung, zukunftsdefinierende Forschung und Bildung, Umorientierung im Berufsleben. Über 18 Referent/innen aus China und Deutschland nahmen an den Foren teil, die mehr als 1.000 Online-Teilnehmer begrüßt haben. Die Online-Formate werden während der Corona-Zeit weiterhin eine wichtige Rolle im chinesisch-deutschen Austausch spielen.

对话德国 2018 年年会，斯图加特
DialogDE-Jahrestreffen 2018 in Stuttgart

III. Bewertung und Leistung

Der DialogDE ist zu einer der wichtigsten Plattformen für den chinesisch-deutschen Austausch geworden und hat sich in chinesischen Kreisen in Deutschland bereits

“对话德国” 2020 年线上年会，科研教育之定义未来分论坛
DialogDE Online Forum 2020, Unterforum: Zukunftsdefinierende Forschung und Bildung

etabliert. Die Tageszeitung People's Daily und ihre deutsche Ausgabe, China Minutes und weitere Medien haben über die Aktivitäten berichtet. Herr Jianmin Feng, Präsident der Frankfurter Energy Holding Co., Ltd. und angesehene Persönlichkeit in China-Zirkeln, lobte das Engagement von DialogDE: „Der DialogDE hat das Zeitalter des kollektiven Bewusstseins bei Chinesen in Deutschland angekündigt. In den letzten zwei bis drei Jahrzehnten ergriffen die Einwohner chinesischer Herkunft in Deutschland so gut wie nie (oder nur selten) die Initiative, mit Deutschland, mit der chinesischen Gemeinschaft in Kontakt zu treten. Sie kämpften auf eigene Faust und lebten in einer eigenen Welt. Die Entstehung einer solchen kollektiv bewussten chinesischen Gemeinschaft verspricht Erfolg. Ich freue mich sehr, dass wir gemeinsam unser Glück und Wohlbefinden anstreben und Spaß daran haben. Vielen Dank dem DialogDE für die herausragende Leistung!"

Der DialogDE wird weiterhin zur chinesisch-deutschen Zusammenarbeit in diversen Fachgebieten beitragen, chinesischen Unternehmen, Hochschulen und Regierungsbehörden für Verständigung und Austausch im Dienst stehen und als hochwertige Plattform den Talentaustausch fördern. Die Zukunft ist viel versprechend.

Text und Bild: DialogDE e.V.

20年20个瞬间

——她与中德文化交流事业的“银婚”

一、案例背景

“柏林中德青少年节”是德国艺术与教育国际交流促进会（FiAKE e. V.）的品牌项目，每年7月份在柏林举办。该活动由德国柏林市政府、德国柏林艺术大学、全德青少年艺术教育联盟支持主办，柏林市时任/前市长克劳斯·沃维莱特（Klaus Wowereit）曾连续十年担任监护人，现任市长米夏埃尔·穆勒（Michael Müller）先生继续担任该活动监护人。这一大型国际交流活动通过音乐、舞蹈和美术促进中德两国青少年相互理解、建立友谊。自2002年创办以来，该活动已连续举办19届。

2002年7月，在德国政府和中国驻德国大使馆的支持下，由德籍华人黄梅博士发起，德国艺术与教育国际交流促进会主办的第一届“中德青少年艺术节”在柏林举行，400余名中德青少年参加了此次盛会。活动取得了巨大的成功并获得了来自社会各界极好的反响。从第二届起，就获得了德国国家电视台的连续三次的报道、中国中央电视台的两次报道。活动创办以来，已经举办了共计100多场大型演出、音乐会、美术展览。以此为平台，中德两国多家中小学结成友好学校，建立了深厚的友谊。中青节为德国的青少年小艺术家们提供了与中国同龄人相识的机会，激起了他们了解遥远中国的渴望。截至2020年，活动已成为中德青少年之间规模最大、持续时间最长、影响力最广泛的文化艺术交流活动。过去20年里，参与活动的中德青少年近两万名，1000多名德国艺术家访问中国，进行了音乐、舞蹈、绘画、武术、文学、摄影等方面的演出、展示和交流。

协会品牌活动愈发走向稳定成熟，得到众多中德媒体的报道，特别是柏林电视台派出大型转播车直播我们的十周年庆典活动，德国《华商报》、中国中央电视台国际频道和新闻频道、“你好德国”电视节目、中国文化部网站、国务院新闻办网站、新华网、《人民日报》（海外版）、德国《科隆日报》、上海《新民晚报》、《南德意志报》等媒体也多次做了报道。

二、活动内容

开幕式以大型音乐会的形式在德国乌尔海德青少年宫举办，有来自中德两国各地的学生合唱团、美术书法团、乐团、舞蹈团参加。中国使馆官员、柏林市市政府负责人，以及德国著名音乐、美术组织与协会的负责人出席开幕式。中德电台、报纸对开幕式进行现场报道。

柏林作为德国的首都，是德国乃至全欧洲的艺术中心，一年四季展览与音乐会不断，异彩纷呈。参观博物馆、欣赏音乐会、举办中德少年音乐会及画展也是我们艺术周中不可或缺的部分。

在活动中，中国学生参加钢琴、手风琴、舞蹈美术等艺术工坊，与德国师生亲密接触，一起上课、一起接受指导、一起排练曲目、一起作画。

在多场教堂音乐会和露天音乐会上，合唱团、舞蹈团、各类交响乐团、爵士乐团、民乐团的中国同学们在国际舞台上和德国演员同台合作演出，展现精彩技艺。

第十七届中青节柏林红色市政厅演出现场
Aufführung bei den 17. Deutsch-Chinesischen Jugendtagen in Berliner Rathaus

2011 年第十届柏林中德青少年节专场音乐会中德联合演奏
Ko-Aufführung beim Sonderkonzert für die 10. Deutsch-Chinesischen Jugendtage

在钢琴、手风琴小型友谊比赛中，中德的同龄人在欢笑中竞技，在比赛中相识。

中国美术团的小艺术家们则有机会在小型画展中展出自己的作品，同学们的很多作品立即成为了德国观众的收藏品。

应柏林市政府的邀请，每年还在柏林市政厅金碧辉煌的庆典大厅中举办闭幕式演出。

活动期间，同学们还游览柏林，参观德国著名的历史性标志建筑，了解德国首都柏林的历史与文化，并走街串巷寻找艺术家小画廊，接触欧洲人日常生活中的历史遗迹。

1. 由青少年延伸到成人：“欢乐颂——中德百场联合演出”

在德国开展的中德交流活动，不断激发许多德国艺术团队去了解中国、到中国演出的渴望。2003 年，黄梅博士始创“欢乐颂——中德百场联合演出”项目，并担任总策划。十多年来，该项目在中国的北京、上海、大连、洛阳、武汉、无锡、深圳、广州、海南等地演出近百场。2017 年由德国乐队在北京国家图书馆音乐厅，担纲山东第 11 届国际文化节开幕式演出；2018 年与上海大学音乐学院交流，并在苏州艺术中心登台，这也是该项目的第一个百场演出。2019 年 11 月，“欢乐颂——中德百场联合演出”在上海、无锡、常州、武进开启了第二个百场演出的序幕。

凡是到过中国的德国艺术家，绝大多数都会喜欢中国，对中国的发展有一个更加客观的认识。带着对中国人民好客热情的感激，对中国飞速发展、对中国美丽山水的惊叹，德国的音乐家们准备在疫情稳定后，举办中国巡演后的回国音乐会。

2. 20 个瞬间

20 年风风雨雨走来，留下许多难忘的瞬间。

- 难忘我们创业之初的艰苦，经验不足又惊喜万分、信心满怀。
- 难忘我们活动第一次举办十年庆的时候，德国国家电视台庞大的直播车开进了我们的开幕式演出会场，我们既激动又忐忑。
- 难忘我们历届监护人，从柏林的前任市长到现任市长、到柏林艺术大学前任校长……给予的支持，难忘柏林市外事办公室历任领导的支持。
- 难忘我们中国大使馆的历任大使卢秋田、马灿荣，教育参赞刘京辉、董琦，文化参赞董俊新、陈平、陈建阳，大使馆其他领导李念平，尤其是前任大使夫人徐静华等给予我们巨大的支持。
- 难忘我们在柏林动物园的露天演出。演出现场有一位被母亲抱着的三岁的德国小观众兴奋地挣脱了母亲的怀抱，一步一步地挪到了舞台前。
- 难忘中德两国的参加者把“我爱你”“Ich liebe Dich”写在各自的手臂上。
- 难忘两国的孩子们好奇地触摸着对方手中的二胡、萨克斯管等乐器，交换各自的乐器彼此欣赏。难忘德国指挥去中国之后购买二胡，并开始学习中国乐器与中文。
- 难忘有几位参加我们活动的青少年，十多年后成为了老师，带着他们的学生又出现在我们的舞台上。
- 难忘曾经参加活动的中德青少年依然保持着友好的互动和联系。
- 难忘当年参加过我们活动的中国小艺术家，默默开始学习德语，几年后已经来德国留学。
- 难忘柏林欧风尼亚手风琴乐团与上海爱乐青少年手风琴乐团在教堂里的共同演出，一百多名中德手风琴手济济一堂，《新民晚报》的郭新洋先生用镜头记录了这一时刻。

Tanz, Töne und Artistik

Deutsch-Chinesische Jugendtage gastieren im Kulturforum

Die Deutsch-Chinesischen Jugendtage finden in diesem Jahr zum vierten Mal in Berlin statt. Bis zum 25. Juli werden über 16 Musik-, Tanz- und Kunstensembles aus beiden Ländern (mit insgesamt über 600 Kindern und Jugendlichen im Alter von 6 bis 24 Jahren) erwartet, die bei verschiedenen Konzerten und Auftritten ihr Können darbieten. Eingeladen wurden sie von Fiake e.V., der sich der Förderung des internationalen Austausches für Künste und Erziehung widmet. Im Rahmen des MuseumsInselFestivals gibt es in diesem Jahr zwei Veranstaltungen: Heute werden auf der Bühne am Kulturforum Potsdamer Platz von 15 bis 18 Uhr Kindertanz- und Gymnastikgruppen auftreten. Auf derselben Bühne findet am Sonnabend, dem 23. Juli, ebenfalls 15 bis 18 Uhr, eine

Bunt und beweglich: Tanzgruppe aus Guizhou

Tanzaufführung und ein Konzert der deutschen und chinesischen Teilnehmer statt. Die jungen Künstler aus Fernost kommen zum größten Teil aus Shanghai und Umgebung. Aus Deutschland sind Jugendkulturgruppen aus Ludwigsburg, Thüringen und Berlin dabei.

Kulturforum Potsdamer Platz 15-18 Uhr. Auch am 23.7.

ONLINE BUCHEN: WWW.BERLIN-TICKET.DE — 21. BIS 27. JULI 2005 / SEITE 16

VÖLKERVERSTÄNDIGUNG *Deutsch-chinesische Jugendtage*

Tanz über die Mauer

KULTUR IN POTSDAM

22.07.02

Brückenschlag

HIER — Potsdamer Stadtkurier — Märkische Allgemeine

Argumente

Anmut und Akrobatik

„Kampf der Kulturen": Berlin trifft China

1. Deutsch-Chinesische Jugendtage mit viel Kultur

Buffet und Kung-Fu

BEZIRKSNACHRICHTEN

Gottesdienst für Sturmopfer

KÖPENICK. Der 14-jährige Meik G., der am Mittwoch vergangener Woche während des Sturms von einem Baum erschlagen wurde, ist am Freitag in Köpenick beigesetzt worden. Der Junge hatte gemeinsam mit rund 100 Kindern auf der Insel Schwanenwerder gezeltet. Bei dem Sturm kam auch ein Junge aus Frankfurt am Main ums Leben. Am Sonnabend findet um 18 Uhr auf dem Gelände der 6. Grundschule in der Odernheimer Straße in Müggelheim ein Gedenkgottesdienst für die beiden Toten statt. (fk)

Erste Trauung bei den Heiratsklängen

KREUZBERG. Beim diesjährigen Festival Heimatklänge, das Heiratsklänge heißt, lässt sich am Sonnabend um 19 Uhr im Tempodrom am Anhalter Bahnhof das erste Brautpaar trauen. Hochzeitsorchester aus aller Welt begleiten die Zeremonie. Die Heiratsklänge gehen bis zum 11. August. Für Trauungen können sich noch Paare anmelden. Infos unter www.tempodrom.de. (sk)

Chinesen tanzten im FEZ

KÖPENICK. 200 chinesische Kinder und Jugendliche waren am Freitag zu Gast im FEZ Wuhlheide. Die Teilnehmer der ersten deutsch-chinesischen Jugendtage in Berlin gaben Einblick in die fernöstliche Malkunst, sie tanzten, zeigten Kung-Fu-Sport und erzählten, wie man in ihrem Land lebt. Die Jugendtage finden anlässlich des 30-jährigen Bestehens diplomatischer Beziehungen zwischen China und Deutschland statt. Am Sonnabend um 16 Uhr geben die jungen Künstler ein Konzert auf der Potsdamer Freundschaftsinsel. Das Abschlusskonzert findet am Sonntag um 18.30 Uhr in der Universität der Künste statt. (sk)

Jugendblasorchester

Austausch

Bei Jugendtagen in Berlin

Das Reich der Mitte auf der Insel

Potsdamer Stadtkurier 22.07.02

Musikalische Brücke ins Reich der Mitte

Deutsch-chinesische Jugendtage 2002 in Berlin – Mittendrin dabei die Big-Band des Martin-Pollich-Gymnasiums

德国媒体的报道

Berichterstattung in deutschen Medien

● 难忘家长们的理解、支持与赞赏。他们认为通过这样的活动能使孩子们来到柏林市政厅演出，展示我们的文化，交上许多德国朋友，是一件非常有价值的事。

3. 2020 年抗击新冠肺炎疫情的演出活动

2003 年，因“非典”疫情，当时几乎所有中德交流文化项目都被取消。在资金极其缺乏的情况下，我们坚持在柏林做一场盛大的中德青少年联合抗击非典的大型演出。时任中国驻德国大使马灿荣先生在活动中发表了讲话，当时的教育公参也出席了活动。当时参与活动的上海同济附中和德国学校结为友好学校，至今已十多年。这场演出产生了巨大的效果，结出了中德交流史上的一个硕果，成为中德交流的一个范例。

2020 年，虽然新冠肺炎疫情来袭，国际交流困难，但是这也挡不住 20 年来参加过这个活动的上万名中德小艺术家以及组织者们的热情。同时因为有 2003 年的经验，黄梅博士带领王璇、彭愉女士等年轻的负责人，积极联系中德两国的老朋友们，举办了第 19 届中德青少年艺术节——云端相会。中德两国的青少年们在云端共唱英文歌曲——《拯救地球》。

2021 年我们将继续举办第 20 届中德青少年艺术节——云端相会之二。

4. 她与中德文化交流事业的“银婚”

柏林中德青少年节有 20 年历史，但黄梅博士选择并奉献于中德文化交流事业的时间却比这更长，到 2021 年已是整整 25 年，相当于“银婚”。1997 年，黄梅女士成为改革开放之后第一位在德国以 Magna cum laude 的优秀成绩获得艺术教育专业博士学位的中国人。当时她面临着多种机会和选择，最后，她没有随波逐流、顺风而行；而是从心而择，选择留在了文化领域。从 1997 年到 2002 年，黄梅博士用了 5 年的准备时间，在 2000 年德国汉诺威世博会上，率领多个中国文化团队在世博会舞台上亮相，大放异彩，为中国争光，获得极大的反响。2002 年“中德青少年艺术节”的品牌项目落地，接着是“欢乐颂——中德百场联合演出”的项目。这样的文化使者，她一做就是 25 年。

回首 25 年，她还是那句话：初心不改，乐此不疲，因为那是自己的选择。

5. 德国媒体的报道

协会品牌活动愈发走向稳定成熟，得到众多中德媒体的报道。特别是柏林电视台先后三次报道我们的活动，并派出大型转播车。德国《华商报》、中国央视 4 套和 13 套、“你好德国”电视节目、中国文化部网站、国务院新闻办网站、新华网、《人民日报》海外版、德国《科隆日报》、上海《新民晚报》、《南德意志报》等媒体也多次做了报道。

中央电视台报道第十四届柏林中德青少年节开幕
CCTV berichtet über die Eröffnung der 14. Deutsch-Chinesischen Jugendtage in Berlin

供稿：德国艺术与教育国际交流促进会，彭愉、王璇、黄梅

20 Jahre und 20 Momente

— der chinesisch-deutsche Kulturaustausch feiert „Silberne Hochzeit"

Frau HUANG Mei initiierte die „Deutsch-Chinesischen Jugendtage" erstmalig im Jahr 2002. Die Jugendtage finden seither jedes Jahr im Juli in der deutschen Hauptstadt Berlin statt. Es handelt sich um die größte und einflussreichste kulturelle und künstlerische Austauschveranstaltung zwischen chinesischen und deutschen Jugendlichen. Keine andere Veranstaltung dieses Formats kann auf eine solch lange Dauer von knapp 2 Jahrzehnten zurückblicken. Die teilnehmenden chinesischen und deutschen Jugendlichen haben damit solide Bande der Freundschaft geknüpft. Im Rahmen des Austauschs unter Jugendlichen bis zum Austausch unter Erwachsenen hat Dr. HUANG Mei mit deutschen Orchestern und Tanzgruppen mehr als 100 kulturelle Austauschveranstaltungen nach China gebracht. „Die Kunst kennt keine Grenzen" – „Kunst ohne Grenze", verbindet verschiedene Menschen mit Musik, Tanz und Kunst als Brücken, es werden Grenzen zwischen Menschen überwunden, um zu einem harmonischen Miteinander mittels der Musik zu kommen.

I. Hintergrund

Die „Deutsch-Chinesischen Jugendtage in Berlin", die jedes Jahr im Juli in der deutschen Hauptstadt stattfinden, sind ein Markenprojekt der Förderung des Internationalen Austausches für Künste und Erziehung (FiAKE e. V.). Die Veranstaltung wird mit Unterstützung der Berliner Stadtverwaltung, der Universität der Künste Berlin und des Bündnisses für Jugendkunst in Deutschland organisiert, wobei Klaus Wowereit, der ehemalige Bürgermeister von Berlin, zehn Jahre in Folge als Schirmherr fungierte und Michael Müller, der derzeit regierende Bürgermeister, die Schirmherrschaft weiterführt. Diese große internationale Austauschveranstaltung fördert das gegenseitige Verständnis und die Freundschaft zwischen jungen

Menschen aus Deutschland und China durch Musik, Tanz und Kunst. Seit ihrer Gründung im Jahr 2002 hat die Veranstaltung 19 Jahre in Folge stattgefunden.

Im Juli 2002 fanden die ersten „Deutsch-Chinesischen Jugendtage" mit Unterstützung der deutschen Regierung und der chinesischen Botschaft in Berlin statt, die von Frau Dr. HUANG Mei initiiert und von der Förderung des Internationalen Austausches für Künste und Erziehung organisiert wurden. Mehr als 400 Jugendliche aus China und Deutschland nahmen daran teil. Die Veranstaltung war ein großer Erfolg und erhielt eine sehr gute Resonanz aus allen Bereichen der Gesellschaft. Im zweiten Jahr wurde die Veranstaltung vom Ersten Deutschen Fernsehen mit Fokus berichtete. Über die Veranstaltung wurde dreimal in der ARD und zweimal bei CCTV (China Central Television) berichtet. Seit Beginn der Veranstaltung wurden mehr als 100 Aufführungen, Konzerte und Kunstausstellungen durchgeführt. Mithilfe dieser Plattform sind eine Reihe von Grund- und Sekundarschulen in China und Deutschland Freundschaftsschulen eingerichtet geworden, es sind tiefe Freundschaften entstanden. Die Jugendtage bieten jungen deutschen Künstlern die Möglichkeit, chinesische Gleichaltrige kennenzulernen und wecken bei ihnen die Lust dazu, mehr über das ferne China zu erfahren. Bis 2020 fand die Veranstaltung ununterbrochen seit 19 Jahren statt. Damit handelt es sich um die größte, am längsten währende und einflussreichste Veranstaltung für kulturellen und künstlerischen Austausch zwischen chinesischen und deutschen Jugendlichen. In den letzten 20 Jahren haben fast 20.000 chinesische und deutsche Jugendliche an der Veranstaltung teilgenommen. Mehr als 1.000 deutsche Künstler sind nach China für Aufführungen, Demonstrationen und Austausch in Formen von Musik, Tanz, Malerei, Wushu, Literatur und Fotografie gereist.

II. Aktivitäten

Die Eröffnungsfeier fand in Form eines großen Konzerts im Freizeit- und Erholungszentrum Wuhlheide in Berlin in Deutschland statt, dazu kamen Schülerchöre, Kunst- und Kalligraphiegruppen, Orchester und Tanzgruppen aus China und Deutschland. An der Eröffnungszeremonie nahmen Vertreter der chinesischen Botschaft, Verantwortliche der Berliner Stadtregierung sowie die Leiter von bekannten Vereinigungen für Musik- und Kunst teil. Die Eröffnungsfeier wurde von chinesischen und deutschen Radiosendern und Zeitungen live gesendet.

Während der Veranstaltung nahmen chinesische Schüler an Kunst-Workshops wie

Klavier, Akkordeon, Tanz, Kunst usw. teil. Sie standen in engen Kontakt mit deutschen Lehrern und Schülern, nahmen gemeinsam Unterricht, bekamen gemeinsam Instruktionen, probten gemeinsam das Repertoire und malten gemeinsam.

In mehreren Kirchenkonzerten und Open-Air-Konzerten traten chinesische Schüler oder Studenten aus Chören, Tanzgruppen, Sinfonieorchestern, Jazzbands und Volksmusikgruppen gemeinsam mit deutschen Künstlern auf der internationalen Bühne auf und zeigten ihre wunderbare Kunstfertigkeit.

In kleinen Freundschaftswettbewerben auf Klavier und Akkordeon traten chinesische Schüler lachend gegen ihre deutschen Mitschüler an, im Wettbewerb lernte man sich besser kennen.

Die jungen Künstler der chinesischen Kunstgruppe bekamen die Chance, ihre Werke in einer kleinen Gemäldeausstellung zu zeigen, und viele ihrer Arbeiten wurden sofort zu Sammlerstücken des deutschen Publikums.

在 2003 年第三届柏林中德青少年节上，上海市同济第二附中合唱团与德国 Buzbach 中学爵士乐团在柏林世界文化宫的联合演出“抗击非典”主题节目

Bei den 3. Deutsch-Chinesischen Jugendtagen in Berlin 2003 führten der Chor der Zweiten Sekundarschule der Tongji-Universität und die Jazzband der Buzbach Sekundarschule gemeinsam eine Vorstellung zum Thema „Kampf gegen SARS“ im Haus der Kulturen der Welt in Berlin auf

德国乐团成员特意制作了中文的队服
Mitglieder des deutschen Orchesters fertigten spezielle Teamuniformen mit chinesischen Zeichen an

Auf Einladung der Berliner Stadtverwaltung findet außerdem jedes Jahr eine Abschlussveranstaltung im vergoldeten Festsaal des Stadthauses statt.

Während der Veranstaltung besichtigten die Schüler auch Berlin, besuchten zahlreiche berühmte historische Wahrzeichen Deutschlands und lernten mehr über die Geschichte und Kultur der deutschen Hauptstadt Berlin. Sie gingen durch die Straßen auf der Suche nach den vielen kleinen Galerien von Künstlern, um den historischen Relikten des Alltagslebens der Europäer näher zu kommen.

左图：2002 年第一届柏林中德青少年节中德手风琴联合演出
右图：创业之初（1998）年黄梅博士与柏林神殿艺术学校老校长里恩科（Lienke）先生
Links: Akkordeonauftritt bei den ersten Deutsch-Chinesischen Jugendtagen, 2002
Rechts: Zu Beginn der Veranstaltungsreihe 1998, Dr. HUANG Mei und Herr Lienke, der ehemalige Schulleiter der Berlin Jugendkunstschule Atrium für Kunst

Als die Hauptstadt von Deutschland ist Berlin das Kunstzentrum für Deutschland und sogar für ganz Europa. Ausstellungen und Konzerte werden das ganze Jahr über ständig und vielfältig präsentiert. Museumsbesuche, Konzertbesuche, Konzerte und Gemäldeausstellungen für deutsche und chinesische Jugendliche sind ebenfalls ein unverzichtbarer Bestandteil unserer Kunstwoche.

1. Von der Jugend bis zum Erwachsenen — Ode an die Freude — Hundert Konzerte in China und in Deutschland

Die chinesische-deutschen Austauschveranstaltungen in Deutschland regten zahlreiche deutsche Kunstgruppen dazu an, einmal nach China zu reisen, China zu erfahren und in China aufzutreten. Im Jahr 2003 startete Dr. HUANG Mei das Projekt „Ode an die Freude — Hundert Konzerte in China und in Deutschland" und war als Chefplanerin tätig. In den vergangen 10 Jahren hat es im Rahmen des Projekts knapp 100 Aufführungen gegeben. 2017 leitete Dr. HUANG Mei ein deutsches Orchester auf einer Tournee in der Philharmonie der Nationalbibliothek in Beijing und trat bei der Eröffnungszeremonie des 11. Internationalen Kulturfestivals in Shandong auf. Im Jahr 2018 tauschten sich deutsche Musiker mit der Musikschule der Shanghai-Universität aus und traten in Suzhou-Kultur- und Kunstzentrum auf, es war der perfekte Schlusspunkt für die Reihe von hundert Veranstaltungen. Im November 2019 fand die zweite Runde der „Ode an die Freude — Hundert Konzerte in China und in Deutschland" in Shanghai, Wuxi, Changzhou und Wujin statt.

Die überwiegende Mehrheit der deutschen Künstler, die einmal in China waren, lieben China und haben einen objektiven Blick auf seine Entwicklung. Mit Dankbarkeit für die Gastfreundschaft und Herzlichkeit der Chinesen und Staunen über die rasante Entwicklung Chinas und seine schönen Landschaften sind die deutschen Musiker bereit, nach der China-Tournee ein Gegenkonzert im Inland zu veranstalten, sobald die Epidemie unter Kontrolle sein wird.

2. Zählen 20 Momente viel

20 Jahre kang sind wir durch dick und dünn gegangen und haben viele unvergessliche Momente erlebt.

- Wir werden den schwierigen, von Unerfahrenheit und lauter Überraschungen geprägten und dennoch vielversprechenden Anfang unserer Veranstaltungen nie vergessen.

- Wir werden die Aufregung und die Ungewissheit bei der ersten Zehn-Jahres-Feier unserer Veranstaltung nie vergessen, als ein riesiger Live-Van des deutschen Fernsehens in den Veranstaltungsort unserer Eröffnungsvorstellung fuhr.

- Wir werden die Unterstützung unserer Schirmherren, vom ehemaligen Bürgermeister von Berlin über den jetzigen Bürgermeister bis hin zum ehemaligen Rektor der Universität der Künste Berlin, und die Unterstützung der Leiter vom Berliner Amt für Auswärtige Angelegenheiten nie vergessen.

- Wir werden die großartige Unterstützung unserer aufeinanderfolgenden Botschafter der chinesischen Botschaft, LU Qiutian und MA Canrong, die Unterstützung der Botschaftsräte für Bildung, LIU Jinghui und DONG Qi, die Unterstützung der aufeinanderfolgenden Kulturbotschaftsräte Herrn DONG Junxin, CHEN Ping und CHEN Jianyang, die Unterstützung von dem ehemaligen Direktor des chinesischen Kulturzentrums, JIA Jianxin, und anderen Leitern der Botschaft, LI Nianping, und insbesondere die Unterstützung der ehemaligen Botschafterin, Frau XU Jinghua, der Frau von dem ehemaligen Botschafter SHI Mingde, nie vergessen.

- Unvergesslich war unser Open-Air-Auftritt im Berliner Zoo, auf dem ein dreijähriger deutscher Zuschauer, der von seiner Mutter gehalten wurde, sich aufgeregt aus ihrer Umarmung löste und sich Schritt für Schritt nach vorne auf die Bühne bewegte.

- Unvergesslich war der Moment, als die deutschen und chinesischen Teilnehmer „ich liebe dich" auf deutsch und chinesisch auf ihre jeweiligen Arme schrieben.

- Unvergesslich war der Moment, als Jugendliche aus beiden Ländern Musikinstrumente wie Erhu und Saxophon gegenseitig voller Neugier austauschten und mit den Händen berührten. Unvergesslich war auch, wie sich der deutsche Dirigent nach seinem Besuch in China eine Erhu kaufte und begann, chinesische Instrumente und Chinesisch zu lernen.

- Wir werden einige junge Leute, die an unseren Aktivitäten teilgenommen hatten, mehr als zehn Jahre später als Lehrer wurden und mit ihren Schülern wieder auf unserer Bühne auftraten, nie vergessen.

- Unvergesslich ist es, dass die chinesischen und deutschen Jugendlichen, die früher an unseren Aktivitäten teilgenommen haben, auch heute noch freundschaftliche Beziehungen und Kontakte pflegen.

- Unvergesslich ist, dass viele junge chinesische Künstler, die einst an unserer Veranstaltung teilnahmen, begannen, Deutsch zu lernen, und einige Jahr später in Deutschland studiert haben.

- Wir werden die Ko-Aufführung vom Berliner Euphonia Akkordeonorchester und dem Jugend-Akkordeonorchester Shanghai in der Kirche nie vergessen. Damals hatten sich über hundert chinesische und deutsche Akkordeonspieler versammelt, diese Szene wurde von Herrn GUO Xinyang für das „Xinmin Abend blatt“ aufgenommen.

- Unvergesslich waren auch das Verständnis, die Unterstützung und die Wertschätzung der Eltern, die glauben, dass solche Aktivitäten wie Aufführungen im Berliner Rathaus, die unsere Kultur zeigen und chinesischen Jugendlichen dabei helfen, Freundschaften mit Deutschen zu schließen, wertvoll sind.

3. Aufführungen im Kampf gegen das Corona-Virus im Jahr 2020

Im Jahr 2003 wurden aufgrund der SARS-Epidemie fast alle anderen deutsch-chinesischen Kulturaustauschprogramme zu dieser Zeit abgesagt. In einer Situation extremen Geldmangels bestanden wir darauf, eine großartige chinesisch-deutsche Jugendvorstellung gegen SARS in Berlin durchzuführen. Der damalige chinesische Botschafter in Deutschland, Herr MA Canrong, hielt eine Rede bei der Veranstaltung. Anwesend dabei war ebenfalls der damalige Botschaftsrat für Bildung. Das damals beteiligte chinesische Team, die Grundschule der Tongji-Universität in Shanghai, schloss Freundschaft mit der teilnehmenden deutschen Schule, das ist mehr als zehn Jahre her. Dieser Auftritt übte eine große Wirkung aus und war ein fruchtbares Beispiel in der Geschichte des deutsch-chinesischen Austausches.

Obwohl 2020 das Corona-Virus zuschlug und der internationale Austausch schwierig war, konnte die Begeisterung von den zehntausenden jungen chinesischen und deutschen Künstlern, die seit 20 Jahren an dieser Veranstaltung teilgenommen haben, und von den Organisatoren nicht gestoppt werden. Mithilfe von Erfahrungen im Jahr 2003 führte Dr. HUANG Mei einige neue junge Leiter wie die Damen WANG Xuan und PENG Yu ein, damit sie aktiv mit alten Freunden in China und Deutschland in Kontakt traten, und organisierte online die 19. Deutsch-Chinesischen Jugendtage. Der Höhepunkt der Veranstaltung war, als Jugendliche aus Deutschland und China gemeinsam das englische Lied „Save the Earth“ sangen.

Im Jahr 2021 geht es weiter mit den 20. Deutsch-Chinesischen Jugendtagen online.

4. Der chinesisch-deutsche Kulturaustausch feiert „Silberhochzeit"

Das Projekt „die Deutsch-Chinesischen Jugendtage" in Berlin ist 20 Jahre alt, aber Dr. HUANG Mei hat sich schon für einen längeren Zeitraum, nämlich 25 Jahre im Jahr 2021, dem deutsch-chinesischen Kulturaustausch verschrieben, was als eine „Silberhochzeit" angesehen wird. 1997 promovierte Frau HUANG Mei als die erste Chinesin in Deutschland nach der Reform und Öffnung in Kunstpädagogik mit Auszeichnung „Magna cum laude". Damals boten sich viele Chancen für sie, aber am Ende traf sie eine Herzenswahl und entschied sich für eine Arbeit im Kulturbereich. Von 1997 bis 2002 verbrachte Dr. Huang fünf Jahre mit den Vorbereitungen, um auf der Expo 2000 in Hannover mehrere chinesische Kulturteams auf die Bühne zu bringen. Damals brachte der großartige Auftritt China einen guten Ruf ein. Im Jahr 2002 wurden die Deutsch-Chinesischen Jugendtage in Berlin als Markenprojekt ins Leben gerufen, gefolgt von der „Ode an die Freude — Hundert Konzerte in China und in Deutschland". Seit 25 Jahren ist Dr. HUANG Mei als Kulturbotschafterin tätig.

Rückblickend auf die vergangenen 25 Jahre sagt sie immer noch, dass sie alles gerne macht, weil es ihre Wahl ist.

5. Berichterstattung in den deutschen Medien

Die Markenaktivitäten der FiAKE wurden immer professioneller, in vielen chinesischen und deutschen Medien wurde darüber berichtet. Insbesondere hat das Berliner Fernsehen dreimal über unsere Aktivitäten berichtet und einen großen Übertragungswagen geschickt. Auch die deutsche „Chinesische Handelszeitung", das chinesische CCTV 4 und CCTV 13, das Fernsehprogramm „Nihao, Deutschland", die Website des chinesischen Kulturministeriums, die Website des Informationsbüros des Chinesischen Staatsrats, Xinhua Net, „Renmin Ribao" in Übersee, die „Kölnische Zeitung", das Shanghaier „Xinmin Abendblatt", die „Süddeutsche Zeitung" und andere Medien haben mehrfach über die Veranstaltungen berichtet.

德国柏林电视台现场直播第十届中德青少年艺术节
Die 10. Deutsch-Chinesischen Jugendtage wurden live im Berliner Fernsehen übertragen

“你好德国”电视节目的采访
Das Fernsehprogramm „Nihao, Deutschland“

Text und Bild: PENG Yu, WANG Xuan, HUANG Mei
Förderung des Internationalen Austausches für Künste und Erziehung (FiAKE)

以书为媒，沟通民心

——中德作家交流项目

一、案例简介

2018 年 10 月，中国科幻作家刘慈欣在德国开展了一系列的文学活动，名为“刘慈欣科幻文学德国行”。四个月后，2019 年 2 月，德国作家席拉赫（Ferdinand von Schirach）首次来到中国，在北京做了第一次文学交流。作为中西文化项目顾问，我有幸参与了这两个项目的策划和运作。下面对这两个中德作家交流项目做一个简要的分析。

二、目的与实施方法

1. 围绕作家为核心进行策划

选择哪位作家参加文化交流项目，他能在交流项目中释放哪些文化能量，是项目策划的出发点。

刘慈欣是近年来第一位在德国图书市场取得成功的中国作家。在他 2018 年 10 月赴德前，他的《三体》前两部都登上了德国《明镜》畅销书榜，德国媒体已经对他进行诸多报道，他也积攒了不少读者粉丝。由雨果奖获得者刘慈欣引发的中国科幻文学热，已经在国际类型文学领域产生了影响力。他曾在《三体》第一部在德国出版前到过德国，做过短暂停留和一次小范围活动。《三体》第二部出版后，为刘慈欣进行系列和深度活动策划的时机已经成熟。

席拉赫在是德国当代最畅销的文学家，也是在国际上销售版权最多的德国当代作家。2019 年初他来中国前，已经有两本短篇小说集和一部长篇小说在中国国内出版，但是并没有产生他在德国及国际上应该达到的热度。

在 2019 年法兰克福书展上，刘慈欣在他的德国出版社展台上，被等他已久的德国小读者请求签名
LIU Cixin gibt einem jungen Fan ein Autogramm am Stand seines deutschen Publizisten auf der Frankfurter Buchmesse 2019

2. 合作伙伴及活动平台是成功关键

好的内容主题及有文化领军地位的作家是做好文化交流项目的前提，但也不是项目成功的保证。争取到当地优质的合作伙伴参与进来，让主角登场的舞台能够产生最佳关注度，这两个要素才是提高项目成功几率的法宝。

2018 年的“刘慈欣科幻文字德国行”由当时的孔子学院总部（北京）主办，联络了中德十多家强有力的合作伙伴联手，如版权代理商中国教育图书进出口公司、德国出版社兰登书屋旗下的海纳出版社、法兰克福书展、科隆文学节、汉堡港口文学节、柏林科幻书店和数家在德国的孔子学院。在四个德国城市共举办了 6 场大型活动。

席拉赫在北京的文学活动由歌德学院牵头，人民文学出版社是最重要的合作伙伴，德国驻华使馆文化处也积极提供了支持。席拉赫在北京共举办了两场活动。

刘慈欣的德国行体量更大，收获更丰。其中一个重要原因是，他赴德的时机是精心策划的。十月的德国不仅举办世界最大书展——法兰克福书展，也是科隆文学节秋季场和汉堡港口文学节的举办窗口。刘慈欣可登临三个重要的大型文化嘉年华。

在 2019 年法兰克福书展上，刘慈欣受邀登上《南德意志报》的论坛，现场座无虚席
Auf Einladung nahm LIU Cixin als Podiumsgast an der Veranstaltung der „Süddeutschen Zeitung“ auf der Frankfurter Buchmesse 2019 teil. Die Diskussion war sehr gut besucht

虽然在柏林的交流没有大型文化节的托举，但由于柏林当地合作伙伴的强大网络及刘慈欣本人的号召力，仍有将近 400 名观众参加了柏林的活动。

席拉赫的首次中国交流活动的时机选择并不理想。因为他事先参加了一个亚洲书展，因此安排了顺道出访北京。抵达北京时，还是中国的春节期间。即便时间段相对冷清，席拉赫的文学交流活动效果仍然令中德双方满意。

席拉赫在现场朗读小说。照片版权：歌德学院（中国），摄影：吴承欢
Schirach las aus seinem Roman vor. Copyright: Goethe-Institut China, Fotograf: WU Chenghuan

众所周知，联络和邀请当地合作伙伴参与项目，促成文化人物登上当地有影响力的文化平台，是项目运作和管理工作的难

点，耗时耗力。因此，有不少文化交流项目是凭一己之经费、在当地找自己人来举办的。虽是捷径，但弊端明显：避免了项目管理中的复杂性，可项目品质有降低的风险。其实，用开放的心态和充满智慧的沟通技巧，去与当地机构和平台共同运作项目，这个过程本身就是文化交流的一部分。

3. 善用资源为项目创造价值

优质的合作伙伴会给项目带来丰富的资源，除了分摊经费之外，更加宝贵的是共享合作伙伴在当地拥有的平台资源、人脉资源和媒体资源。法兰克福书展把它最大和最重要的两个文化舞台提供给刘慈欣；海纳出版社有强大的媒体公关团队，为刘慈欣安排了近 30 场媒体采访；当地孔子学院是吸引当地华人和对中国感兴趣的德国人的磁场；科隆和汉堡的文学节都是这些中心城市的年度文化高光时刻，有成熟配套的营销机制。席拉赫的北京活动中，人民文学出版社把席拉赫的登场融入人文社“朝内大街 166 号”的品牌文学系列活动中，并且贡献出有中国特色的直播平台，吸引了 9 万国内观众的线上参加；歌德学院以它多年在中国打造的德国文化中心优势，组织了席拉赫的第二场活动；德国驻华使馆文化处则安排小型欢迎晚宴，邀请席拉赫和几位中国文学及法律界专家作了比较深入的交谈。

2019 年 2 月，北京歌德学院邀请中国作家阿乙与席拉赫对谈
Dialog zwischen A-Yi und Schirach am Goethe-Institut Peking im Februar 2019

鉴于刘慈欣在德国公众及媒体中的知名度，在其活动上，以他为中心，邀请德国大牌人物，如著名电视主持人 Denis Scheck 和德国科幻首席评论家 Dietmar Dath 对他进行访谈。席拉赫虽然在德国和西方大名鼎鼎，但在中国还读者不多，对他出场的策划点移到“以中带德”，即请中国的著名作家如李洱和阿乙出场，通过他们对席拉赫的介绍和解读，带动中国观众对德国作家的兴趣。这些人脉资源的不同运用方式，首先基于中德双方合作伙伴的支持，只有他们在双方共同策划中无私地贡献出自己养护多年的珍贵人脉资源，我们才能根据作家的不同情况进行巧妙的配置。

以上案例讲述的是中德两位文化领军人物的项目策划。对青年作家的策划会有所不同，但作家交流中的基本成功要素是不变的：通过合作，聚集最佳资源，以实现文化交流的价值。

供稿：王竞

Literatur als Verständigungsmedium

— Das Schriftstelleraustauschprogramm

I. Hintergrund

Im Oktober 2018 absolvierte der chinesische Science-Fiction-Autor LIU Cixin eine Reihe literarischer Veranstaltungen in Deutschland im Rahmen seiner Deutschland-Literaturreise. Vier Monate später, im Februar 2019, besuchte der deutsche Schriftsteller Ferdinand von Schirach China zum ersten Mal und hatte zwei öffentliche Auftritten in Peking. Als Beraterin für internationale Kulturprojekte habe ich an der Konzeption und Durchführung der beiden Projekte mitgewirkt. Im nachstehenden Text wird eine kurze Analyse über das Schriftstelleraustauschprogramm bestrebt.

II. Zielsetzung und Implementierung

1. Konzeption mit Schriftstellern als Fokus

Die Konzeption begann mit der Fragestellung, welche Schriftsteller/innen für das interkulturelle Projekt geeignet sind und welche Beiträge sie leisten konnten.

LIU Cixin ist der erste chinesische Schriftsteller, der in den letzten Jahren Erfolge auf dem deutschen Buchmarkt erzielt hat. Bevor er im Oktober 2018 die Deutschlandreise antrat, standen die ersten zwei Bücher der *Trisolaris-Triologie* bereits auf der Bestsellerliste des „Spiegel". Deutsche Medien schrieben viel über ihn, und seine Literatur gewann in Deutschland zahlreiche Fans. Die vom Hugo-Award LIU Cixin ausgelöste Begeisterung für chinesische Science-Fiction-Literatur sorgte in der Literaturwelt für Aufsehen. Liu wurde kurz nach der Erscheinung des ersten Titels der *Trisolaris-Triologie* nach Deutschland eingeladen und nahm an Veranstaltungen im kleineren Rahmen teil. Nachdem das zweite Buch veröffentlicht worden war, war es höchste Zeit, eine Reihe von Veranstaltungen und Literaturaustauschaktivitäten strategisch und systematisch zu planen.

Bevor Ferdinand von Schirach Anfang 2019 nach China kam, wurden von ihm zwei Sammlungen von Kurzgeschichten und ein Roman ins Chinesische übersetzt und in China veröffentlicht. Allerdings war die Resonanz in der chinesischen Öffentlichkeit eher bescheiden, nicht mit der in Deutschland bzw. in der Welt sonst zu vergleichen. Schirach gehört zu den erfolgreichsten Bestsellerautoren unter zeitgenössischen deutschen Schriftstellern und hat höchste Anzahl der internationalen Lizenzen verkauft.

2. Die Auswahl der Partnerinstitutionen und der Plattformen ist erfolgsentscheidend

Qualitativ gesicherte Inhalte und bekannte Literaten sind zweifelsohne zwei Voraussetzungen für Kulturprojekte, versprechen allerdings nicht, dass die Projekte unbedingt erfolgreich sein werden. Die Einbindung lokaler hochwertiger Partner und die Sichtbarkeitserhöhung für die Auftritte von Protagonisten sind die Schlüssel zum Projekterfolg.

LIU Cixins Science-Fiction-Tour in Deutschland 2018 wurde durch die damalige Zentrale des Konfuzius-Instituts in Peking veranstaltet. Involviert wurden mehr als ein Dutzend einflussreicher Partnerinstitutionen in China und Deutschland, z.B. Lizenzagentur China Educational Publications Import and Export Corporation, der Heyne-Verlag (Random House), die Frankfurter Buchmesse, LitRUHR, Harbour Front Literaturfestival, Otherland Buchhandlung Berlin und mehrere Konfuzius-Institute in Deutschland. Für LIU Cixin wurden insgesamt sechs Großveranstaltungen in vier deutschen Städten organisiert.

Das Goethe-Institut war federführend für die Veranstaltungsreihe mit Ferdinand von Schirach in Peking. Das People's Literature Publishing House galt als der wichtigste Partner. Das Programm erhielt ebenfalls Unterstützung von der Kulturabteilung der Deutschen Botschaft in China. Ferdinand von Schirach trat bei zwei sorgfältig geplanten Veranstaltungen in Peking auf.

LIU Cixins Deutschlandreise schien ertragreicher und umfangreicher zu sein, was teilweise auf das gute Programm-Timing zurückzuführen ist. Der Oktober ist in

2019 年法兰克福书展的主论坛“世界思想论坛”，上千名观众聆听了刘慈欣和德国明星电视主持人 Denis Scheck 的对谈

Hauptforum auf der Frankfurter Buchmesse 2019: Über tausend Zuschauer verfolgen den Dialog zwischen LIU Cixin und dem Star-TV-Moderator Denis Scheck

Deutschland literarisch von großer Bedeutung, da zu dieser Zeit mehre literarische Highlights stattfinden, z.B. die größte Buchmesse weltweit – die Frankfurter Buchmesse, das Herbstprogramm des Kölner Literaturfests und das Hamburger Hafenliteraturfests. Damit konnte LIU Cixin im Oktober auf seiner Reise an allen drei Veranstaltungen zu Gast sein. Obwohl es in der Berliner Literaturwelt parallel kein großes Fest gab, hat das Netzwerk lokaler Partner in Berlin stark gewirkt. Ferner ist der chinesische Autor sehr gefragt und beliebt in der deutschen Öffentlichkeit. Über 400 Zuschauer waren an der Veranstaltung in Berlin anwesend.

在 2019 年法兰克福书展上，刘慈欣受邀登上《南德意志报》的论坛，现场座无虚席

Auf Einladung nahm LIU Cixin als Podiumsgast an der Veranstaltung der „Süddeutschen Zeitung“ auf der Frankfurter Buchmesse 2019 teil. Die Diskussion war sehr gut besucht

Der Zeitpunkt für Schirachs erste China-Reise war leider etwa ungünstig ausgewählt. Der kurze Aufenthalt in Peking war als Abstecher seiner Teilnahme an einer Buchmesse im asiatischen Raum gedacht. Als Schirach in Peking ankam, waren die meisten Leute noch im Urlaub anlässlich des Frühlingsfests. Trotz der ungünstigen Zeit erzielte die literarische Begegnung mit Schirach immer noch ziemliche gute Ergebnisse, womit sowohl die chinesischen als auch die deutschen Partner zufrieden waren.

Die Einbeziehung von lokalen Partnern für Kulturprojekte ist vorteilhaft, um Kulturprominente in den heimischen einflussreichen Medien sichtbar zu machen. Jedoch kostet die Einbindung externer Partnerinstitutionen viel Zeit und Energie, da die Projektarbeit dadurch komplizierter und aufwendiger wird. Aus Sorgen und Unsicherheit vor arbeitsintensiver Koordination und Absprache verwenden manche Kulturprojekte ausschließlich eigene Mittel und Personalressourcen, ohne externe Partnerinstitutionen einzubinden. Dies hilft zwar, den Arbeitsumfang zu reduzieren, aber die Nachteile liegen auf der Hand, denn die Qualität der Projekte droht sich zu verschlechtern. Darüber hinaus ist die Herangehensweise, mit Offenheit und Kommunikationsgeschick die lokalen Institutionen und Plattformen zum Mitwirken am Kulturaustausch zu ermutigen, an sich ein Bestandteil der interkulturellen Kommunikation.

III. Mehrwert durch strategischen Umgang mit kulturellen Ressourcen

Wichtige Partner werden wertvolle Ressourcen ins Projekt einbringen, die über monetäre Mittel hinaus auch Netzwerke und Medienressourcen beinhalten. Die Frankfurter Buchmesse bot LIU Cixin die größte und die wichtigste Kulturbühne an, während das stark aufgestellte PR-Team des Heyne-Verlags fast 30 Interviews mit LIU Cixin durch verschiedene Medienstätten arrangiert hat. Die Konfuzius-Institute vor Ort sind ein Magnetfeld, das lokale Chinesen und an China interessierte Deutsche anzieht. Die Literaturfestivals in Köln und Hamburg stellen die jährlichen kulturellen Höhepunkte vor Ort dar und verfügen über bewährte Marketingmechanismen. Die Veranstaltung mit Ferdinand von Schirach in Peking wurde durch das People's Literature Publishing House in sein beliebtes Literaturprogramm „166 Chaonei-Street" eingebunden. Die literarische Begegnung wurde auf einer bekannten Live-Streaming-Plattform des Verlags übertragen, die 90.000 Online-Zuschauer in China anzog. Das Goethe-Institut Peking gilt seit vielen Jahren als das Zentrum für deutsche Kultur in China. Es war für die Organisation der zweiten Veranstaltung mit Schirach zuständig. Die Kulturabteilung der Deutschen Botschaft in China würdigte den deutschen Autor mit einem Welcome-Dinner, zu dem Schirach mit mehreren chinesischen Schriftstellern und Rechtsexperten ins Gespräch kam.

Angesichts der Popularität von LIU Cixin in der deutschen Öffentlichkeit und in den Medien stellte die konzeptionelle Arbeit den Schriftsteller in den Mittelpunkt und versuchte vor allem, deutsche Persönlichkeiten wie den bekannten Fernsehmoderator Denis Scheck und den berühmtesten deutschen Science-Fiction-Kritiker Dietmar Dath als Interviewer zu gewinnen. Auch wenn Schirach in Deutschland und im Westen sehr bekannt ist, hat er in China noch nicht so viele Fans in lokalen Leserkreisen. Für seine Auftritte wurde eine geeignete chinesisch-deutsche Konstellation bemüht, indem man berühmte chinesische Schriftsteller wie LI Er und A-Yi als Diskussionspartner einlud. Dabei sollten die chinesischen Podiumsgäste den deutschen Schriftsteller vorstellen und ihre Interpretation von Schirachs Literatur liefern. Das Engagement kann allerdings erst dann wirkungsvoll sein, wenn die Kooperationspartner aus dem gemeinsamen Interesse die verfügbaren Ressourcen anbieten, die sie jahrelange aufgebaut haben. Je nach dem Schriftsteller setzen wir die Ressourcen an der richtigen Stelle ein und machen das Beste daraus.

Mit dem obigen Beispiel wird über die Projektplanung für die Rahmenprogramme mit

2019 年 2 月，人民文学出版社在“朝内大街 166 号”文学论坛上，邀请中国作家茅盾文学奖获奖者李洱与席拉赫对谈

Dialog zwischen Schirach und Maodun-Literaturpreisträger LI Er auf dem Forum des People's Literature Publishing House „Chaonei-Street No.166“ im Februar 2019

zwei Kulturprominenten in China und Deutschland diskutiert. Die Planung für junge Schriftsteller wird Differenzen aufzeigen, aber der grundlegende Erfolgsfaktor für ein Schriftstelleraustauschprogramm bleibt derselbe, dass man durch Zusammenarbeit die besten Ressourcen bündeln soll, um den Wert des kulturellen Austauschs zu realisieren.

Text und Bild: Jing Bartz

民心相通，行稳致远

——有关责任与健康的德中交流 25 年

一、案例简介

“人类遗传学和伦理学在中国”这一项目无论是在主题广度、科学深度，还是在互联互通、经验获取方面都取得了进展。对于当时还是年轻科学家的我而言，受益匪浅。该项目一开始只是中德之间一个开放的跨学科试点项目，旨在推动开放交流，对具体成果的实现不做要求。在德国，一方面，“生物伦理学”作为辅助研究或伴行研究遭到边缘化，其解释权落在医学、哲学或神学上；另一方面，它又因在美国陷入“捍卫生命权”和“捍卫选择权”的思想之争而甚至被口诛笔伐。因为我们的研究设问是跨学科的（在当时的中国几乎无人感兴趣），且没有政治动机，而且我们的脑子里没有杂念（里程碑、可交付成果、期望值、革新、卓越）要求自己一定要输出，所以很大程度上可以安静地工作并获得丰富的学术产出。

在德国方面，我们有两大有利因素。第一，该项目由德国科学捐赠者协会的一家新的私人基金会分阶段资助，使得项目可以遵循科学家的传统信条，即去探求人们所做的、去践行人们所知的。项目不预设内容，费用必须按合同规定支出。在一个严肃的机构框架之下，以一个科学家的能力对研究设问及其执行负责的只有我。通过科学家的内在动机进行自我调节在今天的实践中几乎是不可想象的，因为科学家作为项目申请人承受重压，屈服于“召唤”，并被繁琐的行政手续折腾得精疲力竭。第二，在维尔纳·德拉古恩（Werner Draguhn）的独立领导下，位于汉堡的亚洲研究所（IfA）为有组织的工作创造可能，它为我们提供支持，让我们可以安心工作。我们还受益于德国联邦教研部（BMBF）委托进行的有关东亚研究现状的项目。这样一来，研究与交流和双边科学战略的研究设问联系到了一起。得益于这些学术与政治的衔接与碰撞，我的对华合作受到了更多的重视，赢得了更大的反响。

以“科学的责任”为题的首个中德系列研讨会于 1997 年复活节期间在汉堡举

行，会议聚焦优生学。随后，该主题的深度和广度都得以扩展。会议的核心成员也彼此加深了认识，在他们的倡议下，讨论得以于 1998 年在上海继续进行，并出版了会议文集，收录会议成果和基本方法。会议组织的基本原则是承认科学工作是创造价值的开始，不向其收费，并尽可能给予旅行资助和热情款待，以酬谢他们的投入。暑期班参与者的遴选标准也一样，注重包容性，降低门槛，个人的能力和参与度起决定性作用。要使活动成功举办，组织方构建的保护性信任框架固然重要，而个人事先公布研究主题和方法也同样重要。

随后，我们在西安、大连、武汉、长沙和昆明举行该系列诸多会议和暑期班，并参与了香港、柏林、纽约、达尼丁、筑波、台北、桃园和新加坡等地的国际性活动。在此过程中，我们的学术网络发展壮大、愈发成熟，其参与者为一些机构、项目作出了巨大贡献，其中包括：德国科学基金会资助的研究小组“跨文化生物伦理学”（KBE），其发言人海纳 · 罗茨（Heiner Roetz）确立了文化开明的哲学伦理学的关键标准；受欧盟资助的中欧联合组织“生物和生物医学研究的伦理治理：中欧合作”（BIONET），其负责人尼古拉斯 · 罗斯（Nikolas Rose）重视伦理学和社会学的联系；以及联邦教研部亚太区灯塔项目“中德公共卫生与生物伦理学网络”（SIGENET），项目的内在关联为保罗 · 乌恩舒尔特（Paul Unschuld）的人文科学健康能力打下基础。

“迈向公共卫生——提上日程” SIGENET 健康中国周与会嘉宾合影，柏林，2011 年 10 月 26 日—11 月 3 日

Teilnehmer an der SIGENET Health China Week: Auf dem Weg zur öffentlichen Gesundheit — Entwicklung der Agenda, Berlin, 26. Oktober – 3. November 2011

后备人才的培养成绩尤为喜人。多年来，我们在吸纳人才时注重个人能力，从而实现更宽广的学术多样性。我们很乐意追踪那些早先与我们在科学精神上有所交流的同行们的事业轨迹，对博士研究生和博士后的个人指导也一直令我获益颇丰。正是由于这么多使项目焕发生机的参与者，我们的项目得到很多联合会和机构的支持，这其中有德国或中国的医生协会，有海因里希·伯尔基金会或贝塔斯曼基金会，还有中国自然科学基金、中德中心、德国科学基金会、雨果公司以及其他很多组织机构。为数众多的同事在此过程中为民心相通和互鉴互学做出了卓越的贡献。在这里我没法一一列出他们的名字，但他们代表着前进路上的每一步，甚至一大步。

二、项目历程

自 2009 年起，我负责“中欧公共卫生与生物伦理学网络”，该平台是项目发展的巅峰，也是下行的开始。这一项目是亚太区倡议中唯一的人文项目。虽然夏里特医院的制度框架、保罗·乌恩舒尔特的个人能力以及联邦教研部亚太区域（APRA）合作战略的制度都为项目带来良好前景，但由于行政考虑和优先资助“硬”研究的政策排序而难以为继。与此同时，夏里特医院成为医疗卫生企业，没有兴趣资助关于医疗卫生的伦理、文化和哲学方面的研究。由于人事变动，联邦教研部不再着眼于长远计划，原本目标远大的德中生命科学平台因而被迫中止。在夏里特医院内部没有集中力量支持过往运作良好的对华合作网络，研究所提出的相关倡议都被置之脑后。2011 年的“中国周”与世界卫生峰会合作，在机构层面建立高级别、非正式合作网络，取得了圆满成功，为打造筹备逾四年的德中健康卫生科学交流所需的社会空间奠定了良好基础。企业家的决策没能认识到在个别学科常规研究、患者招募和营销之外的合作的价值，再加上在中国问题上介于困惑和不信任之间的政治氛围，这些都埋葬了良好的合作前景。中国知识和中国能力不能转化为德国方面的革新，创造知识和建立信任的政策无法与时俱进。这仅仅是众多在德国着眼长远的中国项目失败的一个缩影。

穷则思变，这些不利条件下，我们的学术网络还是以非正式形式存续。2020 年秋天，我们克服了困难，在武汉举办了探讨科学本质的线上线下混合型活动。一年一度的国际基因组学大会在武汉举行（第十五届，ICG-15），并专设分会场，聚焦科研运作基本问题的现状。2021 年，在青岛举办的第十六届国际基因组学大会（ICG-16）会议上，我们得以进一步讨论伦理学并探讨其国际化进程。

三、案例反思

科学是一项始终基于合作的活动，交流在其中是不可或缺的。因此人们期待科学家们彼此开放、好奇、诚实、互相尊重，从而增进相互认识。即使其中的每根线强度、色泽和坚韧度都不一样，他们也应齐心协力拧成一股绳。他们用比社会普遍标准更高的标准衡量自身。直到来中国，以外来者的视角观察占主导地位的科学体系的全球图景，我才发现上述对科学家的要求几乎没怎么实现。这无疑有很多原因，涉及到科学家的个性，但组织和激励方面的因素起主要作用：如果科学精神得到弘扬，那么科学家个人性格就相应地不会那么成为妨碍。如果人们将知识视为理性的开化，那么创造力、关系能力和思考目标本身便成为可能。在这里我想让大家关注一个不良示范，德国和中国都鼓励科学家们“单打独斗”、互相竞争，而不是相互合作、获取知识，进而服务社会。自 20 世纪 90 年代以来，随着洪堡文化的复原力愈发脆弱，这一点在德国越来越明显。而在中国，人们现在也越发清晰地感受到了缺乏科学精神的空洞感，因为科学研究产业的物质优势消耗殆尽，我们又面临着人类存在的古老核心话题：尊严与幸福。

在中国游历期间的观察使我更早、更清楚地看到很多后来在德国也经历了的更痛苦的事情。我们都不堪忍受彼此各行其是、不言不语，说到底，它不利于科学发展，阻碍了知识的整体性发展、尤其是跨学科跨领域的知识，特别是对伦理学的进步产生不利影响。而伦理学始终关注的是我们的整个行为，我们如今亟需它的支持。我由此萌生了一个想法：让我们不断推进现有的并促成新的良好的科学合作吧！作为拥有不同技能和专业能力、来自不同文化、互不相同的人，我们想要体验并分享分工合作的感觉及其带来的馈赠，以便从知识的张力中汲取蜜汁，滋养我们的未来。

当前项目的现状证明了我的想法。对科学的每一次推动都可以发展出自己的生命，迎来自己的时代。今天的遗存是我们搭建明天的基础：对可靠伙伴的感谢、友谊、喜悦和继续前行的勇气。这个故事是开放的。它今后的走向是好是坏还无法评判，但它肯定是发人深思的。要想从花园中收获滋养和喜悦，我们需要付出精心的照顾。前行即是方向。那么，谁来建造这座花园呢?

供稿：奥乐·德林

湖南师范大学外国语学院教授，卡尔斯鲁厄理工学院兼职教授

Begegnung für Verständnis, Verstehen durch Begegnung

—25 Jahre deutsch-chinesischer Austausch über Verantwortung und Gesundheit

I. Menschen

Als Mentoren und Partner in diesem Projekt habe ich vielen großartigen Menschen zu danken und hatte auch aus üblen Erfahrungen zu lernen. Die Guten wurden an passender Stelle gewürdigt. Zwei aber sind hier mit Namen zu nennen, ohne die ich nicht über die Schwelle allgemeiner Orientierung hinaus gekommen wäre, worum es bei „Humangenetik und Ethik in China" geht, wenn wir über Verantwortung reden. CHEN Runsheng, seines Zeichens theoretischer Physiker aus Peking, der für fraktale Modellierung der DNA-Struktur höchste internationale Preise erhalten hat, überzeugte mich in der Sommerhitze Hongkongs 1996 von der Allgegenwart sozialer Verantwortung seiner Forschung — nicht obwohl sondern weil sie keinen materialen Bezug zu den Menschen hat. Der Shanghaier Doppel-Dekan für Biologie und Genetik, CHEN Renbiao führte mich in Spaziergängen zwischen Ruijin und Xujiahui und in langen handgeschriebenen Briefen sowohl in die Netzwerke und Denkweisen der chinesischen Kollegen und Wissenschaftsorganisation ein als auch geduldig in Grundlagen der biologischen Genetik: Eugenik sei nicht nur gefährlich sondern verspreche auch viel mehr als sie halten könne. Damit war der rote Faden unserer Zusammenarbeit identifiziert, der das Folgende strukturieren und beleben würde. Wir würden besser werden, indem wir einander zuhören. So organisierten wir gemeinsam, alt und jung, chinesisch und deutsch, Biologe und Philosoph, zuerst eine gemeinsam zu verstehende Themenstellung und dann die vielen politischen, gesellschaftlichen und wissenschaftlichen Akteure, die 1999 unser Shanghaier Symposium möglich machten.

Beide Chen's stehen für die Menschlichkeit, die Verantwortung und Freude am Gestalten, für Wissenschaft als Ausdruck der Humanität in den Dienst des Humanen stellt — und für großes Vertrauen, sogar in einen gerade einmal Dreissigjährigen. Damals schien das selbstverständlich. Heute ist klar, wie dringend diese Voraussetzungen gegen Positivismus, Reduktionismus, Utilitarismus und Kommerz gestärkt und verteidigt werden müssen. Und wie sehr wir alle der Ermutigung und Anerkennung bedürfen.

2012 年在上海交通大学公共卫生学院召开科学会议并启动 SIGENET 联络处
Wissenschaftliche Konferenz und Eröffnung des SIGENET Verbindungsbüros an der Shanghai Jiao Tong University School of Public Health im Jahr 2012

II. Das Projekt

Aus dieser Konstellation konnte das Projekt „Humangenetik und Ethik in China" in die thematische Breite, wissenschaftliche Tiefe und vernetzende Erfahrung wachsen. Unverzichtbar dafür war ein Moment der Freiheit, den ich als junger Wissenschaftler nutzen durfte. Es handelte sich anfangs um ein offenes und interdisziplinäres Pilotprojekt zwischen Deutschland und China, das nicht dem Abliefern konkreter Ergebnisse verpflichtet war sondern einen offenen Prozess in Gang setzen durfte. In Deutschland hatte die „Bioethik" sich einerseits Ansprüchen auf Deutungshoheit durch Medizin, Philosophie oder Theologie und der Marginalisierung als Hilfs- oder Begleitforschung zu stellen, andererseits wurde sie teilweise militant bekämpft, da sie in den US-amerikanischen Ideologienstreit zwischen „Lebensschützern“ und „Prochoicern“ geraten war. Da unsere Fragestellung interdisziplinär zwischen allen Stühlen stand (China interessierte damals hierzulande kaum jemanden), nicht politisch inszeniert war und da keine Schere im Kopf (milestones, deliverables, expected value, innovation, excellence) uns trimmte etwas zu liefern, konnten wir indes weitgehend ruhig arbeiten und wissenschaftlich produktiv sein.

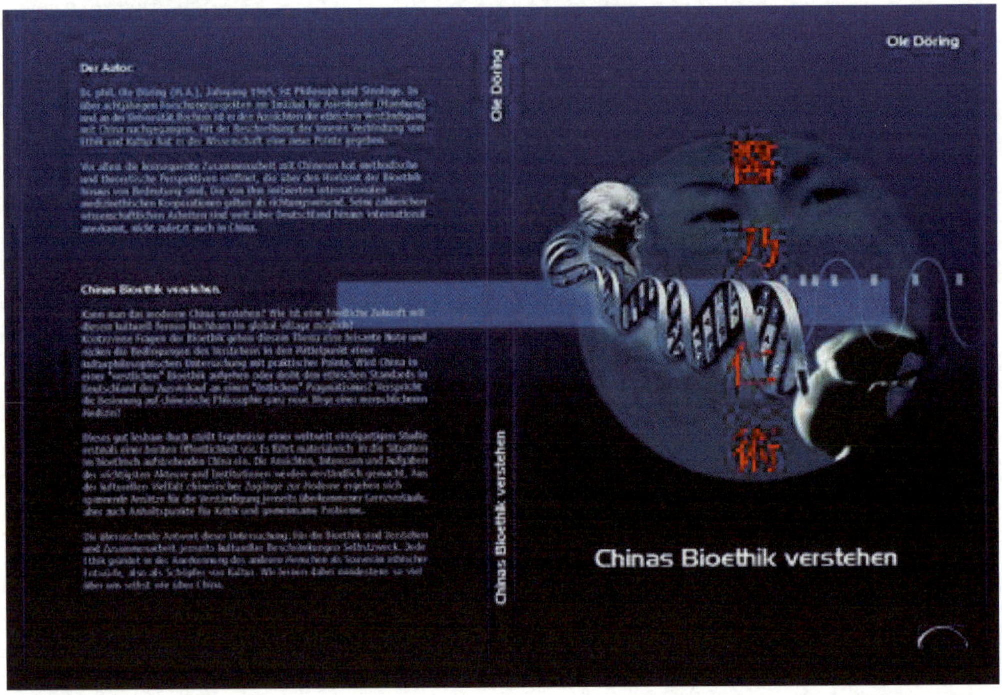

从最初几年的研究中产生的三本英文论文集以及一部关于伦理文化比较的科学论文：《理解中国的生命伦理学》(2004)

Aus den ersten Jahren der Forschung ging neben drei englischsprachigen Aufsatzbänden auch eine wissenschaftliche Abhandlung zum ethischen Kulturvergleich hervor: „Chinas Bioethik verstehen“ (2004)

Zwei Faktoren kamen uns dabei auf deutscher Seite entgegen. Erstens, das Projekt war in kleinen Etappen durch eine neue private Stiftung im Stifterverband so finanziert, dass sie dem klassischen Credo des Wissenschaftlers vertraute: zu wissen was man tut und zu tun was man weiss. Inhaltlich wurden keine Vorgaben gemacht, die Ausgaben mußten vertragsgemäß belegt werden, für Fragestellung und Umsetzung war nur ich mit meiner Kompetenz als Wissenschaftler verantwortlich, im Rahmen einer seriösen Institution. Die Selbstregulierung durch intrinsische Motivation als Wissenschaftler ist heute praktisch unvorstellbar, da Wissenschaftler in eine Haltung von Antragstellern gepresst werden und sich zu „Calls“ verbiegen, vor bürokratischen

Tribunalen erschöpfen müssen. Zweitens, das Institut für Asienkunde (IfA) in Hamburg unter souveräner Führung von Werner Draguhn ermöglichte diszipliniertes Arbeiten, indem es mir den Rücken frei hielt und hanseatisch unterstützte. Hierbei kam uns eine Studie zugute, die das BMBF zur Situation der Ostasienforschung in Deutschland beauftragt hatte. So verband sich Forschung und Austausch mit bilateral wissenschafts-strategischen Fragestellungen. Meine China-Kooperationen erhielten durch die entsprechenden Begegnungen mit akademisch-politischen Schnittstellen größeres Gewicht und gewannen ein höheres Reflektionsniveau.

Das erste einer Serie von chinesisch-deutschen Symposien konnte zu Ostern 1997 in Hamburg stattfinden, zur „Verantwortung der Wissenschaft", mit einem Schwerpunkt auf Eugenik. In die Tiefe und Breite verästelte sich danach die Thematik. Dieselbe Kerngruppe, die sich nun näher kannte und deren Teilnehmer eigene Initiativen einbrachten, ermöglichte, dass die Diskussion 1998 nach Shanghai wandern konnte. Die Ergebnisse und zugrundeliegende Methodologie wurden wieder in Konferenzbänden dokumentiert. Zu den organisatorischen Grundsätzen gehörte die Anerkennung wissenschaftlicher Arbeit als Beginn einer Wertschöpfung; die Teilnahme selbst verdient Wertschätzung und kann nicht gebührenpflichtig sein. Im Gegenteil erfahren Teilnehmer Wertschätzung und werden nach Möglichkeit durch Reisemittel und gastfreundliche Behandlung für ihren Einsatz belohnt. Das galt auch für die Sommerschulen, so daß integrativer und niederschwelliger Zugang ermöglicht werden konnte, während persönliche Kompetenz und Engagement entscheidend für den Zugang bleiben. Die persönliche Bekanntmachung mit Themen und Herangehensweisen im Vorfeld war ebenso entscheidend für den Erfolg der eigentlichen Veranstaltung wie der geschützte, vertrauensbildende Rahmen, für den die Leitung sorgte.

Es folgten Konferenzen und Sommerschulen in eigener Regie, in Xi'an, Dalian, Wuhan, Changsha, Kunming und die Beteiligung an internationalen Veranstaltungen, zwischen Hongkong, Berlin, New York, Dunedin, Tsukuba, Taipei, Chungli und Singapur. Dabei leisteten Teilnehmer dieses stetig weiter reifenden und wachsenden Netzwerks maßgebliche Beiträge zu Verbünden wie der DFG-Forschergruppe Kulturübergreifende Bioethik (KBE), deren Sprecher Heiner Roetz die kritischen Standards kulturell aufgeklärter philosophischer Ethik sicherstellte, dem EU-geförderten Sino-Europäischen Konsortium „Ethical Governance of Biological and Biomedical Research: Chinese European Co-operation" (BIONET), dessen Leiter

Nikolas Rose die Verbindung von Ethik und Soziologie hochhielt, oder dem BMBF-APRA-Leuchtturmprojekt „Sino-German Network for Public Health and Bioethics" (SIGENET), dessen inneren Zusammenhang Paul Unschulds geisteswissenschaftliche Gesundheitskompetenz ermöglichte.

Besonders beglückend ist die Nachwuchsförderung. Wir haben im Laufe der Jahre die gesamte Bandbreite akademischer Vielfalt einbezogen, indem wir die Kompetenzen der Einzelnen ohne Rücksicht auf sonstige persönliche Merkmale eingebunden haben. Es ist ein Vergnügen die Karrieren von Kollegen zu verfolgen, die früh mit unserem Geist der Wissenschaft in Kontakt gekommen sind. Die persönliche Begleitung von Doktoranden oder Postdocs ist für mich immer bereichernd gewesen — nicht zuletzt, weil ich durch deren Perspektive das deutsche System neu entdecken und beschreiben sollte.

Auch wenn es vor allem die vielen beteiligten Personen waren, die diese Bewegung belebten, wurde sie auch von Verbänden und Institutionen mit getragen, mal von deutschen oder chinesischen Ärzteverbänden, mal von der Heinrich-Böll- oder Bertelsmann-Stiftung, von der Chinese National Natural Science Foundation, dem Sino-German Center, der DFG, der HUGO und vielen anderen. Die zahlreichen Kollegen, die elementare Beiträge für Begegnungen und gegenseitiges Lernen auf diesem Weg geleistet und großen persönlichen Einsatz gebracht haben, kann ich hier nicht namentlich würdigen. Sie stehen allerdings für Schritte auf dem Weg, manchmal sogar für ganze Schrittfolgen.

III. Auf und Ab

Höhepunkt und zugleich Beginn eines Niedergangs wurde die Netzwerk-Plattform SIGENET, die ich ab 2009 leiten durfte. Zwar waren mit dem institutionellen Rahmen der Charité und der Kompetenz Paul Unschulds exzellente Aussichten verbunden, zumal die Finanzierung durch das BMBF in eine Strategie zur Kooperation mit der Asien-Pazifik-Region (APRA) eingebettet war. Diese Voraussetzungen fielen jedoch überraschend weg. Dieses (einzige) geisteswissenschaftliche Projekt der APRA-Initiative fiel durch die Raster administrativer Messung und politischer Prioritäten, die vor allem „harte" Forschung begünstigt. Zugleich etablierte sich die Charité als Unternehmen der Gesundheitswirtschaft und hatte kein Interesse an der Förderung von Ethik, Kultur und Philosophie der Gesundheit. Die Phase weitsichtiger Planung im

BMBF brach durch Personalwechsel ab, was sich auch im Abbruch der ambitionierten Deutsch-Chinesischen Plattform für Lebenswissenschaften niederschlug. Innerhalb der Charité fand sich keine zentrale Unterstützung der gut angelaufenen Vernetzung von China-Kooperationen, sämtliche Initiativen des Unschuld-Instituts wurden links liegen gelassen. Mit einer sehr erfolgreichen China-Woche 2011, in Zusammenarbeit mit dem World Health Summit und fortgeschrittener informeller Vernetzung auf der Ebene von Instituten, war eine gute Grundlage für die Entstehung eines sozialen Raums für Austausch aller Gesundheits-Wissenschaften zwischen Deutschland und China gelegt, die über vier Jahre bearbeitet wurde. Unternehmerische Entscheidungen, die den Wert der Zusammenarbeit jenseits konventioneller Forschung einzelner Disziplinen, Patientenwerbung und Marketing nicht erkannten und ein politisches Klima zwischen Ratlosigkeit und Mißtrauen gegenüber China begruben die optimistische Perspektive. Chinawissen und Chinakompetenz konnten sich hier nicht in Innovation auf deutscher Seite umsetzen, um eine zeitgemässe, Wissen und Vertrauen stiftende Politik auf der Höhe der Zeit zu informieren. Dies ist eines von vielen Beispielen des Scheiterns weitsichtig angelegter China-Projekte in Deutschland.

Unter diesen widrigen Umständen bewährt sich seitdem der informelle Grund des Netzwerkes, denn Not macht erfinderisch. Trotz Reise-Einschränkungen konnten wir im Herbst 2020 in Wuhan eine hybride Veranstaltung zur Verfassung der Wissenschaft durchführen. Der jährliche internationale Kongress für Genomik (ICG-15) erhielt eine Doppel-Sektion, die der Bestandsaufnahme grundlegender Probleme des Wissenschaftsbetriebs gewidmet war. Die Ethik-Diskussion konnten wir 2021 im ICG-16 in Qingdao weiter ausbauen und internationalisieren.

IV. Was lernen

Wissenschaft ist eine Tätigkeit, die immer auf Zusammenarbeit angelegt ist und ohne den Austausch nicht möglich ist. Deshalb erwartet man von Wissenschaftlern, dass sie offen, neugierig, ehrlich und respektvoll miteinander umgehen, um mit einander der Erkenntnis zu dienen. Sie müssen an einem Strang ziehen, auch wenn die einzelnen beteiligten Fäden ganz unterschiedliche Stärke, Färbung und Konsistenz verbinden. Sie legen an sich selbst also höhere soziale Standards an als man es in der Gesellschaft allgemein kann. Über die globale Realität des herrschenden Wissenschafts-Systems bin ich zuerst, mit den Augen des Hereinkommenden, in

China darauf aufmerksam geworden, wie wenig diese Anforderung eingelöst wird. Das hat fraglos viele Gründe, die im persönlichen Charakter liegen, aber Organisation und Anreize spielen die Hauptrolle: würde wissenschaftlicher Geist gefördert, stünde der Charakter-Bildung entsprechend weniger im Wege. Ginge es um Erkenntnis als vernünftige Aufklärung, würden Kreativität, Beziehungskompetenz und Selbstzweck-Denken ermöglicht. An diesem Punkt wurde ich auf die Bedeutung des schlechten Vorbilds aufmerksam, das in Deutschland und in China Vereinzelung und Konkurrenz unter Wissenschaftlern bewirkt statt gemeinsames Wirken für Erkenntnis als Selbstzweck, im Dienst an der Gesellschaft. Man kann das in Deutschland seit den 1990ern immer deutlicher bemerken, nachdem die Resilienz der Humboldt'schen Kultur zunehmend fadenscheiniger geworden ist. China spürt nun immer deutlicher das hohle Gefühl von Wissenschaft ohne Geist, da die materiellen Vorteile der Forschungsindustrie erschöpft sind und wir auf die alten Kernfragen des Menschseins geworfen werden: Würde und Glück.

Meine Beobachtungen bei der Wanderung durch China haben mich vieles von dem früher und klarer sehen lassen, was ich dann umso schmerzlicher auch in Deutschland vorfand. Wir alle leiden unter der Sprachlosigkeit zwischen unseren kleinen Silos. Letzten Endes dient dies nicht der Wissenschaft, es behindert die Erkenntnis im Ganzen, vor allem in Disziplinen übergreifenden Themenbereichen und verhindert Fortschritte ausgerechnet in der Ethik, die immer auf das Ganze unseres Handelns gerichtet ist und deren Unterstützung wir heute dringend brauchen. Diese Erfahrung brachte mich auf den naheliegenden Gedanken: Laßt uns gutes wissenschaftliches Zusammenarbeiten immer wieder ermöglichen und neu inszenieren! Wir wollen erleben und teilen, wie es ist, wie es sich anfühlt und was es uns bringen kann, als unterschiedliche Menschen mit unterschiedlichen Fähigkeiten, aus unterschiedlichen kulturellen und fachlichen Kompetenzen arbeitsteilig zu kooperieren, um aus der Spannung des Wissens den Honig zu saugen, der unsere Zukunft ernährt.

Die Momentaufnahme dieses laufenden Projektes spricht für sich. Die Impulse für die Wissenschaft können ihr Eigenleben entwickeln und auf ihre Zeit hoffen. Was jetzt schon bleibt ist worauf man aufbauen kann: Dankbarkeit für zuverlässige Partner, Freundschaften, Freude und Mut weiter zu machen. Die Geschichte ist offen. Ob es schließlich als gutes oder schlechtes Beispiel dienen kann, ist noch nicht zu sagen, lehrreich ist es auf jeden Fall. Umsichtige Pflege ist die Voraussetzung dafür, dass der

Garten uns nähren und die Blumen uns erfreuen können. Der Weg macht das Ziel. Wer macht den Garten?

Text und Bild: Prof. Dr. Ole Döring,
Professor am Kollegium für Auslandsstudien der Hunan Normal University,
Privatdozent am Karlsruhe Institut für Technologie

云端祝福传递中德友谊

——北京第二外国语学院成都附属中学中德伙伴学校线上交流

一、案例简介

北京第二外国语学院成都附属中学是一所公办的理工外国语特色学校。作为中外人文交流教育实验区项目院校，目标是培养掌握两门外语、具有民族自信心与全球胜任力的国际化人才。学校围绕“一带一路”倡议需要，开设俄语、德语、法语、日语、西班牙语、阿拉伯语、希伯来语、泰语 8 门语种。从六年级到高三，每名学生选其中一门作为二外学习。

德语作为 2018 年第一批开设的语种，经过两年半的发展，学生对德语和德语国家文化兴趣浓厚。我校学习德语的学生已达 300 余人，专职德语教师 3 名。为了能更加积极探索中学德语学科建设与优秀德语后备人才培养的新路径、新模式和新发展，我校领导带领德语教师积极参与各类论坛与研讨。2019 年 10 月参加了由上海甘泉外国语中学发起的“中学德语教学联盟”成立暨首届研讨会，并成为该联盟的一员；2019 年 12 月，德国国外学校教育司中国区顾问 Stefany Henderson 女士访问我校，双方就申请德国语言证书（Deutsches Sprachdiplom，简称 DSD）项目进行了沟通；2020 年 5 月，我校还加入全国基础外语教育研究培训中心多语种教育发展分中心，成为该中心会员单位。

自德语学科建立以来，为了能让学生更好地学习德语及其他小语种，学校组织了小语种外语角、新年音乐会、校园艺术节、多语种文化节等丰富多彩的校园活动，为小语种成果展示提供平台。学校还参与或主办了许多小语种相关活动，比如 2019 年 12 月，我校德语学生参加了第二届西南地区德语风采大赛并获奖。同时，学校努力推进中德之间的交流。2019 年，F+U 萨克森公益教育集团（F+U Sachsen GmbH）到访我校，双方签署了友好学校合作协议。2020 年与德国拜罗伊特中学成为友好合作中学，该校开设有中文课程，但由于新冠肺炎疫情影响，双方互访活动被推迟。希望未来可以建立更多友好学校，开展更多的友好交流活动。

二、中德伙伴学校疫情期间云端祝福活动

德国拜罗伊特中学（Gymnasium Bayreuther Straße）是位于德国北威州的一所全日制文理中学。该校开设有中文课程，并有很多其他国家国际交流项目。我校 2019 年 6 月与该校建立联系，双方对建立友好合作关系达成一致。2020 年底，德国新冠肺炎疫情依然较为严峻。此时正值德国圣诞及新年佳节，为了给德方友好学校的孩子加油鼓劲，我校德语学生通过录制视频、制作贺卡的形式给对方送上了最真诚的新年祝福和战胜疫情的勇气。

对方也发来了对我校师生的新年温馨祝福，并希望疫情早日过去，可以到成都来学习和交朋友。

我校学生亲手制作的圣诞节贺卡
Die von unseren Schülern gebastelten Weihnachtskarten

三、中德友好学校的第一次线上“见面会”

随着交流的逐步深入，我校与德国拜罗伊特中学于 2021 年 3 月 11 日举行首次线上交流会议。中德隔着七个小时的时差，但同学们对于交流的期盼并未受到任何影响。

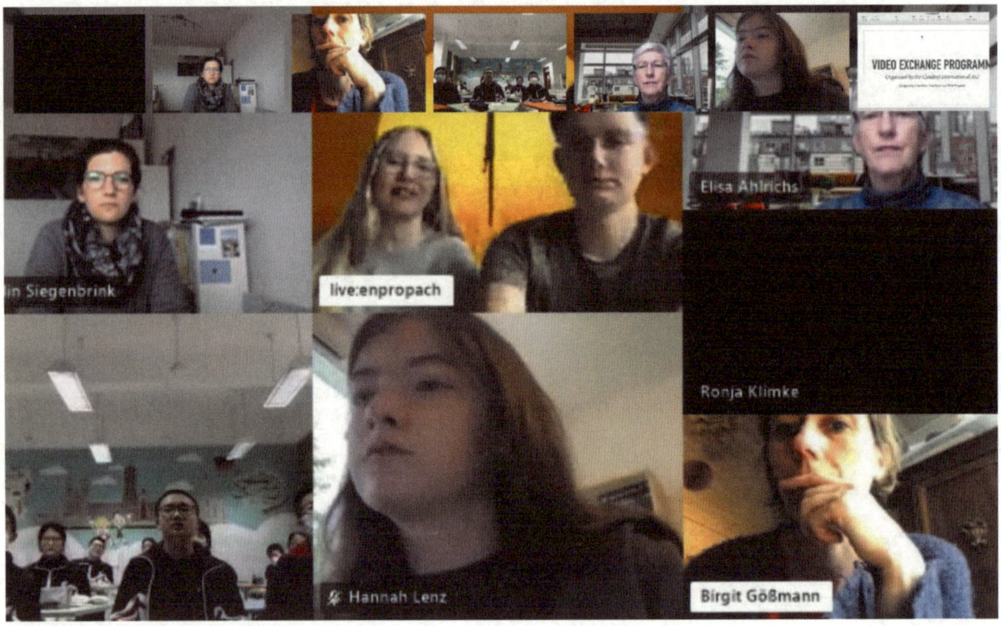

中德友好学校的第一次线上“见面会”
Das erste Online-Treffen der deutsch-chinesischen Partnerschulen

德国拜罗伊特中学有三位正在学习汉语的学生代表，他们和五个分校的校领导及教师参与了交流。交流一开始，双方互相问候并表达了对此次线上交流的期待。德方的两位学生用英语和德语主持了此次线上见面会。德方首先播放了学校的介绍视频，介绍疫情下德国的现状，并围绕疫情期间的感受和见闻采访了我校学生。

我校高一德语学生与德语教师参与了此次交流。学生们向屏幕另一端的同龄人们自信阳光地介绍了自己和学校，交流着德语和汉语的学习以及疫情期间的经历，同学们非常开心和激动。

最后双方师生进行了云端合影，留下这美好的时刻。

四、“中德对比课程”中感受文化的魅力

自线上交流以来，双方对于学习彼此国家的语言和文化产生了强烈的兴趣，于是萌生出通过中德对比课程的方式，来感受彼此文化的不同和魅力的想法。双方教师讨论从地理和标志性景点入手，将德语 / 中文与地理学科相结合，给学生开设对方国家地理概况的前置课程。德方首先给学习汉语的学生安排了“中国：地理概况”课程。

我校则通过“游德国，学德语”系列兴趣课程，立足于德语国家城市文化的介绍，同时不断融入德语日常场景的对话学习，以培养学生们对德语学习的浓厚兴趣。

该课程深受学生喜爱，他们希望双方能够开展进一步持续的交流，能通过一系列活动和德方学生交朋友，比如共同举办线上歌唱比赛、“我眼中的德国 / 中国”视频拍摄比赛、成为笔友互相写信等。

“中德对比课程”
„Deutsch-chinesischer Vergleichskurs“

“游德国，学德语”系列兴趣课程
Die Reihe „Deutschlernen beim Reisen“

供稿：中外人文交流教育实验区项目院校——北京第二外国语学院成都附属中学

朱雯钰、郭梦伟

Glückwünsche aus der Datenwolke

— der Online-Austausch der zugehörigen Mittelschule in Chengdu der Beijing International Studies University (BISU) mit deutschen Partnerschulen

I. Fallvorstellung

Als eine Einrichtung in der experimentelle Bildungszone für den chinesisch-ausländischen Kulturaustausch ist die zugehörige Mittelschule in Chengdu der Beijing International Studies University (BISU) eine öffentliche Schule für Fremdsprachen mit dem Schwerpunkt in Naturwissenschaften und Ingenieurwesen. Ziel ist es, internationale Talente heranzubilden, die zwei Fremdsprachen beherrschen und über nationales Selbstbewusstsein und globale Kompetenz verfügen. Basierend auf der „One Belt, One Road“ Initiative bietet die Schule acht Sprachen an, darunter Russisch, Deutsch, Französisch, Japanisch, Spanisch, Arabisch, Hebräisch und Thai. Ab dem sechsten Jahr der Grundschule bis zum dritten Oberstufenahr wählt jeder Schüler eine davon als die zweite Fremdsprache.

Deutsch gehört zu den ersten Fremdsprachen, die ab 2018 angeboten wurden. Nach einer Entwicklung von zweieinhalb Jahren zeigt sich, dass die Schüler sehr interessiert an Deutsch und der Kultur der deutschsprachigen Länder sind, bislang gibt es in der Schule mehr als 300 Deutschlerner und drei Vollzeit-Deutschlehrer. Um den neuen Weg, den neuen Modus und die neue Entwicklung für den Aufbau von Deutsch in der Mittelschule und die Kultivierung exzellenter deutscher Talente zu erforschen, ließ unsere Schulleitung die Deutschlehrer aktiv an verschiedenen Foren und Seminaren teilnehmen: im Oktober 2019 nahmen wir an der Gründung der „Union für den Deutschunterricht in den Mittelschulen“ bzw. dem ersten Symposium teil, das von der Shanghai Ganquan Foreign Language Middle School initiiert wurde, und wurden

Mitglied der Union. Im Dezember besuchte Frau Stefany Henderson, Fachberaterin des Deutschen Auslandsschulamtes für Deutsch als Fremdsprache in China, unsere Schule, um die Bewerbung für das Deutsche Sprachdiplom zu besprechen. Im Mai 2020 trat unsere Schule dem China Basic Foreign Language Education Research & Training Center als Mitglied des Zweigzentrums für die Entwicklung mehrsprachiger Ausbildung bei.

Um den Schülern zu ermöglichen, Deutsch und andere Fremdsprachen besser zu lernen, nimmt die Schule an vielen Aktivitäten im Zusammenhang mit den Fremdsprachen teil oder führt selber Veranstaltungen durch. Im Dezember 2019 nahmen unsere Deutschschüler am zweiten Wettbewerb für Deutschlernende in Südwestchia teil und gewannen Preise; seit der Einrichtung des Fachs Deutsch finden viele Aktivitäten auf dem Campus wie die Fremdsprachenecke, das Neujahrskonzert, das Campus-Kunstfestival und mehrsprachige Kulturfestivals statt, was eine Plattform für die Demonstration der Fremdsprachenleistungen bietet.

Es werden Anstrengungen unternommen, um den Austausch zwischen China und Deutschland zu fördern. 2019 besuchte die F+U Sachsen GmbH unsere Schule und beide Seiten unterzeichneten einen Freundschaftsschul-Kooperationsvertrag. Im Jahr 2020 wurde unsere Schule eine Partnermittelschuledes Gymnasiums Bayreuther Straße in Deutschland, das chinesische Sprachkurse anbietet. Gegenseitige Besuche mussten aufgrund der Auswirkungen der Corona-Epidemie verschoben werden. Wir hoffen, dass wir in Zukunft mehr Partnermittelschulen haben und mehr freundschaftliche Austauschaktivitäten durchführen können.

II. „Glückwünsche aus der Datenwolke" — Aktivitäten der deutsch-chinesischen Partnerschulen während der Epidemie

Das Gymnasium Bayreuther Straße ist ein Gymnasium in Nordrhein-Westfalen Deutschland, das chinesische Sprachkurse anbietet und viele internationale Austauschprogramme in anderen Ländern hat. Unsere Schule hat im Juni 2019 Kontakt mit der Schule aufgenommen und beide Seiten haben eine freundschaftliche Zusammenarbeit vereinbart. Ende 2020 hatte die Panemie Deutschland immer noch stark im Griff. Um die Schüler der deutschen Freundschaftsschule während der Weihnachts- und Neujahrsferien aufzumuntern, schickten unsere Schüler ihre herzlichsten Neujahrswünsche und gaben Mut, die Epidemie zu überwinden. Es wurden Videoaufnahmen gemacht und Grußkarten gebastelt.

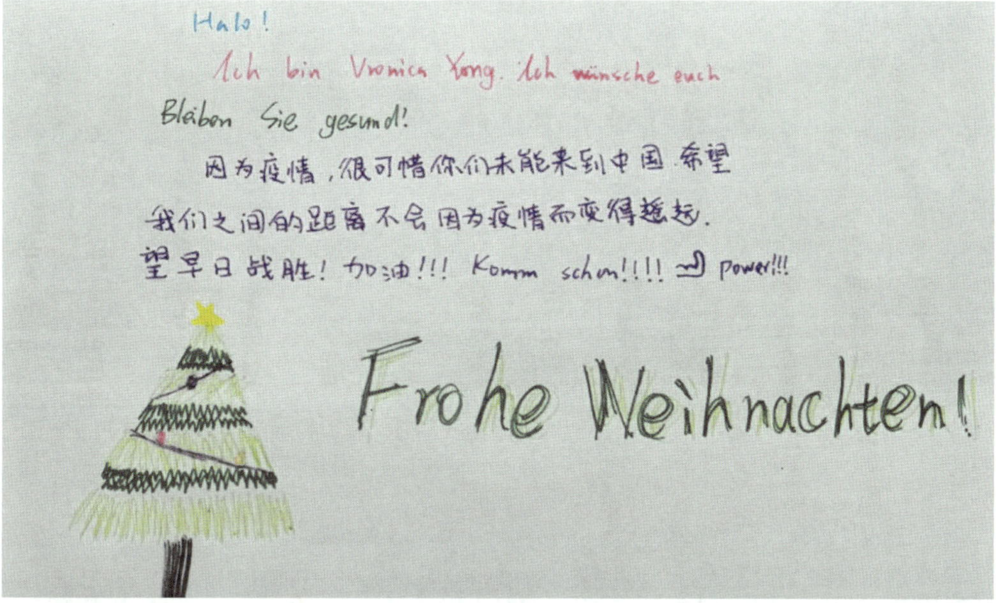

我校学生亲手制作的圣诞节贺卡
Die von unseren Schülern gebastelten Weihnachtskarten

学生们送上最真挚的祝福："加油，德国！""保持热爱，奔赴山海，万事顺意！""欢迎来成都，欢迎来中国！"
Unsere Schüler senden ihre besten Wünsche: „Weiter so, Deutschland!", „Bleibt zuversichtlich und unternehmungslustig, weiterhin alles Gute!", „Willkommen in Chengdu, willkommen in China!"

Auch aus Deutschland trafen herzliche Wünsche für das neue Jahr an unsere Schüler und Lehrkräfte ein, es hieß, man hoffe, dass die Pandemie bald überwunden sein möge, um nach Chengdu zu kommen, zu lernen und die Freundschaft zu pflegen.

德国学生们向成都发来问候
Deutsche Studenten senden Grüße nach Chengdu

III. Das erste Online-Treffen der deutsch-chinesischen Partnerschulen

Im weiteren Verlauf des Austauschs fand am 11. März 2021 das erste Online-Treffen zwischen unserer Schule und dem Gymnasium Bayreuth in Deutschland statt. Zwischen Deutschland und China besteht eine Zeitverschiebung von sieben Stunden, aber das tat der Vorfreude auf den Austausch zwischen den Schülern keinen Abbruch.

Drei Schüler des Bayreuther Gymnasiums in Deutschland, die Chinesisch lernen, sowie die Schulleiter und Lehrkräfte von fünf Filialen nahmen an dem Austausch teil. Zu Beginn des Austauschs begrüßten sich beide Seiten und äußerten ihre Erwartungen an den Online-Austausch. Zwei deutsche Schüler moderierten das Online-Treffen auf Englisch und Deutsch. Die deutsche Seite zeigte zunächst ein Einführungsvideo über die Schule und die aktuelle Situation in Deutschland während der Epidemie und interviewte unsere Schüler über ihre Gefühle und Erfahrungen in China während der Epidemie.

Unsere Deutschschüler und -lehrer der Oberstufe nahmen an diesem Austausch teil. Die Schüler und ihre Mitschüler auf der anderen Seite des Bildschirms stellten sich

“中德对比课程”
„Deutsch-chinesischer Vergleichskurs“

und ihre Schule selbstbewusst und sonnig vor, tauschten sich über ihr deutsches und chinesisches Sprachstudium und ihre Erfahrungen in der Epidemie aus und drückten dabei große Freude und Aufregung aus.

Am Ende machten die Schüler und Lehrkräfte beider Seiten ein Online-Gruppenfoto, um diesen schönen Moment festzuhalten.

IV. Kulturerleben im „Deutsch-chinesischen Vergleichskurs“

Seit dem Online-Austausch sind beide Seiten daran interessiert, die Sprache und Kultur des anderen Landes kennenzulernen. So entstand die Idee, den deutsch-chinesischen Vergleichskurs zu nutzen, um die Unterschiede und Reize der jeweils anderen Kultur zu erleben. Lehrkräfte der beiden Seiten diskutierten darüber, den Schülern einen Vorkurs zum geographischen Überblick über das andere Land zu geben, der mit Geographie und Landmarken beginnt und Deutsch/Chinesisch mit der Geographie verbindet. Von deutscher Seite erhielten die Chinesischlerner zunächst den Kurs „Volksrepublik China: Geografischer Überblick“.

“中国：地理概况”
„Volksrepublik China: Geografischer Überblick“

In unserer Schule werden die Schüler mit der Kultur deutschsprachiger Städte durch die Reihe „Deutschlernen beim Reisen“ vertraut gemacht und lernen ständig Konversationsdeutsch in Alltagssituationen, um ein starkes Interesse am Deutschlernen zu entwickeln

Der Kurs wurde von den Schülern sehr gut angenommen und sie hoffen auf einen weiteren kontinuierlichen Austausch und Freundschaften mit den deutschen Schülern durch Aktivitäten wie Online-Gesangswettbewerb, Videowettbewerb „Deutschland/China in meinen Augen“, Brieffreunde, die sich gegenseitig Briefe schreiben, usw.

Text und Bild: ZHU Wenyu, GUO Mengwei
die zugehörige Mittelschule in Chengdu
der Beijing International Studies University (BISU)
Ausgewählte Schule für Pilotprojekte
des Kulturaustausches und der internationalen Bildungskooperation

促进中德碳中和节能建筑的学术、商业及人文交流

——中德可持续建筑协会

“启航”——CINB e.V. 2020 年终海报及口号
„Los-Fahren“ – Plakat und Slogan des Vereins CINB e.V. 2020

一、案例简介、开展形式和实施举措

中德可持续建筑协会（Verein der Chinesischen Ingenieure für Nachhaltiges Bauen e.V.，简称 CINB e.V.）是 2018 年在科隆注册的专业协会。协会以在中德两国从事节能建筑和暖通专业的专业人员为基础，联合中德能源与建筑业上下游的相关企业和高校资源，通过平台、自媒体和活动论坛等方式促进中德两国相关行业的学术、商业及人文交流。

CINB 和同济大学有着深厚的渊源和紧密的联系，协会的初创人员大多都是同济大学中德工程学院（CDHAW）建筑设施智能技术专业（建智）的毕业生。自 2004 年起，中德工程学院每年都向德国输送 30—50 名留学生进行建筑机电技术的学习。经过将近 15 年的积累，建智毕业生有一部分留在德国建筑业工作，也有回国

的同学在国内的建筑业大展宏图。同济中德工程学院建智专业的毕业生在中德两国的建筑业里都享有很好的声誉。

学院内庞大且联系紧密的人脉具有先天的优势。随着众院友的共同成长，我们也看到了一些缺口和需求：目前碳中和以及环保节能是我国未来的重要的发展战略，建筑业的低碳节能在此尤其重要。德国是全球在低碳环保发展最领先的国家之一，无论是政策、规范和技术产品都值得学习和交流。加之中德贸易往来的快速增长，在未来的几十年里，节能建筑都是一个很有前景的产业。

因此，身处德国行业第一线的我们，作为受过专业教育和德语训练的同济毕业生，组成了协会的核心理事团队（8 人，由在德工作、德国高校在读博士和在读硕士组成），当仁不让架起一座中德碳中和节能建筑的桥梁，我们的目标是做最好的德国建筑平台！

目前 CINB 的主要活跃在自媒体（微信公众号），举办线上线下活动以及组织中德参访项目。截至 2021 年 4 月，协会注册会员 488 人。

协会举办的线上论坛有：

- 2020 年 4 月，德国 PHI 被动房专题讲座
- 2020 年 7 月，同济大学中德工程学院 CDHAW 建智论坛
- 2020 年 11 月，德国建筑地产的 2020

协会微信公众号（CINB 中德可持续建筑）自 2019 年底上线至今，每周都精心策划撰写原创的文章内容，分享在德国的工作经验、学术研究成果，同时也会推送紧跟时事的建筑业新闻、政策解读等。所有的推送内容既要保证信息内容的专业性，同时也要兼顾趣味性。让大家在繁忙的工作生活之余，轻松愉快地吸收一些有益的信息。在中德节能建筑这样的专业垂直领域里，本协会公众号的流量和影响力是相当高的。

在往期内容中，比较受欢迎、具有一定代表性的系列文章有：

- 《面对新冠病毒，如何保证医院里的空气洁净？——德国洁净空气条例 VDI 6022》
- 《国际主流绿色建筑评估体系——绿色建筑是绿色的么》
- 《德国为什么做不了大工程——谈谈柏林机场之怪象》

协会自 2021 年起开始制作原创视频，在微信公众号、BiliBili 网站以及 Youtube 上都设立了账号。每月月中和会员以及广大订阅观众见面。每周六，平台会以短视频的形式将精彩内容呈现给更多观众。我们在德国走进最真实的节能建筑，以更加生动有趣的方式带给观众最高效和直观的信息。

目前已制作的视频内容有：

- 《德国第一高的空中豪宅，价值百万欧元的法兰克福 Grand Tower 长什么样？》
- 《建筑业还香吗？ 2021 德国建筑贺岁片》
- 《德国碳中和的节能房：麻雀虽小五脏俱全》

协会最主要的工作是建立平台，帮助会员和中德节能建筑专业人士在专业上和商业上建立人脉和往来。由于疫情影响，原定在德国线下举办的论坛和会员大会取消。2020 年协会主要筹办了三场线上的讲座和论坛，邀请到了在德国行业内知名的学者和专家同广大会员进行交流。

CINB 上线至今，受到会员、高校学生、企业合作伙伴的广泛好评。协会建立的平台和媒体内容对于以下几个群体有着积极的影响：

1. 建筑和能源专业的在德留学生。协会的会员日常交流非常活跃，给学生群体提供了非常好的就业经验和工作机会。在德国的公司里，内推的成功率相比网招要大很多。这个平台帮助了很多留学生找到了实习的岗位和心仪的工作。另外通过交流，也可以帮助在读学生尽早地看到行业内部情况和前景，让他们在课业选择和职业规划上都能尽早做出侧重和调整。

2. 在德国工作的专业建筑师和工程师。在德国也有很多具有独立执业能力的华人建筑师和工程师。通过平台可以让有需求的业主精确地找到合适、就近的专业人才。工程界同样也非常注重社交圈和人脉，在华人的人脉圈能催生出很多商业和项目机会。对于在德工作的华人来说，CINB 协会提供了一个很高效的市场渠道。

3. 在中国的专业人员以及投资方。CINB 协会的会员有几乎一半是由国内的专业人士组成。微信公众号的推文提供了第一手、最前沿和专业的德国技术资讯，对于帮助语言不通、渠道有限的国内专业人士了解德国目前的绿色建筑和能源有很好的效果。另外还有一些中国的公司和资本有计划来德国投资房产和基建，他们也通过协会的推送内容获得了宝贵的调研材料。

二、对未来的展望

由于疫情的影响，协会有很多线下的活动都无法开展，包括会员的线下面对面交流、中德建筑节能学术论坛、德国企业项目参观等等。这些都将是 CINB 在不远的将来、在疫情过去之后的工作重点。我们会专注于中德碳中和领域的交流合作，依托自媒体和活动，为中德两国间的专业交流合作作出自己的贡献！

供稿：中德可持续建筑协会，沈枫

Förderung des akademischen, kommerziellen und kulturellen Austausches im klimaneutralen Bau

— Der Verein der Chinesischen Ingenieure für Nachhaltiges Bauen e.V.

I. Hintergrund, Umsetzung und Maßnahme

Der Verein der Chinesischen Ingenieure für Nachhaltiges Bauen e.V. (folgend als CINB e.V. abgekürzt) wurde 2018 in Köln eingetragen. Er bündelt die Ressourcen der Wirtschaft und der Hochschulbildung in vor- und nachgelagerten Bereichen der Energie- und Bauindustrie in China und Deutschland. Über Plattformen, soziale Medien, Veranstaltungen und Foren wird der akademische, kommerzielle und kulturelle Austausch in verwandten Fachgebieten zwischen China und Deutschland intensiviert.

Der CINB und die Tongji-Universität pflegen enge Beziehungen. Die meisten Mitgründer des Vereins sind Absolventen des Fachbereichs „Gebäude-und Energietechnik" an der Chinesisch-Deutschen Hochschule für Angewandte Wissenschaften (CDHAW) der Tongji-Universität. Seit 2004 sendet die CDHAW jedes Jahr 30 bis 50 Studierende nach Deutschland, um Bauingnieurwesenmit Schwerpunkt Gebäudetechnik zu studieren. In den letzten 15 Jahren entschied sich ein Teil der CDHAW-Absolventen der Fakultät für intelligente Gebäudetechnik, im deutschen Bauwesen zu arbeiten. Manche kehrten zurück und wurden bekannte Experten im chinesischen Bauwesen. Die CDHAW-Absolventen der intelligenten Gebäudetechnik genießen nicht nur in China, sondern auch in der deutschen Bauindustrie einen guten Ruf.

Die Vereinsmitglieder und Akteure waren zum großen Teil Kommilitonen an der

CDHAW. Daher verstehen sie sich sehr gut. Durch die Zusammenarbeit sind Mängel und neue Bedürfnisse in der Branche deutlicher geworden: Derzeit zählen CO_2-Neutralität, Umweltschutz und Energieeinsparung zu den wichtigsten Entwicklungsstrategien Chinas. Eine kohlenstoffarme und energiesparende Entwicklung der Bauindustrie ist an dieser Stelle enorm wichtig. In den genannten Bereichen ist Deutschland eines der führenden Länder, das Best-Practice in Blick auf Politik, Normen und Standards sowie technische Produkte liefert. Außerdem wächst der Handel zwischen China und Deutschland schnell. Deswegen stellt energieeffizientes Bauen in den kommenden Jahrzehnten immer noch einen vielversprechenden Wirtschaftszweig dar.

Der achtköpfige Vorstand des Vereins besteht aus in Deutschland arbeitenden bzw. promovierenden Tongji-Absolventen sowie Masterstudenten, die eine fachliche Ausbildung absolviert haben und die deutsche Sprache beherrschen. Die Vorstandmitglieder verfügen über Fachkenntnisse und Kenntnisse über die deutsche Bauindustrie. Der Verein hat sich dazu verpflichtet, den Austauschkanal für CO_2-neutrales und energiesparendes Bauen zu errichten, und die beste Plattform fürs Bauen in Deutschland zu werden.

Gegenwärtig ist der CINB hauptsächlich auf sozialen Medien (WeChat-Abo) aktiv. Parallel wurden Online- und Offline-Veranstaltungen sowie Delegationsreisen nach Deutschland oder nach China organisiert. Bis April 2021 sind bereits 488 Mitglieder dem Verein beigetreten.

Die vom Verein organisierten Online-Foren umfassen:

- April 2020 — Die Entwicklung und Zukunft: Das Passivhaus in China
- Juli 2020 — Das Forum intelligenter Gebäudeenergieeffizienz 2020
- November 2020 — Die Markt-und Personenentwicklung der deutschen Bau und Immobilien 2020

Seit das öffentliche WeChat-Abo des Vereins (CINB Sino-German Sustainable Building) Ende 2019 gelauncht wurde, sind für jede Woche original verfasste Artikel zu versenden, in denen Arbeitserfahrungen in Deutschland ausgetauscht und Forschungsergebnisse veröffentlicht werden. Der Verein informiert über die aktuellen Ereignisse in der Bauindustrie, legt die Politik aus und berichtet über

2020 年 7 月同济大学 CDHAW 建智线上论坛合影
Gruppenfoto: CDHAW-Forum zur intelligenten Gebäudetechnik im Juli 2020

die Entwicklungstrends. Inhaltlich müssen die Beiträge fachlich fundiertes Wissen vermitteln und zugleich unterhaltsam und gut lesbar sein. Im Fachgebiet des energiesparenden Baus ist das Wechat-Abo recht populär.

Aus den vergangenen Beiträgen sind die folgenden besonders gut in der Öffentlichkeit angekommen:

- „Wie wird während der Corona-Pandemie sichergestellt, dass die Luft im Krankenhaus sauber und virusfrei ist? — Deutsche Raumlufttechnik Richtlinie VDI 6022“
- „Internationale dominierende Bewertungssysteme für umweltfreundliches Bauen — ist Green Building wirklich ‚grün‘?“
- „Warum ist Deutschland unfähig, große Projekte schnell zu implementieren? — Über das Phänomen des Berliner Flughafens Schönefeld“

Seit 2021 produziert der Verein eigenständig Videofilme und hat neben WeChat auch auf der Video- & Live-Streaming-Plattform Bilibili und auf Youtube unter der gleichen Bezeichnung CINB Sino-German Sustainable Building jeweils ein Konto eingerichtet. Inhaltlich gibt es jeden Monat ein Update, dessen verkürzte Form samstags an Verbandsmitglieder sowie die Öffentlichkeit gesendet wird. Das Video-Format ist im Vergleich zu Text authentischer und anschaulicher. Damit hat man einen besseren Einblick in das energiesparende Bauen.

Die bisher fertig produzierten Aufzeichnungen umfassen:

- „Deutschlands höchstes Residential Tower — Grand Tower"
- „2020 Deutsche Bauindustrie, Alles Gut?"
- „Das Karbon neutrale Energieplushaus: klein aber voll ausgestattet"

Die Hauptaufgabe des Vereins besteht in der Netzwerkarbeit unter Vereinsmitgliedern und Experten des energiesparenden Bauens sowohl im fachlichen als auch im Business-Sinne. Aufgrund der Pandemie wurden die ursprünglich geplanten Offline-Foren und Mitgliederversammlungen abgesagt. Im Jahr 2020 hat der Verein vor allem drei Online-Vorträge bzw. Foren organisiert, zu denen bekannte Wissenschaftler und Experten der deutschen Bauindustrie zum Austausch eingeladen wurden.

Seit der Gründung wird der CINB von Mitgliedern, Studierenden und Partnerunternehmen hoch anerkannt. Die durch den Verein errichteten Plattformen wirken sich positiv auf die folgenden Zielgruppen aus:

1. Chinesische Studierende der Fachrichtungen Architektur und Gebäudetechnik in Deutschland. Der alltägliche Austausch unter den Verbandsmitgliedern ist sehr aktiv und bietet reichliche Informationen zum Berufsleben in Deutschland sowie zu Beschäftigungsmöglichkeiten. Im deutschen Kontext sind unternehmensinterne Empfehlungen erfolgsversprechender als Online-Bewerbungen. Der Austausch ermöglicht es Studierenden, sich frühzeitig einen Überblick über die Branchenentwicklung zu verschaffen, damit sie sich bzgl. des Studiums und der Karriereplanung anpassen und Schwerpunkte festlegen.

2. Professionelle Architekten und Ingenieure, die in Deutschland arbeiten. Es gibt zahlreiche Architekten und Ingenieure chinesischer Herkunft, die mit der anerkannten beruflichen Qualifikationin Deutschland selbständig die Projekte entwickerln dürfen. Über die Plattform können Unternehmer geeignete Fachkräfte aus der Region ausfindig machen und rekrutieren. Die Netzwerkarbeit ist ebenfalls unentbehrlich für Ingenieure, da aus der Netzwerkarbeit Geschäfts- und Projektmöglichkeiten entstehen. Für in Deutschland tätige Chinesen bietet der CINB einen hocheffizienten Marktkanal.

3. Fachleute und Investoren aus China. Fast die Hälfte der Vereinsmitglieder sind Fachleute in China. Die WeChat-Nachrichten bieten aktuelle und fachliche Informationen über die deutsche Entwicklung im Bereich Green Building und im Energiesektor aus erster Hand, was eine große Hilfeleistung darstellt, vor allem für die chinesischen Experten, die kein Deutsch sprechen und denen Informationsquellen fehlen. Chinesische Unternehmen und Kapitalbesitzer haben zum Teil die Absicht, in deutsche Immobilien und Infrastruktur zu investieren. Sie können die Push-Nachrichten des Vereins als Materialien für ihre Studien verwenden.

II. Ausblick

Die Pandemie hat die Organisation von Offline-Aktivitäten unmöglich gemacht. Dazu gehören der persönliche Austausch unter den Vereinsmitgliedern im physischen Raum, die akademischen Foren mit Beteiligung aus China und Deutschland sowie Unternehmensbesuche und Ortsbegehungen. Diese Veranstaltungen holt der CINB schwerpunktmäßig nach, sobald die Pandemie vorbei ist. Wir werden uns auf die CO_2-Neutralität konzentrieren und auf soziale Medien stützen, um Beiträge zum fachlichen Austausch und zur Zusammenarbeit zwischen China und Deutschland zu leisten.

Text und Bild: SHEN Feng

Der Verein der Chinesischen Ingenieure für Nachhaltiges Bauen e.V.

编后记

2022 年中德迎来建交 50 周年，两国关系又站在了一个新的起点上。半个世纪以来，中德两国秉持合作务实、发展共赢的理念，双边关系不断深化发展。随着 2017 年 5 月中德高级别人文交流对话机制的建立，人文交流在中德全方位战略伙伴关系中发挥着越来越重要的作用。

2017 年 3 月，“同济大学中德人文交流研究中心”成立。中心立足于同济大学全方位的对德研究与交流的传统优势，以加强中德人文交流研究、推进中德人文交流为宗旨，致力于建设成为卓越的中德人文交流信息平台、研究智库、项目执行机构和人才培养基地，为中德高级别人文交流对话机制提供智力支持和人才保障。同年，中心推出了“中德人文交流文丛”第一卷《为梦想插上友谊的翅膀——2016 中德青少年交流年文选》，2020 年又推出了“中德人文交流文丛”第二卷《镜头下的中德人文交流》，以系列文丛的方式记录与展示了中德两国在教育、文化、媒体、体育、青年等人文交流领域取得的丰硕成果。

2021 年，为了促进中德人文交流领域的智慧互鉴与经验共享，中心发起以“民心相通，行稳致远”为主题的中德人文交流优秀案例征集活动。活动受到了社会各界的广泛关注与鼎力支持，经过遴选、修改、审核等流程环节，最终结集出版了本书——“中德人文交流文丛”第三卷《感知中德人文交流：中德人文交流优秀案例合辑》。本书所收录的 41 个优秀案例不仅创意灵动，新见迭出，而且形式多样，不拘一格，从不同的领域，多角度、多方位、多视角地展现了中德人文交流的活动经验和项目成果。这些经验成果既是多年来致力于中德人文交流的单位及个人的积累与心血，也为未来的中德人文交流的深化与拓展提供了新的思路。

本书的顺利出版离不开教育部国际司领导、同济大学校领导的指导与支持；离不开翻译团队——黄卫红女士团队，以及同济大学外国语学院往届博士毕业生马媛、倪晓姗和在读博士生吴永德、叶思雨，承担全书德文校对的司马涛先生（Prof. Dr. Thomas Zimmer）的帮助；离不开同济大学出版社在时间紧、人员少的情况下给予本书出版的大力支持；离不开中心团队的辛勤劳动，尤其是郑春荣、伍慧萍、俞宙明、朱婕、陈惠兰、霍愿、黄晓承担了大量的编辑沟通协调工作。最后，我们对在此次征集活动中予以大力支持的相关机构及个人表示感谢。由于篇幅、体例等原因，恕不能将征集到的案例全部收录，希望得到未被收录案例提供方的理解。

我殷切期盼，本书可以让广大读者感受与体悟到中德人文交流的温度、深度与广度，积极投身到这项伟大的事业中来，共同推动中德人文交流合作行稳致远。

董　琦　研究员

同济大学中德人文交流研究中心主任

中国原驻德国大使馆教育处公使衔参赞

2022 年 9 月于同济

Nachbemerkungen

China und Deutschland feiern im Jahr 2022 den 50. Jahrestag der Aufnahme diplomatischer Beziehungen. Beide Länder stehen damit an einem neuen Ausgangspunkt ihrer Beziehungen. Seit einem halben Jahrhundert halten China und Deutschland an dem Konzept einer pragmatischen Zusammenarbeit und der Win-Win-Situation fest, die für beide Seiten vorteilhaft ist. Die bilateralen Beziehungen haben sich vertieft und weiterentwickelt. In der Folge der Begründung des hochrangigen deutsch-chinesischen Dialogmechanismus für den gesellschaftlich-kulturellen Austausch im Mai 2017 hat der gesellschaftlich-kulturelle Austausch eine immer wichtigere Rolle in der umfassenden strategischen Partnerschaft zwischen China und Deutschland angenommen.

Im März 2017 wurde das Zentrum für Chinesisch-Deutschen Gesellschaftlich-Kulturellen Austausch (CDGKA) der Tongji-Universität gegründet. Auf der Grundlage der traditionellen Stärken der Tongji-Universität im Bereich der umfassenden Deutschlandforschung und des Austauschs mit Deutschland zielt das Zentrum darauf ab, die Forschung zu stärken und den gesellschaftlich-kulturellen Austausch zwischen China und Deutschland zu fördern. Es hat sich zum Ziel gesetzt, eine exzellente Informationsplattform, eine Denkfabrik für die Forschung, eine Einrichtung für die Umsetzung von Projekten und ein Standort für die Ausbildung von Talenten zu sein. Es soll sichergestellt werden, dass dem hochrangigen deutsch-chinesischen Dialogmechanismus für den gesellschaftlich-kulturellen Austausch das notwendige geistige Know How und geeignetes Personal zur Verfügung stehen. Noch im Jahr seiner Gründung hat das Zentrum den ersten Band der Reihe „Deutsch-chinesischer gesellschaftlich-kultureller Austausch“ unter dem Titel „Auf den Flügeln der des gemeinsamen Traumes—Eine Dokumentation des Deutsch-Chinesischen Jahres für Schüler- und Jugendaustausch 2016“ veröffentlicht. Der zweite Band der Reihe stammte aus dem Jahr 2020 und trug den Titel „Unter der Lupe: Facetten der gesellschaftlichen und kulturellen Begegnungen zwischen Chinesen und Deutschen". Mit diesen Publikationen wurden die fruchtbaren Errungenschaften des gesellschaqftlich-kulturellen Austauschs zwischen China und Deutschland in den Bereichen Bildung, Kultur, Medien, Sport und Jugend dokumentiert und der Öffentlichkeit zugänglich gemacht.

Um die gegenseitige Wertschätzung und den Erfahrungsaustausch im Bereich des deutsch-chinesischen gesellschaftlich-kulturellen Austauschs zu fördern, hat das Zentrum im Jahr 2022 eine Sammlung hervorragender Beispiele des deutsch-chinesischen gesellschaftlich-kulturellen Austauschs unter dem Motto „Fortentwicklung der bilateralen Beziehungen durch Völkerverständigung" veröffentlicht. Die Initiative hat große Aufmerksamkeit und Unterstützung in der Öffentlichkeit gefunden. Nach dem Abschluss des Auswahl-, Prüfungs- und Begutachtungsverfahrens wurde der dritte Band der Reihe „Deutsch-chinesischer gesellschaftlich-kultureller Austausch" mit dem Titel „Begegnung und Verständnis: Herausragende Beispiele des deutsch-chinesischen gesellschaftlich-kulturellen Austauschs" veröffentlicht. Die 41 hervorragenden Fallstudien in diesem Buch sind nicht nur kreativ und innovativ, sondern auch vielfältig und unkonventionell. Sie präsentieren die Erfahrungen und Projektergebnisse des deutsch-chinesischen gesellschaftlich-kulturellen Austauschs in den verschiedenen Bereichen, aus jeweils ganz unterschiedlichen Blickwinkeln. Die Ergebnisse dieser Erfahrungen sind zum einen der harten Arbeit von Institutionen und Einzelpersonen zu verdanken, die sich im Laufe der Jahre dem deutsch-chinesischen gesellschaftlich-kulturellen Austausch gewidmet haben. Darüber hinaus liefern diese Ergebnisse jedoch auch neue Ideen für eine Vertiefung und Erweiterung des deutsch-chinesischen gesellschaftlich-kulturellen Austauschs in der Zukunft.

Die Veröffentlichung dieses Buches wäre nicht möglich gewesen ohne die Anleitung und Unterstützung der Leitung der Abteilung für internationale Angelegenheiten des Bildungsministeriums und der Leitung der Tongji-Universität. Unentbehrlich waren auch die Arbeiten des Übersetzungsteams von Frau HUANG Weihong sowie des Teams der ehemaligen Doktoranden MA Yuan und NI Xiaoshan und der derzeitigen Doktoranden WU Yongde und YE Siyu vom Kolleg für Fremdsprachen der Tongji-Universität. Ein Dank geht ebenfalls an Thomas Zimmer, der das Lektorat der deutschen Texte des Buches übernommen hat. Unentbehrlich war die Unterstützung der Tongji-Universitätspresse, die trotz der Knappheit an Zeit und Personal das

Buch veröffentlicht hat; unentbehrlich war ebenso die harte Arbeit des Teams unseres Zentrums, mein Dank geht insbesondere an ZHENG Chunrong, WU Huiping, YU Zhouming, ZHU Jie, CHEN Huilan, HUO Yuan und HUANG Xiao, die viel redaktionelle und koordinierende Arbeit geleistet haben. Abschließend möchten wir den einschlägigen Organisationen und Einzelpersonen, die diese Einladung zur Einreichung von Beiträgen unterstützt haben, unseren Dank aussprechen. Aus Platz- und Formatgründen ist es leider nicht möglich gewesen, alle eingegangenen Texte aufzunehmen, wir bitten dafür um Verständnis.

Ich hoffe aufrichtig, dass dieses Buch die Leser in die Lage versetzt, die Wärme, Tiefe und Breite des deutsch-chinesischen gesellschaftlich-kulturellen Austauschs nachzuempfinden und zu schätzen, sich aktiv an dieser großen Aufgabe zu beteiligen und gemeinsam den deutsch-chinesischen gesellschaftlich-kulturellen Austausch und die Zusammenarbeit auf beständige und umfassende Weise zu fördern.

Prof. DONG QI

Direktor, Zentrum für Chinesisch-Deutschen
Gesellschaftlich-Kulturellen Austausch, Tongji-Universität (CDGKA)
Ehemaliger Gesandter-Botschaftsrat, Bildungsabteilung der Botschaft
der Volksrepublik China in Deutschland